窗口之光

——全国人力资源社会保障系统2014—2016年度

优质服务窗口先进事迹报告集

上册

人力资源和社会保障部人事司组织编写

中国劳动社会保障出版社

图书在版编目（CIP）数据

窗口之光：全国人力资源社会保障系统 2014—2016 年度优质服务窗口先进事迹报告集 / 人力资源和社会保障部人事司组织编写. —北京：中国劳动社会保障出版社，2017

ISBN 978-7-5167-3028-7

Ⅰ. ①窗…　Ⅱ. ①人…　Ⅲ. ①人力资源－社会服务－先进事迹－中国 ②社会保障－社会服务－先进事迹－中国　Ⅳ. ①F249.21 ②D632.1

中国版本图书馆 CIP 数据核字（2017）第 078613 号

中国劳动社会保障出版社出版发行

（北京市惠新东街 1 号　邮政编码：100029）

*

保定市中画美凯印刷有限公司印刷装订　　新华书店经销

787 毫米 × 1092 毫米　16 开本　32.25 印张　506 千字

2017 年 6 月第 1 版　　2017 年 6 月第 1 次印刷

定价：92.00 元

读者服务部电话：（010）64929211/64921644/84626437

营销部电话：（010）64961894

出版社网址：http://www.class.com.cn

编审委员会

编写人员

序

习近平总书记指出，作风建设永远在路上，永远没有休止符，不可蜻蜓点水，不可虎头蛇尾，不可一阵风。自2014年起，我部结合党的群众路线教育实践活动，在全国人社系统持续开展窗口单位作风建设工作，建立窗口单位作风建设的长效机制，坚持统筹兼顾、改革创新，整体推进、重点突破，不断改进工作作风，提高服务质量水平，扎实推动人社事业改革发展。

人社部门作为重要的政府组成部门，既肩负着综合管理的职责，又担负着民生服务的重任。人民群众的“获得感”“幸福感”，不仅来源于民生政策的制定，更来源于民生服务的提供。人民群众能否获得优质高效的人社公共服务，取决于人社系统各级各类窗口单位是否具有过硬的思想作风和工作作风，是否具有场所设置合理化、内部管理制度化、办事流程规范化、为民服务精细化的服务平台，是否具有专业素质高、服务意识强、纪律要求严的工作队伍，是否能真正做到用心用情为老百姓提供养老、医疗、就业等各项人社服务，把党和国家的惠民政策落实到位。

近几年来，人社系统各级各类窗口单位认真贯彻党的群众路线教育实践活动要求，牢固树立民本理念，积极推进窗口单位作风建设，取得了显著成绩。各个板块、各个地区在推进窗口单位作风建设的过程中也总结形成了一些创新做法、新鲜经验，涌现出了许多先进事迹、优质服务窗口。但同时也必须清醒地看到：一方面，当前我国进入全面建成小康社会的决胜阶段，经济发展进入新常态，经济发展方式正在深刻改变，经济结构正在深刻调整，人社公共服务的范围、结构、方式正在深刻变化，这对窗口单位作风建设提出了新挑战、新要求；另一方面，我们的窗口单位作风建设还刚刚起步，仍存在不少问题，需要常抓不懈、持续发力、久久为功。要充分利用优质服务窗口标杆作用，用成功案例引领整体建设共同发展，用先进典型激励广大干部争创一流，在系统内外营造争先创优的良好氛围，更好地推动窗口单位作风建设。

为此，2016 年 12 月，我部组织开展了全国人力资源社会保障系统 2014—2016 年度优质服务窗口表彰活动，授予北京市人力资源和社会保障局电话咨询中心等 390 个单位“全国人力资源社会保障系统 2014—2016 年度优质服务窗口”荣誉称号。同时，为进一步发挥好激励先进、鼓舞士气、推动工作的作用，我部组织编写《窗口之光——全国人力资源社会保障系统 2014—2016 年度优质服务窗口先进事迹报告集》，选取了 64 个典型单位的先进事迹，集中展现了人社系统窗口服务单位进一步改进服务作风、创新服务方式、提升服务水平的最新成果，以及各类窗口单位在服务规范、流程、标准等方面的有益探索实践。这些优质服务窗口的事迹各有特色，但都很过硬、很感人，都能够紧紧围绕“民生为本、人才优先”工作主线，坚持以人民为中心的发展思想，是人社系统各级各类窗口单位的优秀代表。希望全国人力资源社会保障系统各级各类窗口单位充分运用这本报告集组织开展好学习培训，结合自身实际，进一步加强研究和思考，着力解决窗口单位建设存在的重点难点问题、人民群众迫切要求解决的突出问题，着力把各级各类窗口单位打造成展示良好形象、人民群众满意的公共服务平台，以优质服务让人民群众增强实实在在的“获得感”“幸福感”，以优异成绩迎接党的十九大胜利召开。

尹蔚民

2017 年 6 月

目　录

上　册

下 册

打造人力社保系统服务民生“第一热线”

——记北京市人力资源和社会保障局电话咨询中心

天，逐渐暗了。随着夕阳的沉落，夜晚悄无声息地降临了。此刻的窗外，一片寂静，北京 12333 热线的咨询大厅依然灯火通明，咨询员们还在不停地忙碌着……

“您好，XXXX 号咨询员为您服务，请讲。”“你好，我今年 43 岁，北京户口，单位和我解除了劳动合同，现在失业了，像我这种情况能享受什么优惠政策吗？”失业人员黄女士拨通了 12333 热线的咨询电话。“如果您在社区从事家政服务与社区居民形成服务关系并实现灵活就业满 30 日，办理了个人就业登记手续后，您就可以享受城镇登记失业人员的社会保险补贴政策。”随后，咨询员又针对黄女士的情况耐心细致地告知了社会保险补贴的具体标准和办理手续，直到咨询者满意地挂断了电话。随着夜幕的降临，时针已指向午夜 12 点，许多人早已进入了梦乡，而 12333 热线咨询员的工作却

北京 12333 热线被评为 2013—2015 年度系统“优质服务”单位

周瑞屏向北京 12333 热线送来锦旗

一直还在继续。

就这样日复一日，年复一年，咨询员们在这日月轮回、星辰迭替间，在自己的岗位上描绘出一幅幅绚丽的画卷。通过 12333 热线每一名咨询员的辛勤付出，三年来，12333 热线共为社会提供咨询服务 700 万件，收到来电来信表扬 37 件、锦旗 1 面，群众满意度达 99%。中心先后被评为北京市人力资源和社会保障系统“2013—2015 年度优质服务窗口”、北京市人力资源和社会保障局机关“先进基层党组织”。

抓创新　谋发展—— 一条心系百姓的服务热线

三年来，12333 热线不分昼夜，用真情真意为公众答疑解惑，温暖了千千万万颗心，所做的每一次创新、每一项改变都是为了百姓，而唯一不变的就是“心系百姓、服务民生”的初心。

服务规模得到有效扩大。随着社会公众对12333热线需求的不断增加，2012年10月，12333热线实现了服务外包新模式的体制改变。几年来，12333热线坚持以群众需求为导向，以群众满意为标准，不断拓宽服务渠道，拓展服务功能，不断增加贴近群众需求的自助服务项目。2014年，12333热线开通职工保险个人权益记录查询，1 000万名在职参保职工通过电话可查询自己的养老保险、医疗保险、失业保险、工伤保险、生育保险五项社会保险费缴纳情况。2015年年底，12333热线进一步扩大了社会保险个人权益记录查询范围，将退休职工、“一老一小”城镇居民查询定点医疗机构纳入电话自助查询的范围，实现了查询人群全覆盖，共惠及1 600多万名参保群众。根据公众需求，12333热线又于2014年11月18日新增了人事考试方面的人工咨询服务内容，开通后受到了百姓及考生的极大关注，彻底解决了80万名考生长期打不通电话的实际问题。截至2016年11月底，12333热线共为259万人次提供了社会保险个人权益自助查询服务，为37万人次提供了人事考试咨询服务。

服务形式得到有效拓展。在原有电话咨询的基础上，12333热线打破固有模式，以“请进来、走出去”的方式，在每年的3月30日都组织开展“12333全国统一咨询日”活动，围绕社会较为关注的农民工、大学生等就业群体，通过进企业、进校园、进社区，广泛宣传有关人力资源社会保障热点难点问题的政策，受到了群众

“12333全国统一咨询日”活动上专家进行现场职业指导

好评；多次邀请局长、处室负责人亲自接听群众来电，进一步满足广大市民的服务需求；12333 热线还与北京电台城市管理广播栏目合作，通过电话连线的方式，解答群众对人力社保相关政策的各类问题。特别是 2016 年“两学一做”学习教育活动开展以来，中心带领全体党员深入社区，送政策上门，与百姓进行面对面、心连心的交流，解决他们的实际困难，受到了社区群众的普遍欢迎和好评。

12333 热线开展送政策进社区志愿活动

解决问题的能力得到有效提升。在保持电话畅通的基础上，积极协助市局办理网上电子信件及北京市 12345 电话派单，通过建立与市局信访处沟通机制、与行风办的会商机制和与市中心 12345 的日常沟通机制，进一步畅通投诉举报渠道，及时转办疑难和投诉信件，定期通报信件办理情况，确保疑难信件在规定时限内全部得到回复。充分利用互联网优势，在人力社保局的官方网站上增加了“网上咨询”栏目，积极主动公开典型问题和热点问题的办理情况，更加方便群众了解人力社保政策。

截至 2016 年年底，12333 热线电话咨询服务量已由外包初期的每天 2 000 个增加到 1 万余个，是服务外包前的 6 倍，热线接通率由外包服务前的 20% 提高到现在的 80% 以上，基本满足了公众咨询服务的需求。《新京报》对 2016 年上半年五大民生行业服务质量调查结果显示：“12333 热线白天和夜间都比较容易打通，并对提出的问题进行了耐心解答。”

抓管理　促效率——一条便捷高效的服务热线

作为人力社保部门服务民生的窗口，12333 热线坚持将窗口建设与咨询服务工作紧密结合，逐步建立起以标准化体系为平台，以制度管理为抓手，以优质服务为重点的 12333 热线管理体系，大大提高了咨询服务效能。

推进标准化建设，管理能力大幅提升。三年来，12333 热线全面整合了业务管理、行政管理和系统运行管理三部分 22 项工作流程及标准，建立了《北京 12333 人力社保热线管理规范》，成为全国 12333 热线系统首个系统标准并在全国同行业率先实行。依据北京市人力社保政策内容编修了《北京市人力资源和社会保障政策实用手册》，并成为北京市人力社保工作人员业务培训统一教材。在通过专题培训、班长会、班会不断强化全体人员标准化意识的同时，中心进一步加大宣传力度，采取标准上墙、学习体会分享等措施，使标准化管理入脑入心。中心成立了标准化监督检查小组，严格检查落实“三制、三公开、三亮明”公开承诺和首接负责制、一次性告知制和标准化落实情况，通过自查、互查等多种方式，做到日检、月考、季总结，使标准到岗、责任到人、执行到位。自实行标准化管理以来，热线服务效率和服务质量显著提高。目前咨询员人均接电量由过去的日均 60 个提高到 80 个以上，电话接通率也达到 80% 以上，三年来投诉率严格控制在百万分之二点五以内，其中 2015 年实现了全年“零投诉”。2016 年中国质量万里行促进会开展的“中国城市服务质量调查”中，12333 热线获得 92 分的好成绩，名列前茅。

建立健全管理机制，服务质量显著改善。在不断探索外包服务管理的进程中，12333 热线建立了日常工作协调机制，通过联席会制度、质量管理协调制度、班组联系制度与外包公司管理层进行深度沟通，定期研究分析 12333 热线建设中存在的主要问题，制定改进措施；建立督导检查机制，明确各项工作完成时限，加强跟踪管理，于每季度进行情况通报，确保目标任务的完成；完善服务评价机制，对内实行录音抽检、现场抽检等方式提高解答质量；对外采取电话回访、公开监督投诉电话等，主动接受社会和舆论的监督。通过抓管理、抓服务、抓质量，一步一个脚印扎实工作，12333 热线服务水平得到显著提高，咨询员解答准确度由原来的 84% 提升到 99%，群众满意率由 92% 提高到 99%。2014 年 4 月，12333 热线接到咨询者沙先生的一封来信，他在信中这样写道：“非常感谢接待我的咨询员，他业务知识熟练、工作热情，想群众所想，急群众所急，能够为群众解决实际的困扰，是百姓的活字典。”

及时传递群众心声，为部门决策提供一手资料。聚焦新政出台后的群众反映，关注群众反映的难点问题，主动收集社会公众关心的热点、难点问题，精准地提炼出群众的各种意见、建议和政策落地后群众的反映，原汁原味地记录好群众的呼声和要求，充分利用《12333 咨询要情》《咨询之声》《形势分析材料》《12333 要情专报》等材料及时将百姓的心声反馈给业务部门，为制定、调整政策提供大量而又翔实的第一手资料，切实发挥参谋助手的作用。2014 年 12 月，咨询者来电反映人事考试报名期间无法选择审核地点的问题，通过 12333 热线及时反映，考试中心添加了审核名额，解决了考生的实际问题；2015 年 11 月底，学生家长反映“一小”参保缴费超过时限未成功如何补救，通过 12333 热线及时反映，最终延长了缴费时间，使问题得到了有效解决。

抓队伍　强素质——一条百姓信赖的服务热线

三年来，12333 热线秉承服务至上的原则，坚持从强化素质教育入手，以提高业务能力为出发点，努力打造一支“特别能吃苦”“特别能战斗”“特别能奉献”的咨询队伍，树立了政府窗口部门“亲民、为民、利民”的良好形象。

坚持抓政治思想教育。“火车跑得快，全靠车头带。”三年来，中心领导班子认真履职、率先垂范，坚持把政治思想教育与咨询服务工作紧密结合，以党的群众路线教育实践活动、“三严三实”、“两学一做”学习教育为契机，规范中心党建工作制度，制定《组织领导制度》《分工负责制度》《工作报告制度》等多项党建工作制度；组织开展集中学习、个人自学、小组讨论、专家培训、座谈交流和支部书记讲党课等多种方式的政治理论学习；先后组织“缅怀先烈，坚定理想信念”“倾听民声，感悟责任”“两学一做”学习教育等主题党日活动及志愿者服务等多种形式的党员活动，进一步坚定全体党员的理想信念，提高了党员干部的责任意识和服务意识。

坚持开展能力建设。中心定期对全体人员及班长以上管理人员进行专业培训，通过专题讲座、新老班长座谈、外出学习交流等多种方式，提高管理人员的管理方法；

组织青年积极参加市直机关团工委组织的青年技能大赛活动，代表北京市人力资源和社会保障局参加市总工会举办的“纪念《中华人民共和国劳动法》”知识竞赛活动，取得第二名的好成绩；编写2015年和2016年《北京市12333热线典型案例汇编》，引导大家积极探索、钻研业务、勤于思考。在人社部组织的全国12333热线电话咨询服务优秀案例征集活动中，北京12333热线有6篇案例入选《全国12333电话咨询服务优秀案例选编》。

坚持开展团队建设。为了更好地使咨询员增强归属感，中心坚持“以制度管人，以情感留人”，制定绩效考核指标，提高员工薪酬待遇，减少人员流失，保证咨询队伍稳定；开展服务标兵评比表彰、职级评定等多项奖励机制，调动咨询员的工作积极性，三年来共有72人次当选服务标兵，在咨询一线形成了争先创优、弘扬正能量的浓厚氛围。中心从强化素质教育入手，以提高业务能力为出发点，开展了读一本好书、观看一部宣传片、组织一次征文比赛、开展一次专项检查、建立一个优秀案例库的“五个一”活动；组织开展拓展训练、健步走比赛、演讲比赛及春节游艺等适合青年人特点的团队活动，凝聚了人心，激发了12333热线全体工作人员的敬业勤业热情。

天蒙蒙亮了，窗外车水马龙，人头攒动，新的一天又开始了。当清晨的第一缕阳光洒入12333热线咨询大厅的时候，咨询员们早已穿好工装、戴好耳麦，“您好，很高兴为您服务”，伴随着每一次亲切而又温馨的话语，咨询员在平凡的岗位上用饱满的精神状态迎接崭新而忙碌的一天……

新年的脚步越来越近了，在过去的三年里，经过全体人员的共同努力，12333热线既有付出也有收获。雄关漫道真如铁，而今迈步从头越。新的一年，12333热线将在改革进取的道路上迈出新的步伐，开启12333热线发展的新篇章！

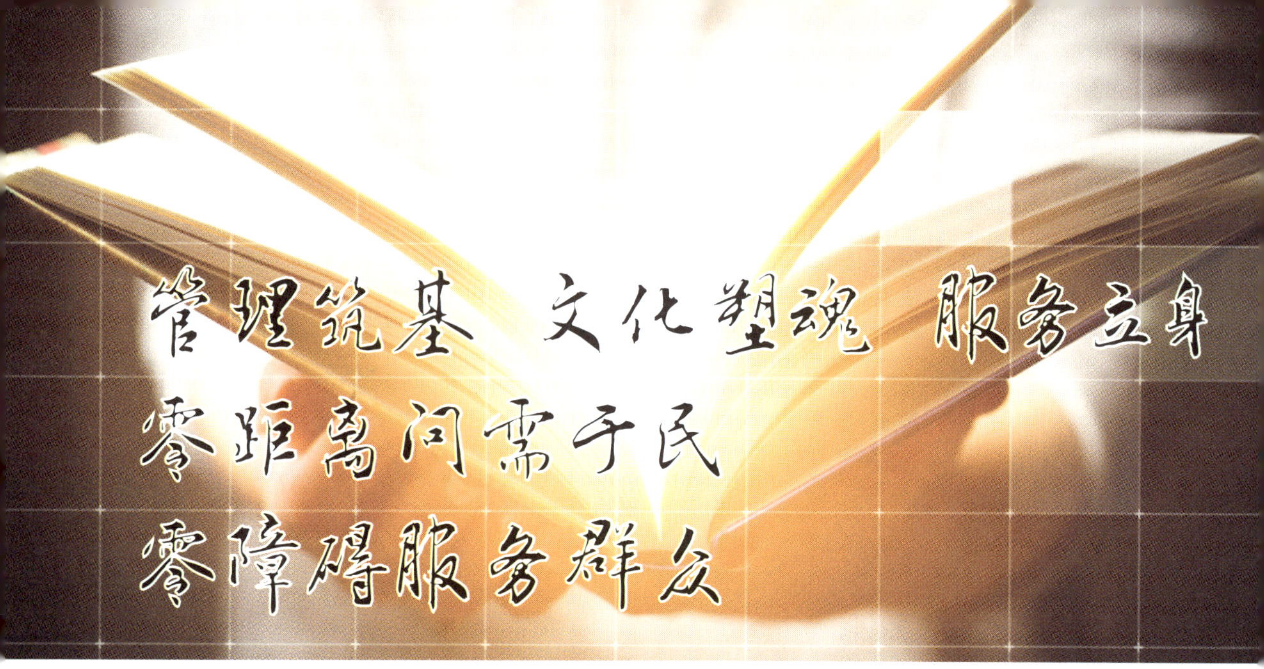

管理筑基 文化塑魂 服务立身 零距离问需于民 零障碍服务群众

——记北京市丰台区医疗保险事务管理中心

北京市丰台区医疗保险事务管理中心（以下简称中心）是北京市丰台区人力社保局直属副处级事业单位，作为直接为民服务的窗口，服务于辖区 3.4 万个用人单位，承担着全区 145 万名参保人员医疗费用审核结算和 231 家定点医疗机构的管理工作。中心现有在编在岗人员 56 人，本科以上学历占 94.6%，其中研究生以上学历 20 人，占 35.7%，是一支素质高、业务精、作风硬的医保服务队伍。中心经手的每一项业务都涉及群众的切身利益，所属的每一名人员都代表着政府的形象。

近年来，中心在市区委及局党组领导下，以“阳光、高效、廉洁、满意”的丰台人力社保文化为引领，牢牢抓住“确保基金平衡，稳定就医秩序”这一主线，坚持以管理筑基，以文化塑魂，以服务立身，零距离问需于民，零障碍服务群众，打造“亲民、暖民、为民”窗口，架设党和政府与群众间的“连心桥”，先后获得“北京市人力资源和社会保障系统优质服务窗口”“北京市三八红旗集体”等市级荣誉称号 3 个、“丰台区学习型党支部”等区级荣誉称号 2 个，10 名工作人员被评为丰台区人力社保系统“最美人力社保人”称号。

坚持问需于民，以“管理就是服务”的理念诠释民生

自2014年起，结合群众路线教育实践活动，中心开展了“工作环节哪里最浪费时间”等“六个哪里”的调研和针对服务对象的征求意见工作。通过问卷调查、召开定点医疗机构和参保企业座谈会、深入社保所征求意见等形式，共征集意见建议7类65条，从中归纳出服务“堵点”“痛点”“难点”。两年来，中心以“三严三实”学习教育为契机，以“两学一做”学习教育为平台，坚持问需于民，不回避问题、矛盾，以“管理就是服务”的理念诠释民生，在服务的软硬件上实现新突破。

疏堵点，实现渠道多元化。针对群众获取政策信息渠道少的“堵点”问题，中心建立“3+3”的政策公开渠道，通过“线下”对接与“线上”互动相结合，打通服务群众“最后一公里”。一是开通3条专线，即百姓专线、定点医疗机构专线、社保所和企业专线，按不同需求提供个性化服务。二是打造3种“互联网＋医保服务”的信息公开模式，即官网上公开，在局官网设立医保报销模块，及时上传更新医保动态，让群众第一时间获得惠民信息；创建微信号，创建“丰台医保中心”微信公众平台，第一时间发布最新医保政策、经办流程等，安排专人负责在线答疑，方便群众办理业务；强化工作群，完善定点医疗机构微信工作群，建立企业和社保所QQ群，定期发布问题解析，实时办理在线审核业务，做到即问即答。

治痛点，实现环境舒适化。针对医保服务大厅面积小、窗口少、环境拥挤嘈杂造成的“痛点”问题，贯彻“一挤”“一扩”“多功能”的思路，即挤压办公区域，扩大等候区域，打造多功能医保经办业务大厅，使等候区域由改造前不足100平方

多功能医保经办业务大厅

米增加到近300平方米。一是功能分区更合理。根据业务功能和群众需要，明确划分了窗口服务、咨询服务、自助服务等功能区，优化窗口设计，统一标识与服务引导，打造规范的社会保险视觉形象，并在大厅安排值班科长导办业务，有序分流，实时解答群众疑难问题，满足群众需要。二是服务设施更贴心。配备了自助查询机、自助取单柜、视频宣传引导、政策公示栏等便民设施，提高了服务体验的舒适度。三是管理手段更智能。设立了叫号管理系统和服务评价系统，提升办事效率，服务更加人性化。

服务礼仪培训

攻难点，实现服务标准化。针对机制建设和标准化建设稳固度不高的“难点”问题，中心重视和推进事务管理、工作流程、服务用语、仪表仪容的标准化。一是以标准再造为先导。聘请专业团队开展“送香服务”窗口标准化建设项目，从心态、意识、形象、环境、行为、流程、管理制度7个方面全方位提升服务形象，通过培训、督导、演练、暗访等7种形式，完成对管理规范化的重塑。二是以制度为支撑。在完善《窗口服务标准》的基础上，细化了服务用语、服务环境、服务礼仪等106项规范，对涉及业务管理、风险防控、综合管理、档案管理、网络与信息安全管理等方面的各项制度进行修订完善，出台《业务风险防控制度汇编》《管理制度汇编》，形成规范化的管理体系。三是以考核为保障。修订《窗口服务标准化建设考核办法》，并以《丰台医保中心“送香服务”标准化操作手册》为指导，开展服务“六步法”

的持续改进和应用，严格落实仪表端庄“三姿态”、服务热情“三一点”、言语和蔼“三适中”、做事认真“三清晰”、作风严谨“三杜绝”等服务细则，中心全体工作人员签订《行为规范承诺书》，将工作人员行风服务情况作为年终评优、职务晋升的重要依据，不断加强服务行为规范化，努力让群众少跑一趟路、少排一次队、少填一张表、少等一分钟。

标准化建设系列制度

坚持文化塑魂，以“境界便是担当”的行动顺应民心

身处服务民生第一线，中心坚持文化塑魂，在培训调研、主题实践、第三方促学上下功夫，开展“添香、育香、留香”的“书香科室”建设，确保人人添书香，补足发展成长动力；科科育醇香，强化攻坚破难能力；事事留余香，提升窗口服务效率。

提内涵，实现水平专业化。针对科室人文素养整合度不够问题，强化内涵建设。一是开展“书香阅读提内涵”活动。为中心读书室添置各类专业书籍及报纸杂志，丰富文化生活；定期推荐理论经典及医保专业书籍，召开读书会，交流读书心得，组织研究讨论，通过阅读分享提升素质内涵。二是开展“加强调研求创新”活动。由中心 20 名硕士研究生组成高级研修班，针对分级诊疗、慢病管理、总控工作等医改过程中的重难点问题深入基层开展调研，结合数据分析形成调研报告，促进了 6 项主要调研成果的限时转化；以科室为单位，针对本科室重点业务进行难题攻关，由 17 名科级干部领衔，攻克了 12 个业务瓶颈问题，有效提升服务质量。三是开展“比武练兵提素质”活动。利用每月非业务期时间举办中心内部专业知识系列讲座，聘请社保中心、卫生部门、食药部门、辖区定点医疗机构等单位的专家加强专业知识培训，拓宽知识面；加强对中心全员在信息写作、礼仪规范、情绪管理、心理健康等领域的培训，改善知识结构，提高基本素养和处理复杂问题的能力；组织全员开展医保专业素质辩论赛、医保政策知识竞赛等形式多样的业务知识大练兵活动，促进专业能力素质提升。

医保专业素质辩论赛

强实践，实现能力综合化。针对干部“专”而不“综”问题，强化多岗实践锻炼。一是向“上”推。先后推荐12名优秀干部到上级单位培养学习，既学管理又学服务。二是向“下”派。选派26名专业骨干到定点医疗机构实践学习，在实践中查改问题。三是定期“轮”。安排29名干部在科室和部门间交流轮岗，促进业务专岗之间的融合。四是按时“换”。分批分期邀请医师到中心“换位”体验，安排社保所医保专管员到中心“顶岗”培训，使“换位”和“顶岗”成为常态。

重安全，实现清正全员化。针对医保基金总量大、责任大、风险高的问题，强化安全防范。一是风险教育常态化。开展集中辅导、交流研讨和谈心谈话，在履行义务、服务态度和工作效率等方面讲纪律、守规矩、防风险。严格落实廉政谈话和廉政约谈制度、科室（部门）主要领导述责述廉制度、重大事项集体决策会签制度等，不断加强内部监督，强化风险防控意识。二是责任落实项目化。将责任清单制度延伸到科级领导干部，把风险责任清单分为共性和个性两类，个性责任内容转化为实际的风险防控业务项目，便于检查、考核和评价，努力做到共性清单规范化、个性清单具体化、主体责任岗位化、风险防控项目化。三是廉政监督家庭化。落实局《加强党员干部“八小时以外”廉政监督实施意见》，聘任56名家属作为“家庭纪委书记”，履行对干部八小时以外的廉政监督和提醒职责；抓住干部成长的关键期，邀请新任领导干部的家属与干部一道参加廉政谈话、参观警示教育基地，邀请新入职干部的家属与中心全体干部共同参加局党风廉政建设大会。将廉政谈话、廉政大会与“家庭纪委书记”的培训相结合，力求实效。

亮身份，实现党建提质化。针对“两学一做”学习教育活动要求，以学立身，以学促行，推动党建工作提质增效。一是坚持学为基础，认真学到位。通过支部书记讲党课、普通党员讲微型党课、观看警示教育片、支部专题大讨论、线上每日答题等多种形式深入学习党章党规、系列讲话，提升党员干部理论素养；开展“戴党徽、亮身份、履承诺”主题活动，亮明党员身份，接受群众监督；开展“担责守廉，共铸党魂”主题活动，让党员在无名英雄纪念碑前重温誓词，铭记历史，不忘初心。二是坚持做为关键，认真做到位。落实“三会一课”制度，把支委会开成学习会、研讨会、议事决策会，把党员大会开成宣讲会、动员会、凝心聚力会，把党小组会开成交心会、谋事会、落实推进会，把党课上成理论普及课、形势分析课和工作难点破题课；抓好典型示范作用，充分发挥“最美人力社保人”模范引领作用，大力开展争先创优活动，树立良好服务形象。三是坚持改为重点，认真改到位。开展“四对照四检查”，对照标准查找自身在坚守理想信念、遵守纪律规矩、严格修身律己、践行党员宗旨方面存在的问题，列明问题清单，明确整改方向、具体措施和完成时限并对照整改；完善监督机制，通过对接电子监察系统、聘请第三方调查机构进行

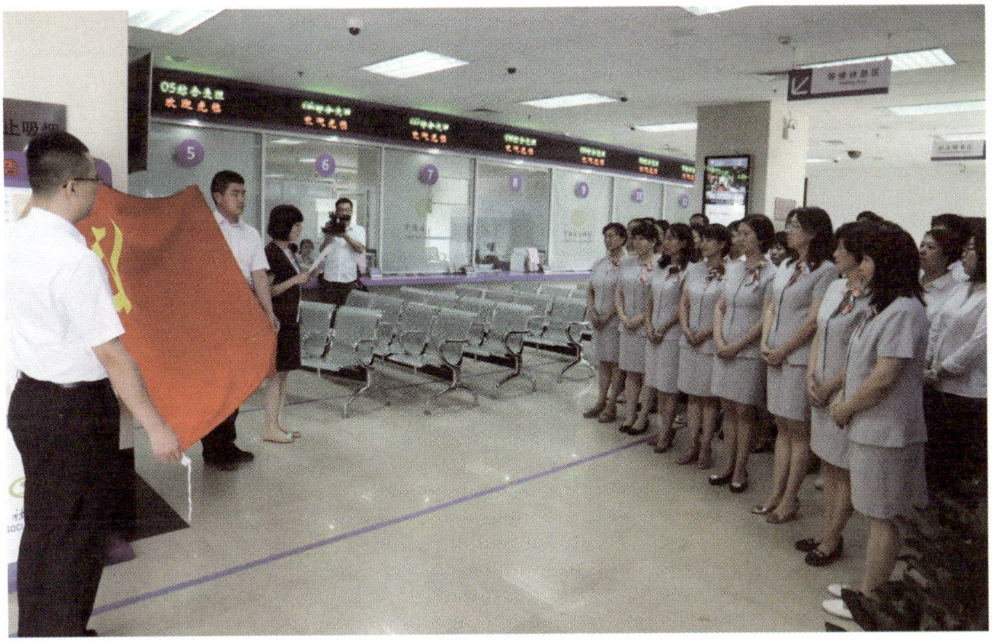

“戴党徽、亮身份、履承诺”主题活动

满意度调查、邀请社会监督员和社区志愿者明察暗访等多种方式对服务流程进行监督，及时发现问题；落实首问负责制，将整改落实情况纳入党建考核、述职评议的重要内容，将责任落到实处。

坚持服务立身，以“有为更能作为”的实效满足民意

“窗口”无大小，服务看作为。中心坚持以服务立身，打造察民情、听民意、解民忧、暖民心的“民生窗口”。

拓渠道，实现措施便民化。针对为民服务便利措施不够问题，推行四项服务模式。一是开展分类服务。根据缓急程度，实行“红、蓝、绿”分类服务模式，办理各类手续 10.62 万份，实现服务办理“零积压”。二是推行上门服务。为群众提供免费寄送医保支付明细单、退单、社保卡等材料的快递服务 1.6 万份，减少群众取单来回奔波。三是试点柜员制服务。打破窗口壁垒，优化岗位设置，简化办事流程，一份医保手工报销单据，现在一个窗口受理后 9 个岗位 10 分钟就能办完，实现“一窗口接待、一趟式办结”。四是坚持“延时服务”。坚持延时值班制度，“连接中间、延伸两边”，窗口服务 9 个半小时做到服务不断档。

按需求，实现指导个性化。针对个性化服务扩展不够问题，采取渐续推进逐个击破。一是严把管理关。对辖区 231 家定点医疗机构进行分批次、分级别、有针对性的培训指导，加强定点医疗机构日常管理及驻院巡查，做好检查记录。二是蹲点做指导。下派业务骨干到 16 个街道社保所蹲点现场指导，解决医保难题 326 个。三是微课促循环。开展“企业专管员循环课堂”，定期向企业专管员进行医保政策、医保业务知识培训，加强日常业务沟通交流，2016 年共培训 24 期，参训企业达 1 260 家。四是再延“一小步”。对 300 余家社区、村居委会专管员开展系统化培训，促进医保脚步进村入户。五是贴心勤“送香”。为参保群众提供原始单据档案查询服务，开展“送香服务进社区”活动，组织业务骨干定期到辖区各社区、乡镇向参保群众现场宣传医保政策及医疗保险相关知识，宣传打击骗保行为，为参保群众答疑解惑，引导参保群众依法就医、合理就医、文明就医，真正将政策送到百姓身边。

布控点，实现防控体系化。针对医保业务流程复杂、职责权限界定不清的问题，以布控促防控。一是流程再造。在全市内控审计试点的基础上，聘请北京天平会计

师事务所监制完成《丰台医保中心业务风险防控内部控制手册》的编写工作，共梳理优化业务流程 34 项，明确业务岗位职责 54 个，查找风险点 78 处，制定风险防控等各项制度 57 项，梳理经办对外服务事项 24 个。打破传统管理习惯性弊端，将风险点查找的触角延伸到每个环节上，与管理制度、岗位说明对接，形成高效的风险防控体系。二是强化自查。成立专项自查小组定期自查，自查内容涉及政策、制度和业务流程的执行情况以及审核质量。三是促进落实。对总控管理、大额审核费用，以及对定点医疗机构处理等重点风险业务，实行重大事项集体决策和会签制度。发挥医保信息系统作用，对重大项目实施网上公示，主动接受社会监督。

小窗口要有大作为，丰台医保人将在实现“医保梦、中国梦”的征途上再接再厉，锻造一支忠诚干净担当的医保队伍，打造一批“亲民、暖民、为民”的服务窗口，让“连心桥”连心更连魂，让市区委放心，让群众满意。

“送香服务进社区”活动

真情融入电话 贴心服务为民

——记天津市人力资源社会保障电话咨询服务中心

在天津有一串耳熟能详也朗朗上口的数字——12333，拨通那串号码，你能听到银铃般的声音；走近他们身边，你能感受到青春的活力。这是一支年轻的队伍，平均年龄 29 岁；这又是一支专业的队伍，人力资源和社会保障法律法规政策都熟记在心。他们就是天津市人力资源社会保障电话咨询服务中心的电话咨询员，在人力社保热线这个平凡的岗位上诠释着付出与奉献，体味着快乐与艰辛，以电话传递

天津 12333 提供无公休日人工咨询，得到广大上班族的赞誉和好评

温馨，以服务为民答疑，以服务延伸真情，以热情和专业为公众撑起一片蓝天，被人们亲切地称呼为“暖心线”“连心桥”。

贴心服务，做群众办事的指路人

劳动合同怎么签？养老保险怎样办？拖欠工资谁来管？社保卡消磁如何补办？每天，年轻的电话咨询员都会面对群众咨询如何办事的各种问题。为了实现“让群众少跑一趟路、少踏一个门槛、少走一道程序”的工作目标，他们始终秉承“倾听民意、服务民生”的服务宗旨， 把人力社保政策和业务熟记于心，热情答复，努力让群众足不出户就清楚地知道自己应该到哪里办理业务，切实解决“起步一公里”的现实问题。

2016 年 5 月，某公司人事专员小杨由于刚刚接手单位的人力资源相关工作，以前的工作人员在交接过程中也没有交代清楚，只知道单位每隔两年，需在 6 月到人力社保部门办理“核本”手续，但具体是何种手续、到哪儿办理以及应当携带哪些材料都不是很清楚，于是，一头雾水的小杨便拨打 12333 进行咨询。咨询员在小杨对所办事项全无头绪的情况下，利用自己熟知的人力社保政策，耐心地帮助咨询者进行梳理、分析。首先，从人力社保局和社保中心所负责的经办内容上进行区分，帮助小杨确定是到社保分中心办理相关事项。其次，再根据“两年”这一时间线索，帮助小杨确定欲办理的事项应该属于“社会保险登记证的核验工作”。最后，再按照相关规定为小杨介绍了所需材料并提供了具体经办部门的联系方式，甚至还告诉小杨在哪里乘车、转车，为他提供了方便快捷的服务。当小杨顺利地把所有手续办好后，再次拨打了 12333，感谢之情溢于言表：“12333 真是太方便了，坐在办公室里就晓得这些问题了，要是没有你们，我还真不知道该到哪去问呢！真是太谢谢你们了！”

自 2005 年 5 月 18 日 12333 热线正式对外服务，11 年来人力社保咨询服务就如春夜喜雨般“随风潜入夜，润物细无声”，累计接听电话 1 975 万个，服务总时长 98 万小时，日最高接听电话 2.3 万个。不断攀升的咨询电话数量，寄托着无数老百姓心中对 12333 越来越深的信任和期望，也更让 12333 人备感此项工作责任重大、使命光荣。

每一名电话咨询员都秉承“倾听民意、服务民生”的宗旨贴心为市民服务

专心倾听，做群众的政策讲解员

12333 作为人力社保热线，受理咨询和服务对象十分广泛，从新出生婴儿到耄耋老人，从农民工到专家院士，而且来电都涉及其切身利益，细致耐心地解答必不可少。为了保证政策解答的准确性和时效性，12333 始终把知识库建设工作放在重要位置，12333 知识库涵盖的人力社保政策法规、问题解答、服务指南及典型案例日益丰富。截至 2016 年 12 月，收录政策法规文件 8 698 个，问题解答文档 2 717 篇，服务指南文档 1 183 篇，典型案例 199 个，成为人力社保政策的“百科全书”。

2016 年年初，家住东丽区的曲师傅满怀感激之情来电表扬咨询员。他说：“你们的咨询员很热心，又有爱心，不厌其烦地帮助我，使我摆脱了困境。”原来生活窘困的曲师傅双目失明，夫妻两人都属于完全丧失劳动能力的残疾人，女儿在校读书，不久前老父亲因病去世。按照政策规定，其父死亡，他们夫妻丧失了劳动能力，不满 16 周岁的女儿可以享受供养直系亲属救济费的待遇。但是，由于他目前从事了残联安排的“叠纸盒”工作，每月只有几百元的收入，所在区的有关部门就以曲师傅从事工作有劳动报酬，其女儿的生活来源不是依靠去世的爷爷供给，拒绝给予待遇。于是，焦虑无助的曲师傅拨打12333寻求帮助。咨询员一边安抚曲师傅的情绪，一边查找政策进行讲解，当曲师傅心平气和地挂断电话后，她立即将这个情况通过工作人员向局有关业务处室进行反映。三天后，曲师傅的困难解决了。

电话咨询员为了提升服务能力，休息期间加强学习、沟通交流疑难问题

咨询中，许多老百姓会提出各种各样的问题，甚至有时仅凭道听途说就立马打来电话咨询，连咨询者自己都不确定具体的内容。电话咨询员们不是简单地把知识库中的政策读给咨询者了事，而是耐心地与老百姓沟通，引导他们说清楚政策的关注点，然后坚持讲好“三种话”，即群众听得懂的政策的话、礼貌的话和真诚的话，会听、会问、会讲，不能照本宣科，使人力社保政策通俗易懂，让群众容易理解和接受。如果遇到咨询者询问的话题不属于12333业务范围的，绝不会一推了之，而是把相关部门的电话查阅出来，提供给咨询者；对涉及多个行政部门职能交叉的事务，更不能“踢皮球”，一定要想方设法予以耐心解答；遇到解答不了的问题，他们则通过与相关业务部门联系，将问题弄清、弄透，主动在三日内向咨询者回复，被群众誉为人力社保的“百事通”。

耐心解答，做群众的心理疏导师

一根电话线连着千万家，接听电话，看上去很平常、轻松，但不知有多少次，因为咨询者的误解、谩骂、指责甚至侮辱和骚扰，让他们流下委屈的泪水，但他们始终会在下一个电话铃声响起时，将微笑留给群众，将委屈藏入心底。

2015年2月，工号为1102的咨询员管接听了一位进城打工人员的咨询电话，电话那头的咨询者情绪格外激动，声称自己无法生活，甚至要报复社会，言辞激烈，态度强硬。凭借多年的工作经验，她深知咨询者虽然情绪激动，实际上却是茫然无助。她耐心地倾听了咨询者近一个小时的宣泄，发现他情绪过于激动时，马上转移话题，防止他因情绪过激引发身体不适，一个多小时后，业务主管发现咨询者的情绪平稳后，才开始和他了解事情的经过。原来，这位咨询者刚刚 20 岁，从四川来津打工没几天，不幸从脚手架上摔了下来，导致胯骨粉碎性骨折，瘫在床上生活无法自理，而其所在单位却不闻不问。面对突如其来的灾难，他感到十分绝望，生活已经失去了意义。听了他的讲述，她一边劝慰他，一边鼓励他运用法律武器保护自己。考虑到这位咨询者的特殊情况，她向他耐心细致讲解工伤政策、认定程序、待遇标准等内容。还将自己的工号告知他，让他一步一步操作，在操作过程中遇到任何问题，都可以随时拨打 12333 并转接给她。在随后的一年里，这位咨询者数次拨打电话咨询，直到 2015 年年底，他最后一次打来电话告知 1102 号咨询员他已经从单位离开，身体基本康复，也终于领取了全部的工伤待遇。咨询者在电话中反复地表达感谢之情，在这反复的感谢声中，1102 号咨询员更加感受到了自身责任的重大，并为自己从事的工作深感自豪。

语言的背后是感情、是思想、是知识、是素质，电话咨询员在回答群众的问题时，不仅要讲解到位，还要感情到位。通过十几年与群众的零距离接触，电话咨询员越来越体会到，人力社保电话咨询服务不仅仅是单纯的政策解释，更应该是一项富有人情、亲情和温情的工作，对咨询者有感情，是 12333 服务工作的关键，这种感情是发自内心的，是一种真情，只有这种真情，才能产生一种动力，增强答疑解惑的主动性，把咨询服务工作做好、做实。因此，中心大力推行 12333 规范服务，把咨询者分成六种类型，即正常咨询型、感情宣泄型、哭诉脆弱型、无理取闹型、理解困难型及投诉上访型，对应所提炼的接待技巧进行解答，有的放矢地提供服务，让每一位咨询者都体会到 12333 人性化服务中所包含的真诚与真情，推进 12333 由平常服务向规范服务、被动服务向主动服务、一般服务向特色服务的转变，在一言一语的沟通中，把人力社保政策和信息持续不断地向社会公众进行传播、传输，成为宣传政策、答疑解惑、依法维权的重要平台。

热心公益，做服务社会的先锋

为了充分发挥立体诉求通道的作用，满足社会对人力社保工作与日俱增的需要，自 2006 年起，年轻的业务骨干开展了以“面对面、零距离，12333 走进社区”为主题的咨询服务日活动，二三十人组成小分队，每季度 1 次，走出咨询服务大厅，

青年志愿者走进大学，为学生面对面讲解创业政策

到居民社区、工矿企业、广场、街头，零距离为居民和劳动者答疑解惑，发放政策印刷品，宣讲人力社保政策，普及人力社保知识。同时还结合区域和企业特点，组织特定专题的宣传活动。

2014 年 3 月 30 日，志愿者服务小分队的 20 多名业务骨干来到西青开发区 24 小时求职公寓，开展“讲政策、送服务”现场咨询服务日活动，150 余名务工人员就自己关心的就业培训、劳动合同、工资保障、社保关系转移、医疗保险、工伤保险等劳动就业和社会保障方面的政策法规及问题提出了咨询，咨询员热情地讲解政策，现场共解答问题 90 余个，发放宣传材料近 200 份。零距离咨询活动的开展，向社会展现了 12333 “为民、便民、服务于民”的良好形象，让居民群众和劳动者在自己的身边就享受到方便、快捷、优质的人力社保政策法规服务，让法制的阳光洒向千家万户。

用心思考，做传递民声的纽带

12333，一头连着政府，一头连着群众，作为人力社保部门联系公众的桥梁和纽带，在倾听公众呼声、了解公众需求的同时，更要注重对有价值信息的整理和反馈。在日常咨询过程中，12333关注民意，倾听民声，充分发挥12333信息资源优势和服务大局的意识，建立起电话录音反馈和信息报送制度，成为解社情民意的窗口、构建和谐天津的前哨。对公众关注、反映集中的热点难点问题，工作人员及时剖析案例，整理电话录音，撰写《12333统计分析》和《12333信息反馈专报》并第一时间反馈到业务处室，为领导决策和完善政策提供了一手资料。目前，12333共上报《12333统计分析》139期，针对市民反映较集中的问题和建设性意见撰写《信息反馈专报》50期，向各处室单位反馈电话录音686个，为领导决策、制定政策、按照民意完善政策提供了大量而又翔实的一手资料。

2013年11月，某单位管理岗位女干部李女士抱着试试看的态度拨打了12333。51岁的李女士所在单位宣告破产，单位与其办理了解除合同手续，但在办理退工退档的过程中，所属区人社局工作人员以“已经超过法定退休年龄，不能办理退休”为由，拒绝接收档案，李女士非常着急，不知该如何解决。随后该单位劳资人员也拨打12333反映了此问题，急切地要求12333给予帮助。当时咨询员按照政策规定为他进行了解答：用人单位被依法宣告破产的，单位应当为职工办理退工退档手续。但由于经办部门确实与政策规定不一致，于是咨询员立即填写《疑难问题处理单》，第一时间将问题反映到相关业务部门，经过调取录音核实后，工作人员及时与局相关业务处室沟通，得到的答复是：超过50周岁的干部岗女职工与单位提前解除劳动关系的，应按规定由用人单位办理退休手续，不再办理退工手续。但如果按照此答复执行，原单位已经破产，主体一方消失，无法为职工办理退休手续，李女士的问题还是没有解决。于是，中心积极协调局信访处、养老保险处、就业促进处，市社保中心征缴处、业务一处等处室，召开专题座谈会，共同对此问题进行讨论，并形成了统一执行的会议纪要，妥善解决了50周岁以上企业管理岗位女职工与单位解除或终止劳动合同后办理退工退档及退休审批等问题。

倾心打造，做政府与群众沟通的桥梁

从2005年到2016年，随着公众需求的不断拓展，中心规模不断壮大，从最初的55个人工座席、120路数字电话线、不到50名咨询员，发展到目前的118个人工座席、360路数字电话线、80名咨询员。服务功能不断完善，业务范围集政策解答、经办业务咨询、职业技能鉴定结果查询、人事考试考务咨询、劳动保障监察举报投诉受理、人事人才政策咨询、社保卡专席、个人社会保险信息自助查询、短消息服务、社情民意反馈和微信服务于一体的综合服务平台，人工服务时间由5×9到现在的7×9为公众提供无公休日咨询服务。除每年12333全国统一咨询日外，中心还不定期“走出去、请进来”，开展走进社区、走进直播间、12333开放日等活动，使咨询服务面对面，更加接地气，贴近民生。同时还受理回复8890便民热线转办单、北方网《政民零距离》网民留言、天津人力社保政务微博留言处理等，构成了12333倾听民意、服务民生的多渠道服务方式，成了天津热线服务的一个知名品牌。

“将心比心，换取真心，群众在我们心中的分量有多重，我们在群众心中的分量就有多重”，这是每一位12333电话咨询员的座右铭，每位咨询员在12333这个平凡的岗位上，牢记“倾听民意、服务民生”，最大限度地满足了群众的需求，群众也从心底里把他们当作自己的贴心人。全国“人力社保系统优质服务窗口单位”、全国“青年文明号”、全国“三八红旗集体”、全国“巾帼文明岗”、市级“五一劳动奖状先进集体”、市级“文明单位”、市级“三八红旗集体”、市级“新长征突击队”、局级“先进基层党组织”等荣誉称号接踵而来，不计其数的感谢电话，让这群80后、90后收获到了成就和幸福，感悟到了青春和理想，甘愿默默坚守在12333这个平凡的岗位上，践行自己的梦想，为人力社保事业奉献青春。

朝气蓬勃、积极进取的电话咨询员

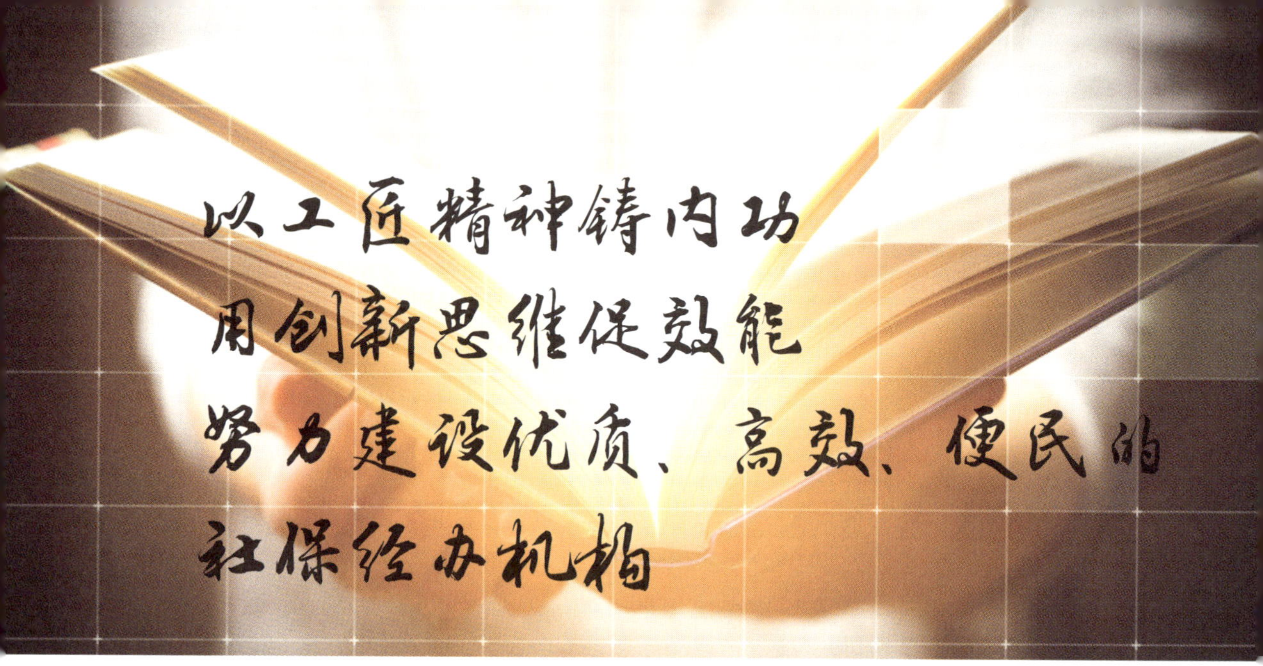

以工匠精神铸内功
用创新思维促效能
努力建设优质、高效、便民的社保经办机构

——记天津市社会保险基金管理中心河东分中心

天津市社会保险基金管理中心河东分中心（以下简称分中心）现有员工 66 人，承担辖区 5 000 余户参保单位、近 60 万名参保人员的社会保险经办服务管理工作，内容涉及社会保险参保登记，养老保险、医疗保险、工伤保险、失业保险和生育保险的基金征缴，以及养老保险、医疗保险、工伤保险、生育保险的审核支付工作，分中心年基金收支总额已达 123 亿元。

自 2014 年以来，在市人力社保局党组和市社保中心党委的领导下，分中心党支部带领全体干部员工，在服务对象持续增长、服务需求日益多样化个性化而经办服务行政资源有限的情况下，严格管理强作风，优化服务惠民生，经过不懈地努力，走出了一条独具河东特色的建设优质、高效、便民社会保险经办机构的道路。在持续的自我完善与发展中，分中心以其高质高效的经办、规范有序的管理、耐心周到的服务和积极向上的精神面貌，得到服务对象的充分认可，成为展示天津社保形象的重要窗口之一。

加强支部自身建设，筑牢发展核心力量

面对老工业区困难企业众多、个人缴费群体庞大等经办压力和经办场所老旧、干部队伍年龄老化、经办服务技能和理念亟须提高与更新等诸多难题，分中心党支部坚持“打铁还需自身硬”，在困难中求突破、在挑战中寻机遇、在逆境中谋发展，凝心聚力，认真查摆经办管理服务中的困难和问题，深入剖析问题存在的根本原因，逐一研究、探索解决难题的科学方法。

为确保工作贴近群众需求，满足社情民意，党支部委员分别带队深入基层单位和街道劳动保障服务中心，开展调研活动，反复认真听取服务对象的意见和困难，并将明确责任人和完成时限的整改措施送达基层单位，以积极开放的心态接受社会监督。党支部还组织召开干部员工座谈会、行风监督员座谈会、微信问卷调查等活动，多种渠道征询各界对加强窗口建设、提升经办效率、简化办事流程等多方面的意见和建议，作为分中心提升经办服务的重要参考依据。

为了能够切实解决服务对象实际困难，党支部制定了《党员联系点制度》。在制度落实中，分中心在做实大量前期沟通协调工作的基础上，仅用半日就为情况极为特殊的天津市某妇儿医院办理了社会保险参保登记手续，解决了该院职工参保缴费的难题，为院方留住了宝贵的人才。分中心党员了解到 SOS 儿童村的“妈妈们”在机关事业单位参加养老保险制度后面临的养老待遇新情况，及时向上级职能处室反映，使这一问题被相关部门列入研究议题。

在一次次破解难题、一次次为民解忧中，分中心党支部展现的扎实做事、勤政为民的工作作风，深深印入分中心这个集体中，成为分中心持续发展的有力的核心力量。

严格经办制度建设，夯实持续发展基石

“没有规矩，不成方圆。”作为社会保险经办机构，年基金收支总额高达 100 多亿元，如何在管好基金、用好基金、维护参保人群的切实利益的同时，又能够提

供高质高效、细致周到的经办服务，成为分中心狠抓的工作重点。

（一）严格依法依规落实经办政策，确保基金运行安全高效

为确保社保基金保障劳动者基本生活、维护社会安定等重要意义得以充分实现，分中心从社保基金的“征”与“管”两方面着手，严格基金管控，确保运行安全。

在“征”的方面。一方面充分利用市中心下发数据库信息及工商部门信息资源，开展数据排查，精准锁定扩面重点，与辖区劳动行政部门形成合力，通过联席会制度、组建扩面工作组、开展具有针对性的扩面宣传等方式，扎实推进参保扩面工作；另一方面严格按照政策精神，依法依规进行缴费基数复核工作，同时依托税务、住房公积金等部门的数据资源，开展信息比对，筛查少报、漏报情况，每年通过基数复核补缴社保基金百余万元。分中心还建立了催缴制度，由专人负责，如遇缴费异常，分中心将及时与企业进行沟通，协助企业解决实际困难，确保其按月足额缴纳社会保险。

在“管”的方面。坚持严格按照经办规程，审核支付各项社会保险待遇。一是分中心将“养老金准时、足额发放”视作铁一般的纪律，自社发以来始终坚守。在2016年天津市机关事业单位养老保险制度改革实施过程中，分中心仅用5天时间就完成了辖区300余户机关事业单位的2万多名退休人员的身份核查和养老金核定工作，实现首月社发“零差错”，确保机关事业单位养老保险制度改革平稳过渡。二是严格医疗服务协议风险管控，确保医保基金合规使用。针对医疗保险主要以联网结算为主的特点，加大对辖区定点医疗机构和药店的协议管理和服务工作。强化对定点医疗机构和药店的资格审核，认真执行准入机制；狠抓日常管理，规范医院和药店履行协议的行为；重视监督检查，严格协议考核制度。同时，针对医保特案、个案，始终坚持以经办规程为基础，最大限度方便服务对象的工作原则。2015年分中心遇到中心系统首例因身体原因无法化验进行门诊特殊病续登记的案例，医险科通过调阅病人就诊记录、走访医院了解情况，并到病人家中拍照取证等方式获取有效材料作为佐证，帮助该名患者在鉴定中心办理了门诊特殊病续登记，成为再遇此类情况经办处理的重要参考。三是建立大额工伤药费审核模式。由于辖区重工业企业多、重大工伤情况时有发生，针对大额工伤药费审核工作，逐步形成了单位上报材料审核与到医院实地调查核实以及定期进行走访跟踪相结合的审核模式，既保证了工伤职工的合法权益，又确保了基金的安全合规使用。

（二）真抓实干提升服务管理水平，实现大厅管控标准化

用人管理只能治标，而用制度管人、管事才能真正实现经办服务水平的提升。三年来，分中心通过“三步走”扎实推进经办大厅管控标准化工作。

第一步，通过深入基层进行调查研究、召开各类座谈会、借助明察暗访的情况反馈，以及到兄弟分中心进行经验学习等方式，广泛征询意见、查找不足，针对存在的问题先后进行整改 11 次，制定整改措施 20 余条，解决经办服务中存在的问题 30 余个。

第二步，为确保整改措施得以持久落实，分中心将这些整改措施进行梳理、规范，先后制定、完善了 23 项规章制度，内容涉及行政管理、窗口服务、干部队伍建设等。围绕经办服务管理工作，重点落实服务大厅主任值班、服务大厅服务引导、服务规范考核、突发事件应急和服务优秀之星评选五项制度；积极落实“首问负责”“一次性告知”和“限时办结”三项服务承诺；借助服务大厅 LED 显示屏、公告栏、微信、短信等渠道，及时公开经办信息，加强监督检查，保证制度落实到位。

第三步，实现经办服务标准化。在党支部积极争取和局党组、中心的大力支持下，分中心迁入拥有宽敞经办大厅、科学区域划分和现代化的办公设备齐全的新址，随后分中心全力着手开展公共服务标准化示范单位申报工作。在时间紧、任务重的情况下，党支部组织党员干部走出去学习兄弟分中心的经验，并组成以党员为骨干力量的工作组，在短短一个月时间里，完成了覆盖分中心 90% 经办服务管理工作的 124 项标准的制定，经半年的试运行，于 2015 年 6 月顺利通过专家组的实地验收。公共服务标准化的落地，实现了对大厅人、财、物整体规范和多角度管控，实现了从人管人到制度管人的根

经办大厅

本转变，有效提升了服务高效化、精准化水平。

创新服务理念与举措，提升服务人性化水平

（一）借助信息技术，创新服务举措

一是“点一点”即可获取社保信息。分中心大力推广微信平台。自2014年5月“河东社保”微信订阅号上线运行以来，持续对微信平台进行完善。从最初的针对最新经办政策和工作动态推送单一的图文信息，发展到针对不同经办内容推出系列“服务微手册”，再到后来借助“原创功能模块”进一步优化菜单使用功能，增强平台互动性，使“河东社保”微信订阅号成为服务对象及时了解社保工作动态、掌握社保基本知识、获取经办服务资料的重要途径之一。“河东社保”微信订阅号也成为分中心24小时咨询服务窗口，实现社保基本咨询随时随地查询。由于其使用方便、操作简单、内容丰富，得到辖区参保服务对象的肯定，目前累计关注近9 000人，累计阅读40余万人次。

二是“扫一扫”即可获知操作详情。在高度信息化的今天，谁能够尽快掌握并充分利用好信息技术，谁就会走在时代的最前列。社会保险经办机构作为政府重要的窗口服务单位，面对众多的服务对象和多样化的服务需求，更需要借助信息技术的力量来促进经办服务质量的提升。分中心创新服务理念，将“社保大业务”理念与“互联网+”模式相融合，突破科室界限，理顺经办业务脉络，将110个社会保险经办业务重要节点，按照经办流程先后顺序和相互关系，绘制成六大经办业务流程图，为服务对象呈现出一个清晰的社保经办业务“大地图”，并为每个业务节点分配一个二维码，服务对象只要扫描二维码，即可获取相关业务阶段经办操作的详尽信息。通过创新地制作分配二维码的业务流程图，使经办服务更公开、更透明、更贴心。

（二）围绕一线经办，创新管控制度

一是创新地采用引导员和主任值班的双引导制度。不仅提高了对服务对象的有效分流，更在每月结算期、年初个人缴费高峰和年底垫付医药费材料上报等重要时点，体现出其对大厅管控的重要保障作用。

二是科学划分功能服务区。经规划设计，在大厅划分出咨询台、自助服务区、

填单台、网上申报室、洽谈室和等候区六大功能服务区，一方面有效分流办事群众，营造更为宽松和谐的工作氛围；另一方面为参保群众提供了一个设施齐备、环境舒适的良好经办服务环境。特别是自助服务区的增设，提高了社保经办服务的便捷性，满足了服务对象的个性需求。目前分中心共配备了 15 台自助终端，服务内容涵盖个人参保证明打印、个人参保明细打印、单位缴费通知单打印、新参保职工身份信息预读等功能，月均使用 5 000 余次。

三是建立服务规范，落实责任追究机制。将经办服务规范落实情况纳入考核，明确考核指标，针对各类经办违纪行为，按照扣分标准和责任追究机制予以处罚。

自助服务区

咨询台

（三）借助组织创新，促进服务提升

在中心系统组织开展的创新创效活动中，分中心党支部将各科优秀青年党员干部组织在一起，组建党员创新创效工作组。在 2016 年金保系统二版升级中，工作组成员充分发挥其业务优势和技能特长，在促进系统与实际业务相融合、保证科室间业务衔接顺畅和提高经办服务质量等方面做出了巨大的努力，充分彰显了党员干部的先锋模范作用。他们还利用工余时间自行研发了一次性告知打印系统，保证参保群众翔实地了解业务流程和所需要件，避免服务对象由于对经办流程不熟悉而跑冤枉路。

通过不断地完善经办服务举措，分中心凭借高质高效的经办管理，细致入微的人性化服务，得到辖区参保服务对象一致认可，2014 年行风评议获得 95.38 分，2015 年和 2016 年满意度分别达到 97.91% 和 97.95%，经办服务满意度呈平稳提升态势。

改进工作作风，打造高素质经办队伍

作为社保经办机构，核心竞争力就是经办服务管理，而干部队伍建设则是保证核心竞争力持续提升的动力之源。为做实做强干部队伍建设，分中心在实践中摸索，逐步形成了用先进的文化做思想引领、用科学的方法促能力提高，让干部员工在分中心的发展中实现个人价值的队伍建设理念。

（一）提升道德修养，筑牢宗旨意识

“以史为鉴，可知兴替。”分中心在抓党员干部思想教育中注入大量党史教育内容，并组织干部员工到“时代记忆”主题纪念馆、周恩来邓颖超纪念馆、平津纪念馆等党史教育基地参观，将理论学习与场景教育、实地体验相结合，加深干部员工的思想认识。分中心还组织开展了评选优秀党员、优秀服务之星、先进开展宣讲、服务标兵谈服务、服务典型案例分析等活动，让干部员工有体会、有感触，自觉向先进看齐。分中心创新地开讲廉政“微党课”，辅以观看各类警示教育片、参观新中国反腐败第一大案展览馆等活动，增强干部员工拒腐防变的廉洁自律能力。分中心格外注重实践教育，组织开展社保政策宣传“三进”活动，支持青年干部主讲“青年公益大讲堂”，与困难企业、困难职工开展“双联慰问活动”，引导员工胸怀百姓，密切与百姓的情感交流。

通过用先进文化作思想引领，在润物无声间分中心党员干部为民服务的宗旨意识显著增强，干部员工服务更加主动积极，团队凝聚力、战斗力逐渐显现，分中心整体精神面貌焕然一新。

（二）夯实业务基础，提升专业素养

高素质的经办团队离不开扎实的专业知识和良好的职业技能。针对基本经办技能，各科室每月要进行一次业务培训，分中心则通过组织技能比武大赛和每月一次的服务技能测试检测学习效果。针对职业素养的完善，分中心为干部员工提供了大量内容丰富、对经办服务工作有实际指导意义的培训课程：科级干部业务素质培训增强了分中心中层干部的执行力和业务能力，法律知识讲座引导员工从定性的角度思考经办服务工作，语言表达培训提升了员工在经办服务中的沟通技巧，服务礼仪培训让员工的经办服务更加规范得体，心理疏导讲座则帮助员工用科学的方法应对

职业倦怠等阶段性职业心理问题，户外拓展训练更为员工增进情感交流、加深彼此了解、营造积极和谐氛围提供了条件。分中心组织员工积极参加中心系统举办的调研报告撰写工作，开阔了员工的工作视野，培养了员工勤思考、善总结的工作习惯，很多优秀调研成果被中心采纳并运用到实际工作中，对促进经办管理水平提升，发挥了重要作用。

科级干部业务素质培训

服务礼仪培训

分中心开展的扎扎实实又独具特色的干部队伍建设工作,其成果逐渐得以体现。由于高水准的日常经办能力，市中心先后抽调分中心 8 名同志，责成参与天津市金保二期信息系统的研发、试运行以及新经办规程的制度工作；分中心 7 名同志被市中心提拔或交流任用，现在在新的岗位上成为骨干力量；三年来分中心近 30 人次获得各类先进个人称号，5 个科室获得先进集体称号，2014 年分中心荣获天津市五一劳动奖状，2016 年被评为市级先进基层党组织。

自 2014 年以来，分中心在领导班子的有力带领下，以工匠精神对经办服务精雕细琢，用创新思维破解经办难题，使经办服务水平得到大幅提升，整体管理工作实现跨越式发展，实实在在担负起了服务百姓、服务驻区企业、促进区域经济协调发展的重要工作职责。

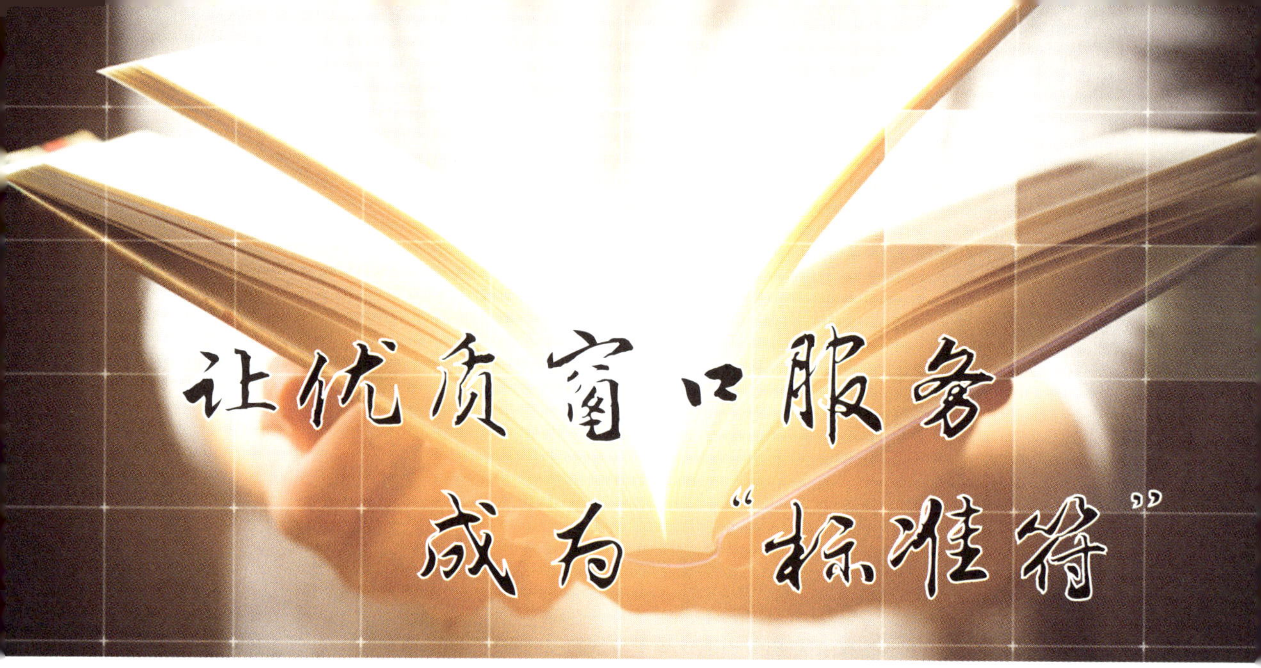

让优质窗口服务成为“标准符”

——记河北省社会保险事业管理局综合服务大厅

河北省社会保险事业管理局综合服务大厅主要负责全省职工基本养老保险、城乡居民基本养老保险、工伤保险统筹管理和机关事业单位养老保险管理的业务经办工作，管理服务对象 4 800 万人。近年来，河北省社保局秉持“记录一生、保障一生、服务一生”的理念，认真贯彻落实《2016 年全国人力资源社会保障系统窗口单位作风建设工作要点》和《关于加强和改进人力资源社会保障领域公共服务的意见》要求，按照优质服务窗口创建标准，坚持问题导向，创新举措、优化流程、完善制度，加强窗口作风建设，为民服务理念进一步树立，服务能力和质量进一步提高，工作效能和群众满意度持续提升。

“优质窗口服务”从完善规范上起步

2016 年 6 月 17 日一早，养老保险待遇计发处副处长王丹阳像往常一样穿着整齐的工装、胸前戴着鲜红的党徽来到大厅，开始检查每个窗口工作人员班前工作准备情况，这是她作为服务大厅值班处长每天上班前的例行动作。随着上班时间一到，办理业务的群众纷至沓来，王丹阳坐回自己的工作台位开始办理业务。

此时，一位上了年纪的老人步入社保大厅，冲着王丹阳所在的第一个窗口走去，"同志，麻烦问一下，我想开个养老金发放证明，哪里能给办呀？"老人发问。"老人家，我这就能给您办理，您带身份证了吗？"王丹阳接过身份证，用了不到一刻钟的时间，便麻利地给老人办理完养老金足额发放证明，"老人家，办好啦，给您，您还有其他需要办理的吗？"王丹阳一边递上身份证和证明，一边询问着老人。"办完了？这么快！同志，我看你桌上摆着这个党旗的牌牌，又戴着党徽，心想你肯定是个共产党员，就冲着你来了，看来我是对的。"老人的喜悦之情溢于言表。"老人家，这个党旗放在这，是'党员先锋岗'的标识，意思是我必须要发挥党员先锋作用，带头示范。我们社保大厅现在推行优质服务，第一点要求就是要做到'首问负责制'，我是接待您的第一个人，不管是不是我的业务，我都会帮您的。不光是我，我们大厅的每名工作人员都能做到。"王丹阳笑着告诉老人。

老人听后满意地点点头，"我是从北京坐火车来的，之前还怕少带什么材料办不了，没想到事情办得这么顺利！这人年纪大了，容易忘事，万一少带了什么，恐怕回去了又忘了！""不怕，老人家，您看我们这有这个《业务告知及受理单》，如果您真的忘带了什么，我们给您填写清楚，您拿着回去，对照着补齐资料就可以了，既然您是外地的，您就留我们一个电话，下次来之前先打电话问清需要带什么，这样就不用来回折腾了。"王丹阳耐心地解答着老人担心的问题。"你们现在想得真周到，看来服务真是做到了'优质'二字。"老人笑着说。"同志，最后再问下你，去石家庄火车站怎么坐车？"面对老人的疑问，王丹阳认真地为老人介绍路线，怕老人记不清，她又将路线写在一张纸条上，让老人拿上。老人十分满意，正要转身离开，又扭过头郑重地说："党员同志，谢谢你！"王丹阳笑了，拥有 31 年党龄和 20 年窗口一线工作经历的她又一次迎来了这样的"光荣时刻"。

河北日报

与加强基层党建工作结合起来

——六论把"两学一做"学习教育引向深入

习近平同波兰总统杜达举行会谈，两国元首一致同意

建立中波全面战略伙伴关系

张家口拉开冬奥筹办大幕 打造国际化奥运名城

李保国同志先进事迹报告团 全国巡回报告最后一站走进陕西省

全省3449万亩 小麦收获完毕

弘扬扎实苦干的拼搏精神

"美丽河北·太行行"大型联合采访活动今日启动

平凡日子，"光荣时刻"在哪里

《河北日报》6 月 21 日刊发《平凡日子，"光荣时刻"在哪里》一文

"激情工作，追求卓越""您的满意，我的快乐""方寸之间，彰显真诚"……这是悬挂于省社保局服务大厅门口一侧的一块

展示牌上的话语。这块展示牌向群众公示的是像王丹阳同志一样工作在窗口的 34 名一线人员的个人服务承诺和集体承诺书，这也是前台服务群众“先锋团队”的“集体亮相”，清晰地公示着工作人员的照片、姓名、工作职责、一句话承诺以及监督举报电话。

窗口服务承诺书展示牌

“服务承诺书”展示牌只是河北省社保局综合服务大厅向群众做出公开承诺的一个缩影，“纪律要求”展示牌、“服务指南”展示牌、“经办流程”展示牌、15 种单项业务服务指南宣传折页、查询触摸屏等，现如今的综合服务大厅时时处处向群众公示公开。这是河北省社保局转变窗口作风、践行“优质服务”迈出的一大步。

人人有责，方能人人尽责，进而实现人人负责的良好局面，河北省社保局在完

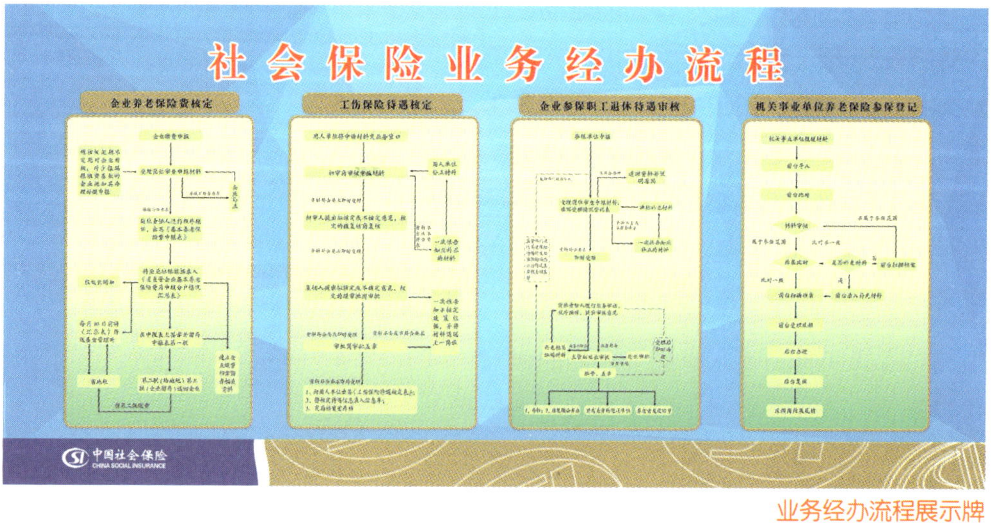

业务经办流程展示牌

善规范、健全制度上下功夫，制定出台了一系列有效措施，做到即时受理、公开办理。一是划好“责任田”。按照“三定”规定和机关标准化管理要求，进一步完善《河北省社会保险事业管理局工作手册》，将67项职责，条分缕析，上到部门负责人，下到前台经办人员，都明确职责分工、规范业务接口，让顺畅、协调成为群众办理业务的主旋律。二是制定好“规则”。认真执行国家和部颁业务经办标准，规范服务事项、统一事项名称，规范服务流程、统一办事程序，规范服务行为、统一服务标准，规范服务环境、统一服务品牌，不断健全标准体系。明确“五制”，即首问负责制、服务承诺制、一次性告知制、限时办结制和岗位责任制。三是让服务更加“阳光”。在服务大厅，每个前台岗位均亮明职责、亮明身份、亮明标准。每项业务均公开办事程序、办事依据、办事时限、办事结果，并制成《服务指南》宣传折页，对各项业务的办事依据、受理窗口、基本流程、申请材料、办理时限、咨询方式等每一环节进行说明，配有业务流程图。所有党员胸前都佩戴党徽，设置6个“党员先锋岗”，率先垂范，成为服务标杆。

“优质窗口服务”在创新形式中升华

2016年6月29日清晨，河北省社保局养老保险待遇计发处工作人员姬新、关明两人起得比平常早很多，整理好退休审核相关政策文件，几经周转，首站来到了向阳公司，该公司是河北省140多家省本级统筹单位中的一家。姬新、关明两人此番来的目的，就是对这家公司的退休人员进行集中审批。“来得比约定时间要早啊，真是辛苦你们了！”向阳公司人力资源部申有兵部长高兴地上前迎接他们。“今天得跑两家单位，时间紧任务重呀。咱们现在开始审材料吧。”工作人员姬新直奔工作主题。“好的好的，你们这样上门为我们进行退休人员集中审批，真是给我们企业节省了大量的人工和财务成本呀！”申有兵感激地表示。“这都是我们应该做的，帮助企业节约成本，

养老保险待遇计发处工作人员姬新、关明为企业提供上门服务

助推企业转型升级也是我们单位推行‘优质服务’的一个重要考核标准，咱们企业有什么好建议，我们改进提升。”工作人员关明向申有兵部长解释了省社保局目前正在推行的“优质服务”做法。上午一结束，两人紧接着踏上了赶往保定惠阳机械厂的行程。

像往常一样，风帆公司人力资源部工作人员张芳于上午8:30准时来到单位，第一件事便是打开电脑，轻点鼠标，登录河北省社会保险网报系统，打开办事指南板块，浏览社会保险参保登记业务流程，在线填写《社会保险参保人员增减变动表》，进行打印，提交网报系统，等待审核。系统另一头，河北省社保局综合服务大厅工作人员安岩峰接到了一条业务待审核状态提示，便点开受理业务，经过认真审核，检查无问题后，将单位信息和参保人员增减变动信息录入了业务信息系统。至此，风帆公司这笔新增人员参保登记业务办结共耗时20分钟。在这以前，张芳需要拖着行李箱承载资料、报表等一大摞材料到省社保局服务大厅办理这项业务，不仅往返需耗时至少一天时间，有时可能手续不全，还未必一次就能办好，并且存在来回携带大量档案材料不慎丢失的严重隐患。

河北省社保局根据工作实际和群众需求，主动适应群众多样化的办事需求，利用现代化手段，拓宽服务渠道，主动延伸服务，畅通“绿色通道”。一是打造“温情服务”品牌，提高服务的可及性和便捷性。将参保对象进行分类造册，筛选出涉及人员众多、业务量大、地方偏远的特殊群体和对象，针对他们改变原有的“坐等上门”被动服务状态，树立“主动服务”理念。二是建立“信息惠民”平台，为群众提供信息化服务。在全国网络提速、手机普及率高的大环境下，坚持与时俱进，不断开拓创新，力求“让信息多跑路，让群众少跑腿”，推出“互联网＋惠民服务”，打出网上社保、手机APP、微信公众平台、自助查询终端和12333电话咨询服务“组合拳”，工作从实体窗口向网上经办延伸。目前，基本实现了1 200户省本级参保单位的人员增减变更，年度基数核定，还有每月的缴费申报等，总共是8大类18个小项业务的网上预约、网上受理、网上经办和网上反馈，使石家庄以外地区办理业务平均省去了2天左右的往返路程。三是实施“动态监控”，确保上门服务不变质、不走样。一方面，选取为民服务意识坚定、业务能力突出的工作人员纳入“上门服务”队伍，制定上门服务规范，明确纪律要求，尤其对上门服务时的交通工具使用、食宿标准等做出具体规定；另一方面，对“上门服务”进行回访，对工作人员的服务态度、业务能力、办事效率以及是否有违规行为等情况进行摸排监管，发现问题及时纠正和查处。

“优质窗口服务”靠提升能力以巩固

2016年5月13日下午，河北师范大学张怡梅教授结合窗口工作实际，在省社保局大会议室进行公务礼仪培训专题讲座。她从礼仪与形象的概念入手，通过课程讲授、互动式提问，图文并茂地讲解了日常文明礼仪、形象设计等方面内容，并现场演示了办公站姿、坐姿、引领、仪容举止等方面的行为规范，请听课的工作人员走上讲台逐一示范。“这已经是我第四次参加单位组织的‘周末讲堂’培训活动了。局里开展的‘干部素质提升工程’可以说学习内容丰富、活动精彩纷呈，这样定期组织的集中学习，也让我们这些新人尽快地融入社保这个温馨的大家庭。”参加培训的个人账户管理处工作人员李晓琪如是说。优质、无误的服务还需要靠过硬的本领，“小课堂”蕴含着“大智慧”，河北省社保局让“周末讲堂”这样的培训形式成为常态化建设队伍手段。

河北省社保局完善选人用人机制，坚持需求导向，优化人员结构，加强窗口工作人员力量，把品质好、业务精、沟通能力强作为重要标准，真正把愿意在窗口服务、适合为窗口服务、精通窗口规范的工作人员选入窗口单位和岗位工作。一是强化服务意识，充分发挥党建引领的核心作用，坚持思想从严，扎实开展“两学一做”学习教育，开展“一名党员一面旗，我为窗口添光彩”专题活动，开展干部素质提升工程，抓学习教育不放松，形成了“人人是窗口，个个争一流”的良好氛围。二是全面提升素质，以业务经办、作风养成、礼仪规范等为重点，加强对窗口工作人员常态化培训，特别是对党员和新进人员，大力开展岗位练兵，举办周末大讲堂18期，强化了窗口工作人员群众至上的服务理念，真正做到用心、真心、贴心服务。三是严肃作风纪律，制定出台《社会保险服务窗口单位纪律要求》《关于严明工作纪律考核奖惩的规定（试行）》等，建立上下班“双签到”考勤、随机抽查定期通报、即时评价等制度，加强动态监控，实时督导问效。每名窗口工作人员均配有《业务大厅工作日志》，要求将每项受理业务记录在册，由服务对象和工作人员分别填写，作为核查追溯的重要依据。

“差评”或“点赞”群众来评判

2016年5月11日，综合处工作人员姚彬照常打开“河北社保”微信公众平台，

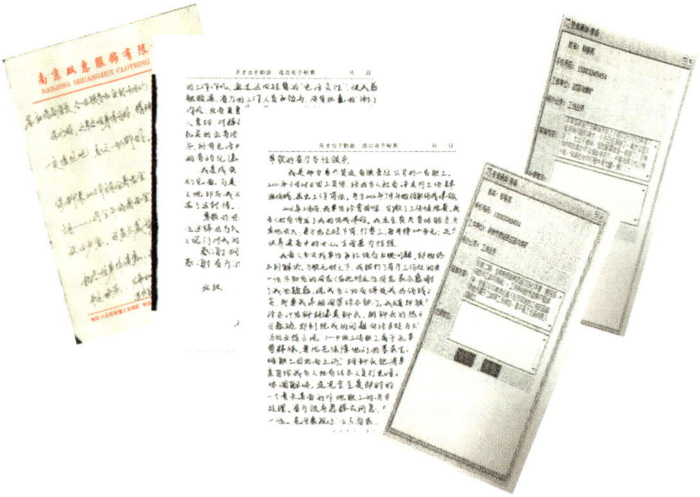

微信公众平台意见反馈栏收到群众意见及群众感谢信

查看群众的意见反馈。一条信息映入眼帘，“我是矽肺病二期患者，住院期间服用药品汉防己甲素，医院系统显示是乙类可报销药，2010年河北省人社厅印发的工伤药品目录里，也属于乙类限工伤保险报销药。但在报销时，工伤系统却显示是自费药不能报销。到底是哪里错了？”这是承德市宽城县缸窑沟煤矿工伤职工郗春亮遇到问题后提出的诉求。姚彬马上将这条微信进行截图打印，并附上公文办理签呈报给局领导，由局领导批复至工伤待遇计发处办理反馈。工伤待遇计发处工作人员温秀娟立刻与工伤职工郗春亮进行沟通联系，了解事情缘由，做好政策解释，并与承德市社保局联系，指出其应严格按照河北省人社厅印发的工伤药品目录执行。承德市社保局按要求对照目录后，做出及时更正，不到24小时就帮助郗春亮彻底解决了问题。郗春亮再次通过微信平台发来留言，“非常感谢省厅负责解决我上次提交的汉防己甲素不能报销问题的姑娘，今天已经报销了。姑娘态度太好了，太出乎意料了。没有你的帮助真的不知道会拖多久，关键拖再久也没有头绪。和谐社会你们是中坚力量。赞！”自2016年5月微信公众平台开通以来，共收到群众意见建议19条，属河北省社保局受理范围内意见建议5条，均做到了及时反馈。

除了开通微信公众平台意见反馈栏，河北省社保局还开通了监督举报电话和咨询电话。一次，邢台易兴货运有限责任公司某工伤职工因地方社保部门停发了他的伤残津贴，但又行动不便，焦急万分地打来电话反映情况。工伤待遇计发处工作人员胡建英受理这位职工的诉求，马上向处长做了汇报，处长指示说，“1～4级工伤职工属于无劳动能力的弱势群体，要优先保障他们的基本生活，不能让困难职工得不到保障”。胡建英领会精神后，马上与当地社保部门协调解决问题，真正做到了“现场办公”，及时为工伤职工解决了难题。也因此收到了工伤职工寄来的感谢信，信中写道：“通过这次短暂的‘电话交往’，我感触颇深，省局工作人员和领导没有丝毫的‘衙门’作风，反而更像是服务行业的‘客服’，讲话文明、待人亲切，对群众问题的解答，专业、清晰，显露出扎实的业务功底，而且我打电话时正值周末的下午，所有电话均有人接听，可见省直机关人员过硬的劳动纪律性。”

河北省社保局以群众满意为根本，落实“马上就办、办就办好”要求，进一步完善服务监督规范，主动接受社会各方面的监督。一是畅通诉求渠道。除了开通微信公众平台，大厅每个窗口台位均安装群众满意度即时评价系统，每月对满意度数据进行评估分析，实施动态监控；大厅显著位置设置意见箱和意见卡，开通监督举报电话。二是建立回访机制。统筹考虑参保对象的广泛性和代表性，建立500名社会监督员队伍，由指定联络员每月进行“一对一”沟通，征求改进工作和窗口服务的意见建议，以此作为调整政策、改进服务、提升质量的重要依据，实现反馈、改进、提升的良性循环。例如，2016年3月，蔚州矿区监督员刘连升对大厅服务提出增加“自助电脑”的建议，服务大厅立即加强硬件设施建设，设置两个“自助服务区”，分别配备电脑和打印机，方便参保对象现场办理业务。三是坚持立改立行。河北省社保局始终把推动窗口服务转作风作为问题整改的过程，坚持问题导向，梳理意见建议60余条，建立“问题清单”和“整改清单”，逐一落实到每个处室、每个岗位，挂账销号，不留死角，让“意见”成为正衣冠的“镜子”，确保优质服务窗口创建工作取得实效。

河北省委省直机关工委组织39个省级机关相关负责人观摩服务大厅

2016年，河北省社保局综合服务大厅被人社部评为“全国人力资源社会保障系统2014—2016年度优质服务窗口单位”。6月28日，河北省委省直机关工委组织39个省级机关相关负责人观摩了服务大厅，赵新喜副厅长在全省窗口服务经验交流会上做典型发言。《人民日报》、《中国劳动保障报》、《中国组织人事报》、《河北日报》、河北卫视、长城网等媒体，在重要时段和版面做了宣传报道，取得良好效果。

创建优质服务窗口，没有终点，永远在路上。河北省社保局综合服务大厅将继续向先进窗口看齐，建立长效机制，以高度的责任感、饱满的工作热情、昂扬的精神状态，推进窗口建设和服务质量上水平，为群众提供更加规范、便捷、高效、贴心的服务！

把群众利益放在至高位置

——记河北省邯郸市人力资源和社会保障局综合服务大厅

西枕太行，东接齐鲁，南北通衢，四省交汇——在中国版图上，河北省邯郸市地处中原，是我国重要的老工业基地、人口逾千万的较大城市。社保医保、就业创业、退休病养等一个个审批事项，都关乎每个人的切身利益。

邯郸市不断把“放管服”改革引向深入，“权力”部门将“窗口前移、服务下沉”。2014 年以来，邯郸市人社局综合服务大厅紧紧围绕工作部署要求，树立“不找人，一趟清”工作目标，着力打造“便民无止境、服务零距离”服务品牌，团结干事业、奋力两争先，在为民服务上迈出坚实步伐，被全国妇联授予“全国巾帼文明岗”，被河北省人社厅表彰为“先进集体”，2015 年 12 月被人社部确定为“全国电子社保示范城市”，2016 年 7 月被人社部确定为生育保险和基本医疗保险合并实施试点城市。

顶层设计——上接天线，下接地气，让“制度的笼子”更透明

“简政”不是“减政”，“放权”并非“放任”，“法定责任必须为”。在邯郸市委、市政府的正确领导下，邯郸市人力资源和社会保障局紧紧围绕全市经济社

会发展大局，以服务发展、保障民生、维护稳定为目标，深化“问题导向”，强化“不找人，一趟清”服务理念，一场以清权、确权、配权、晒权和制权为核心的“权力革命”，给行政职权打造了一个透明的“制度笼子”。

走进邯郸市民服务大厅，人社窗口人头攒动，工作人员正在紧张有序地工作着。一位刚刚办理完认证事务的市民说：“没想到一趟就办妥了，我为你们的服务点赞！”

这一切，得益于他们在制度设计上“上接天线，下接地气”。邯郸市人力资源和社会保障局坚持从规范工作流程入手，修订完善了行政职权目录，并绘制了流程图，让办事群众一看便懂，或咨询一二，心里明了。

严格流程，工作再规范。针对权力下放的“中梗阻”现象，人社局组织开展了解放思想大讨论，认真查找权力流程运行过程中不衔接、不规范、有梗阻的问题，参照省、市行政职权工作流程图的统一模式，对各项行政职权目录和流程进行了再规范。

放管结合，效率再提高。大幅压缩工作事项办理时限，除个别跨年度或阶段性工作外，行政许可事项办理时限压缩至 30 个工作日以内，日常性审核全部实现即时办理或 7 个工作日办结。所有办理事项，能由承办人或处室直接审批的，不报主管副局长或局长审批；对社会关注的重点、热点和敏感工作，按照局会议议事规则，集体研究审批，防止权力失范或过度集中。

公开透明，监督更有力。印制了《办事指南》《明白纸》，把修订的 112 项行政职权工作流程图编印成书，向局机关处室和局属单位、各县（市、区）人社局和广大服务对象免费发放，并在局门户网站上公布，主动接受社会监督。

印发文件，流程更优化。为提高窗口单位服务质量和服务水平，人社局建章立制，并印发了《关于简化优化公共服务流程方便基层群众办事创业工作方案的通知》《关于 2016 年全市人力资源社会保障系统窗口单位作风建设实施方案》，转发了市政府办公厅《关于落实统一受理、群众评议等六项制度的通知》（邯政办字〔2016〕38 号）等文件，为切实解决基层群众“办证多、办事难”等问题，更好推动大众创业、万众创新提供了政策支持。

制度设计得再好，落实不到位也等于白纸一张。为此，在运行实践中，人社局深入总结服务窗口的事项办理、人员管理等方面有效做法和成功经验，建立完善了一系列行之有效的规章制度。

例如，实行首席代表制，有效解决了授权不充分问题。人社局各入驻部门向驻服务大厅窗口派驻首席代表（一般由行政副职担任），并出具授权委托书，由首席代表全权办理进驻事项；确需部门主要负责人签发的，由其到市民中心签发，或实行电子签发。

又如，实行统一受理制，一条流水线作业。据介绍，人社局对进入服务中心限时办理的各类事项，实行统一受理、跟踪督办、限时办结，有效遏制了体外循环、场外交易。2015 年，他们适应改革需要，推出了“一照一码一章一证”联办制。在工商营业执照、组织机构代码证和税务登记证“三证合一”基础上，积极推行工商营业执照、统一社会信用代码、刻制公章备案和社会保险登记证“一照一码一章一证”联办制度，提供一条龙服务，大大提高办事效率。

摸着石头也要过河！邯郸市通过清权、确权、配权、晒权和制权，不仅扎牢了“制度的笼子”，而且让这个“制度的笼子”更透明，让群众办事更快捷。

“智慧人社”——依托科技创新，民生幸福指数节节攀升

邯郸，一座创新发展的城市，一座装满幸福的城市。

2015年，国家人社部确定邯郸为“全国电子社保示范城市”。在邯郸居民的眼里，这不单单是一个桂冠，更是一项福祉。依托科技力量，“智慧社保”温暖了居民的生活。

“掌静脉”认证

全国首家！

邯郸是全国首家实现“掌静脉”资格认证技术全覆盖的设区市。邯郸市推行“掌静脉”认证，离退休人员领取养老金更方便了。

对行动不便的离退休人员来说，每季度一次的养老金领取资格认证是件“头疼

事”。“拿着证件到现场排队、比对、签字，一等就是半天。”据介绍，邯郸市离退休人员有 36 万余人，而市社保中心负责资格认证的工作人员十分有限，他们必须在一年的时间内分时段到各社区开展认证。由于时间短、人员集中，认证现场往往排起长队。

2015 年，邯郸市社保中心完善离退休人员领取养老金资格认证制度，由原来每年 4 次认证改为 1 次。为使认证程序更简捷，2016 年推行了“掌静脉”网络认证，现已为全市 26 万名离退休人员采集了“掌静脉”信息。

“掌静脉”认证实行后，资格认证工作由传统的照片、签字人工比对，变为跨区域“掌静脉”微机数据库自动比对，使认证工作更方便、更高效，还增强了信息比对的准确性、可靠性。这项业务，还可以通过手机下载社保认证 APP 客户端进行异地认证，为年老多病、行动不便或跟随子女移居外地的人员解除了后顾之忧。

据介绍，计划到2016年年底，邯郸市完成全部离退休人员的“掌静脉”信息采集，届时，即便有人卧病在床，也可以直接用终端机在家认证。规划中，“掌静脉”终端机将陆续安装到超市、商场、银行网点等场所，离退休人员在休闲购物之余就可以进行资格认证。

全省率先！

2015 年 7 月，邯郸市社保中心在全省率先推出社保网上缴费，实现服务群众“全天候、零距离”。群众足不出户，轻动手指，在电脑、手机客户端上，即可轻松完成个人养老保险缴费业务。

在邯郸市，每年的下半年是养老保险集中缴费期，以往全市 8 万余名参保的灵活就业人员，必须拿着各种证件到社保大厅缴费，不仅效率低，还增加了往来成本。借助现代信息技术手段开展“智慧人社”后，灵活就业人员不必东奔西跑，随时可利用网络自主办理。

邯郸市社保中心承担着城镇职工养老、失业、工伤保险方面的多种业务。成立之初，中心工作人员 80 多人，服务对象 30 万人，现在人员没有增加，但服务对象已增至近 140 万人，窗口工作人员最多时一天要接待四五百人。为满足“井喷式”的业务需求，他们探索实施了“智慧人社”服务体系。

灵活就业人员是“智慧人社”的最大受益群体。他们通常只涉及养老保险一个险种，如果在外地打工，也必须赶回邯郸市办理，时间和金钱成本较高。随着多种信息化服务手段的推广，参保人员办理社保业务变得方便快捷。参保人员可以通过电脑登录“邯郸社会保险网上服务大厅”，足不出户办理个人缴费、信息查询、个人权益记录打印等多项业务，还可以通过手机 APP 客户端和微信平台，输入用户名和密码后，在手机上轻松办理业务。

在社保大厅，邯郸市社保中心配备了 60 台自助一体机，把身份证在自助机上一扫，按照操作程序，几分钟就能缴纳养老保险费，还能打印社保个人权益记录。

自助一体机

窗口前移——争做群众的贴心人，开展“五星级”标准服务

窗口虽小，事关政府形象；事项虽微，关乎百姓幸福。

这样的一幕让人难忘——

2015 年 8 月 12 日，失业人员米喜林持省社保厅和石家庄社保局两份转移手续，到邯郸市人社局行政中心个体公共业务处办理社保信息的接续。工作人员史来安、高重建发现，米喜林所持的第一份养老转移手续为2005年转移的手续，应该在当时进行录入，由于其单位和本人的种种原因，十多年未能到社保部门办理手续，并且因缴费信息表丢失，导致目前中心使用的新程序无法正常为其录入信息，经与省社保局和原单位进行沟通核实，并与市社保中心多方协调，最终为其完善了转移信息。可是信息录入之后，老人迟迟不肯离开，经询问方知，老人来时在公交车上不慎将钱包丢失，没有返程的车费。中心工作人员高重建马上掏出50元钱递了过去。事后，米喜林为他们送来锦旗致谢。

这样的一幕让人起敬——

“请中心全体同志向杜红霞同志学习，牢固树立群众至上、服务第一的理念，争做群众的贴心人。”邯郸市人社局局长刘斌在一封感谢上做出这样的批示。原来，2016年6月22日，两位老人来到退管处窗口办理导地社保认证，窗口工作人员杜红霞热情接待了老人，详细介绍了社保认证政策，并主动给老人原工作单位打电话了解情况。当得知两位老人常年在北京居住，身体不太好，为了不让老人跑冤枉路，她打开电脑模板向老人详细介绍，使老人对整个办理过程清楚明了。临别，两位老人心存感激写了封感谢信，信中说，“我不知道她是党员，还是担任领导职务，或者是普通办事员，但她心中装着‘人民’二字，把人民利益放在第一位，全心全意为人民服务……”

在探索中完善提高，在服务中展现风采。这些年，邯郸市人社局抓实队伍建设，坚持“窗口前移，服务下沉”，努力创新服务机制和形式。

探索机制模式，热情服务到位。他们积极探索并实行“窗口对外、统一办理、联合办理、集中办理”模式，最大限度地方便群众。特别是对不符合规定的，工作人员耐心进行政策讲解，力争群众的理解，不让任何一个群众在窗口受冷落，让申请人带着笑脸走，带着满意走，带着理解走。邯郸市人社局窗口连续3年被市政府评为“五星级文明服务窗口”。

完善配套制度，提升服务质量。在窗口部门，他们全面推行“首问负责制”“限时办结制”“一次性告知”等制度，用制度约束、管理工作人员行为，提升服务质量和办事效率。做到审批服务事项进驻中心到位、窗口授权到位、监督管理到位，有效达到了“三提高”，即提高了即时办结率、提高了限时办结率、提高了群众满意率。办事群众现场填写“作风建设监督卡”，对工作人员执行制度情况进行满意度测评。

搭建沟通平台，消除群众疑虑。行政大厅设置电脑触摸屏及政策咨询台，方便群众办事；通过“清晨行风热线”和《广播电视报》“政策咨询专栏”等栏目和网上来信、来电、来访等方式，向社会介绍政策，及时解决群众在办事过程中的疑难问题。对于群众来办事项，实行“即时受理、快速分办、协调联动、督查督办、限时办结、统一答复”，努力实现“一个平台对外，一个窗口全管”。

构建监督平台，加大监督力度。组织窗口工作人员定期开展自查活动，加大对外征求群众意见建议的力度。在全局多个地点设置投诉意见箱，由纪检监察室定期进行收集整理。

实行限时办结制。为提高行政服务工作效率，为群众提供优质、高效、满意的服务，严格落实市政府出台的《邯郸市行政机关限时办结若干规定》。服务窗口首席代表对本窗口实施限时办结负总责。

同时，制度设计人性化，充分保障职工享受社保待遇。以往因办理退休手续跨部门多、时间长，一些职工到退休年龄后仍不能及时领取养老金。为此，邯郸市完善参保企业职工正常退休市级准入制度，由原来职工到龄当月办理退休申报审核改为退休审核工作前移数月，职工退休信息提前审核、提前锁定，确保职工在到龄当月就可办完退休手续，次月就可领取养老待遇。

“在这里，我们享受到五星级宾馆的服务，真是太感激了！”办事群众如此评价。

服务“双创”——创业正当时，创业要有梦，创业重实效

2015年7月31日，邯郸大学生创业园在邯郸市经济技术开发区正式挂牌成立。

从2014年12月组建筹建机构，2015年3月选定园址，4月开工建设，5月主体完工，6月初步具备入驻条件，到7月31日开园，创造了全省创业园区建设的“邯郸速度”。

“要想搞好创业工作，自己首先要做创业的精英。”邯郸大学生创业园孔秀萍说，“助大学生圆创业梦想，释放创业活力，激发创业激情，鼓励、引导和支持大学生自主创业，我们也尽享创业过程中的快乐。”

短短一年多的时间，邯郸大学生创业园入驻大学生创业实体达142家，进驻

邯郸大学生创业园

率达到 90% 以上，直接带动就业 700 余人，涉及科技研发、动漫设计、文化创意、电子商务、3D 打印等多个行业。大学生创业园成为河北省唯一一家由人社局主导的容纳实体数量最多、孵化面积最大的公益性公共服务平台，成为众多草根创业者圆梦的地方。

自邯郸大学生创业园开园以来，人社局服务大厅按照“理念新、标准高、功能全、服务优、品牌亮”的总要求，着力为创业者提供项目孵化、政策扶持、跟踪指导等一站式创业服务，开设有政策咨询、信息服务、项目推介、开业指导、融资服务、跟踪服务等服务窗口，坚持加强事前引导、提升事中服务、完善事后跟踪，确保每个服务窗口职能明确、人员到位。创业中心工作人员主动向大学生宣传国家和省、市创新创业最新政策，为大学生提供政策咨询、创业指导、注册登记、跟踪扶持等一条龙服务，通过现场解答、代办协办等，为大学生创业者答疑解惑，让创业者切身感受到了政府对创业大学生实实在在的支持和重视。

为提升服务功能，该园区重点实施了定机构、定政策、定功能、定服务“四定”机制，将园区打造成为一个服务、支持、引导大学生创业的综合性服务平台。大学生创业者入驻园区后，园区服务大厅与开发区工商局对接，在服务大厅开设了创业大学生商户登记注册“绿色通道”窗口，安排专人深入大学生创业园现场办公，全方位提供咨询服务，帮助大学生解决注册登记过程中遇到的难题，在国家政策允许范围内，利用大学生创业园集中办公场地为大学生商户注册登记。依托“三证合一”工作平台，确保营业执照从受理到发放做到最简最快。首批 80 名大学生商户办理的营业执照，仅用一天半时间就发放到每个大学生商户手中。大学生商户们十分感慨地说：“真没想到，大学生创业园这么快就把营业执照给咱送上门来了。”

目前，该园区先后被共青团邯郸市直工委授予了“青年文明号”，被共青团邯郸市委授予邯郸市十大“青年文明号”标杆，被共青团邯郸市委认定为“青年创新创业孵化基地”，被邯郸市科技局认定为“邯郸市众创空间”，被河北省人社厅、河北省财政厅认定为“河北省创业就业众创空间”。

提供便捷高效服务
打造群众满意窗口

——记山西省晋中市医疗保险中心

山西省晋中市医疗保险中心（以下简称晋中市医保中心）承担着职工医疗保险、居民医疗保险、生育保险服务功能，业务范围广、服务人员多，近年来晋中市医保中心通过提升服务能力、优化办事流程等措施，全力打造群众满意的服务窗口。

走进晋中市医疗保险办事大厅，宽敞明亮，“现在到晋中市医疗保险中心办理各项业务，感觉这里的工作人员的服务水平比以前提高了许多，解释政策更耐心、更详细，办理手续更简洁，办事高效便捷”。这是轻机厂退休人员孙生来医保中心办理慢性病复审业务后的亲身感受，也是晋中市医保中心打造人社系统文明示范服务窗口的工作成果。

近年来，晋中市医保中心李秀明主任带领医保一班人，以开展“两学一做”“学习讨论”活动为契机，以增强服务意识，改进工作作风，提高办事效率，不断提高保障水平，让参保人员享受到更加优质高效的医保服务为目标，深入开展优质服务窗口创建活动，坚持“民生为本、服务至上”的理念，通过加强内部管理，完善管理机制，简化办事流程等措施，唱响医保优质服务的主旋律，让广大参保人员真正享受到方便、快捷、优质、高效的医疗保险经办服务。晋中市医保中心先后获得省级文明窗口、省人社系统先进集体，省级社会保险业务档案工作管理三级称号，省级医疗生育目标责任制优秀单位，市级文明单位、市级先进党组织等称号，以优质的服务和过硬的素质树立了人社系统窗口的新形象。

优化办事环境，提升服务效能

到过晋中市窗口办事的参保人员都有一种舒心的感觉，不管你是生人还是熟人，不管你是下岗职工还是机关干部，都一视同仁，细致周到服务，让人有种宾至如归的感觉。这正是晋中市医保中心通过强化服务意识、创新服务方式打造的服务型团队。

推行“柜员受理”。整合医保服务窗口，将单一业务办事窗口向综合性服务窗口转变，变“多头受理”为“一口受理”。2014 年晋中市医保中心按照相近业务归并、复杂业务简化的原则，把十余个业务窗口整合优化为医疗保险、生育保险、财务支付三大集中服务窗口，实行窗口柜员制管理，全面推行“一口受理、内部流转、系统处理、限时办结”的全程代理服务模式。

开设“延时服务”。晋中市医保中心直接服务的参保单位有 1 500 余户，尤其是 2011 年单位搬迁新址后，办公地址距离市区较远，为方便参保人员办理业务，在二楼对外服务窗口率先在全市实行“早九晚五”工作制，在三楼办公区开设延时服务实行“早八晚六”，对外服务时间由每天 7.5 小时延长到 10 小时。

实行“微笑服务”。干部职工是优质服务的创造者，是社保形象的塑造者，创建优质服务窗口，提高干部职工综合素质是关键。在窗口工作中，每天会有各种类型的服务对象出现，有患病老人，有下岗灵活就业人员。晋中市医保中心窗口工作人员以微笑面对困难，用耐心化解僵局，凭真诚打动服务对象。

简化办理程序，提升服务水平

“我父亲患肝癌要转到北京手术。放化疗需要多次住院怎么办手续？出院后多长时间能报销完？”“您好，您只需要在本市定点医疗机构办理转院手续，再次住院只需提供首次转院备案表，待治疗结束后携带转院备案登记手续、住院票据和病历材料来市医保服务大厅办理费用报销，我们在 9 个工作日内审核完毕，并将报销金额划入参保人员的社保卡金融账户。”在晋中市医保服务大厅，一位群众为其父亲转院来这里咨询，得知不需要每次转院到医院重复开具转院手续后，连声称赞道：“这个省了不少事，医保中心办事效率就是高。”

为让群众少跑腿、好办事，晋中市医保中心对医疗保险服务事项进行了全面梳理，最大限度精简办事程序，减少办事环节，缩短办理时限，改进服务质量，优化医保服务流程，落实阳光行政，全力打造服务程序最优化、办事成本最低廉。

简化办理程序。2014 年晋中市医保中心对转院手续进行了简化，对同一个年度转往同一医院多次住院的，仅需备案一次即可。与此同时对外伤登记、异地备案登记、慢性病复审等 10 项办事程序进行了简化，坚决砍掉无谓证明和烦琐手续。

压缩办理时限。为了切实给参保人员带来便利，医保中心将医疗、生育费用审核时间由过去的 15 个工作日缩短为 9 个工作日，对当天能办结的业务不隔日，当即能办结事项不拖时，实行“前台受理，后台流转，一站式服务”模式，缩短各项业务办理时限，通过一系列举措，窗口服务水平和办事效率大大提升，参保人员办理各项业务更便捷。

开设上门服务。家住柳北街的王师傅因患脑梗，行动不便，看到市医保中心工作人员和专家上门进行服务，他高兴地说：“我正愁无法到医院进行慢性病鉴定，没想到医疗专家竟然专程上门给我做鉴定，真是太感谢了，你们服务得真贴心！”

晋中市医保中心坚持“服务优先、百姓之上”，把麻烦留给自己，把方便让给群众，牺牲周末休息时间，对于行动不便的参保人员，晋中市医保中心积极联系医疗机构专家上门进行免费鉴定，他们顶严寒、冒酷暑，不论居住在城区还是乡村，只要参保人员有需求，他们都一一前往上门服务，多年来医保工作人员共上门鉴定 2 000 余人次。与此同时，还进一步扩大了慢性病的病种，简化了复审程序，优化了系统功能，实行慢性病就医购药直接结算。

公开办理标准。为确保阳光行政，晋中市医保中心采取了工作人员佩戴标识牌，公开每位工作人员的姓名、职务、岗位职责等信息，在服务大厅设置了显示

组织开展慢性病鉴定工作

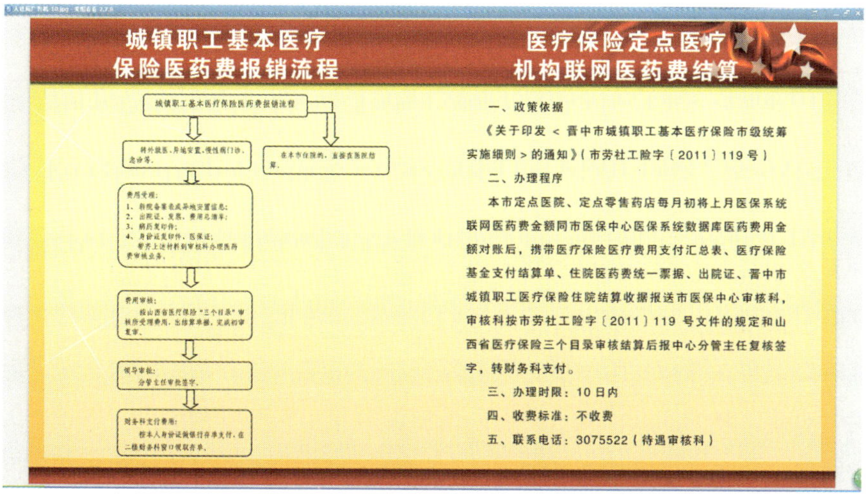

公布城镇职工基本医疗保险医药费报销办理流程

屏，滚动播放医保中心各项事项的办理流程、权力清单、责任清单、运行流程图、风险防控图，将中心办理的各项业务全部纳入“六权治本”的范围和廉政防控体系，窗口各业务经办做到依法依规办理，用公开来保证公平，用公平来促进公正。特别是在医药费的报销上，严格按照医保政策审核报销，公正办事，不徇私情，做到生人与熟人一个样，领导与群众一个样，树立医保工作的良好形象。

强化基金管理，提升服务能力

2015 年，由于经济下行，部分煤炭企业停产，企业经济总量减少，基金征缴面临前所未有的困难，晋中市医保中心工作人员深入 11 个县区下基层进企业促征缴，上下齐心，合力攻坚，通过全市两级经办人员不懈的努力，全市医疗、生育两项保险四个考核目标超额完成目标任务，全省排名第一。

基金管理是医疗保险的重头戏，为确保医疗保险管理落到实处，晋中市医保中心安排专人日常核查，对参保职工住院全过程实施监管，安排监督员到定点医院核实参保住院人员身份，组织审核人员抽查病历记录，查用药、检查、治疗情况，查是否存在乱收费及其他违反医保政策规定的情况。同时不定期夜间查房，查房不在床的，杜绝挂床住院。同时还完善了医疗保险服务协议内容，用协议规范医务人员医疗行为，从参保病人收治的住院指征、治疗检查用药规范到转诊转院办理，从药品目录用药要求到医疗费用控制以及违规费用的拒付，都制定具体操作办法。2016

年对历年医疗费用进行详细测算的基础上，推行了医疗费用总额管理办法。

完善医保政策，提升服务质量

一位神色慌张、两眼通红的老大爷来到医保中心，握着我们工作人员的手连声说：“帮帮我吧……”原来这位老大爷的老伴得了重病，住院时才发现忘记在规定的期限内办理居民医疗保险缴费，不能享受医疗待遇。面对高昂的医药费，老人失声痛哭。对此，我们的工作人员一面向他解释政策，一面安慰老人。送走老人后，晋中市医保中心主任李秀明立即向基层详细了解情况，开会讨论，拟定了居民保险续保补缴办法，上报省、市主管部门，得到了省、市领导的肯定，最终在全省范围内转发，让更多参保人员受益。当得知老伴的医疗费可以报销了，老人高兴地送来了“为民排忧心系百姓，全心全意为民服务”的锦旗。

原晋华纺织厂职工杜师傅， 1998 年响应纺织行业压锭减员政策，买断工龄与企业解除劳动合同自谋职业，2006 年退休， 2008 年参加了居民医疗保险，最近几

晋中市医保中心工作人员深入参保人员家中走访

年随着年龄的增大，感觉到居民医疗保险保障水平比职工医保低，自己原来是国有企业的职工，退休前没有参加职工医保，按个体退休后不能参加职工医保，多次向政府反映参加职工医疗保险诉求。晋中市医保中心组织与国有企业解除劳动关系的人员进行座谈，经过走访调研，拟定了《晋中市与原国有集体解除劳动合同人员医疗保险缴费办法》，同时考虑为减轻他们的缴费负担，还设置了按单建统筹方式参保，不建立个人账户，个人可依据实际情况申请分期缴纳，这一办法上报市人社局后，得到市人社局、财政局、国资委三部门的支持并联合发文，解决了困扰晋中市多年的国有企业改制退休人员医保问题。杜师傅得知自己能一次性缴费后，奔走相告，“这可是解决了我们的大问题，还是党和政府没有忘记我们这帮曾经建功立业的老工人，对于一个家庭来说是一件大喜事”。

“我家孩子早产，需要转往省儿童医院治疗，估计医疗费用需要上万元，费用能走生育保险吗？”凌女士电话咨询医保工作人员，工作人员告诉她：“我市已实行新生儿落地参保政策，2015 年对办理手续进行了简化，新生儿自出生起 6 个月内到户口所在地的社区办理参保登记，当年度内不用缴费就可享受城镇居民基本医疗保险的待遇。”凌女士得到答复后说：“你们真是为新生儿健康撑起保护伞。”

晋中市医保中心李秀明主任常常讲的一句话是：“医疗保险的核心是提升基金使用效率，让医保基金用在刀刃上，将参保人员的所盼、所需、所求、所急，转化为党和政府的惠民政策，真正让参保人受益，得实惠 。”晋中市医疗保险中心充分利用经办工作中掌握的新情况、新问题，配合社会保障行政部门，重点对医疗管理、提高基本医疗保险待遇、生育保险参保情况、改制破产企业退休人员医疗保障等开展了调查研究，提出合理建议，完善医疗、生育政策。2011 年医疗保险统筹层次提升为市级统筹后，根据基金运行状况，多次调整医疗保险支付政策，不断提高参保人员医疗待遇，减轻参保人员负担，让参保人员从中受益，为构建全民医保体系建设做出了积极贡献。

推进信息化建设，提升服务手段

医保服务无止境，晋中市医保中心积极探索创新服务载体，让医保服务更贴心，异地就医联网直接结算、大病费用直接报销正是其中的探索之一。

2015 年 1 月，参保人员张先生患心梗需转院到省心血管医院进行手术植入支架，正为先期垫付手术费发愁，来到医保办事大厅咨询转院押金垫付费用问题，窗口工作人员告知：“我们已经开通省内异地就医直接结算，目前省城三级医院已全部与我市联网，到这些医院就如同在我市的定点医院一样，只需垫付自付部门，出院时就可直接结算。”近些年，晋中市医保中心加大信息化建设的力度，在全市统一信息系统的基础上，按照部、省的要求规范，为 90 万名参保人员统一制作发放了社会保障卡，使用了全省统一的“三个目录”编码，2015 年率先实现与太原、阳泉等省内地市双向异地住院直接结算，异地安置人员和转诊人员全部实现出院即时报销，仅 2015 年晋中市在太原等地就医直接结算 6 167 人次，就医总费用 10 691.4 万元，统筹基金支付 7 469.31 万元 , 其他地市参保人员在晋中市直接结算 758 人次，统筹基金支付 188.13 万元，省去了参保人员“跑路”和“垫资”的麻烦。

开展城镇职工、城镇居民基本医疗保险政策宣传

家住锦纶社区的王师傅，患尿毒症在晋中市第一人民医院透析治疗多年，每年医疗费用高达 8 万余元，居民基本医疗保险报销后自己负担还很重。2015 年城镇居民大病保险实施后，晋中市医保中心坚持将居民大病保险工作与居民基本医疗保险宣传并重、服务并重，以宣传凸显民生政策的惠民效应，完善了居民大病保险结算办法、统一了经办流程，晋中市在全省率先实现大病保险直接结算，王师傅不仅可以在医院直接结算大病费用，而且自付医疗费用从原来的 3 万元降到 1 万元。仅 2015 年晋中市居民享受补充医疗待遇 25 806 人次，补充保险支付 2 103 万元。实现了城镇居民大病医保的全覆盖，患者就医负担进一步减轻，明显改善群众“看病难、看病贵”以及因病致穷、因病返贫现象，保障效应进一步放大。

近年来，晋中市医保中心以提供快捷高效服务，打造群众满意窗口为目标，以保障好参保人员为第一职责，真心服务赢得了参保人员的信赖。窗口为民服务永远在路上，晋中市医保中心将继续秉承“民生为本、服务至上”的理念，不断提升保障全民健康的水平，谱写人力资源和社会保障工作新篇章。

工伤事故不幸 工伤保险有情

——记山西省长治市工伤保险管理服务中心

“您好！这里是工伤保险管理服务中心，很高兴为您服务，您需要办理什么业务？……请稍等！”一句简单的开场白，一声贴心的问候，一张热情的笑脸，长治市工伤保险管理服务中心（以下简称工伤中心）窗口工作人员开始了一天的工作。

综合业务厅工作人员热情服务办事群众

他们有的仔细地审查参保单位提交的材料，有的熟练地操作着业务软件，有的耐心地解答群众的咨询……来往的人流映衬着他们忙碌的身影。

“这儿办事服务态度真是好，让人感觉到心里暖乎乎的。”一位大爷办理完工亡职工遗属身份确认后不经意的一句话，让同样来申报工伤保险待遇的工伤职工们瞬间感到一种温暖，一种真情。目前，“真情服务”已经成为长治市工伤保险管理服务中心一块响亮的金字招牌。

工伤中心荣获 2012 年“全国人力资源社会保障系统先进集体”荣誉称号

付出总有回报。共青团山西省委授予的“青年文明号”和全国妇联授予的“巾帼文明岗”是工伤中心最早获得的荣誉称号；工伤中心还连续多年被山西省、长治市人社部门授予工伤保险经办工作“先进单位”“先进党支部”；2012 年更是被人社部授予“全国人力资源社会保障系统先进集体”荣誉称号。这些荣誉承载着工伤中心全体工作人员一路走来的艰辛，激励着他们不忘初心，继续前进，也印证着他们真情的服务已经温暖了这座城市和生活在这里的人民群众。

规范高效的经办管理，让办事群众放心

伴随着经济社会的快速发展，工伤保险经办管理工作遇到了一些棘手的难题。为提高服务效能，长治市工伤保险管理服务中心主任张海花大胆提出，要因地制宜，进行管理创新。

推出“趸缴制”。在一次例行检查中，工伤中心工作人员发现在医院接受治疗

的工伤职工和享受待遇人员姓名不符的问题，为保障全市参保单位特别是煤矿、建筑等高危行业全员参保，杜绝少报、漏报参保人员的现象发生，他们经过一个多月的调研座谈，制定出台了《长治市煤矿、非煤矿山、建筑企业缴纳工伤保险费办法》。办法中明确规定，对煤矿企业，按年生产能力确定缴费金额，每年核定基数时一次性趸缴；对建筑企业，则按工程项目施工承包合同总造价的一定比例缴纳费用，工程开工前一次性趸缴。

制定“双轨制”“公示制”。“双轨制”是对本地农民工居多，劳动关系相对稳定的县营、集体煤矿，每年按照实际工资核定缴费金额；对外地农民工较多、流动性较大的租赁、承包、私营煤矿，根据企业人均工资水平，实行分年度定额征收。“公示制”则要求煤炭企业在参保之初必须提供参保人花名及相关情况，每季度都要在企业显著位置公示参保职工花名，时间不少于15天，同时公布举报电话和举报信箱，以确保煤炭企业全员参保并方便农民工主动维权。

建立内控制度。出台《长治市工伤保险经办机构内部控制实施细则》，确定了全市工伤保险待遇审核、结算和支付业务的控制重点，对从享受待遇人员条件审核到票据真伪，从报销比例复核汇总到报销金额计算，从支付凭证签字盖章到银行窗口信息核对等环节，均进行了明确规定，做到基金管理工作有依据、易操作、可控制，对基金运行分析和风险预警有着积极的意义。

实行“参保预备案管理”制度。为保障用工流动量大的劳务派遣、建筑施工等参保单位能够及时申报职工增减变动，避免参保单位因双休日空档期影响职工参保缴费，从2015年起，符合“参保预备案管理”制度的参保单位随时通过电子邮箱发送《长治市参加工伤保险人员增、减变动情况表》至工伤中心指定“预备案管理”邮箱完成即时申报，月底到业务窗口统一汇总进行书面申报即可。这一制度的实行，有效保障了用工流动量大的企业职工的工伤保险权益，减免了企业劳资人员多次往返企业和工伤中心之累，提高了工伤中心工作人员的工作效率。

打造“鹰雁”团队，提升服务水平。工伤中心办公室悬挂着一张照片，身着迷彩服的全体工作人员整齐站立，目光炯炯，斗志昂扬，上下两端，两行大字清晰打眼——“打造鹰一样的个人，打造雁一样的团队”。这是他们开展拓展训练时留下的风采。

他们将业务培训作为工作之余的重要内容，从规章制度、业务知识到单位文化、政治理论，每周四下午的例行学习已坚持了许多年。围绕工作难题应该如何解决、服务应该怎样改善等问题，工伤中心的工作人员经常争得面红耳赤，而正是在一次次的激烈讨论中，他们对业务知识的掌握越来越熟，服务水平越来越高，并让从未发生过一起因业务不熟导致群众不满现象的纪录一直保持到现在。在注重自我提升的同时还注重借鉴先进经验，工伤中心多次组织市县区工作人员赴广州、南昌等地学习，让市县两级工作人员在开阔视野的同时发现自己的短板；赶赴平顺西沟教育基地参观，在老模范申纪兰对往昔的讲述中，学习老一辈的优秀传统，明白今日生活的来之不易和肩负光荣的职责与使命……

工伤中心赴平顺西沟重温“纪兰精神”

一项项创新制度的有效落实，个个是行家里手的经办队伍，让工伤中心的服务水平有效提升，让来办事的群众感到放心。

营造优良的办事环境，让办事群众舒心

2014 年，工伤中心及时采用人社部推广的社会保险视觉识别系统统一政务公开版面、工作台卡、综合业务厅背景墙、业务经办流程等硬件设施，统一整齐的办事环境在办事群众心目中树立了社会保险整体形象。

工伤中心对经办业务流程和办事需携带的材料以图表、文字形式上墙公示，让办事群众一看就清楚、一看就明白；还专门设置了政策咨询台，热情详细解答办事群众的咨询，同时向群众宣传工伤保险。

本着群众少跑路、窗口多服务的思路，工伤中心将《参保登记表》《长治市职工工伤待遇审批表》等多种业务表格放到长治市人社局官方网站上，方便办事群众下载填写。

为了方便参保单位劳资人员沟通交流业务，工伤中心还开通了 QQ、微信交流群，对常见的、简单的业务问题网上解答，利用互联网推进工伤保险经办工作有效开展。

近年来，工伤中心在服务过程中大力推行首问责任制、全程代理制、一次性告知制、限时办结制和责任追究制，同时将“一张笑脸相迎、一把椅子让座、一杯热水暖心、一分真情待人、一颗公心办事、一句好话相送”为内容的“六个一”作为服务标准，列举并使用 30 条业务窗口文明用语和“不让工作在我这里延误、不让外来办事人员在我这里受到冷落、不让传达环节在我这里中断、不让差错在我这里出现”的“四不”规定，在积极推进服务窗口单位作风建设的同时，注重完善监督机制，拓宽监督渠道，设置意见举报箱，广泛听取群众的意见和建议。工伤中心用心打造窗口形象，用情服务办事群众，让群众在这里舒心办事。

创新性开展人性化服务，让办事群众暖心

在工伤中心，一句话常常被主任张海花对同事们说起：“我们中心的名称里既然有‘服务’二字，那我们就要不负使命，扎扎实实地做好服务工作，真正让工伤保险成为企业的‘减震器’和职工的‘保护伞’。”

话是这样说的，更是这样做的。在日常工作中，工伤中心树立了“四个当天”的服务理念和跟踪服务工作法：接到工伤事故报告当天要赶赴现场，查看伤者情况；当天启动住院记账医疗服务（用人单位和伤者个人不需垫付任何费用）；当天赶赴医院慰问伤者和家属；在伤者住院当天发放工伤职工住院手册，让伤者及家属全程监督医疗服务过程。同时工伤中心派出工作人员，对定点医院的检查、用药、出院等各个环节进行监督，对伤者进行全程跟踪服务，真正起到了服务好一个伤者、造

福一个家庭，服务好一个职工、带动一个企业，服务好一个企业、带动一个地区的效应。

一项项服务的开展，带来的不仅仅是工伤保险政策的深入人心、参保人数的日益增多，还有一次次工伤纠纷的有效解决。

2014年7月，长治市某企业的一名员工因高空坠落身亡。在和企业协商未果后，死者亲属打着横幅端着遗像开始了在长治市信访局和市政府的上访。闻知情况，工伤中心主任张海花带领同志们立即赶了过去。“同志，咱们单独谈一下好吗？”一番耐心的政策讲解和待遇计算后，“缺口”终于打开。随后，工伤中心又先后五六次派人到该企业、死者家中协调，最终妥善解决了此事。在工伤中心，类似的故事并不少见，面对以停尸为手段索要高额赔偿的家属，是他们苦口婆心的劝解，使问题得以圆满解决；面对希望得到一次性赔付的伤者，是他们动之以情、晓之以理的解释，最终使伤者露出满意的微笑。

与工伤职工打交道最多的是待遇审核部门，这些工伤职工当中有的批药、有的申请异地就医、有的旧伤复发，情况复杂，不一而足，而待遇审核部门的工作人员认真细致地针对每一位工伤职工的特殊情况，在政策允许范围内尽量帮助他们解决。

2015年初夏的一天，一阵急促的电话铃声打破了待遇审核办公室的宁静，打来电话的是几年前受伤的高洪勇。当年，在武乡县墨镫乡新村煤矿工作的高洪勇发生工伤事故，伤情严重，被诊断为高位截瘫，经治疗后认定为伤残二级、部分护理依赖。病情稳定后，高洪勇回到老家河南南阳进行休养，每月的伤残津贴和护理费由武乡县经办机构直接打到高洪勇的银行卡上，方便他能够及时领取工伤保险待遇。

由于当年治疗时留在体内的钢板需取出，且河南当地的医疗水平有限，无法完成这类手术，高洪勇给待遇审核办公室打来电话申请回参保地——长治市进行手术。考虑到高洪勇的身体状况和家庭条件，工伤中心同意了他的请求。他抵达长治当天工伤中心联合长治市工伤保险定点医疗机构——长治市人民医院急诊科的医护人员专程到长治客运西站迎接他和与他相依为命的父亲，并用救护车将他们安全护送到市人民医院。急诊科主任第一时间与骨科主任进行沟通协调，安排好高洪勇的住院事宜，并安排好他父亲的陪护床位，工伤中心则随即为他办理记账医疗，保障他能受到充分合理的治疗。工伤中心的工作人员离开时，高洪勇年迈的父亲老泪纵横，握紧工作人员的双手，嘴里不停地重复着“谢谢、谢谢……”工作人员嘱咐高洪勇要安心治疗，有什么困难及时联系他们。

工伤中心到建筑工地进行工伤保险宣传

在工伤保险经办管理工作的漫长征途中，工伤中心的探索并不只是这些。在山西，他们还率先建立起了工伤预防—工伤补偿—工伤康复“三位一体”的经办管理体系。

说到工伤预防工作，工伤中心多次与市安监部门一同深入重点行业企业一线进行安全生产检查，耐心细致地向一线工友讲解工伤预防的重要性，同时每年参与全市“安全生产月”大型街头宣传活动，真正使工伤预防深入人心，最大限度地减少工伤事故和职业病对企业职工的伤害，扩大了工伤保险的社会影响力。

对于工伤职工来说，工伤补偿只是在物质上保障了其基本生活，对于工伤职工身体上、心灵上所受的创伤和家庭遭受的变故是难以弥补的，而工伤康复则能最大限度恢复和提高工伤职工的身体机能、生活自理能力和劳动能力，帮助其重返就业岗位、重返社会。2010 年，经过多次考察比较后，工伤中心选择山西潞安集团总医院作为长治市工伤康复定点医疗机构，并提出了“先治疗康复，后评残补偿”的工作理念，积极探索推进工伤康复工作。工伤中心自开展工伤康复工作以来，每季度都到山西潞安集团总医院对工伤康复职工进行现场跟踪服务，详细了解工伤康复职工康复水平，向他们讲解工伤康复政策，帮助他们解决康复过程中遇到的问题。工伤中心工作的开展，带来的不仅是工伤保险基金支付的合理减少，还给众多工伤职工及其家庭送去了福音。

“刚来这儿时，他的两个手只能直直地向前伸，基本不能活动，一条腿弯成了45度，怎么伸也伸不直。好生生的一个人一下就成了这样，简直要愁死人，他自己对自己都丧失了信心。一家人的吃喝拉撒都指望他，他成了这样，家里的天一下子都塌了……”山西潞安集团总医院康复室内，工伤职工韩东方的妻子一边比画着丈夫未接受康复治疗时的僵硬姿势，一边向工伤中心的工作人员讲述着当时的心情。

按照主治医师的康复方案进行了一段时间的康复治疗后，韩东方的两只手已经能够自由活动，弯曲的腿也逐渐可以伸展。曾经密布在他妻子脸上的愁云虽未完全散去，却已舒展了很多。“真是现在的政策好，受伤后不光管治疗，还让我们到这儿进行康复训练，现在他基本能够自理了，家里人悬着的心也放下了。”看着一个个像韩东方一样的工伤职工逐渐康复，工伤中心工作人员的心里满是欣慰。韩东方是工伤康复的受益人，更是长治市工伤保险管理服务中心重视工伤康复、通过职业康复恢复工伤职工身体机能的生动诠释。

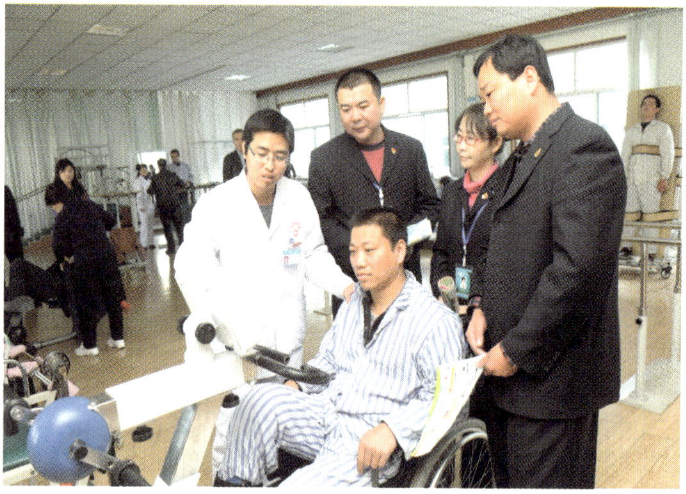

工伤中心工作人员探望工伤康复职工

真情换得民意归。长治公交总公司送来了锦旗，写道：“参加职工工伤保险，解决企业后顾之忧”；山西华瑞建筑劳务有限公司送来了铜匾，写道：“伤残职工之盾”；长治高新区红光精密铸造厂送来了铜匾，写道：“工伤保险，受益长远”；山西防爆电机（集团）有限公司送来了铜匾，写道：“工伤事故不幸，工伤保险有情”。

……

时光荏苒，发生在工伤职工身上的众多事例将渐渐被人们淡忘，而“工伤事故不幸，工伤保险有情”的服务承诺将永远镌刻在工伤中心全体工作人员的心里。服务工作只有起点，没有终点。站在新的起跑线上，工伤中心将继续秉承“用心擦亮窗口，真情服务民生”的服务理念，撑起工伤职工生命的“保护伞”，托起上党大地的蔚蓝天！

创新载体 多措并举 全力打造就业服务新理念

——记内蒙古自治区兴安盟乌兰浩特市就业局

乌兰浩特市就业局承担着全市 14 个街道（乡镇）、49 个社区、近 21 万法定劳动力人口的就业再就业及劳动保障工作。民生连民心，就业服务一头牵着党和政府，一头牵着百姓，关系着群众生计、百姓福祉和社会稳定，不能有丝毫松懈。近年来，该局以创建“优质文明服务窗口”为载体，切实改进工作作风，创新工作方法，深入组织实施各项就业服务活动，真正做到权为民所用、情为民所系，为构建和谐劳动关系、促进民族团结进步、助推乌兰浩特市经济社会发展，贡献了一分力量。

加强学习教育，提高服务意识

思想是行动的先导。近年来，乌兰浩特市就业局深入开展党的群众路线教育实践活动、“三严三实”专题教育活动、“两学一做”学习教育，以增强宗旨意识为核心，内强素质、外树形象。一方面着力加强学习型党组织建设，切实强化干部队伍素质。采取领导干部带头授课的方式，积极开展中心组学习、开设党员干部大讲堂和道德大讲堂，多措并举提高干部职工掌握政策、宣传政策、解读政策的能力和水平。另一方面创新载体丰富内容，切实提升学习教育的实效性。该局先后开展了

“三亮、三创、三评”活动，引导党员当表率、做标杆，促使党员牢固树立宗旨和服务意识，自觉发挥先锋模范作用。通过采取共产党员佩戴党徽挂牌上岗、设立党员责任区、广泛开展服务承诺宣誓等方式，亮出“党员身份”“党员形象”和“党员承诺”，进一步提高窗口工作人员的工作作风和能力素质；大力推行阳光服务、微笑服务、规范服务、高效服务、廉洁服务的“五位一体”服务模式，着力打造“共产党员示范岗”“青年文明岗”“巾帼英雄岗”等服务品牌，在全局兴起争创岗位奉献先锋、群众满意窗口和优质服务品牌的热潮；认真组织开展以“党员自评、领导点评、群众测评”为主要内容的“三评”活动，对照公开承诺查找问题不足、提出改进意见、明确努力方向，抓紧抓好群众意见的反馈和各项问题的整改，以实际行动服务于民、取信于民。“三亮、三创、三评”活动开展以来，该局重点围绕居民和企业关心关注的问题，在如何为百姓和企业服务，提高办事效率和服务质量上下功夫，严格依据落实制度情况和群众投诉情况，每月评选流动红旗窗口和党员先锋岗，并将评比成绩列入年终考核，抓实创建“优质文明服务窗口”这一经常性工作。为方便群众办理各项业务，该局还将各业务股室集中在市人力资源和社会保障服务中心一楼就业综合服务大厅办公。大厅面积500余平方米，设有便民服务窗口10个，配备窗口工作人员47名，建有LED电子显示屏2块，另设有医务室、复印照相室、企业招聘公告栏、群众等候区等辅助设施，并安排了“轮值引导员”，能够向办事群众提供便捷、高效的一站式人性化就业服务，真正做到为人民服务、对人民负责、让人民满意。

就业帮扶送进门，贴心服务暖民心

“帮扶工作要怎么做才能取得实效？”“如何把工作做到百姓的心坎里？”乌兰浩特市就业局的干部们与哈达那拉村两委成员正在进行热烈讨论，谁也记不清这样的小组讨论已经开展了多少次，但村容村貌的日益改变和洋溢在村民脸上的幸福笑容，却时时刻刻在告诉人们每次讨论后带来的改变。乌兰浩特市葛根庙镇哈达那拉嘎查是市就业局的帮扶联系点，在帮扶工作中，该局充分发挥自身职能优势，在促进就业服务上下功夫，建立了就业全程跟踪服务长效机制，促进农牧民工稳定有序转移就业。与此同时，市就业局还成立了创业专家指导团，采取“一对一、面对面”的方式，免费为有创业意向的农牧民提供创业培训、开业指导、项目推介，经

乌兰浩特市就业训练中心举办创业能力培训

营咨询等服务，为创业者全程保驾护航，切实提高创业帮扶成效。37 岁的白玉树在哈达那拉嘎查经营着一家农家乐，随着乌兰浩特市“十个全覆盖”工程的建设，农村村容村貌得到了很大改善，游青山绿水，吃农家饭菜，已成为城市居民周末休闲的一种消费时尚，白玉树家饭店的顾客也越来越多，狭小的店面已经不能满足经营需求，最近她正为扩大店面的事情发愁，“我早就想把饭店规模再扩大一点，但是手头紧缺乏资金，没办法，巧妇难为无米之炊”。葛根庙镇劳动保障所所长得知这一情况后，第一时间向她介绍了国家扶持创业的有关政策，并帮助她办理了相应的手续。当白玉树拿到 8 万元贷款后，无比激动地说：“从提交申请、参加培训、审核通过到领取贷款只用了二十来天，速度真快，有了这笔贷款，我就能扩大自家饭店的营业面积，也能改善饭店的取暖设施，给顾客营造更舒适的就餐环境。”截至目前，该局 52 名干部职工与哈达那拉嘎查 177 户村民结成了帮扶对子，累计开展各类帮扶活

乌兰浩特市就业局发放小额创业贷款

动1 000余次。通过干部入村结对帮扶的方式，党员干部带着使命和任务“沉下去”，带着问题和答卷“浮上来”，群众有难题找干部，干部围着群众转，农家院里话就业，百姓家中解危难，党员干部用真诚和实际行动赢得了百姓的支持，也在干群间搭建起了一座连心桥。

延伸服务惠民生，精准培训助就业

“我们村里组建了一支建筑施工队，但是我们缺乏相应的技工人员，急需一批技术成熟的砌筑工、混凝土工、钢筋工、装饰装修工，要是市里能帮我们办几期培训，有了职业技能证，我们就能在家门口找到工作，还能增加收入。”“村里的妇女们想利用房前屋后闲置的院落，发展庭院经济增加收入，能不能在这方面多开展一些培训。”——2016年1月11日一大早，乌兰浩特市卫东办事处朝阳村会议室内，村两委班子成员和村民代表们你一言我一语地向乌兰浩特市就业局调研组提出了自己对新一年技能培训的想法和建议。为满足农牧民对职业技能培训的需求，切实帮助城乡劳动者提升职业技能水平、提高就业竞争力，该局积极创新工作方法，把等百姓上门办理业务转变为送服务进百姓家门。每年年初，该局都按照“学什么你做主，培训跟着市场走，结合需求抓培训”的培训工作思路，组织党员干部职工下社区、进园区，贴近服务对象、倾听百姓呼声，扎实做好各项基础调研工作。同时，该局还将“便民、惠民、利民”作为提升行政效能的目标，一手抓办事流程简化，将部分业务审批和管理权限下放至基层劳动保障平台；一手抓基层基础建设，不断将培训服务平台向基层延伸，全力打造实用型培训服务品牌。该局在市区依托大学生创业孵化基地、农民工返乡创业园等创业孵化平台，着力打造了以电子

乌兰浩特市大学生创业孵化基地利用授课软件开展模拟实训教学

送技能培训进乡镇，村民增收送锦旗

商务培训为主的综合实训基地，围绕“发展庭院经济”在乡镇（嘎查）打造了以农村实用技术为主的实训基地。2016年以来，该局又在铁西、兴安等5个办事处建立了独立的计算机实训基地，在市人力资源和社会保障服务中心大楼、五一街办事处、城郊办事处、葛根庙镇哈达那拉嘎查建立了3个手工编织、1个厨艺综合实训基地，为百姓学习职业技能，搭建起了新平台，为农牧民增产增收带来了新希望。如今，乌兰浩特市的农牧民要想参加职业技能培训再也不用东奔西跑，在家门口就能学到一技之长。仅2016年，该局就开展各类培训91期，累计培训3 942人，其中城镇就业技能培训45期、培训1 606人，农牧民转移技能培训15期、培训1 006人，举办SYB创业能力培训31期、培训930人，培训家政服务人员400人。2016年6月，通过职业技能培训找到就业门路、走上致富道路的前公主陵嘎查学员，在嘎查长的带领下，将一面写着“下乡培训，农民学技术；精准扶贫，共同奔小康”的锦旗送到了市就业局工作人员手中，以感谢该局送教上门、送技下乡，帮助农牧民提升技能水平，实现稳定就业、稳步增收。

创新载体搭平台，集聚信息利群众

“你看，我就是在这里看到‘春风行动’招聘会信息的。”家在乌兰浩特市的大学毕业生耿莹打开手机，将乌兰浩特市人社局的微信公众平台分享给身边的小伙伴们。几个月前，耿莹通过招聘会找到了新工作。“这个公众号会发布一些招聘会信息，还有一些惠民政策什么的，挺方便的！”2016年2月，乌兰浩特市就业局开始通过“乌兰浩特市人社局”和“家在兴安”等微信公众号发布优惠政策、招聘会通知、各项业务办事流程等信息，这些公众号同时还公布了相关部门及市就业局

乌兰浩特市就业局举办“春风行动”招聘会，为用工企业和城乡劳动力搭建对接平台

各股室的联系方式，兼具在线留言互动功能，为广大就业困难群体接收该局发布的各项信息提供了便利。在推进就业创业服务体系建设中，该局还与《兴安日报》积极合作，在红城版开辟了就业政策专栏，并与《兴安日报》联合建设了“家在兴安微网站”，利用网络媒介传播广、及时性强等特性为广大劳动者提供岗位信息、政策解读、创业指导、技能培训等各类服务，使广大群众足不出户便可以享受到快捷的就业再就业服务。此外，为进一步提升乌兰浩特市创新创业发展水平，促进创业产业发展，该局与预约宝合作，搭建起乌兰浩特市“互联网＋人社”大数据云平台，为全市产业、资金、人才、文化、旅游等信息交流互动提供智慧空间，目前已进入试运营阶段。

加强制度建设，强化日常管理

规章是操作的依据，纪律是行动的保障。为有效强化窗口建设，切实提高服务质量，乌兰浩特市就业局从加强建章立制入手，不断完善工作制度，明确工作纪律，细化工作责任，强化工作措施。该局依照政务公开制度，严格确定政务公开的内容、形式与范围，将各股室的业务职能、办事流程、服务标准制成图板上墙公开，使政务公开工作制度化、规范化、常态化运行。在日常工作中，该局所有干部职工全部挂牌上岗，实行“首问责任制”，为办事群众提供全程服务，跟踪到底，确保对经办事项“一口清、一手清、一次清”。该局还广开言路、畅通渠道，设立了举报投诉电话、意见箱、留言簿，聘请了行风监督评议员，主动全面接受社会监督，并定期召开行风评议座谈会，充分听取群众意见和建议，严抓各项规章制度的监督检查和整改落实。在加强业务建设的同时，该局对党风廉政建设紧抓不松，进一步强化纪律教育和廉政教育，开展了《中国共产党党员领导干部廉洁从政若干准则》专项学习，组织局领导与环节干部签订了廉洁自律公约，举办了党风廉政主题演讲比赛，组织干部职工参观警示教育基地，通过多种方式增强党员领导干部廉洁从政、廉洁干事的自觉性、主动性、坚定性，在全局形成用机制管人，以制度促事的良好局面，营造廉洁奉公的良好氛围。此外，该局切实加强考勤管理，严格执行文明服务制度、请销假制度、签到制度等各项规章制度，由局领导带队，组织人员不定时对各股室进行巡查，将日常督查结果与年终考评挂钩，实行一票否决制度。

经过不懈努力，近年来，乌兰浩特市就业局整体工作业绩突出、成果显著。2014 年至 2016 年，乌兰浩特市失业人员再就业 3 224 人，就业困难人员就业 5 079 人，高校毕业生就业 3 034 人（其中困难家庭高校毕业生 776 人），农牧民转移培训 48 564 人，城镇技能培训 5 741 人，创业能力培训 2 741 人。全市累计发放小额担保贷款 1.62 亿元，扶持创业人员 2 664 人，带动 7 240 人就业（其中发放高校毕业生创业贷款 3 844 万元，扶持大学生创业项目 520 个），开发公益性岗位 2 150 个，失业率控制在 4.0% 以内。因工作成绩突出，2011 年至 2015 年，乌兰浩特市就业局连续五年在全盟就业系统综合考核中排名第一，并荣获创建自治区级创业型旗县市、自治区级充分就业地区称号，2016 年荣获兴安盟民族团结进步示范窗口、乌兰浩特市先进基层党组织等荣誉称号。

因地制宜建设农牧民工服务“窗口” 千方百计为农牧民工提供便捷服务

——记内蒙古自治区乌兰察布市外出务工人员服务中心

乌兰察布市是一个劳务输出大市，现长期在呼和浩特市、包头市打工的农牧民工达 63 万人，其中，18 ~ 59 岁劳动力为 46 万人，约占 73%；18 岁以下未成年 11 万人，约占 17%；60 岁以上 6.2 万人，约占 10%。过去，这些农牧民工办理各项保障业务仍需回原籍办理，来回奔波往返耗费了大量的财力和人力，国家惠民政策给予的一些实惠也大都消耗在了奔波往返的路上。

2013 年，乌兰察布市委、市政府针对在呼、包两地农牧民工的这些困难，在已经成立乌兰察布市外出务工人员服务中心（以下简称服务中心）的基础上，大力加强窗口服务基础建设，专门在呼、包两市设立了服务农牧民工办事大厅，积极开展了为乌兰察布市农牧民工就近就地办理各项社会保障业务，有效减轻了群众的负担，同时，在经办过程中，不断提升管理手段，优化办事流程，改进服务方式，用热情高效的服务赢得了农牧民工的信赖。呼市和包头的“乌兰察布市农牧民工服务大厅”开展了面向乌兰察布市农牧民工的建档、离退休和享受城乡居民养老保险待遇人员年检、下岗职工续保缴费、特困家庭救助等 16 项服务，且全部免费。到目前为止，已实名登记建档乌兰察布市在呼、包两地农牧民工 21.1 万人。经办各项社保业务 297 912 人次，成功推荐就业 3 181 人，协助贫困大学生办理助学贷款 68 人，协助残疾人办理鉴定手续 21 人，协助维权 16 宗，解决信访问题 85 起，救助特困户 386 户，其中，2016 年 1—6 月经办各项社保业务 75 880 人，新农合参保续保 36 500 人，报销住院医疗费 955 万元。经初步测算，2015 年度为农牧民工减少直接经济支出 1 亿元以上。

乌兰察布籍外出务工人员在服务中心服务大厅办理社保、医保、就业等相关业务

2014 年服务中心被自治区表彰为优质服务窗口单位，2015 年被国务院表彰为“全国农民工工作先进集体”，2016 年 7 月，中组部、自治区“两学一做学习教育协调小组”、自治区党委改革办分别予以了推广。《内蒙古日报》、内蒙古电视台、《乌兰察布日报》、乌兰察布电视台等媒体多次予以报道。

深入开展作风建设，保障各项业务工作高效开展

服务中心工作涵盖了人社系统及民政、卫生、残联、教育的方方面面，服务对象又是全市多年外出打工的农牧民工，加之服务对象、业务量逐年成倍的增长，这就要求工作人员必须在较短的时间内，从观念、业务、作风等方面全面提升，适应中心工作的需要，特别是在呼、包两地 63 万名农牧民工面前展现出良好的政府形象。一是服务中心扎实深入开展“两学一做”学习教育，牢固树立宗旨意识、群众意识，不断改进工作作风。要求所有工作人员专心、耐心、热心、细心地去开展中心的各项业务，切实解决群众最需要帮助解决的问题，尽可能使所有群众满意、认可。二是为使全体工作人员增进对农牧民工的感情，专门组织大家到农民工集中居住地进行实地调研、到劳务市场了解情况，体察农民工的工作生活，与弱势困难群体面对面沟通，切实了解和解决群众的实际问题。三是根据岗位设置、工作职责及服务范围，制定了一系列服务规范，如工作人员“五不准”“三当九能”（当好农牧民工的宣传员、服务员、联络员；能放下架子和老乡交朋友，能坐上炕头介绍乌兰察布的变化，能和农牧民工促膝谈心，能介绍各项惠民政策，能帮助老乡分析就业方式，

服务中心领导在街头与乌兰察布籍外出务工农牧民工亲切交谈

能帮助老乡解决社会保障方面的问题，能帮助老乡联络本人与老家政府之间的事情，能帮助老乡联络与当地社区之间的事情，能帮助老乡联络老乡之间的事情）等，有效增强了经办人员的为民意识和宗旨意识。

强化平台建设，推进窗口服务制度化

呼市、包头的两个“乌兰察布市农牧民工服务大厅”，分别下设综合科、党建科、社保科、医保科、就业科、基金科、财务科等多个科室。为了进一步规范单位内部管理，确保日常工作的有序开展，服务中心制定了工作任务和目标，使大家对中心的工作做到了心中有数、目标明确。一是强化平台信息化建设。为了使群众来中心办事快速方便，呼市、包头两个办事大厅开通了光纤专网社保经办系统、生存认证识别系统，安装了监控设施，配有叫号机、社保查询一体机， 21 个办事窗口均配有居民身份证阅读器、摄像头、指纹验证机、POS 刷卡机等设施，方便群众办理信息采集、生存认证、参保缴费等各项业务。大厅 LED 屏不间断滚动办理各项业务的流程及就业信息，使服务中心为群众办理各项业务都非常顺畅、群众办事方便满意。服务中心积极借助市人社局网站和中心微信公众平台开展网上宣传，截至目前，关注公众平台 1 343 人、发布信息 446 条、解答提问 801 次。同时，通过协理员深入务工人员集中住地，积极宣传党的路线、方针、政策和乌兰察布市的各项惠民政策，扩大中心知名度。二是加强规章制度建设。分别制定了《综合科管理制度》《党建科管理制度》《社保科管理制度》《医保科管理制度》《财务科管理制度》《基金科管理制度》《就业科管理制度》等多项规章制度，涵盖了各科室相关的任务职责和科内每个岗位的职责要求，细化工作流程，使得各科室开展工作有章可循、责任到人。 三是加强队伍建设。把每个工作人员的职能职责、服务承诺等一一上墙，向群众公开，同时制作胸牌，标明姓名、职位、监督电话号码，接受群众监督。严格执行政务公开制度，始终坚持公开服务内容、公开办事程序、公开办理依据、公开需提供的申报材料、公开办理时限和公开收费政策标准的“六公开”服务规范。规范劳动保障协理员工作纪律，根据本年度各劳动保障协理员所办理的农牧民工信息登记建档、合作医疗参保缴费、推荐就业等任务的完成情况进行综合评分，评出优良中差，各协理员的工作表现将作为来年续聘的主要参考依据。

创新服务方式，不断提高服务质量

呼、包两市服务大厅建成使用以来，到大厅办理业务的农牧民工络绎不绝，缴费高峰期，每天来大厅办理业务的农牧民工都在千人以上，为方便群众，让办事群众能够高效便捷完成业务办理，切实感受到政府对外出务工人员的关心，服务中心不断创新服务方式，提高服务质量。一是增设便民服务点。在呼、包两市服务中心的基础上，分别在 8 个农牧民工集中居住地，建立了农牧民工服务点，同步开展服务农牧民工工作，进一步为务工人员提供便捷服务。二是简化工作流程，严格“首问责任”。农牧民工普遍文化偏低、对政策熟知度差，致使经办时间延长，为解决这一问题，服务中心对社保经办的各项工作流程进行了全面梳理，对经办重复内容全部予以取消，对经办流程、办结时限、各窗口责任全部对外公开。同时，服务中心将以上内容专门印制成宣传活页，发放给农牧民工，保证了办事大厅的所有业务都在阳光下运行。三是增加服务窗口，延长工作时间。每年第二、第四季度是新农保和城乡居民医疗保险的缴费高峰期，为了保证每天来大厅和服务点的农牧民工能当天办结完业务，这两个季度服务中心坚持每日提早一小时上班、延迟半小时下班，大厅窗口少，服务中心专门购置了遮阳伞和遮阳棚，对能在室外办结的业务在室外办理，确保实现农牧民工到服务大厅当天能办结完全部业务的要求。四是主动开展上门服务。工作中，服务中心对一些行动不便，无法来服务大厅办理业务的农牧民工，采取了先登记、后上门的服务模式，按时派人主动到农牧民工家中、医院、养老院、福利院等地上门进行“一对一”的办理业务，极大地方便了群众，受到了广大农牧民工的高度赞扬，有效地在农牧民工中树立了党和政府的良好形象。五是开展了“推荐千人就业活动”。2014 年，随着经济下行压力的加大，农牧民工就业压力明显加大，不少农牧民工面临着“待不住、回不去”的困境，为了使农牧民工稳得住，服务中心发动就业科和劳动保障协理员，大量收集用工信息，通过短信发送给农牧民工，同时，把各类用工信息编辑成书，免费发放给农牧民工，就业科以“微笑服务、和谐就业”为理念及时建立了微信公众平台，平台分为就业服务、培训服务、劳动维权三大模块，每天更新信息，解决了信息不对称的问题，共为乌兰察布市在呼农牧民工成功推荐就业 1 316 人次，极大地缓解了就业压力。此外，还发动所有工作人员利用在呼市居住时间长、人际关系广的优势，为农牧民工找工作，每个科至少推荐 5 人，每个协理员至少推荐 30 人就业。2015 年一共推荐 1 100 余人上岗，2016 年已推荐 700 余人就业。六是建立协会，帮助农牧民工脱贫致富。乌兰察布市搬迁到呼市赛罕区前不塔气村从事租赁蔬菜种植大棚的农牧民工有 326

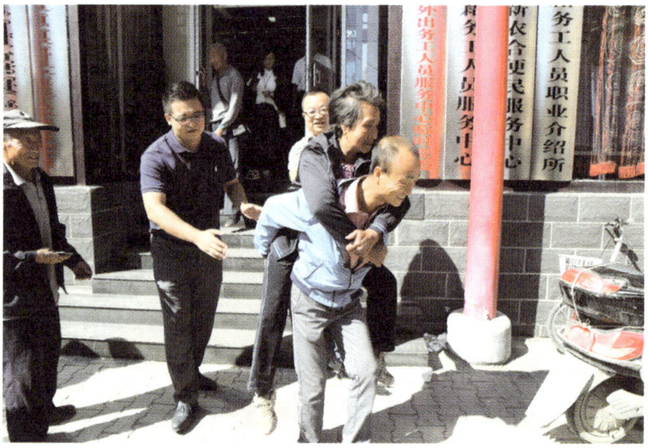

服务中心工作人员背着行动不便的群众来中心年检

市科技局专业技术人员赴乌兰察布籍农牧民工第五党支部暨蔬菜种植协会为菜农送技术

乌兰察布农牧民工焊工技能提升培训毕业典礼

户，种植大棚 684 个，占当地大棚数的 97%。这些农牧民工由于从种粮变为种菜，技术普遍较差，为帮助他们尽快掌握种菜技术，服务中心专门在该村成立了蔬菜种植协会，并建立了党组织，组织农牧民工互助互利，解决种植中的各种困难。为了提高科技种植水平，服务中心同市科技局联系，把该种植协会列入了市科技服务范围，市科技局坚持定期派专人来进行指导，有效地提高了农牧民工种植蔬菜的水平，2016 年与 2015 年同期相比，各农牧民工菜农普遍增收 10% ~ 20%。七是积极开展农牧民工培训，帮助农牧民工提升技能。2016 年，服务中心针对不少农牧民工有技术、无证书，常年干着技术活、拿着壮工钱的实际，对有焊工技术的 701 名农牧民工进行了技能提升培训，经培训 669 人取得了焊工技术等级证书，目前 669 人中 643 人已上岗就业，上岗率为 96%，工资待遇最高的上浮了 100%，最低的也上浮了 22%。经测算，这 669 人 2016 年平均每人就可增加收入 9 800 元。在业务办理过程中，坚持推行微笑服务、即时服务、承诺服务、跟踪服务，面对来服务中心办理各项业务的农牧民工，要求窗口工作人员做到“一张笑脸、一声问候、一个答复”，以群众满意作为检验服务工作的根本标准，在全体工作人员的努力下，服务中心实现三年“零投诉”，深得群众好评。

健全监督机制，充分发挥监督作用

服务中心历来高度重视窗口单位的作风建设，以党的群众路线教育实践、“三严三实”专题活动、“两学一做”学习教育为契机，全面改进工作作风、密切联系群众、提升服务质量，认真贯彻落实中央“八项规定”，深入开展“门难进、脸难看、事难办”专项整治行动，通过不断完善各项规章制度，强化执行力建设，促进机关效能的提升，进一步调动广大干部职工工作积极性，有力地推动各项工作的顺利开展，也赢得了广大群众的认可。一是提高自身认识，加强组织领导。建立了窗口单位作风建设专项治理活动工作领导小组，主要负责窗口单位作风建设工作的组织领导、管理协调、研究分析和督促落实。定期召开窗口单位作风建设活动专题研究会，认真讨论研究了窗口单位作风建设活动的总体思路、工作方案及具体措施，研究制定了实施方案，切实做到了作风建设工作和业务工作同研究、同部署、同考核。二是强化规范管理，严格依法行政。按照服务中心经办的各项业务内容，制定了《关于规范服务中心不相容岗位与职责分离控制制度》《服务中心合同管理制度》《服务中心决策管理制度》《服务中心预算管理制度》《服务中心资产管理制度》《服务中心各相关科室收入与支出管理制度》等各项内部监督制度，并明确了窗口单位各岗位职责。通过建章立制，规范业务流程和岗位职责，形成了各岗位责任明确，各业务环节操作规范，相互衔接、相互制约、相互监督的机制，推进工作人员秉公办事、依法行政。三是加强廉洁教育，强化外部监督。建成从服务中心到各支部、从法定行政权力到内部管理服务权全覆盖的内控体系。每月月底分别召开服务中心全体工作人员工作会议和劳动保障协理员工作会议，集中时间对机关工作人员和劳动保障协理员进行党风廉政教育。同时，机关各科室及各支部签订党风廉政责任书，做到党风廉政建设责任到人。在窗口单位设置了意见反馈箱，公示了举报电话，接受社会各界监督。近年来，服务中心窗口工作人员能够坚持原则、秉公办事、遵章守纪、行为规范，展示了良好的精神风貌和行业形象。

虽然服务中心在窗口建设方面，做了大量工作，也取得了可喜成效，但这与乌兰察布市务工人员的实际需求还有一定差距，服务中心将继续按照乌兰察布市委、市政府和市人社局党组的要求，以“窗口单位作风建设”活动为契机，建立和完善窗口服务长效机制，为实现乌兰察布籍外出务工农牧民工致富增收做出新的更大的贡献！

打通便民服务最后一公里

——记辽宁省沈阳市铁西区人力资源和社会保障局综合服务大厅

“刚迈入大厅门口，就能看见窗口导引牌，看不明白就到总服务台，工作人员先向我问好，并问我办理什么业务，接着带我去办事窗口等候，办事窗口上还摆放着《服务指南》《政策解答》……”这是几天前来铁西区人社局办理业务的李女士对服务大厅的评价。这只是铁西区人社局窗口单位日常工作的一个缩影。无论走进一楼的人力资源市场大厅，还是走进二楼的劳动事务服务大厅，贴心的服务随处可见。

劳动事务“一站式”服务大厅

承诺对每名求职者帮扶到底

求职人员苏先生与原单位解除劳动关系后成了一名失业人员。失业后他也尝试做过一些其他行业的工作，但由于年龄较大，文化水平不高，往往是高兴而去，失望而归，他一度对生活失去了信心。一次偶然机会，他听说铁西区人社局服务大厅对登记的求职者帮扶到底。他就抱着试试看的想法填写了求职信息登记表，服务大厅的工作人员根据他的特长，在铁西区用工单位招聘信息数据库中找到了沈阳东管电力科技集团股份有限公司吊车司机的工作。工作人员又立即与用人单位取得联系，双方进行沟通后，都非常满意。现在苏先生有了一份稳定的收入，生活也有了保障。

苏先生的成功就业得益于铁西区人社局就业信息数据库及三级就业帮扶体系的建立。为了充分发挥服务大厅搭建就业平台的作用，铁西区人社局建立了铁西区用工单位招聘信息数据库，通过网络把数据库信息辐射到各街道和社区，通过街道和社区电子屏、信息栏等载体进行发布，广大求职者在家门口就能享受到信息资源；同时设立信息自助查询区，配置了 34 台电脑，方便随时查找适合自己的岗位招聘信息；另外，对于有求职要求的失业人员，将其信息录入求职信息数据库，并且将数据库信息共享到街道和社区，点对点、人对人帮扶到底，确保求职者不挑不拣一个月内实现就业。

成立“特需服务接待室”

铁西区人社局服务大厅一楼有一个充满温情与温暖的接待窗口，它就是“特需服务接待室”。一天，坐着轮椅的高位截瘫残疾人臧先生在家人的陪伴下到区人社局办理病退手续。刚一进门，保安师傅一看到有残疾人来办业务，就直接把臧先生引到了“特需服务接待室”。工作人员立马上前询问，在得知臧先生想要咨询病退的相关业务后，工作人员告诉臧先生，像这种情况局里有规定要由业务科的科长专门帮他代办业务。随后，在二楼办公的科长，疾步来到了接待室。当得知 50 岁的臧先生要办理病退时，科长详细地告知他，这项业务是每年固定的时间办理，要等到来年的三四月才能办，并将需要的相关材料和要件一并告知了臧先生。“没想到，我到人社局来，几乎没动地方就把相关事情给解决了，让我心里挺敞亮的，等明年开春就能顺当地办成了。”臧先生非常感激地说。

在每天前来服务大厅咨询或办理业务的大量人员中，像肢残、视力障碍这样的弱势人群不在少数，与正常人相比，他们上楼或去咨询窗口非常困难，服务大厅也没有电梯供他们乘坐。为了给这类群众提供服务，人社局专门在一楼设置一个专门的接待室，由门口保安负责引导，由专职工作人员负责接待，涉及具体业务，就由工作人员联系业务部门的科长。局里规定“特需服务接待室”的业务全部由各科室的科长来负责办理。这种特需服务给弱势群体送去了别样的温情与温暖。

“瘦身”办事程序

“早听说办理退休手续可麻烦了，得跑好几趟。今天来窗口一问才知道，再来一次就能全办完，就等着到日子拿退休金了！”到铁西区人社局服务大厅办退休手续的王女士只填了一个表做了登记，就被告知过几日就可以来取结果和办理工资卡了。王女士不知道，若在一个月前，办退休手续可没这么简单，至少要跑上五趟，才能办利索。

从过去的跑五趟到如今的只需两趟，这可不是简单的数字上的变化，而是服务水平的“质变”。以往每个月，铁西区灵活就业人员办理退休手续的平均可达1300多人，每年1.5万人，人数占全市总量的四成。灵活就业人员在办退休办手续时，需要在6个窗口一一办理，而6个窗口所需的要件各不相同，这些程序往往都是各个窗口独立审批，互不联系，办事人需要一个窗口一个窗口地办，一个个地跑。遇到每月的月初，大厅里有几百号人排队办手续，有的跑了几趟的，本来心里就憋屈，再一看到这么多人排队等候，火一下子就上来，生气吵架时有发生。看到这一情形，局领导班子专题研究审批“一盘棋”，把6个循环简化为一个循环，让老百姓享受“一站式”服务。新办法很快推出，办事人只要到服务大厅退休登记窗口填张表进行登记，就会收到一张《办理退休服务通知单》，上面写明下次再来所需的要件以及在办理过程中将要用到的各种资料、银行卡办理的流程。最为重要的是，在这张通知单上还为办事人标明了下次再来的日期，具体到上午或下午，以避免排队。这样把几百号办事人都进行了分散梳理，避免了排长队等候。这一串让老百姓省事的程序，让服务大厅的工作人员比以前更忙了。为了方便群众，每到月初人最多的时候，服务大厅的相关工作人员都提前上班，到岗就开始办，而且事前就把下次再来的编号都编好，就像扳道岔一样，把拥堵的人群疏散开来，过去由办事人跑的活儿，都由工作人员代办了，办事人员再也不用一趟趟地跑了。

编制“最全办事宝典”

目前，铁西区的千余家企事业单位都有一本铁西区人社局编制的《服务清单》，这是一本 87 页的册子，详细记录了企事业单位日常需要办理的有关人力资源和社会保障的全部事务。其中，包括就业创业、退休办理、养老保险、劳动仲裁、人才招聘、职称评定等 12 个门类的 71 项具体业务。对于每一项业务，《服务清单》不仅详细载明了所需材料、办理程序，还直接晒出了办理部门、办结时限、受理地点和窗口、沟通协调人及其咨询电话等信息。

“这给企业省了太多事！”在米其林沈阳轮胎有限公司人力资源部区域经理赵先生看来，这本《服务清单》无异于企业的“办事宝典”。从事人力资源工作 20 余年，

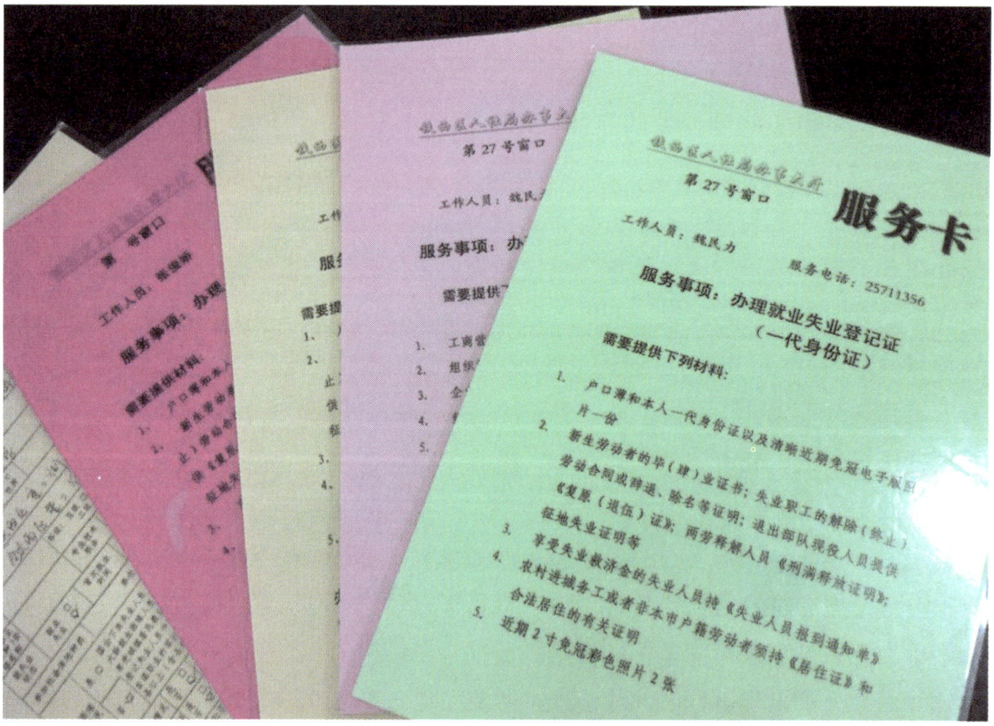

便民“服务卡”

赵先生深谙此类业务，即便如此仍时常感到办事之难。“以往一去办事，往往要排大队，好不容易排到了，少带一样材料或者一个手续不对，就要推倒重来。”像他所在的企业，员工人数较多，常要批量办理入职、离职等手续，更易出纰漏。而有了《服务清单》以后，坐在办公室，按照《服务清单》，备齐材料即可。

如今，这本册子已成为铁西区各家企业人力资源部门办事人员的必需品。“办事一遍成”正在成为铁西区企事业单位的“新常态”。

建立“订单”服务新机制

“您好！请问您是铁西区人社局服务大厅招工备案窗口吗？”

“是的。”

“我是沈鼓集团的工作人员，想要办理 100 人的招工备案，预约明天下午，可以吗？”

“没问题。”

这是铁西区人社局服务大厅“订单”式服务的一幕。这种“订单”服务解决了办事人员的“三不知”，即不知怎样办理，不知找谁办理，不知何时办理。让办事人员不再焦急等待，而是心中有数。一方面降低了办事成本，另一方面科学分流了职能部门的窗口压力，提高了政府的办事效率，实现了“双赢”。

为农民工讨薪撑起“保护伞”

某年 12 月，144 名衣着单薄、冻得瑟瑟发抖的农民工将铁西人社局维权清欠科调解室围得水泄不通，投诉某建筑企业拖欠他们的工资近 220 万元。维权中心的工作人员意识到：时下临近元旦、春节，辛苦工作了一年的农民工急于拿到工钱回家与亲人团聚，如果处理不及时，这 144 名情绪激动的农民工有可能做出过激的行为。他们一边耐心稳定农民工的情绪，一边迅速联系欠薪企业负责人。该企业负责人拒不配合，电话中态度也十分恶劣。维权清欠科主管领导决定打破以往先立案再调查的程序，特案特办，立即组织维权清欠、劳动监察、铁西公安分局维稳办等部

农民工维权调解现场

门直接赶赴施工单位展开调查，组织召开欠薪案件协调会，向企业讲解相关的法律法规。经过四天反复的沟通协调，企业负责人同意将自己的两辆建筑工程用车以变卖、抵押的方式筹措资金，维权清欠科工作同志又亲自监督确保这些农民工一一领到工资，如愿拿到血汗钱的农民工终于踏上了返乡之路，避免了一场群体性上访事件的发生。

随着天气渐冷降雪来临，沈阳大部分工地工程项目进入停工结算期，铁西人社局维权清欠科抽调人员专职受理解决拖欠农民工工资问题，并与相关部门组成联合执法检查组，集中时间、集中力量对重点行业、重点区域进行排查，发现问题，及时处理，形成协调配合的清理拖欠农民工工资联动执法工作机制。“过年”对于维权清欠科的工作人员来说，是要在闯完所有的“讨薪关”后，才能真正安心的。

开通仲裁“绿色通道”

收到劳动者送来的锦旗

家住黑龙江齐齐哈尔市的颜女士带着愤怒、无助的心情来到仲裁院寻求帮助。她此前在沈阳工作，用人单位拖欠其3个月工资。此次专程从外地赶来，多次向老板索要工资无果，现在借住在亲戚家，心里时刻惦记着老家尚在襁褓中的女儿。仲裁院根据实际情况启动讨薪“绿色通道”，对此案件采取“优先立案、优先审理、优先结案”的工作模式，快速地处理该案件，并简化了送达程序。颜女士历经 2 天时间就拿到了用人单位一次性补偿款 8 700 元。她通过 96123 热线表达了对仲裁院的感激之情：“以前听说打一场劳动争议官司，要跑好几趟，没想到劳动纠纷解决得这么快。”

铁西区劳动人事争议仲裁院开通讨薪绿色通道，对经查实的用人单位拖欠工资、拒付加班费争议类案件，采取“优先立案、优先审理、优先结案”的“三优先”工作模式，高效、快捷地解决欠薪问题。铁西区劳动人事争议仲裁院努力使每个当事人带着一脸笑容走，实现从严肃执法到贴心服务的转变。

搭建“贴心服务平台”

2013 年 12 月，铁西区被征地农民养老保障逐步纳入市级统筹。政策落地之初，社保科服务窗口每天都会迎来这样的咨询者：“被征地农民养老保障纳入市级统筹什么时候可以办理，怎么办理，养老金发放时间，养老金每月能开多少？”

社保工作组深入村屯宣讲政策

市人社局、区政府已经制定了新的政策，但铁西区近6万名被征地农民还有很多人不知道这个政策，同时被征地农民家住郊区，要到市区多家部门办理纳入市级统筹手续，路途遥远，手续烦琐，甚至需要连续几天往返办理这个手续。如何宣传政策？如何方便被征地农民办理纳入市级统筹相关手续？如何为被征地农民提供更好的服务？铁西区人社局领导班子经多次组织相关人员研究，决定由主管领导亲自带队，从各科室抽调人员成立了专门政策宣传服务组，深入前线组织村民集中进行宣传，印制并发放宣传资料；主要领导亲自与区财政、养老分局、街道等部门沟通共同成立了专门工作组，到每个征地村现场办公，为村民提供一条龙服务，使每个农民不出村就可办结全部手续。

2014—2016年3年间，铁西区人社局深入45个被征地村，组织被征地农民进行了120余次集中宣传，印发政策宣传材料3万余份，现场为约5.2万名失地农民办理了相关手续，被征地农民纷纷表示："从没想到政府还有到家门口办理业务的做法，真正做到了工作贴心、办事顺心、服务暖心。"

让群众办事少跑路，是服务窗口打通便民服务最后一公里的出发点和落脚点。人社工作承担着就业、退休、工伤、劳动监察和仲裁等几十项业务，与百姓民生密切相关。坚持一个窗口对外、一个平台办事、一次咨询告知，确保"事事有准则、处处有章法、人人有遵循"，做到"门道清，少跑路"。"只有工作接地气了，群众才会更满意。"铁西区人社局局长梁宏新说。

为让"甘井"水更甜

——记辽宁省大连市甘井子区劳动就业管理服务中心

甘井子，一个因一口“甜水井”而得名的城区。曾经，它是大连市重化工业的聚集区，也是下岗失业职工最多的城区，还是近年来大连市面临再就业压力最大的区域。如今，让甘井子得名的那口“甜水井”已无处寻踪，但清晨熙熙攘攘的人流、忙忙碌碌的上班族、青春洋溢的创业青年，他们满足的笑脸，无时不“剧透”着就业创业的一系列惠民服务，依然让甘井子老百姓的心里品尝着就业、乐业“甘井水”的甘甜。

情系民生，初心不改。

促进更高质量的就业，推进更大范围的创业，是甘井子区改善民生的核心命题，是现代化国际化中心城区建设的内生动力。

沧海桑田，大爱无声。

建平台、出政策、强服务、优环境，甘井子区劳动就业管理服务中心（以下简称就业中心）将就业创业工作有序推进。

笃信

“每个人都是窗口，每项工作都是桥梁，每名党员都是形象。”

走进甘井子区劳动就业服务大厅，首先映入眼帘的就是摆在窗口的那一抹红，一抹代表着身份和责任的红——“我是党员我模范”党员服务窗口。就业中心现有职工 27 名，其中正式党员 21 名，占职工比例 80% 以上。这支以党员为主的模范队伍始终牢记宗旨，坚定信念，以“我是党员我模范”为标准践行党的使命。

甘井子区劳动就业管理服务中心工作人员

打铁还需自身硬。

就业中心以党建项目为抓手，以“两学一做”学习教育为切入点，通过“1+7+7”党建项目载体，全面贯彻落实党的十八大和十八届三中、四中、五中、六中全会精神及习近平总书记系列讲话精神。1 个号召， 7 个学教载体平台，7 项模范共产党员具体要求，激励全体党员以党章为指引，以优秀共产党员为榜样，坚定理想信念，牢记根本宗旨，树立党员形象，做群众满意的模范。推出了“就业援助 110” “就业平台标准化”和“慧创综合体”三个服务品牌。制定了《甘井子区劳动就业管理服务中心岗位管理职责》，形成了“用制度管理、用制度管事、让制度管用”的良好机制。自2014年以来，没有发生一起违法违纪违规事件，没有出现一件行政不作为和乱作为等工作作风方面的有关投诉。

承诺

这个夏天，41岁的阎霞送走了刚考上大学的女儿，看着长期患病卧床的丈夫，陷入了苦闷。

由于企业裁员，她刚刚下岗失业，家庭生活过得比较艰苦，对生活一度失去信心。阎霞抱着试试看的心理拨通了甘井子区"就业110"帮扶热线。职介所工作人员王莹第一时间登记了阎霞本人及家庭的实际情况。考虑到阎霞本人技能偏低，先安排其参加辖区免费职业技能培训班来提升自身的技能，同时积极与辖区企业沟通安置就业。

"此后，我经常会收到王莹发来的就业信息，哪里有招聘会，哪里有用工需求，又出了哪些新政策，王莹都会第一时间告诉我。" 阎霞笑称，渠道多了，机会自

甘井子区劳动就业管理服务中心入户与就业困难人员对接岗位

然会多。终于，她在区里组织的一次招聘会上，成功入职了华联超市。

目前阎霞工作稳定，月收入近 3 000 元，且缴纳各种社会保险。阎霞本人也露出了久违的笑容。她没想到，这所谓的帮扶还真不是“口头承诺”。

类似这样的“一对一”定制服务，重点瞄准大龄困难人员就业，是甘井子区就业中心推动“更高质量就业”的一个重要举措。

为缓解经济增长放缓对全区就业援助工作的影响，特别是对就业困难人员的影响，就业中心研究推出了《甘井子区困难群体就业援助实施方案》和《甘井子区就业工作实施办法》，每年投入 1 200 万元就业援助资金，兜底解决困难群体实现就业。采取政策援助、岗位援助、培训援助和服务援助“四援助”措施，不断完善三级就业服务网络，精准帮扶，打造“15 分钟就业服务圈”，努力让每名困难者都能够就业。

就业中心在全区 14 个街道设立了就业援助驿站，建设了“就业 110”援助体系，第一时间了解群众需求，第一时间送去岗位信息，第一时间解答政策疑问。在全区 173 个社区（村）设立就业援助点，实现区、街道和社区三级就业援助服务网络全覆盖。建立就业困难群体台账、用工信息台账、辖区企业岗位需求台账等基础台账和数据库，搜集岗位信息，做到择业意向、就业能力、就业状况、企业用工信息“四

甘井子区劳动就业管理服务中心送就业困难人员上岗

清楚”，为困难群体提供“一对一、面对面”的就业服务，构建完善的援助网络。

一诺千金。全区各级公共就业服务机构向社会郑重承诺：向援助对象提供至少1次职业指导、2次职业培训、3次职业介绍和3次创业指导服务，兜底解决有就业愿望的困难人员就业。

及时登记、及时认定、及时会诊、及时对接、及时援助、及时就业的“15分钟就业服务圈”已辐射全区所有社区，惠及10万余人。全区1.5万名大龄失业人员通过政策援助实现就业；4 500余人通过岗位援助实现就业；452人通过培训援助实现就业；380名大龄困难人员通过服务援助实现就业；辖区内所有的零就业家庭和困难家庭高校毕业生全部由政府兜底就业……一组组数据背后，凝聚着就业中心不断优化就业服务、拓宽就业之路的辛苦努力。

凝力

“您好，请问您需要办理什么业务？”求职者张国强走进大连市甘井子区就业公共服务大厅，工作人员就迎上前热情地询问。

这里是投资1 700万元，使用面积2 000平方米的甘井子区就业中心服务大厅，提供集职业介绍、就业技能培训、创业扶持、小额贷款、社会保险咨询等服务于一体的“一站式”综合性服务，并增设了公众微信号、便民座椅、饮水机、配套网络电子办公系统，解决以前人力资源业务办理场地分区、群众办事排队拥挤现象。

“以前我们办公场地分散，劳动者来办事非常不方便，现在只要到这里，不管是找工作，还是找贷款、办保险，都可以一站式搞定。”甘井子区就业中心相关负责人介绍说。

夯实基础，打造平台，服务标准一体化。

2015年12月，甘井子区被国家人社部列为首批全国公共就业服务标准化建设试点单位。按照《大连市公共就业服务联盟标准》要求，就业中心将服务大厅设置为“一台十区”的服务格局，即总服务台，工作管理区、失业保险登记区、就业培训区、职业指导区、职业介绍区、招聘洽谈区、创业服务区、信息查询发布区、劳动保障区、劳动关系区工作区域。开通求职热线和下岗失业人员就业“绿色通道”，为创业者提供“一站式服务”。围绕“服务＋重点”，亲民、便民、为民、利民，推进政务公开，全面简化和优化为民办事程序和环节，确保在最短时间内，为办事群众提供最优质的服务。

谋远

“王老师，后天的培训，要组织好啊……”11 月 12 日，就业中心副主任陈璐一上班就重复着一件事——打电话。

再过两天，就业中心针对农转城人员组织的“技能提升工程培训班”就要开班了，他正忙着为学员们做最后的确认。

“这期免费培训的主题是养老护理，34 名学员都是来自棋盘村的村民。15 天培训后，可以参加考试，合格了就能取得职业资格证书。” 陈璐介绍。对于从农村中走出来的农民们来说，这样的培训，无疑为就业之路增添了一个选择。

走进就业中心培训科的办公室，墙上的一句话格外引人注意，“授人以鱼不如授之以渔”。

大连船舶重工集团海洋工程有限公司有这样一位“牛”师傅，他叫唐士法，是作业班长。只见他一会儿手拿图纸与工人师傅商量剪裁钢板，一会儿走到烧电焊的工人身边查看焊缝并亲自做示范，热火朝天的作业现场被他安排得井井有条。谁能想到这位技术娴熟的作业班长，年收入近 7 万元，两年前竟是一位靠种地谋生的普通农民，年收入仅 6 000 元。

随着城市化进程的不断推进，面对唐士法这样的就业群体，如何帮助他们从“地里要食”，从“海洋要钱”向现代二、三产业转移，成为就业工作的重中之重。“授人以鱼不如授之以渔”，就业中心依托区职业技能公共实训基地，立足于区域产业特色，结合区情实际设立了有针对性、科学化的特色培训专业 30 余个，将技能人才培训工作与汽车产业链、电商企业集群、现代服务业等特色产业结合起来，以培训提技能，以培训促发展，实现体面就业。

根据区域经济大项目发展的需求及入驻企业用工的需要设置培训专业，就业中心将职业培训“一线前移”，采取“送学上门”的方式，开展“学校出菜单、企业出订单、政府来买单”的订单式培训，提高求职者培训的针对性和实效性。三年来，共开设订单式培训班 110 期，培训各类人员 3 000 余人 ,90% 以上的培训者实现满意就业。

甘井子区劳动就业管理服务中心职业技能培训深入一线岗位，培养孕育甘井子区“大工匠”

培育“甘井子技工”品牌，打造“百名工匠、百人领航”人才双百工程。就业中心以大连市有杰出贡献高技能人才和技术能手评选活动为抓手，举办大连市维修电工、中式面点、烹饪职业技能大赛，甘井子区 “区长杯”职业技能大赛，涌现出一批甘井子技工能手。其中有 6 人荣获“杰出贡献高技能人才”称号、15 人荣获“技术能手”称号，有 9 家技能大师工作室先后获评国家、省、市技能大师工作室称号。

创新

星星之火，可以燎原。哪里有沃土，哪里就能绿树成荫。

一个人、一个项目、一元钱启动资金，是三年前张铁柱入驻大连市甘井子慧创

甘井子区创业大学生欢庆创业项目申请成功

星谷创业孵化基地时的全部。在这里，他获得了免费场地、办公设施等多项支持。而今，张铁柱创立的码尚（大连）科技有限公司自主研发的线上线下联通的会员营销服务平台，已经服务商户超千家，会员数超百万。凭着良好的创业业绩，该项目获得了 200 万元天使投资，现如今，张铁柱也从甘井子慧创星谷创业孵化基地走出，信心满满地走上了独立经营之路。

慧创星谷是甘井子区就业中心打造的大连市第一家创业孵化平台，随后全区陆续建设了总建筑面积超过 10 万平方米，包括慧创工厂、慧创硅谷、慧创星空间等孵化基地在内，面向不同创业领域、不同类型创业者的“慧创综合体”，在 14 个街道设立了 42 个创业孵化基地。就业中心聘请了包括工商、税务、创业服务部门的工作人员，以及来自金融、法律等专业机构的专家和创业企业的优秀带头人在内的 49 名创业导师，解决创业者遇到的难题，并制定出台了支持创新创业的一系列政策文件，从减免税费、小额贷款、房租物业补贴、创业培训等方面为各类创业者量体裁衣，“软硬兼施”打造“15 分钟创业服务圈”。在政府激励创业的氛围感染下，越来越多的年轻人和张铁柱一样，纷纷步入创业大军行列。

在打造“15 分钟创业服务圈”的同时，就业中心将创业服务前置，走进大连工业大学、辽宁师范大学、东北财经大学等高校选拔“种苗”，创建大学生创业就业实习基地，免费为大学生提供创业服务。为提高创业成功率，就业中心将创业服务延伸至“后创业孵化期”，对即将孵化期满的创业企业，从给予免费场地和资金扶持，转变为打造优质的“慧创朋友圈”“慧创企业圈”和“慧创服务圈”，对孵化期满的创业企业经营情况实行“月回访制度”。

大学毕业生后，学软件开发的周士程曾经有着无数的梦想，却都在残酷的现实面前一一破灭。如今，在就业中心的帮助下，他不仅在甘井子区创业就业基地有了自己的“一亩三分地”，而且自主研发的自助洗车机正在走俏国内市场。周士程的经历只是甘井子区不断高涨的创业大潮中一朵细小的浪花。如今，像他一样，越来越多的年轻人已经被浓厚的创业氛围所感染，纷纷加入创业大军，演绎自己精彩的创业人生。

点一把火，给梦想一个空间，创业就业平台让“创客”变“驻客”。

为创业团队和创业者提供低成本、便利化、全要素的创业物理空间和专业化服务，是提高创业成功率的前提。就业中心精准地意识到创业就业平台的重要性，并将其当成推动创业带动就业的重要抓手。

良好的创业生态催生出日益壮大的创业群体，演变成真正的市场力量与经济活力。据统计，2016 年上半年，甘井子区新增创业企业 2 000 家，市场主体总数量突破 10 万户，市场主体总数量、企业数量、注册资本 500 万元以上企业数量等方面均位居大连市各县（市）区前列。

伴一路行，给梦想一种依托，政策与服务双重支撑让“创客”不断成长。今天，在甘井子，创业已不仅是一种选择，更是一种常态，这缘于良好的创业生态。创业就业平台是一方沃土，政策与服务则是阳光雨露。在就业中心的努力下，创业的土地肥沃，阳光雨露正好。

服务无止境，满意是标准。

近两年来，就业中心共开发就业岗位 8.2 万个，扶持创业带头人 982 人，带动就业 6 439 人，创业就业 12 763 人，职业培训 5 777 人。实现城镇失业人员实名制就业 7.1 万人，稳定就业 5.2 万人，失业率控制在 2.81% 以内。就业中心先后获得大连市就业工作先进单位称号、辽宁省农民工工作先进集体称号、甘井子区最美集体和十佳站所称号。就业中心全体工作人员正用心诠释着就业人的使命和职责，共同编织着甘井子区“就业有平台，创业有沃土”的和谐梦想，为区域经济社会发展和社会稳定提供强有力的保证。

努力为百姓撑稳民生保护伞

——记吉林省社会医疗保险管理局

精益求精是他们始终如一的工作标准，锐意进取是他们始终如一的工作态度，群众满意是他们始终如一的工作追求，干净做事是他们始终如一的工作操守。多年来，吉林医保人始终以“公正、便民、廉洁、高效”为基本要求，以竭诚为广大参保人员服务并维护其切身利益、进一步优化服务环境为目标和宗旨，内强素质，外塑形象，不断提升经办服务水平，有力地促进了全省医疗工伤生育保险事业的健康快速发展，为全省经济发展和社会稳定做出了重要贡献，国家人社部领导、部社保中心领导多次对吉林省医疗工伤生育保险经办工作给予了充分肯定并做出重要批示。

天堑变通途：谱写了一曲温暖民心的幸福乐章

66 岁的张凤生家住吉林省白城市通榆县，和老伴两人均为下岗职工，提起医疗保险异地就医结算，张凤生的老伴激动地打开了话匣子：“这些年，我家老头子好几次来长春住院做手术，自从有了异地结算，我们是既省时又省力啊，不用来回跑腿儿了。不需要自己垫付，我们的经济压力一下子就减轻了，而且这几年的报销部分也越来越多了。”

一起来看看吉林省医疗保险异地就医结算工作进展时间轴：2012 年起，吉林省社会医疗保险管理局（以下简称吉林省医保局）就启动了医疗保险异地就医直接结算工作，两次列入省政府民生实事，经过近几年的探索实践，目前已全面实现了省内异地就医直接结算，2016 年又与海南等 6 省签订了跨省异地就医管理服务协议，提前两年完成国家异地就医任务，成为开展跨省异地就医合作最多的省份之一，异地就医信息系统建设方案得到人社部社保中心认可，纳入第一批接入国家异地就医平台梯队。截至目前，吉林省异地就医直接结算已使 11.3 万人次参保人员受益。

开通异地就医直接结算

吉大一院收款处主任李红表示：“我们医院的异地结算工作目前运行非常顺畅，特别在门诊方面，有医保卡及身份证代替医保卡两种类型，均可办理，夜间急诊也开通了异地就医即时结算绿色通道。”

在此基础上，吉林省不断探索推进跨省异地就医。扩大异地就医结算范围是 2016 年吉林省政府的重点民生工作，吉林省与海南、新疆、广西、重庆、贵州和云南等省（市、自治区）签署了异地就医结算合作协议，通过建设跨省异地就医结算平台，实现跨省参保人员异地就医直接结算，此举极大地方便了外地定居的退休人员。

吉林、海南两省签订异地就医协议

85 岁的吉林老人尚武最近几年都会在入冬时飞到海南“猫冬”，春暖花开时再回到老家，之前因为考虑到报销麻烦，也担心会给子女添负担，冬天生病需要住院时，老人只能选择飞回老家住院或是在海南自费治疗。当得知吉琼两省医保异地

吉林省异地就医人员住院治疗

就医直接结算业务开通后，老人非常高兴：“这个政策好啊！以后冬天再来海南不用担心生病了，医保能直接给报销，孩子们也不用来回跑了。”

好政要推进，好事要长远。下一步，吉林省将着重升级异地就医管理服务信息系统，完善省内异地就医直接结算平台，开通全省门诊慢（特）病异地就医直接结算和异地生育直接结算待遇，这样就可以全方位、多角度地为参保人员提供更好的医疗服务。同时，密切关注国家层面关于全国异地就医联网结算工作的整体推进情况，争取第一时间接入国家异地就医直接结算平台，全面实现跨省联网直接结算，将吉林百姓就医的“天堑”变成幸福的“通途”。

管好保命钱：不让医保链条上的“蛀虫”有机可乘

10 月的一天上午，吉林省医保局监督举报电话的铃声响起，打来电话的是中日联系医院的医保办副主任刘明旭，刘主任语速很快，显得有些急促，通过交流得知，医院胃肠内科李医生在上午查房过程中，发现一例疑似冒名顶替参保患者入院的情况，医生没有十足的把握，但觉得事情较为严重，便立即把情况反映给了医院医保办。医保局工作人员做好记录后，第一时间向部室领导和分领导进行了汇报，并对医院医保办提供的医保卡和个人信息进行了核验，在掌握了较为确凿的证据后，由两名监管部工作人员召集了参保人所在单位的医保经办人同时赶往医院，在医院医保办的配合下，发现违规行为人冒用其姐姐（省直参保人员）的医保身份办理入院，并享受了入院治疗的医疗保险待遇的违规情况。从发现疑似情况到吉林省医保局有效制止骗取医保基金行为，整个过程不到 3 个小时。最终，吉林省医保局依据有关规定对违规行为人进行了处理。这是吉林省医保局监督举报电话设立后受理的第一个举报。

为提高医疗保险服务质量、服务水平，树立窗口部门良好形象，维护医保基金安全，吉林省医保局自 2016 年 10 月 1 日起，设立医保服务监督举报电话，对医保服务违规行为、医保基金骗取行为、医保工作人员违纪行为等方面，面向社会接受监督。这是吉林省医保局打造“智慧医保、精准服务”品牌，全面提升服务质量的又一重要举措，在提高工作效能和执行力的同时，最大限度地保障参保群众利益。

近年来，随着参保覆盖范围的扩大和待遇水平的提高，各种欺诈骗保手段层出不穷，有的参保人员为了获得医疗保险利益的最大化，获取不当利益，要求医生多开药、多报销；个别医生为了自身利益，配合、默许参保人员挂床住院、虚挂住院，尤其是有些中小医疗机构和民营医院的医生甚至为冒名住院提供便利，或互相勾结套取医疗保险基金，导致医疗保险基金的流失。医保基金流失，侵蚀了集体利益，直接受害的是参保人。

自 2012 年起，吉林省就在全国率先提出并开展了医疗保险医疗服务监管体系建设，在全国率先以省为单位开展医疗保险医疗服务智能监控。医疗服务智能监控是新形势下提高医疗服务监督管理的重要手段，要求监控人员快速熟练掌握应用并要不断提升。吉林省医保局根据不同阶段的特点建立了“请上来”和“走下去”的业务培训机制，努力营造“一人带四邻、四邻带全屯”的“点上撒种、面上开花”的联动效应，全面提升了各地监控人员的监控业务能力，实现了对医疗费用的有效管控。吉林省医疗服务监控工作走在了全国的前列，连续三年在全国医疗服务智能监控工作会议上做大会交流发言，吉林省被列为全国医疗服务自动化监控项目研究课题成员单位、全国医疗服务监控查出违规典型案例编写撰稿单位、医疗服务智能监控评估项目成员单位。

吉林省医疗服务网络监控指挥平台

今后一个时期，吉林省医保局将进一步健全医疗服务监管体系，出台监管办法，加强定点机构协议管理，推进医保医师制度，建立统筹区域间医保交叉监管机制，强化智能监控，加强医保对医疗服务行为事前、事中监管，控制不合理医疗费用，为参保人员营造安心、放心、透明、阳光的医疗保险医疗服务就医环境，管好老百姓的“保命钱”。

服务树形象：一切从参保群众满意出发

医疗保险每一项政策都事关百姓切身利益，每一项工作都事关民生福祉，如何能够让参保群众享受到满意的医保经办服务，是近些年来吉林医保人不断探索的重要课题，吉林省医保局以“智慧医保、精准服务”为目标，以便民利民为出发点，积极探索符合新形势的经办模式，为参保群众提供更为优质、便捷、高效的医保经办服务。

大厅明亮了。35 岁的张宏常年在外地工作，每年都要回来为父亲办理异地报销事宜，这次来到吉林省医保局经办服务大厅不由得感慨道“变化太大了，环境更好了，统一制式的标识牌、引导牌，让整个经办大厅的布局一目了然，感觉更加规范了”。

2016 年，吉林省医保局按照国家标准要求，不断完善经办服务大厅设施设备建设，并按照《社会保险视觉识别系统》要求，对经办服务大厅进行改造，重新调整了窗口布局和功能区域，并严格按照视觉识别系统要求，重新制作了标语标识，做到区区有指引、台台有标识，通过标准化建设让广大参保群众更加直观了解、认知、信赖社会保险，最亮的当属

医保局工作人员张贴监督举报电话公示牌

“中国社会保险”标识，前台、后台、库房和户外，“中国社会保险”标识无处不在，标识的辅助图形和色彩背景也无处不有，百姓办事一看就知道，不跑冤枉路，一找一个准，这样的标准化经办服务大厅真正让人眼前亮了。

办事方便了。66岁的李军生（音）大爷坐在等候区的椅子上耐心地等待着叫号，提到办理业务他打开话匣子说道：“以前都是站在窗口等啊，不敢走开，本来排队的人就多，一不小心让人插了队就又得等半天，我这老胳膊老腿的也站不了那么长时间啊，现在能叫号了，我就坐着等就行了，真的太方便了。”

为了进一步优化经办模式，能够为参保群众提供更优质、便捷的经办服务，吉林省医保局经过不断探索研究，借鉴先进经验，对46项经办业务流程进行了梳理和再造，对窗口工作人员进行了全面的业务经办培训，并于2016年年底推行了“综合柜员制”经办模式，按照“特殊业务单设、综合窗口全揽”的原则，设置了财务窗口2个、制卡窗口1个、综合窗口9个，并融入排队叫号系统，按照排队人数确定窗口开放数量，既满足了经办需求又让窗口工作人员得到适当休息。通过实行“综合柜员制”，极大地提升了经办效率。现在窗口再也看不到长长的队伍和熙熙攘攘的人群，真正地让老百姓办事方便了。

服务暖心了。2016年12月的一天，长春市迎来了入冬以来的第一场大雪，因大雪而变得安静的医保经办大厅缓缓走来了一位中年女性。只见这位女士在12号业务窗口前坐下，将公文包中的一沓材料掏了出来，对着面前的人说道：“小同志，我们单位8月的发票没收到，我把复印件都带来了。”然后，边说边将手中的材料递给了正在窗口办理业务的小同志。小同志见状忙伸出双手接过材料，问了一句：“阿姨，您是8月存过来的钱吗？”中年女性说道：“不是，是7月存的8月的钱。”小同志点头说：“好的，请您稍等，我帮您查找一下。”然后，小同志对着面前的电脑忙碌了起来。

过了一会儿，小同志抬头说道：“您的单位8月的发票是邮寄的，如果到现在还没有接收到发票的话，我这里帮您联系邮局帮忙查找，看看是什么情况。现在我帮您复印一份，方便您回去记账，请您稍微在这里等我一下，我去取我们的底联帮您复印。”小同志拿起了办公电话给邮局的办事处打了个电话，交代了一下事情的经过，之后在电脑的系统中快速地查出对方单位的信息，然后到相对应的票据保存箱中寻找到了该单位的票据底联，最后到复印机前完成了复印，为复印件盖上了章。中年女士看着小同志忙碌的身影，因为大雪和寒风而烦乱的心情慢慢地平静了下来，心里变得暖洋洋的。

小同志将手里的文件递给了面前的中年女性，微笑着说："我刚才联系过邮局了，如果邮局找到发票的话，就会将发票重新邮寄给您的单位。届时，需要您将这个复印件归还，如果不方便，送回来的时候不必亲自来办，可以找人捎带。"中年女士接过文件，笑着说："我已经 70 多岁了，干了一辈子财务，从来没有出过错。你的工作态度真好。对了，你们领导在不在，我想在她面前好好表扬一下你。"这个时候，小同志才明白原来面前的女士其实是一位古稀之年的老人了，于是微笑着说道："不用了阿姨，没想到您已经 70 多岁了，这么冷的天，您也挺辛苦的，这些都是我们应该做的。"阿姨笑了笑，又简单地跟小同志聊了聊，就转身走了。这只是发生在省医保业务办理大厅里的一件平凡的小事。

近年来，吉林医保人主动把医保经办能力建设与党的群众路线教育活动紧密结合起来，在加强硬件建设的同时，不断提升队伍建设，加强窗口作风建设，在全省医保系统开展了"提能力、强素质、重服务"活动，通过开展培训和各类活动，将亲民、为民、便民的服务理念内化于心，外化于行。此外，他们还将《人力资源和社会保障窗口单位服务规范》《人力资源和社会保障窗口单位纪律要求》《人力资源和社会保障窗口单位文明用语和服务禁语》印成小册子，人手一本，学透、吃透、理解透，推行亲情服务理念，将每一位前来办事的人员当作亲人，力所能及地解决每个人的问题，真正做到让人心暖了。

寒冬虽至民心暖，吉林医保人用步步攻坚的勇气和智慧推动着医保经办管理服务工作大跨步地前行，在老百姓纷纷竖起的大拇指和洋溢的笑容中映射出的，正是更加美好的明天。

为民 镌刻在每一位医保人心中

——记吉林省白山市浑江区社会医疗保险管理局

寒冬腊月，刺骨的寒风吹得人不得不缩紧衣领，大步前行，而浑江区社会医疗保险管理局却每天上演着温馨感人的“小故事”，似破寒生春，带给浑江区参保人员阵阵窝心暖意。

服务为民——满意度是前行的驱动力

“为民、便民、惠民”是镌刻在每一位医保人心中的信念，这一信仰自吉林省白山市浑江区社会医疗保险管理局(以下简称医保局)2001 年成立伊始就如影随形，激励着医保人用心承担起白山市区 17.08 万名城镇居民及浑江区 1.1 万名城镇职工基本医疗保险工作。2014 年以来，医保局先后被授予“全省精神文明建设工作先进单位”“全省人社系统窗口单位改进作风专项行动十佳优质服务窗口”“吉林省医疗工伤生育保险经办管理工作先进单位”等荣誉称号。

医保局现有职工 47 人，其中女职工 41 人，被群众亲切地称为“女子军团”，杨洪雷就是这支“军团”中的一员。医保工作量大、人员少，加班加点是常事，作为军嫂的杨洪雷夫妻俩团聚的日子更是少得可怜，可就是这屈指可数的团聚的日子，也常会被 24 小时待机的电话声打断。2014 年 7 月的一个周末，杨洪雷在部队接到参保人员徐大娘的电话，大娘老伴的癌症最近有加重的趋势要去住院治疗，可是老两口手里的钱着实周转不开，哭着问杨洪雷能不能尽快将核销的医疗费转给她。杨洪雷耐心地向老人解释着医保报销的基本程序和报销时间，当老人一阵阵啜泣的声音通过话机传到她的耳朵里时，善良的她告诉大娘，她一定会尽快核销老人的住院费用。挂了电话，她匆匆与爱人惜别，踏上返程的客车，利用休息时间到单位核销老人的医疗费，尽快使老人拿到核销的医疗费再次治疗。由于市级统筹工作的开展，医保系统需要升级测试，系统测试的三个月内，医保工作人员就加班加点三个月，很多年轻妈妈的孩子没人看管，她们就把孩子领到单位，加班的那些晚上，单位的沙发成了孩子的小床，妈妈的工作服成了孩子的小被子，医保局成了孩子临时的家……

于千万人之中，想群众之所想，急群众之所急，医保局率先建立一站式服务大厅，将对外办理的所有事项全部纳入敞开式窗口办公，新建接待室和休息区，配备饮水机、桌椅、急救医药箱等服务设施，全面实行一站式办结。服务大厅作为桥梁和纽带，不知不觉中拉近了医保局与百姓的距离，一个个小小的窗口上演着越来越多的故事。

医保局一站式服务大厅

何冰在医保局工作多年，原本就血糖高的她，由于常年加班工作，过度劳累，如今已不得不带泵上岗，靠药物支撑疲惫的身体。家住通江社区的张大爷是何冰最为熟悉的参保人之一，第一次见到张大爷时，何冰就注意到老人的腿脚不是很利索，给大爷办理完业务，她与老人唠家常时了解到老人家住得远，每次报销往返都得两个多小时。何冰就主动提出要上门为老人办理业务，一来二去，只要张大爷一个电话，何冰就会亲自上门为老人服务。2016 年 5 月，正在大厅里为居民办理业务的何冰，远远看到张大爷拄着拐杖，步履蹒跚地朝她走来，她急忙喊来其他同事接手工作，自己则跑去搀扶老人到休息室歇息。看着满头大汗的张大爷，何冰说："大爷，你怎么自己来了，不给我打电话？"大爷喘着粗气说："看着天儿好，也没啥事儿，就来看看你。"正是医保人的无私付出，使他们和参保人之间产生了不是亲人胜似亲人的感情。

许多腿脚不好的"老病号"在医保局都享有"特权"，他们笑称自己是 VIP 大客户。每次报销的时候，他们无须上楼，只要在一楼给经常为自己办业务的工作人员打电话，医保人就会下楼，拿着报销凭证给他们办理完，再送到他们手中。也正是因为这样，医保局办事大厅里的锦旗挂了满满一墙，各种表扬信更是摞了厚厚的一沓，装满了几个大文件盒。

半月板三度损伤的李娟，在接到医院告知卧床休息的诊断书后，仍坚持对"两定"单位进行监督检查，以高强度的工作状态，仅用 2 个月时间完成了对全区 105 家"两定"单位的监督检查工作，杜绝医保基金流失的同时，保障了广大参保人员的利益。2016 年 8 月，张晓慧在走户的过程中，不慎脚踝扭伤，造成脚踝骨骨裂，可是她一天也没休息，至今脚还肿着，走路还是一瘸一拐。孙轶罡每年扩面征缴工作期间上乡镇、下社区，冒严寒、顶烈日，为偏远社区的居民登记，联网缴费，只为群众省心省事。其实，这样的事情每天都在医保局发生着……

外人不理解地说医保局的人都是"金刚不坏之身""拼命三郎"，其实他们不懂医保人"一切为了参保患者，一切为了群众满意"的服务宗旨。恰恰就是这种理念和工作态度才赢得了百姓的好口碑。

优化为民——效率性是服务的新指南

为了群众方便，宁愿牺牲自己的方便；为了让群众少跑路，宁愿自己多跑路。浑江区医保局秉持方便为民的原则，率先在全市设立城镇居民基本医疗保险信息录入平台，使参保居民在社区即可查询、录入个人信息，在银行即可缴费，避免跑冤枉路、拥挤排队。

家住城南街道西苑社区的李凤霞，经营着一家小超市，年迈的父母由于身体不适，每年缴纳医保费用的事就落在了她的身上。超市客流量较大，加之每天进货、返货的杂事较多，李凤霞时常记不清父母的缴费时限，每年多次到医保局查询相关信息。自从城镇居民基本医疗保险信息录入平台和银行联网后，李凤霞再也不需要乘车去医保局查询信息了，她高兴地说："太方便了，以后查询、缴费这些事儿在家门口的社区和银行就能办了，可省劲了！"为了方便二等乙级伤残军人和离休老干部核销医疗费，医保局将每个月的 18 日定为医疗费核销日，对于不方便到医保局核销药费的老人，则亲自上门为抗战老兵、离退休老干部核算、报销。铁路社区有一位 90 多岁的老兵陈有才，老人在一场战役中小腿被弹片严重击伤，行动迟缓。老人退休后与儿子一起生活，由于儿子常年在外打工，老人不得不亲自到医保局报销医疗费，上下楼、坐车非常不方便。得知这一情况后，医保人每月都会准时上门为老人服务。老人家住五层楼，医保人每年需上下十多次，陈有才老人感觉总是这么麻烦他们过意不去，执意要自己去报销，可是医保人却说："您当年扛枪保家卫国，现在年龄大了，我们为您做的这些都是应该的。"

为了使更多身患重病的人摆脱"因病致贫、因病返贫"的情况，浑江区医保局举办多场大型扩面宣传活动，让未参保人员及时了解相关政策。小刚（化名）家住通沟街道，早年父母离异，母子二人相依为命，其母亲靠在市区打零工为小刚提供上大学的费用和家用。眼看着小刚大学毕业娘俩有了盼头，不幸却再次降临到这个家庭，小刚被诊断为股骨头坏死。举步维艰的母子俩只好投奔小刚年迈的外祖母，三代人靠老人微薄的低保金生活，小刚母亲打零工的钱则用来支付他的医药费。随着疗程的深入，小刚母亲打工的钱早已不够支付巨额的医药费，看着外祖母日渐佝偻的身影，听着母亲常常在深夜独自啜泣的哭声，小刚无比痛恨自己，恨自己患的病，恨自己无法为家里分担忧愁。一天晚上他对母亲和外祖母说出了自己放弃治疗的想法，三代人相互对视着，抱头痛哭。小刚放弃治疗后，随着日子一天天流逝，他越加沉默了，整天一个人窝在屋中。医保局到通沟街道开展扩面宣传时，无意中听到了小刚家的情况，被这家人不幸遭遇深深打动，活动结束后大家来到小刚家中，长期不与外界接触，小刚已患有轻度抑郁症，医保工作人员尝试着与他聊天，他望着窗外不言不语，姥姥和妈妈望着他泪眼婆娑。大家被眼前绝望的一家人弄得心酸不已，几个女同志更是偷偷地抹着眼泪。医保局为小刚办理了参保手续，并为其联系北京医院进行后续治疗。小刚家拿不出医保报销范围外的费用，局里积极向民政局申报大病救助，与此同时，局里的同志积极捐款帮他凑够医疗费和生活费。逢年过节，大家还会带上米面油和慰问金去看望小刚一家。随着小刚病情好转，他也逐渐恢复了往日的阳光，三代人也会有说有笑地看看电视剧，聊聊最近遇到的琐事。还有一件大好事也降临到这个家里，医保局经过与相关部门协调沟通，为小刚申请了公益性岗位。现如今，完全康复的小刚依靠自己的能力打造了一份属于自己的事业，更依靠自己的力量承担起整个家庭的重任。2015 年成家立业的他，让幸福变得有迹可循。

每年 8 月末是征缴科最忙最累的时候，全科室四个人清一色的娘子军，需要在学生开学前一个星期录入 4 万多名参保学生的基本资料，4 万份档案、7 天时间、4 个工作人员，平均每天每人需要录入 1 500 份，虽然工作量大、时间紧，但是她们没有一个人推托说干不了，每天都加班到后半夜，平均工作时长达到 15 个小时以上，科长胡景秋因颈椎病导致眩晕倒在桌子上，但她不顾医生和家人的劝阻，在医院躺了半天，又回到了工作岗位上。

创新为民——解民难是工作的突破口

率先在全省开展居民二代身份证替代医保卡工作，率先在全省成立远程监控中心，率先在全省探索跨地区解决肾透析患者就医难问题，率先在全省范围内通过 VPN 网络与定点医疗机构即时结算……多个率先、多个创新都凝聚着医保人为民服务的心血。

二代身份证替代医保卡

浑江区医保局总是将参保人的利益放在第一位，坚持在拓展优质服务的深度和广度上下功夫，在获得更多赞誉的同时，也切实解决了众多百姓的燃眉之急。1993 年出生的李佳慧（化名），家住通沟街道通明社区，

率先成立的远程监控室

父母早年离异，与年迈的奶奶靠老人微薄的低保工资相依为命。屋漏偏逢连夜雨，原本十分拮据的生活，因李佳慧患上尿毒症需要每月肾透析治疗，变得更是无力支撑。

放弃，这个念头停留在祖孙二人心中已有些时日，可是谁都不忍捅破这张心酸的窗户纸。花样的年华，濒临崩溃的情绪，生命如草芥般逐渐萎缩、消逝。因为没钱，每周三次透析变成两次、一次，再到最后的彻底放弃，回家。放弃，是多少患有尿毒症无钱透析的家庭最后无奈的选择。

医保局在日常的工作中见到很多这些因久病无钱治疗无奈放弃的患者，虽说医保能报销一定比例，但是每年自己承担 3 万多元费用，又有几个家庭能支撑几年?怎么才能帮到他们? 怎么样才能减少费用，让他们能看得起病? 医保局经过多次开会研究，多次找专家探讨商量，多次到各大医院考察，终于为肾透析患者找到了一个新出路，找到一条救命绳索。为减轻肾透析患者经济负担，医保局与白山、通化等地多家医疗机构就肾功能衰竭血液透析治疗相关费用进行议价协商，最后确定解放军 206 医院为定点医疗机构，医院免费车接车送。肾透析患者每年只需支付一次住院起付金，就可以在门诊进行透析，享受住院患者的待遇，收费标准从每次 600 元左右降低为每次 370 元，透析费全部由医保局结算给定点医疗机构，患者个人就不需要再承担透析费用，肾透析参保患者每年可以减少 3 万多元支出。在全省首个实现跨地区尿毒症透析患者异地报销。

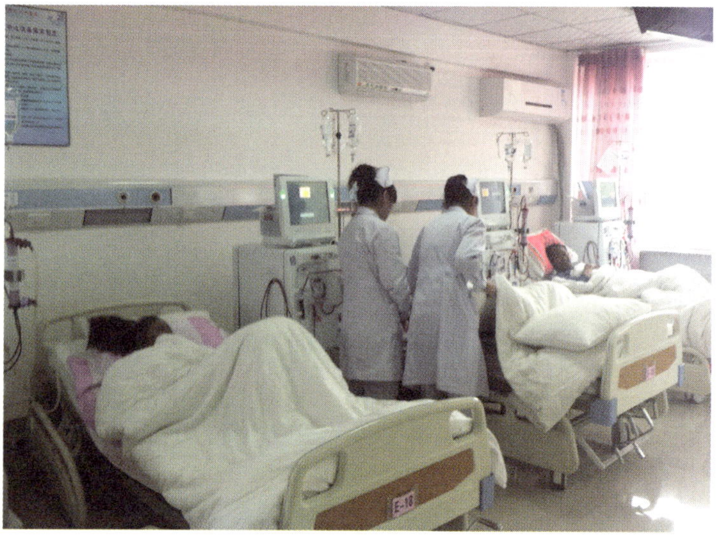

通化市解放军 206 医院透析室

如今的李佳慧渐渐有了青春少女阳光明媚的样子，医保局的工作人员也时常会去看望祖孙二人，并自发为他们捐款捐物。有时看到李佳慧家中米面少了，都会主动为她家中添置些，李佳慧奶奶说：“医保局，给了我们祖孙俩活下去的希望。”2016 年 3 月，通化市解放军 206 医院因部队改革，无法继续对地方提供有偿服务。透析患者着急，医保局更急，对于患者来说，时间就是生命。了解情况后，医保局争分夺秒地与多家医院再次进行沟通协商，最终与通化市第二人民医院签订协议，该医院在一周时间内购进 10 台透析机，再次顺利解决了肾透析患者就医问题。截至目前，全区已有 40 余人通过跨地区肾透析治疗，寻找到活下去的生命线。白山市和江源区医保局紧随其后，也加入到异地透析的行列中，目前全市共有 100 余名患者受益。

2016 年 6 月的一天，结算科接到肾透析患者徐永珍的电话，她哭着说，自己已活不下去了，求医保局一定要帮帮她。原来徐永珍由于长期肾透析，导致静脉血管通路堵塞，每次透析时的药物会渗出，需要做临时静脉置管，否则无法再继续肾透析治疗，而市区内的医院无法承担此项手术，怎么办？肾透析患者如果一周不进行透析，生命就面临危险，还能怎么办？医

医保局工作人员捐款捐物

医保局工作人员看望敬老院老人

保面对的是患者的生命，当然义不容辞地接下这个任务，全单位都行动起来，大家拿起电话开始给全省各地的医疗机构打电话联系，到处寻找能做此项手术的医院。功夫不负有心人，长春传来消息，说是前卫医院能做。面对参保患者殷切的期望，医保人心里“为民”二字促使他们突破困难，以最快的速度为徐永珍联系长春市前卫医院做临时静脉置管手术，为参保患者保证治疗效果争取更多的时间。

近年来，党的群众路线教育实践活动及“两学一做”学习教育活动开展以来，医保局在认真开展业务的同时，全体党员职工敬老、助学活动依旧坚持，为贫困患者及贫困儿童捐款捐物达到 3 万元左右，把为群众排忧解难当作自己的分内之事。

医保工作关乎民生福祉，也是民心所向。一枝一叶总关情，从 8 小时服务到 24 小时待机，从休节假日到全年无休，从坐等服务到上门服务，从治小病到治民之难。几年来，吉林省白山市浑江区社会医疗保险管理局在“服务为民”的道路上不断创新，不断摸索，从无到有，从一个小小的举动、一项小小的变革，走出了“浑江医保模式”，向百姓交出了满意的成绩单。

优化在继续，惠民在升级，浑江区社会医疗保险管理局为民服务一直在路上！

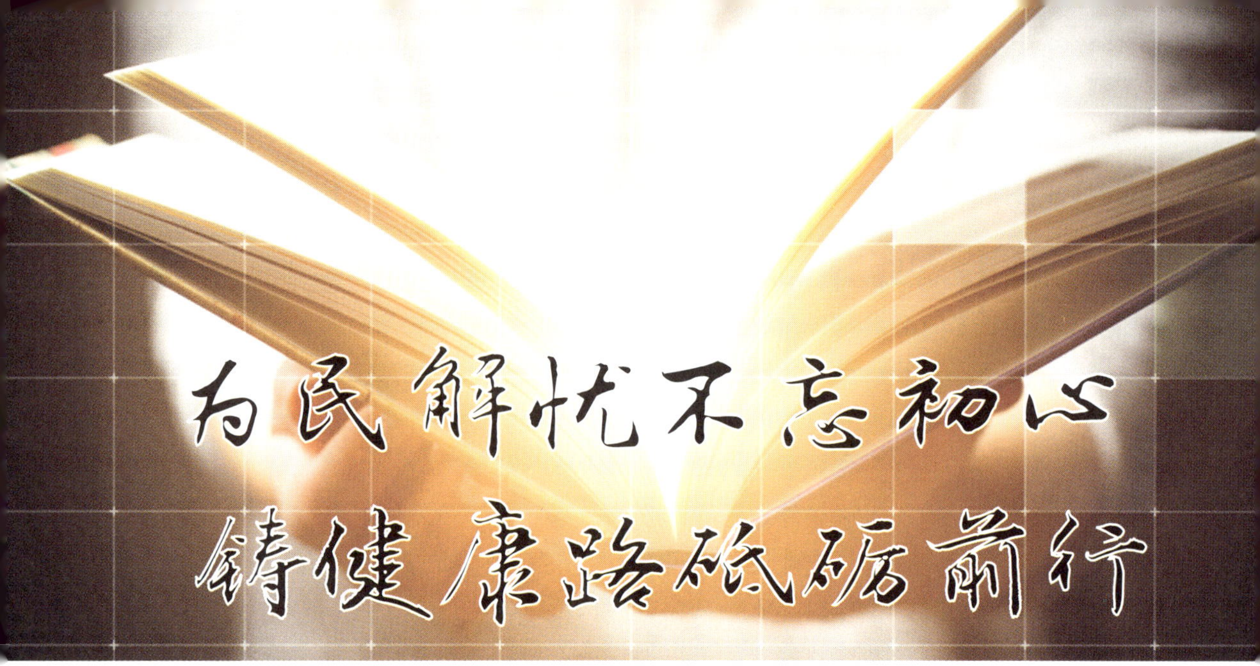

为民解忧不忘初心 铸健康路砥砺前行

——记黑龙江省齐齐哈尔市医疗保险局服务大厅

这是一支深化医改路上的先锋队，他们不忘为民服务初心，凭着“淘尽黄沙始见金”的坚韧不拔精神，克服艰难险阻，在全力改善和保障民生的道路上奋力前行，不断把党和政府的温暖与关怀送到千家万户。

这是一面鲜红的旗帜，花枝满头，硕果累累。几年来，他们先后荣获了全国劳动保障系统集体一等功、全国劳动保障系统 2004—2005 年度优质服务窗口、全国“巾帼文明岗”、全省人社系统 2011—2013 年度优质服务窗口、省三八红旗先进集体、省级文明单位标兵等荣誉称号。

这是一个让群众满意、政府放心、社会各界评价甚高的文明服务窗口，一直秉承真心实意、细致入微的服务理念，赢得了参保单位、参保人员的一致好评，为构建幸福和谐鹤城，助推当地经济发展做出了突出贡献。

这就是齐齐哈尔市医疗保险局（以下简称齐市医保局），自组建以来，始终坚定政治立场，坚持依法行政、办事公开透明，勇于接受社会各界监督，通过强化职工队伍建设，优化窗口各项服务，全力改善和保障民生，较好地推进了医保制度的健康稳健运行。目前，全市 401 万人不仅享受到了医疗保险的保障，而且待遇水平一直保持在全省前列，在医患和社会各界之间树起了有口皆碑、交口称赞的良好形象，群众满意率不断提升。

强化素质建设，打造政治和业务过硬队伍

“医保发展，素质先行”是齐市医保局多年来始终坚持的口号，为了打造政治、业务过硬的经办团队，医保局确定了“一个争创，两个到位”的工作目标，即“争创优质服务窗口，依法行政要到位，医保服务要到位”。为了实现这个目标，以金淑丽局长为首的领导干部带头学习于海河、杨善洲等新时期党的好干部先进事迹精神，组织干部职工每周抽出一个半小时分小组采取集中或自学的方式，学习党的十八大和十八届三中、四中、五中、六中全会精神，学习习近平总书记系列讲话精神、医改等国家最新方针政策，在全局形成了浓厚的学习氛围。2016 年以来，结合“两学一做”活动，先后组织各支部集体学习讨论十余次，使干部职工的修为和素养得到不断提升。此外，开展了“讲理论、比业务、看本领”“扶贫济困送温暖”“心系百姓，情为万家”等一系列富有意义、有内容的实践活动，并于 2014 年以来先后为社会各界需要帮助的群体捐款 8 万余元，积极履行着医保人的社会责任。

医保经办业务政策性强、涉及范围广，为了能够时时带给参保对象优质高效的

讲党课活动助力“两学一做”提质增效

深入帮扶村为空巢老人送温暖

服务，齐市医保局还结合经办业务实际，开展岗位练兵、技能竞赛、业务考核等活动，使各岗位人员做到了“四个熟练”，即熟练掌握各项政策法规、熟练处理本岗位业务、熟练运用医保信息系统、熟练解决各种矛盾问题。在强化素质建设的同时，齐市医保局还将依法行政作为全局工作的出发点和落脚点，不折不扣地贯彻落实，依据《社会保险法》《社会保险费征缴条例》《社会保险费稽核办法》等法律法规赋予的权力，正确履行工作职责和办事程序。几年来，无论是对用人单位工资总额的稽核，还是对定点医院、药店的管理，都是按照公开、透明的程序严格进行的。全局至今未有一起违法违纪案件发生。

改善窗口环境，畅通服务群众“最后一公里”

齐市医保局肩负上百万名参保人员的医疗保障重任，每天要接听上千个咨询电话和接待上百名办事群众，而医保工作又件件关乎老百姓的切身利益，因此程序严谨，事务具体，不容出错，工作量之庞大可想而知。每天一上班，各窗口就排满了办事群众，人多加上办事心情迫切，经常出现争吵和发生矛盾的现象。为了缓解拥堵挤状况，也为办事群众和用人单位提供更加舒适、便捷的业务办理环境，2015年，齐市医保局对办公环境进行了完善，重新扩建了医保服务大厅，医保服务一厅建筑面积由原来的150平方米增加到500平方米，新开设的医保服务二厅建筑面积为150平方米，整个服务大厅总面积为650平方米。宽敞明亮的大厅有效地解决了原来面积小、业务多、排长队的问题。同时，更换了办公设备，安装了叫号系统、多媒体查询系统，设立了综合业务服务台并派专人引导服务，还设置了接待区和休息等候区。此外，增加了服务窗口，细化了业务流程。目前，医保服务一厅由原来6个办公窗口增加到12个窗口，可同时受理征缴、增减变动、转移接续等30多项服务事项，年办结件数可达5万余件。医保服务二厅设置了审核报销服务窗口、稽查核实服务窗口和工伤生育服务窗口等6个窗口，全程可实现一站式服务，年办结件数达4万余件。两个服务大厅窗口通过整合资源，简化办事流程，一站式服务，提高了办事效率，群众办事快了，跑腿少了，来办事的心情也舒畅了。

医保服务一厅为群众办理各项业务

医保服务二厅为群众办理报销业务

改进工作作风，塑造医保窗口部门新形象

有人把权力比作一把双刃剑，在依法行使时，能去污除垢，维护公平和正义，但在失去控制时，就有可能成为罪恶和腐败的条件。为保证工作中的每一个环节都做到不违规操作、不违法办事，齐市医保局制定了《首问负责制》《限时办结制》

定点药店征询意见座谈会

《责任追究制》《服务大厅工作人员行为规范》《服务大厅工作人员考核办法》等十余项制度，公开办事程序，推出了医保内部控制体系，在各科室之间建立起相互制约机制和环环相扣的工作模式，做到了“五制”“四公开”“三亮明”。同时，为进一步改进作风，齐市医保局在出台每项政策前，都广泛听取社会各界意见和建议，相继组织各参保单位、参保人员、人大代表、政协委员、定点医院、定点药店代表等举行征询意见座谈会共同交流探讨，从而使近年来出台的城镇医疗保险征缴管理办法、基本医疗保险市级统筹暂行办法等多项政策既兼顾了各方利益，又符合了医保发展实际。“一人之智不如众人之愚，一目不察不如众人之明。”在党风廉政建设上，齐市医保局经常召开廉政监督员会议和民主评议行风活动，虚心听取社会各界人士和本局职工对医保工作的意见和建议，有则改之，无则加勉。在此基础上，认真贯彻国家、省、市要求，大力开展了群众路线学习实践、“三严三实”专题教育、“两学一做”学习教育活动，通过学习、反思，进行自纠自查，结合工作和自身实际制定整改措施、完善相关制度，提升了宗旨服务意识，充分发挥了党员的先锋模范作用和带动辐射作用，推动了整体服务工作再上一个新台阶。

服务窗口是行业文明的缩影，代表着医保经办团队整体的形象。不仅是在服务窗口，齐市医保局所有干部职工在工作中都使用文明用语，窗口人员更是统一着装、佩戴工作牌，亮明身份上岗，讲清标准，兑现承诺，对待办事人员做到热情周到、微笑服务。通过规范办事程序，切实转变服务作风，极大地提高了为群众和企业服务的能力，在文明诚信的服务氛围中，广大职工逐渐养成不骄不躁、扎实肯干的工作作风，树立了医保团队对外服务的良好形象。

创新医保改革，在破解难题中勇挑重担

近年来，随着齐齐哈尔市居民医保和新农合的深入开展，覆盖范围不断扩大，保障水平稳步提高，制度运行持续平稳。但随着经济社会快速发展，两项制度城乡分割的弊端逐步显现，重复参保、重复投入、待遇不够公平等问题日益突出。这些问题引起了齐市医保局的高度关注，以金淑丽同志为“一把手”的领导班子通过在调研、实践与多年累积的经验中认识到要实现医保事业持续发展，百姓获得更大医保红利，缩小城乡待遇差距，增强基金抵御风险的能力，实行医保与新农合并轨改革，整合医保与新农合制度是有效的解决途径。但整合城乡居民医保国家没有明确提法，省里也没有先行经验，如何破解是难题。恰逢党的十八届三中全会明确提出推进整合城乡居民基本医疗保险制度，为此，齐市医保局一边调研探索本市情况，一边多次往返市政府汇报，争取到了齐齐哈尔市委、市政府的高度重视与大力支持，并将开展医保城乡统筹改革纳入 2015 年市委改革目标。得到市委、市政府的支持，齐市医保局信心倍增，成立了专项工作小组，与相关部门反复沟通协调、制定整合方案、明确推进进度，经过反复调研讨论，制定了统筹城乡居民医保一体化实施方案，并在 2015 年 11 月，完成了市本级新农合与医保经办机构整合，在 2015 年 12 月初，出台了《齐齐哈尔市城乡居民基本医疗保险管理办法》，确保了制度并轨平稳顺利地进行，实现了医保制度的公平性，更开创了全省医保城乡统筹工作的先河，为全省推进城乡统筹积累了经验。2016 年 1 月，齐齐哈尔市正式启动了城乡居民医疗保险，城乡居民缴费政策和待遇水平实现了统一，农村居民可以与城镇居民一样可以公平地享有医疗保障，城乡差距明显缩小，待遇水平与原有相比大幅提升，加快实现了“人人公平地享有医疗保障”的目标，让公平、惠民直达城乡居民。

像这样不断深化创新医保改革之举还有很多。2014 年以来，齐市医保局紧跟国家医改发展形势，先后推出了一系列制度改革举措，启动了医保市级统筹，使行政区域内医保政策趋向统一，医保基金抗风险能力明显增强，医保待遇水平普遍得到提高。齐市医保局实施了新的征缴管理办法，解决了医保运行 10 年来存在的弊端，为小微企业的发展创造了发展空间；实施了城乡居民大病保险，缓解了城乡居民因高额医疗费用支出造成的沉重负担；争取了全国长期医疗护理保险试点城市，成为全国首批 15 个开展长期护理保险制度试点城市之一，政策出台后将有效破解失能

人员的日常照料和医疗护理难题；启动了全民参保登记工作，力将通过一年半时间，完成全民参保登记，实现数据共享与精准扩面，最终实现法定人群医保全覆盖。这些举措受到了群众的普遍欢迎，也使城乡参保人员共享到了医保改革带来的红利。

心系群众，尽心竭力为百姓办实事办好事

群众利益无小事，无论什么时候，齐市医保局都把群众的利益放在第一位。在医保人心中，从事医保事业这一光荣的职业就必须为百姓解忧除困，办好事、办实事。为了这个理念，他们在工作中不断探索。2015 年，国家要求年底前必须启动城乡居民大病保险工作并兑现待遇。由于大病保险需要由保险公司具体承办，当时距年底已不足 3 个月，为让广大参保人员及时享受待遇，齐市医保局发扬敢打敢拼和勇于担当的精神，在 10 月末出台了城乡居民大病保险实施方案，并在招标工作未完成的情况下，先行为 1.2 万人发放居民大病保险基金 6 700 万元。当一些参保患者在服务窗口领取到大病补助金时，有人当场流下了激动的泪水，有人事后送来了感谢的锦旗。参保人员韩秀敏是大病保险启动最初的受益者，她因腿部囊肿两次

为参保人员发放城乡居民大病保险报销费用存折

住院手术，共计花了23万余元。正当一家人面对巨额的医药费走投无路时，韩秀敏的爱人接到了齐市医保局通知其领取城乡居民大病保险补助的电话。当这位东北汉子来到医保窗口领取到经大病保险再次报销的11万元时，热泪盈眶，他激动不已地说："就在昨天，面对巨额的医药费家里实在没有办法了，我正在办理抵押贷款，借高利贷，此时，接到医保局同志打来的电话，说可以领城乡居民大病保险补助，我简直不敢相信，报销的11万元！对于我来说就是救命钱啊！真是太感谢了！"同样受益的还有城乡居民大病保险政策的医保患者家属王秋帅，他3岁的侄子患有肾上肿瘤，家在农村，老人身体不好，无固定收入，靠孩子父母在外打工维持生计，为给孩子看病，已经多方求助，家庭本就不富裕，现在更是陷入贫困之中。当看到手中存折上城乡居民大病补助金时，激动地说："我做梦也没想到，居民医保报销后，还有大病补助金可领，感谢国家、感谢政府、感谢医保局，给孩子活下去的希望！"

这只是医保服务大厅为民服务工作中的一个写照，那一面面锦旗、一封封感谢信表达着群众对医保服务的认可。如今在齐市，越来越多的城乡居民共享到了医保政策带来的实惠。目前，齐市职工和居民医保年最高支付限额分别提高到37万元和15万元，住院政策范围内平均报销比例分别达到90%和75%以上。城镇职工特殊慢性病增加至目前的20种，城乡居民特殊慢性病增加至11种；治疗乳腺癌和白血病的赫赛汀、伊马替尼等特殊药品逐步纳入医保支付范围；行政区域内医保也实现了"漫游"和即时结算；城乡居民转诊转院报销比例进一步提高等。此外，如何更好地服务参保企业发展也是医保关注的重点，特别是2015年以来，受国内经济下行压力等因素影响，齐齐哈尔市的大部分企业遭遇生产经营困难的难题。为了进一步减轻企业缴费负担，帮助企业排忧解难，齐市医保局结合本市实际，研究制定了多项稳企援岗措施，在实施医保"单基数"缴费和分档缴费的基础上，降低工伤与生育保险费率，通过降低费率而不降低待遇，切实缓解企业负担，全年可为企业减轻负担6 020万元，充分发挥社会"稳定器"的作用。

于无声处，默默守候。无论何时，群众的需求都是齐市医保人不懈的追求。忘记过去的成绩，但不忘初心，不忘组织和群众的重托。如今，齐市医保人正以争创人民满意的优质服务窗口为目标，以增进百姓健康福祉为己任，根植百姓，用真情书写医疗保险事业的新篇章。未来，他们将在"十三五"全面健全提升百姓健康保障的征程上继续砥砺前行！

心里有群众 服务零距离

——记黑龙江省佳木斯市人力资源和社会保障局退休审核一站式服务窗口

“再过一个月您将达到退休年龄，请及时携带身份证、建行或农行卡到市行政服务中心二楼办理退休手续。”正在打理自家生意的鲁文平看着手机上由佳木斯市人社局刚刚发来的短信，满脸笑容地说：“要不是人社局提醒，我真就把这事忘了。”

“真没想到这么快，不到 20 分钟，我的退休手续就办完了！前几年我替爱人办退休时足足折腾了 3 个多月。”拿到退休证的原佳木斯锻压机械厂职工安文丽连连称赞。

这样的故事在佳木斯市人力资源和社会保障局退休审核一站式服务窗口（以下简称退休审核一站式服务窗口）时有发生。

佳木斯市地处边陲，作为东北老工业基地城市之一，每年都有上万名参保人员需要办理退休手续。近年来，退休审核一站式服务窗口不忘初心，时刻把群众放在首位，持续向服务发力，千方百计地让办事群众舒心满意。三年多来，这个窗口服务群众 6.7 万人（次），做到了零差错、零超限、零投诉，实现了服务群众零距离。他们的做法在全市行政服务中心和全省人社系统推广，他们的事迹被新华社、人民日报、中央电视台等多家中央媒体深度报道。2013 年退休审核一站式服务窗口被评为全国人社系统优质服务窗口。

退休审核一站式服务窗口

简化流程，让快捷服务贴近群众

让群众办事快捷方便，这话说起来容易，真正做到却并非易事。为了这句话，在佳木斯市人社局引发了一场再造服务流程的深刻变革。

时间回溯到 2013 年年初，在一次征求意见座谈会上，窗口服务成了热议话题，特别是群众对办理退休流程更是非议多多。佳木斯市电机厂建筑工程公司的人事科长陈欣快人快语：“我从事多年企业劳资工作，可以称得上经验丰富，批个退休要跑 4 个部门 6 个科室，程序多达 30 个，前楼、后楼，楼上、楼下来回折腾，而且还要排队等待，让人心烦！如果没有经验的人来办，不知多跑多少冤枉路！”

面对群众意见大，全国、全省通行的流程能改吗？怎么改？局党组会上党组书记白耀光一席话凝聚了大家的共识：“一切为了群众是我们的服务宗旨，如果我们连群众意见最大的问题都不去碰、不敢改，群众办事想快点、简单点的合理愿望都实现不了，我们所倡导的宗旨就是在放空炮。”

必须本着把群众利益放在首位的原则，从自身开刀，对审核流程进行大刀阔斧的改革，实现程序再造。这一思路得到了市委、市政府和省人社厅的大力支持，在深入调研问计于民、问需于民和科学论证的基础上，形成并实施了再造流程改革方案：整合机构，组建统一的一站式服务窗口；理顺职能，合并重复环节，精简冗余事项；窗口并联，业务衔接由外部循环改为内部流转。

改革后，退休审核服务发生了六大变化：一是流程减少了，由原来的 12 个环节、30 个步骤缩减为 3 个主要环节、6 个步骤；二是手续简化了，由原来需要当事人填写多张表格，提供多个要件，改为只填一张表格，提供身份证、银行卡即可办理；三是群众跑路少了，一站式窗口建立后，由原来的需要当事人跑 4 个部门多个科室办理，改为只到一站式窗口办理，真正实现了“一站到底”；四是办理时限短了，改革后，办理周期由原来的两个月缩短到现在的 20 分钟，即时办结；五是责任重了，改革后，减程序、加责任，在每个环节都增加了经办人签章步骤，哪里出错找哪里，谁的错误谁负责；六是办事群众放心了，改革前，退休审核窗口前台操作少，后台操作多，改革后，审核过程全程面对当事人，阳光透明，对群众提出的疑惑当场解释清楚，真正让群众放心。

随着流程的“减肥瘦身”，以前排长队、跑冤枉路、摸不着头绪等让群众烦心窝火的问题得到了彻底解决，快捷服务贴近了群众。还是那位快人快语的陈欣，在一次面对中央媒体采访团采访时，高兴地说：“过去一提起为职工办退休我就头痛，现在好了，用不了 20 分钟完活，老轻松了。”退休审核一站式服务窗口的改革探索不但为全市服务窗口树立了标杆，还在全省人社系统推广，并得到了中央媒体的广泛关注。新加坡国立大学李光耀公共政策学院还将这一做法作为成功案例编入《新常态下的中国地方公共治理》一书，作为该院公共管理项目的重点教学教材。

强化内功，让“满格”服务温暖群众

“只有服务‘满格’，群众才能满意。”这是退休审核一站式服务窗口每月学习例会上，工作人员们常说的一句话。一站式服务改革成功后，他们没有停下前行的脚步，而是乘势而上，强化内功，在制度机制上固本强基、在政策纪律上扎紧篱笆、在能力作风上不断提升，从而使改革成果得到了固化，使服务群众始终保持在“满格”状态。

他们把凡是涉及参保人员退休的职能科室全部前移到窗口办公，实行科长坐班制，让群众“一站到底”，真正实现了群众的事情窗口公开办、窗口不能办的事情到哪也办不了。

打铁还需自身硬。为扎紧政策、纪律的“篱笆”，他们在贯彻落实“五制”“四公开”“三亮明”“二十个禁止”“四个杜绝”和“八必须、八不准”行为规范的同时，结合窗口各个岗位的实际，制定了 11 项规章制度和服务标准，进一步严明了工作纪律。为不断提高窗口工作人员自身素质，他们常年坚持每周学习制度，通过业务骨干领学、集体讨论、案例分析等多种形式，不断提高业务能力，从而使这个团队人人都练就成业务能手。每年窗口业务考核他们都名列前茅，每月全市政务服务中心评选出的“窗口服务之星”，退休审核一站式服务窗口工作人员都榜上有名。

设置业务宣传栏供群众随时取阅

服务对象成千上万，服务需求也千差万别。为实现精准服务，他们还大力推行个性化服务。为方便与聋哑参保人员沟通，他们从特殊教育学校请来了专业教师教授手语。窗口引导员武梦溪主动与手语老师交朋友，利用休息时间到老师家中学习，回到单位和大家一起苦练。那段时间，她与同事之间沟通也一边讲话，一边打手语，使大家很快就能与聋哑人员实现无障碍沟通。

他们为给卧病重患进行劳动能力鉴定和生存认证，还专门组织了志愿者服务队，上门办理相关手续。针对一些退休老人对“生存认证”的忌讳，他们主动改为“享受待遇资格认证”。

“宁可自己辛苦，不让群众为难”是退休审核一站式服务窗口工作人员始终铭记的座右铭。窗口是服务平台，而平台之后，想办法为群众排解为难事、麻烦事，才能让群众更顺心。近年来，佳木斯部分国有和集体企业改制，因管理不善导致的职工档案资料缺失现象严重，工龄认定难问题成为不少群众的“心病”。原木材厂下岗职工佟光荣工作了 40 多年，由于企业管理不规范导致档案资料不全，申报退休时视同缴费年限仅有 30 年，养老金不足 1 300 元，老佟为此上了火，到窗口寻求帮助。当日窗口值班科长王卉主动与关停企业的主管部门沟通协调，配合养老保险科帮助其寻找工资台账、定级表等原始依据，补充档案信息，通过反复核实，为其找回了应有的 11 年工龄，核改了养老待遇，辛苦工作一辈子的老佟不用再为企业管理不善的历史问题买单，养老金达到了 2 000 多元。

为最大限度保证群众利益，他们还实行了疑难档案联审制度。将养老保险审核、劳动关系处理、信访接待、社保经办、劳动仲裁、工资福利等部门业务骨干纳入研判小组，定期召开研判会议，同时邀请市信访局和驻局纪检组、行风监督员以及当事人全程参与，有效保证了当事人话语权，做到了全程在阳光下操作。孙庆富是一

为特殊群体提供温馨服务

名低保进社保人员，在办理退休手续时，对参加工作时间有疑义，工作人员为了帮助这名同志核实真实情况，多次往返于档案库与办公室，先后调取了 4 本与其同单位、同时期人员的档案对比核实，最终为他认定了参加工作时间，严格执行政策的同时，确保了他的待遇不受损失。政策是刚性的，但服务是柔性的。2016 年 10 月 9 日，原市五建工程公司的邵成海办理退休手续时，看到与他同年参加工作的同学养老金比自己多出 200 余元，当时情绪十分激动，斥责工作人员不负责任。值班科长孔繁姝一边安抚他的情绪，一边调出相关档案和缴费记录进行比对，发现是由于缴费基数不同所致，并进行了耐心解释，使他心悦诚服。

现实工作中，他们为办事群众做的远不止这些。走进服务大厅，引导员会为群众送上一张笑脸、一声您好、一次贴心引导；等候区为群众准备了一张休息座椅、一副老花镜、一杯纯净水、一份服务指南，充分体现出退休审核一站式服务窗口以人为本的工作准则和细致做事的工作作风。

创新方式，让数字服务拥抱群众

社会在发展，时代在前进，人民群众对服务的要求也越来越高。如果在服务标准、服务方式方法、服务渠道等方面不能与时俱进，即便服务态度再好，群众也不会满意。面对扑面而来的信息化、数字化、智能化的“互联网 +”时代，退休审核一站式服务窗口积极运用新兴数字技术，不断创新服务方式，让数字服务拥抱群众，努力满足群众对服务的新期待。

开发影像化档案处理系统，投入的是技术，换取的是便捷。推行退休审核一站式服务的前提是实现职工档案影像化管理数据库的应用。为此，他们对 21 万多册参保人员档案全部进行了影像化处理，并自主开发了档案数据管理系统，工作人员可以通过系统进行信息分类搜索，通过姓名、身份证号等信息随时调取指定人员档案，极大地提高了工作效率，缩短了退休审核办理的时限。

他们还在退休审核一站式服务窗口设置了双显屏，办事群众可以直观地看到档案影像和退休手续办理过程，提高了透明度，减少了群众的疑虑。

原佳木斯纺织印染厂职工刘秀玲办退休时，通过档案影像化系统调阅了自己的档案，整个过程中她一直盯着显示屏。她说：“我当了一辈子工人，从来都没有看

服务窗口设置双显屏

过自己的档案，以前想查档案信息非常麻烦，现在好了，窗口都可以看到，有疑问当场就能解决，这回心里有底了，放心了。”

启用智能排队叫号机，规范的是秩序，提高的是效率。退休审核一站式服务窗口每天接待咨询、办理业务的群众多达上百人。在没有设置叫号机之前，很多群众对办理退休的程序不是很了解，进入大厅后常常盲目地到各个窗口询问，既浪费了群众的时间，也影响了窗口正常业务的办理，降低了工作效率。月初、年末等高峰节点，办事群众多达近千人，需调用政务中心保安队来维护秩序。为解决这一问题，他们在 2014 年 9 月正式将智能排队叫号机引入退休审核一站式服务窗口，办事群众可以根据自己所要办理的业务取号，还可以通过智能排队管理系统看到当前等待的人数，叫号系统使大厅井然有序，业务办理效率也得到了大幅度提高。同时，为了解决办理退休群众年龄偏大，不会操作叫号机的问题，还安排了专人进行指导。

“现在办退休手续方便多了，只要取一个号，不用站着排队，坐着静静等待就行了！”前来办理业务的群众纷纷感叹。智能排队叫号机带来的变化，养老保险科副科长夏俊感触最深：“以前在窗口值班，总是有群众来咨询问题，回答影响正常的工作，不回答群众不高兴。自从设置了叫号机后，群众都能找到相应的办事窗口了，秩序好了，我们工作效率也更高了。”

搭建四位一体信息平台，发布的是信息，回馈的是赞誉。他们依托佳木斯市人力资源和社会保障网、政务微信、微博和 12333 咨询服务热线“四位一体”信息服务平台，全方位发布、解读国家和省有关退休政策、办理程序，使即将退休人员有更广泛的渠道获知信息。他们在网站开设了专区，按月公告到达退休年龄的参保人员名单，并在佳木斯市人社局政务微信、微博同步发布，温馨提醒参保人员及时办理退休手续。同时，他们还建立了人社政策信息库，通过 12333 咨询热线随时接受即将退休人员咨询。目前，网站日均点击量达 1 000 人（次）以上，微信、微博关注人数 13 000 多人，12333 咨询热线日均话务接待量达 200 多人（次）。多元化的信息发布渠道和个性化的服务方式，满足了不同层次群众的需求。

在全市布设资格认证网点，付出的是辛苦，收获的是信任。开展待遇资格认证的是退休审核工作的后续服务，更是避免养老金冒领，维护基金安全的必要手段。为让退休人员能够在家门口实现“就地、就近、就便”认证，他们将认证工作的重点向社区转移，购置了 78 台认证设备，投放到市内各个社区网站，实现了“10 分钟资格认证服务圈”。同时，为了照顾年老体弱、行动不便的退休人员，窗口工作

设置专人指导群众取号

人员利用休息日，携带移动指纹认证仪进行上门认证服务。针对在异地居住的“候鸟”老人，他们还开通网上视频认证方式，既减少了群众往返认证的成本，又保证了养老金不停发，群众生活不受影响。

长期在三亚居住的李凤芝老人，以前每次认证都要由儿女陪伴回到佳木斯，来回折腾，十分不便，现在年纪大了就更折腾不起了。视频认证开通后，通过手机视频，做个动作就通过了认证，还能聊上几句，打听一下家乡新变化，一声声浓浓的乡音，不但免去了“折腾”，还慰藉了老人家淡淡的乡愁。

真诚传递专业 服务共塑和谐

——记上海市人力资源和社会保障局咨询服务中心

上海市人力资源和社会保障局咨询服务中心（以下简称中心）自 2001 年正式向社会提供服务开始，始终坚持以“真诚铸和谐，为民解疑惑”的品牌理念为引领，坚持以提高“来电接通率、解答有效率和服务满意率”为目标，重视队伍建设，强调品德教育，将服务品质放在首位。365 天 24 小时的坚守，见证了中心以市民需求为首位的服务精神；416 人的队伍，意味着从后台知识库到平台电话线每一个端

12333 平台主咨询室

点的支撑和专业。

百川聚汇，才成就不竭之源；细微故事，能打造专业窗口。从中心建立至变迁的这 16 年以来，所希冀的政治坚定、服务高效、队伍完备随着步履踏实的追求而逐渐实现，其间所有的事迹既是对中心今日荣誉的肯定，也是对未来发展的期待。

党员素养走在前列，团队学习互助提升

完善的队伍建设制度是队伍发展的基石，稳定的人才队伍是中心进步的前提。在人才的培养上，中心除了一步一个脚印踏实立足于日常培训和教育外，也利用小组带教的方式，让咨询员教学相长，互相学习，既增进队伍团结，也激发学习热情。

在学习上，有“博学之，审问之，慎思之，明辨之，笃行之”的说法，可见先进和优秀不是与生俱来的，也不是一劳永逸的。体现在共产党员身上就是培养习惯、长远追求、不懈精神、不拔韧性的一种综合表现，中心为党员提供众多丰富而开放的学习平台，就是希望党员不断挖掘自身潜力，成为中心发展的中坚力量。

一个党员，一面旗帜。中心党员张佩琳就是业务和素养双全的典型。她在业务上极其负责，仔细认真，考虑周到，要求严格，精益求精。回答市民的问题都经过她仔细的考虑。每一个概念、每一个表述她都力求准确、恰当、贴切、得体，合乎实际、合乎逻辑、合乎分寸、合乎政策。就是在这样严格的自我要求下，在每个月的考核中她均名列前茅。这名老党员之所以能始终保持业务知识的深度和广度，与她自觉克服“安于现状、不思进取”的态度，时刻不忘持续保持党员的先进性，争取优秀业绩并服务大众的心态息息相关。成为一个真正解人民疑惑的政府服务窗口，需要党员不断地自我施压、自我检视，确保服务工作的到位。正是有这种党员大姐作为榜样，更多的咨询员能够对照自己，看到自身在工作中的不足，从而不断突破自身，以“勤”为“先”、以“精”为“优”，把一名合格党员对于工作的热情在实践中转化为个人工作能力量变到质变的飞跃。

而团队学习，师生带教，是将党员素养广泛化的便利途径。就好像张佩琳的学生尤莉在她身上所学到的一样：“有这样的师傅指引，让我少走前人的弯路。刚进组请教她问题时，她回答问题的精炼程度让我印象深刻。我觉得困难的问题，她总能轻易化解。她简洁的回答实质是因为看到了问题解答关键点。刚成为咨询员的我，

总觉得解答内容越多越好，在佩佩姐的点拨下我才明白，市民需要的是有针对性的解答，而不是洋洋洒洒的照本宣科。‘学而不思则罔，思而不学则殆’，面对问题，需要将自己带入到对方的情景之中，从化解矛盾促进和谐劳动关系的方面来考虑、回答，做到言达要点、繁简有节、言之有法、言之有理、言之有情。”

队伍建设不仅是高屋建瓴的培训方式，更应该是春风化雨的点滴人心，让咨询员督促咨询员，让老员工带动新员工，让精神素养的学习和专业知识的把握都成为队伍建设和学习的基础，才能真正塑造一支充满活力的窗口服务队伍，永葆对工作的专注和对服务的热忱。

在细微之处体现严谨，于千钧时刻彰显素质

规章制度是中心井然运行的根本保障。完整的规章制度，严谨的执行效力，是确保平台得以顺利运行的重要依凭。而这所有的日常规范，在真正紧张和关键的时刻，则更能凸显其意义和价值。

“我感到生活没有意义……我很想死……”2014 年 1 月的一个晚上，中心接到了一位意志消沉的先生来电，这位来电者称自己离异后独力抚养上大学的女儿，

生活十分艰辛，没想到“屋漏偏逢连夜雨”，公司又因为经营不善而大幅裁员，失去了赖以养家糊口的工作，生活的重压一时令他感到万分绝望，在来电中屡次提到了“想死”的念头……

负责接待的咨询员敏锐地察觉到了事态的严重性，在劝慰未果后，迅速根据中心急件处理办法通过急件处理渠道将此事报告值班组长，按照规定的急件处理流程，值班组长先主动回拨试图稳定这位来电者的情绪，没想到回拨后他的情绪仍然十分激动，只有一句简单的“我要死”之后就拒绝再接听电话，在多次回拨未果后中心根据紧急情况要求及时拨打了110报警。考虑到这位来电者产生轻生念头的主要原因是失业打击，第二天一早，中心又通过协调机制与该人员所属的长征街道取得联系，希望街道能及时对此情况进行排查，阻止可能发生的严重后果并针对该人员的情况给予就业援助。

长征街道收到中心的协调要求后十分重视，当即对街道内的失业人员进行排查，在第一时间确定了来电者是本街道人员李先生，不仅立即派出就业援助员为李先生介绍工作，街道的领导也多次上门对他进行劝解，经过多番思想工作后，李先生终于打消了轻生的念头，决定接受街道的援助，重新开始，再试一次。

一周后，中心又接到了李先生的来电，与五天前不同的是，李先生来电的话语中充满了欣喜与希望，原来，在各部门的协作努力下，李先生已经在时代超市顺利上岗，即将开始新的工作和生活。为了分享这个好消息，李先生专门打来这个感谢电话，为自己之前的鲁莽行为道歉，并向曾经帮助过自己的好心人诚恳致谢。李先生在电话中动情地说道：“感谢社会和组织的关心，没想到一个电话就可以得到这么多来自社会的帮助，我将会万分珍惜现在的就业机会，以实际行动来回报社会。”

上海市人社局系统各部门为市民的需求而联动服务，采取了迅捷且果断的措施，挽回了一条宝贵的生命和一个濒临破碎的家庭。在这种紧急情况下，更能看出平台日常培训和规范化管理的成效。健全规范的管理体制，细节明确的规范流程，敢于担当的工作作风，都是中心高效便捷的服务不可或缺的前提。而中心也将在窗口建设上百尺竿头更进一步，力求展现出窗口服务单位的品质与风采。

用专业解答市民疑惑，用真诚体现队伍作风

服务窗口的重点和焦点永远在于服务其本身，服务质量的优劣，服务效力的高低，是衡量一个服务窗口能力的不二标准。中心不断寻求服务能力的突破与提升，无论是转变服务模式开辟分块业务，还是拓展服务渠道利用新媒体宣传，都取得了一定的成效。而所有措施和方针，万变不离其宗皆是在追求高效便利的服务。将这所有归结于真正的一线平台，高效便利的服务则体现在每一个电话的分分秒秒。

2016 年 5 月 22 日，中心接到市民朱先生家属的来电，反映了一个情况：朱先生是上海锁厂退休职工，在职期间曾从事有毒有害工种并得了矽肺，之前办理了特殊工种提前退休手续。由于对政策不了解，一直未做职业病鉴定。2015 年因矽肺旧病复发，多次住院，偶然了解到可以向单位提出进行职业病鉴定，但单位要求职工提供当时查出矽肺疾病时的病史材料和有关批文，可他们根本不知道有什么批文，盲目奔波了一年多，毫无结果。通过多方打听，最后从 114 问询台了解到人社局 12333 的咨询电话，在万般无奈的情况之下，抱着一线希望，来电咨询了如何办理职业病鉴定的有关问题。当天咨询员即将此情况填写了信息反馈表，做了简单概述。

在接到这张信息反馈表后，大家认为这个问题在政策上是很明确的，职工得不到鉴定，并非不具备条件，关键是职工对政策不了解及单位对政策落实不力。为了进一步了解情况，中心咨询员于当天致电朱先生家。接听电话的是朱先生的儿子。按常理，父母年纪大且身体又不好，子女理应为父母分忧，由子女来处理老人的困难，根本不需要老人东奔西跑亲自来电咨询，操那份心。但他儿子在接到电话后却要其母亲来听电话。当时咨询员感觉有些惊讶，直觉告诉他这是一对特别需要帮助的老人。

在和老人攀谈过程中了解到：朱先生 72 岁（老伴 70 岁），原是上海日用五金铸锻厂职工，后因单位改制并入上海锁厂，继续从事原工种，退休以后经常发病，反复就医，医院得出了二期矽肺的诊断，并附有诊断结论书。现在因没有批文而不能做鉴定，也就不能享受应有的待遇。在得知这个情况后，咨询员立即和局相关处室取得了联系，被告知如果职工提出做劳动能力鉴定，必须提供上海市专业医院出具的诊断证明，凭专业医院的证明，由单位到上海市劳动和社会保障局劳动能力鉴

定中心提出劳动能力鉴定申请，不需要其他任何批文。

有了这个可靠的依据，咨询员再次与老人单位取得联系，将劳动保障的有关政策、单位和个人的权利义务做了深入细致、较为翔实的宣传。然而单位却始终坚持鉴定中心因缺少当时的批文拒绝鉴定为借口推托不办，把责任推到了劳动能力鉴定中心。为了慎重起见，也为了把事情彻底搞清楚，咨询员又一次和劳动能力鉴定中心取得了联系，得到和第一次联系时一样的答案，随即又致电单位，说明情况，同时疏导单位应对困难职工家庭加以关心和帮助，从人性化的角度，将心比心，晓之以理，动之以情。经过多次电话联系和耐心地做工作，单位终于表示同意将职工朱先生的职业病鉴定的申请报送劳动能力鉴定中心。6 月 7 日，咨询员将与单位联系的结果通知了朱先生家，并请他们安心等待，因为鉴定有一个过程，需要一定的时间。当朱先生家知道单位同意鉴定时，在电话另一端的老人显得非常激动，一时语塞，好久才哽咽着说了“谢谢”两个字。虽然只是简简单单的两个字，却蕴含了老人对中心工作的肯定。

在此后一段时间里，中心仍然关注着朱先生家庭的情况。当得知朱先生的病情又有了反复而医疗费用却迟迟得不到报销时，中心再一次和单位联系，将朱先生住院治疗期间所发生的医药费得不到报销的问题与单位做了沟通和反映。单位经办人员虽承认相关情况，但反复强调企业效益不好，没钱支付职工的医疗费用。通过反复做工作，并表明医保出台时，市政府就关于企业拖欠职工医药费的问题做过明确规定。最后经办人员表示将这个情况向单位领导反映，尽快想办法解决。

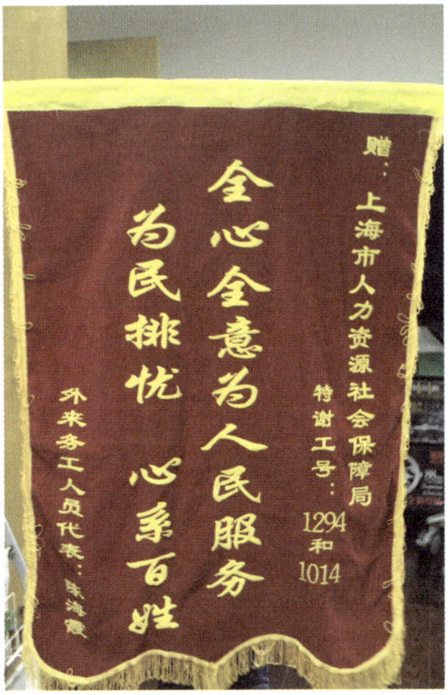

来沪务工人员赠送锦旗

8 月 29 日，中心咨询员再次致电单位询问鉴定结果，得到回答：鉴定结论已经出来，定为工伤四级，同时朱先生的医疗费用问题已向上级公司申请并得到解决，即日可以报销。至此，历时 4 个多月，朱先生的问题终于得以顺利解决，语拙的老人在电话中反复地说：“感谢政府，感谢咨询中心。”

这样的故事并不罕见。2016 年 4 月，吉林长春的朝鲜族外来务工人员赵先生在浦东一公司工作期间不慎被倒下的货物压伤了右脚，但单位未为他申报工伤，也未为其缴纳社会保险，导致他不能享受工伤待遇。因其独自一人在上海工作、生活，无依无靠，百般无奈之下，他想到了拨打 12333 求助。

从 4 月到 12 月，他累计拨打 12333 超过 110 次，得到了 12333 咨询员们热情、专业的帮助，在 12333 的指导、协调、帮助下，单位为其申报了工伤认定、鉴定、补缴了社会保险，使其享受到了所有的工伤待遇。2016 年 12 月 9 日，赵先生怀着激动的心情，迈着还不利索的脚步，特意赶到中心当面表达谢意。中心领导婉拒了他买来的用于答谢的糖果，硬拉住了他的鞠躬致谢，表示这些都是中心应该做的，群众的满意就是对中心最大的肯定。赵先生满怀深情地说，没来上海之前还一直以为上海人很冷漠，从他这次亲身经历来看，接待他的近百位咨询员每一个都让他感到温暖和安慰，更没有因为他是外地口音、因为他不理解政策重复多遍而嫌弃、怠慢他，让他切实感受到上海人的温暖，感受到 12333 的专业和热情。

类似的例子不胜枚举，在中心的咨询员中，有为来沪务工人员小年夜追讨欠薪

中心巾帼志愿者服务队开展服务活动

兢兢业业的代表，有为企业工会明确条款据理力争的员工，有为单亲妈妈详细解答帮助其申请家属劳保待遇的同志，有为公司职员化解工资矛盾的助手，这支 400 余人的队伍，用细心与温柔保证了咨询热线超过 90% 的满意率，用专业和真诚塑造了咨询平台蒸蒸日上的和谐氛围。

在 2014 年至 2016 年期间，中心荣获上海市第十七届文明单位、全国第二批全国文明单位复查合格、全国人力资源社会保障系统先进集体、先进基层党组织、上海市五一劳动奖状等荣誉。而这所有的荣誉，都是由四百余位咨询员在兢兢业业的工作付出中打造出来的，其背后都有无数动人却沉默的故事。正是这些故事的存在，让这支队伍不断积淀与成熟、发展与进步。

路漫漫其修远兮，优质服务窗口的建设永无止境，中心将始终秉持真诚专业的服务理念，为创建一流咨询平台而不懈努力。

践行“三个服务”倾真情 打造满意窗口重实效

——记上海市杨浦区就业促进中心（公共人事服务中心）

上海市杨浦区就业促进中心（上海市杨浦公共人事服务中心）（以下简称中心）现有职工 117 名，承担着该区 135 万人口、5 万家企业的就业、创业、人才等服务工作。近三年来，中心紧紧围绕杨浦国家双创示范基地和上海科创中心重要承载区建设要求，着力在“主动服务、便民服务、增值服务”上下功夫，树一流服务形象，创一流工作业绩，努力打造群众满意工程。中心连续两届被授予“全国人力资源和社会保障系统优质服务窗口”荣誉称号，并先后获得“上海市青年文明号”“上海市人才特色工作创新奖”“上海市人才服务中心大学生就业服务奖”“上海市爱国拥军模范单位”等多项荣誉。

强化主动服务意识，积极打造“扬帆五进”平台

主动服务在于思想主动、观念主动、行为主动。结合杨浦人口众多，高校、科技园区和驻军部队集中的区域特点，中心下沉工作重心，变窗口等待服务为主动上门服务，深化打造“扬帆五进”服务品牌，把专业、高效的公共服务从有形小窗口延伸到无限大平台。

进社区开展就业主题活动

（一）进社区，实施就近就便服务

中心把就业服务送到群众家门口，陆续设立了覆盖全区范围的 44 个扬帆社区服务站点。每个服务站点根据辖区的特点和特色，定期开展社区招聘会、小型就业指导交流会等形式多样、内容丰富的就业主题服务活动，同时还为特殊人员提供主动上门式的就业服务。地区居民可以就近甚至足不出户即可享受到各类针对性的就业服务。在此基础上，中心还成立了 5 个扬帆心驿站，特邀心理专家坐镇，协同地区职业指导骨干人员为存在就业心理障碍的地区失业人员实施“就业 + 心理”双指导专业性疏导服务。三年来，累计共帮助 2 000 余名社区居民实现就业。

（二）进园区，扶持创业带动就业

近年来，全国正在大力推进“大众创业、万众创新”发展战略，而杨浦也处于建设科技创新中心重要承载区的关键时期。中心积极响应全国“双创”号角，围绕上海科创中心建设要求，深入推进地区创业创新服务。中心创业服务部门人员积极走访地区各大科技园区，与园区企业保持密切联动，主动为企业提供人才、创业服务，及时广泛宣传市、区层面的创业优惠扶持政策，为各类创业者搭建创业经验分享交流平台，组织开展创业专家门诊指导和创业沙龙系列活动。随着杨浦创业环境“硬条件”和“软实力”的不断提升，越来越多的创业人才涌入杨浦这片“热土”。三年间，中心累计服务各类创业人才2.2万人次。

进园区举办创业交流沙龙

（三）进营区，助推拥军优属服务

“军功章里有我的一半也有你的一半”，杨浦是驻军大区，不少部队干事举家迁移到杨浦，帮助这些部队家庭在杨浦安居乐业，尤其是引导军嫂尽快适应新的生活工作环境、解除部队干事的后顾之忧是中心的一项重要工作。为此，中心充分调动社会各级资源，建立起多方促进军嫂就业服务机制，开设了军嫂就业服务专窗和就业服务指导站，为居住在地区内的军嫂们提供针对性职业指导和技能培训。

进营区组织军嫂专场招聘会

曲女士2003年随丈夫来到杨浦，她在随军前一直从事的是营业员方面的工作。来杨浦生活工作了一段时间后，曲女士萌生了从事医院护理工作的念头。由于不是科班出身，也没有相关从业经验，曲女士在应聘护理相关岗位时屡屡碰壁。抱着一丝希望的她来到军嫂就业服务专窗寻求帮助。专窗指导员从就业观念、职业定位等方面对曲女士进行了细致深入的职业指导，并向她详细介绍了地区军嫂就业优惠政策。最终，曲女士在指导员的引导帮助下成功应聘上社区就业援助员的岗位，并在岗位上收获了成长和满足。近三年来，像曲女士这样的军嫂成功就业案例不在少数，中心累计帮助约300名军嫂实现就业。

（四）进校区，搭建高校就业创业服务平台

青年大学生的就业创业问题是近年来的社会热点和焦点，作为上海地区高校最为集中的区域之一，杨浦在推进大学生就业创业服务方面投入了较大的精力。中心作为地区公共服务的前沿窗口，主动加强与区内高校的合作，设立扬帆校园驿站，把就业创业服务延伸到复旦大学、同济大学等多所高校，组织举办各类就业创业主题讲座和模拟面试活动，帮助大学生提升就业创业能力。三年来，组织举办校园招聘会共计75场，提供岗位5.6万个，帮助1.8万余名大学生达成就业意向。

进校区组织模拟面试大赛

为鼓励地区大学生勇创业、创稳业，中心加大政策扶持力度，优化创业服务体系，助推大学生实现成功创业。2016年5月中旬，中心创业部门通过同济大学科技园联络人了解到入驻该园区的一家大学生创业企业存在资金困难问题。该企业负责人李先生是同济大学的在校博士生，他所创办的企业正处于创业孵化的关键阶段，已完成了周密可行的创业计划书，但前期自行筹集的资金却无法满足项目继续发展的需要。得知有关情况后，创业部门对李先生的创业情况进行了评估审核，为他提供了针对性的创业指导，并详细解释宣传了相关创业扶持政策。最终，李先生成功申请到在校大学生创业前贷款。这笔创业贷款让李先生摆脱了创业“燃眉之急”的资金困境，也让他对今后的创业道路充满了信心。

（五）进监区，帮扶刑释人员回归社会

刑释解教人员是社会的边缘人群，因为曾经的人生污点，导致他们在重归社会后往往受到歧视和苛责。作为弱势群体，他们需要更多的关爱和理解。为此，中心组建了宣讲队伍，定期前往监狱为服刑人员开展职业指导和政策咨询，三年来累计指导7 000余人次。2016年10月，中心与上海市五角场监狱联合举办了“2016年临释人员就业推介会暨合作签约仪式”，双方就“绿色归航”出监教育项目进行了续签，仪式当天还举行了小型招聘活动，中心组织了地区8家热心就业服务事业的企业单位进行现场招聘，约200名临近释放的服刑人员参加了求职应聘。除了提前介入服务外，中心还密切关注重回社会的刑释解教人员，对存在较大就业难度的人员实施托底安置，保障他们的基本生存权益。

与五角场监狱合作签约

开拓创新便民服务举措，构建一口式服务新模式

“这排队也太长了吧！我都等了快半个小时了，还没轮到啊！”“什么？办这几个业务要取两个窗口的号？这也太麻烦了吧，你们就不能并一下嘛！”近几年，在中心的接待窗口上时常听到诸如此类的抱怨。对于这些来自服务群众的呼声，中心领导没有听之任之，而是拿出了积极应对的决心。经过大半年的前期分析调研，中心突破工作瓶颈，创新服务模式，把目前承担地区 80%～90%就业服务量的江浦分中心作为首个试点，在上海市就促系统内率先推出了流程科学、办事便捷、服务优质、管理高效的“一口式”标准化服务窗口。

中心对 7 大类 11 条 104 项具体业务进行了梳理，编制完成“一口式”公共就业服务业务操作手册，选拔组建了一支业务精湛、素质精良的窗口服务队伍。针对一线工作人员进行历时两个多月的集中业务培训和上岗实训。中心在探索建立“一口式”窗口过程中，也并非一帆风顺。要耗费大量的人力、精力整理汇总许多烦琐的业务内容，还要研究重建新窗口业务与原业务所在部门科室间工作环节的有序衔接机制。一开始在中心内宣布“一口式”窗口建设思路时，也曾遭遇到少数已习惯按部就班传统工作模式员工的不理解和不支持。尽管困难重重，但中心领导班子没有退却，在推进这项工作的内部沟通会议中，中心主任表示：“我们的这些困难都不算什么困难，解决群众的困难才是我们的首要任务！”

在领导班子坚定不移的督导下，在员工们的有力支持下，“一口式”标准化服务窗口于 2016 年 7 月 1 日正式运行。新窗口执行后，包括职业介绍、职业培训、本市劳动力资源管理、外劳力管理、失业保险服务等在内的原服务项目合并为单位和个人两大类，实现了一口办理。“一口式”窗口运行短短数月后，成效逐步得以显现。来办事的群众明显发现排队等候的时间缩短了，原先的窗口最长排队要等上 40 多分钟，而现在最多也就等 20 分钟；办理部分相关业务再也不需要多项取号，往返跑几个窗口了。同时，窗口员工也感到接待工作的压力比原先减轻了不少，过去不管忙闲与否都要在窗口等候受理，如今接待高峰时段大家一起分担接待量，相对空闲时段则可以轮流接待。

“一口式”创新窗口服务模式是中心提升公共就业服务接待窗口效能的一次成功探索，也是中心践行全心全意为人民服务，切实解决群众困难，真正方便群众办

事的一项有力举措。

拓展增值服务内容，奏响青年“启航”三部曲

推进长期失业青年就业是近年来上海市的一项重点工作，已连续两年纳入市政府实事项目。青年如果长期处于失业状态，不利于个人的健康成长，也不利于家庭的和谐幸福，甚至不利于国家的可持续性建设发展。为了引导这些失业一年以上甚至十几年的青年走出家门，走上社会，中心按照上海市青年就业“启航”计划的总体部署，结合地区实际，强化政策扶持力度，借力专业性社会组织，充分调动社会力量，进一步拓展就业增值服务内容，奏响“启航”三部曲，力促地区青年就业。

（一）推出青年就业“启航卡”，实现精准化服务

中心在全区 12 个街镇社区事务受理服务中心设置申请受理点，引导存在客观就业困难的地区长期失业青年申请办理“启航卡”。持卡青年拥有“优先享受就业服务、提供结对指导服务、帮扶专项政策保障”等专属特权。截至 2016 年 11 月底，已在全区范围内发放 1 012 张。青年就业“启航卡”的推出是中心有效推进公共就业精准化服务的充分体现。

青年就业“启航卡”

（二）打造青年就业训练平台，实现专业化服务

2014年，中心通过政府购买服务形式，与上海巴伐利亚职业培训咨询有限公司合作，推出了“就业训练工场”，通过搭建拟真职场，提升受训青年的就业软实力和硬技能。2016年，中心又进一步扩大了工场受益面，从一个工场12个工位增加到三个工场60个工位，同时还推出了针对拥有较高学历层次的青年大学生的训练新平台——模拟商务公司。“就业训练工场”推出后，很快便得到了地区失业青年及青年家长的认可和好评。“就业训练工场”提供的系统化、专业化、科学化职业训练成就了不少就业“老大难”青年的就业梦想。

就业训练工场启动仪式

1996年出生的小杨就是其中之一。由于在读书时期的学习能力较弱，小杨很难像多数同龄人那样通过考大学谋出路，所以在中专毕业之后，他便走上了求职道路。小杨总共花费了一年多的时间找工作，要么是学历关难过，简历直接石沉大海，要么是没法通过面试关。小杨就业困难的状况引起了其所在社区的关注，在社区职业指导员的推荐下，他来到了“就业训练工场”受训。在工场里，小杨学会了如何写简历、怎样应对面试。通过系统化的培训和指导，小杨明白了自己可能不太适合从事动脑筋的工作，相比之下练就一项手艺，从学徒开始步入职场会更契合自己的情况。摆正职业方向的小杨在完成了培训后终于找到了一份适合的工作，目前在某

国际连锁餐饮门店当学徒。“就业训练工场”在帮助小杨成功就业上发挥了不容忽视的关键作用。在工场里，他赢得了大家的喜爱和肯定，被学员和老师们称为“开心果”；团队友爱互助的氛围，让他体会到了爱的力量。这些微妙而健康的心理状态，使他在求职中，心态更加阳光、积极。同时，通过训练，他掌握和提升了求职技巧，明晰了职业方向，这些都为他成功就业打下了坚实的基础。

目前，“就业训练工场”已累计参与训练学员 259 人，实现就业 168 人，就业率达到 83%。

（三）招募启航导师志愿队伍，实现社会化服务

为了更好地服务地区失业青年人群，中心通过多种渠道向社会各界发出了招募志愿服务队伍的公示信息。招募消息一经公布，便引起了众多热心公益服务事业人士的积极响应。初期的报名人数远远超出了预计，经过严格的筛选面试，最终由系统外职业指导专家、心理咨询师、人力资源管理专家和企业家等 73 名社会人士共同加入，组建成一支专业化启航导师志愿队伍。中心充分调动每位志愿启航导师的资源优势，举办各类启航导师沙龙活动、组织导师与地区失业青年结对，为青年实施一对一、一对多的就业咨询服务。启航导师志愿队伍，对地区公共就业服务力量进行了有益补充，也进一步扩大了公共就业服务的社会影响力。

要深入推进优质高效的窗口服务工作离不开一支团结向上、积极进取的优秀团队。中心立足“亮办事流程、亮党员身份、亮服务承诺”的“三亮行动”，培养增强全体员工的主动服务意识。通过评选表彰“微笑明星”，成立微笑服务团队，发挥模范榜样引领示范的“正能量”，营造“争先创优，你追我赶”的和谐共进团队氛围。中心先后涌现出“全国星级职业指导师”“市级优秀青年志愿者”“市级一体化平台窗口服务明星”“区级优秀党务工作者”“区级巾帼新秀”等先进典型标杆人物。

金杯银杯不如群众的口碑。群众的满意和认可始终是中心推进民生保障服务事业的立足点和出发点，也是中心不断攀登服务发展高峰的最大动力！可以期待的是，这支朝气蓬勃、斗志昂扬的优秀服务团队将不断开拓更加广阔的优质服务平台，在推进民生保障服务事业的“组曲”中吹奏出更加绚丽的华章！

民有所呼 我有所应

——记江苏省常州市人力资源和社会保障咨询中心

以 12333 为标识的常州市人力资源和社会保障咨询中心（以下简称中心）成立于 2007 年 4 月，是对外提供人社“一站式”咨询服务的公共服务平台。经过近 10 年的风雨历程，中心咨询员已由成立之初的 10 名壮大为现有的 33 名。这支平均年龄只有 29.8 岁的年轻队伍秉承“用心倾听、真诚服务”的理念，坚持用实力赢得称赞，用实干博得美誉。中心先后获得“全国 12333 一体化建设示范基地”“全国人社系统优质服务窗口”“省级先进工作单位”“江苏省五一劳动奖状”“省级

咨询中心年轻咨询员的靓丽风采

巾帼文明岗”等荣誉。

倾听民声，建设便捷高效“服务站”

在 2016 年度全市 12333 综合业务提升培训班上，咨询中心经办服务部业务负责人就江苏省社会保障卡相关业务向全体咨询员进行授课

保证每一次咨询得到迅速回应和准确答复是中心每一名同志的使命与责任。目前，常州市本级年话务总量已突破 145 万，其中人工呼入总量超过 60 万，人工主动外呼总量超过 2 万，年受理网上在线咨询 7 000 余件，年参与窗口社保卡经办业务超过 20 万人次，且是江苏省内唯一一个实现零投诉的咨询单位。庞大的高效数字背后，凝聚着这支年轻员工队伍的辛勤耕耘和不懈学习。一方面，中心向制度要效益。建立健全了一套涵盖礼仪着装、日常考勤、服务首问负责、服务规范、信息安全、实时监听、数字化考核、人员考评等多角度、全方位的管理制度，尤其是 2016 年 7 月 1 日起引入了日志式平时考核管理新模式，有力地促进了各项工作得到全面落实。另一方面，中心向人员挖内潜。坚持“请进来”和“送出去”，定期组织开展服务礼仪和技能竞赛，每月举办“轮流上讲台，挨个当老师”活动，适时组织“蓄电池”轮岗培训，多次组织员工赴南京、无锡等省内先进城市和杭州、武汉国内先进地区学习，帮助大家开阔眼界。摸索开创了“一对一老带新”培训模式，新员工单放上线接听电话的培养周期由原来的 6 个月缩短为 3 个月。辛勤的汗水也浇灌出了成功的花朵。2013 年，由咨询员撰写的课题《省级集中模式下咨询服务管理工作探究》获人社部信息中心调研课题二等奖、《让咨询数据会说话》获省人社厅优秀分析报告奖。2014 年，中心咨询员自创、自编、自排了长达 1 000 多页的《常州市人力资源和社会保障政策业务学习工具书》，成为中心同志人手一本的“葵花宝典”，引得不少省内外兄弟城市前来取经。

关切民问，构筑答疑解惑“回音壁”

为满足群众咨询需求，中心积极创新服务方式，打造和构建多元化服务体系。近年来，中心内部积极筹划开展“金点子”征集活动，就在咨询服务中出现的新情况、新问题，广泛征求所有员工的意见建议，并围绕这些点子讨论和进行可行性研究，对切实可行的方案及时付诸实践。现实生活中，有的企业经办人第一次到社保部门办理业务因为不懂程序或资料未带齐而多次往返，还有年轻的人力资源专员由于经验不足或劳动法律法规掌握不全面，在处理劳资关系时常常束手无策。于是，一部分人经常到本地知名论坛发帖求助或吐槽。中心发现此类网络舆情后，主动将这些经办人的信息收集起来，成立“12333 咨询服务 QQ 群”，用年轻人喜闻乐见的方式在网上答疑解惑，帮助指导他们轻松办理业务，处理问题，提高了企业的办事效率。某外资企业人力资源专员小王也是其中的一位直接受益者，2015 年由于对政策法规不熟悉，算错了员工的经济补偿金和年休假工资，被几名员工围堵在了办公室。正当一筹莫展时，想到了之前在逛论坛时看到 12333 有开通咨询服务群的信息，于是抱着试试看的心情加入了，没想到他的问题在一分钟之内就得到了热情回应和瞬间解决。咨询员告知他处理的政策文件依据，以及妥善处理员工关系的几个小诀窍。事后，小王在论坛 12333 板块中专门发帖表扬咨询员的工作。通过这几年的努力，中心除电话咨询服务外，还通过网上在线服务、QQ、微博、微信、语音留言回复、与电台定期直通、与杂志合办 12333 专栏、走进社区等方式为不同职业、不同年龄、不同文化层次需求的群众提供咨询服务。仅 2016 年，中心员工积极参加市人社局组织的“党员义工 365”“人社政策宣传年”“红马甲志愿者”等活动，为周末招聘市场、企业员工、社区百姓等提供服务 28 场 120 余人次。

化解民忧，铺设民生服务“连心桥”

中心积极探索和建立有效的沟通、协调、互动机制，以“转办单”方式将“人社系统服务效能、咨询疑难问题答复、网上舆情回复”规范化，进一步顺畅了政策制定部门、业务经办部门与政策咨询部门的有效衔接。有咨询者反映市、县人社系统办事效率、服务态度等问题，中心采用先受理、后转办、再督办的方式进行处理。将录音及转办单一同发往相关部门，并在转办单上注明中心回访日期，督促相关部门及时解决公众反映的问题。对咨询中涉及的业务难点也通过业务转接单形式发送相关部门，由相关部门书面明确答复口径，让咨询答复有据可依。通过积极沟通和多方协作，一些跨部门、跨单位的疑难复杂问题得到妥善解决，一些意见、建议得到快速反馈，推动了12333由“答疑解惑”向“排忧解难”转变，在政府与社会公众之间搭建起一座畅通的民生服务桥梁，得到了群众的认可和赞扬。

2014年5月12日9时许，中心来了位急找1425号咨询员的王阿姨。原来，王阿姨的儿媳在怀孕6个月时被单位无故解除劳动合同，下班路上发生意外，胎儿没保住，人也住进了医院，单位又中止了社保，一连串的意外让这个原本就靠低保维持的家庭雪上加霜。无奈之下，她拨通了12333热线，咨询员褚婷婷和风细雨的解答平静了她的心情，更帮助她理清了合理维权的途径。考虑到其咨询问题的特殊性，咨询员将涉及的相关事项分别向社保、医保等经办部门开具了转办单。王阿姨当天就收到了经办窗口的预约通知。一个半小时的电话，解决了王阿姨的问题，却也耽误了褚婷婷的晚饭时间。过后阿姨心存感激，执意要将亲手织的一件毛衣送给褚婷婷，百般谢绝无效后，中心支付成本费用后收下了这件毛衣。咨询者通过工号到中心当面感谢的现象并不多见，但就是这件毛衣凝聚着老百姓对12333咨询平凡岗位的肯定与鼓励。如今，这件非同寻常的毛衣仍静静地展示在中心荣誉室内，“毛衣的故事”也成了中心党日主题活动和新进员工教育活生生的规定教材。

凝聚民心，搭建为民服务“顺畅路”

真诚服务是窗口文明的通行证，这支队伍一直在用激情和热情践行着这个理念。2015年5月，一位企业劳资人员通过12333查询新进员工的社保编号，因提供信息不全被告知无法查询后，咨询员陆敏遭到了对方连续35分钟不间断地谩骂。这是小陆刚刚单放的第三天，她稳稳地控制着情绪，耐心地做着解释，委婉地告知对方查询要求和原则，并引导其在网上实施成功查询。小陆眼睛里一直打转的眼泪终于换来了对方的理解与认可。在当年的全市“政风行风评议”中，这段录音当作全局窗口单位的经典教材，该咨询也被列为全市人社系统咨询服务的典型案例，相关做法被列入《“四位一体”评议政风行风活动专刊》。其实，这样的场景每天都在上演，这样的经历每人都曾有过。中心第一代元老王琦讲：“电话那头永远看不到咨询员含着眼泪的微笑，但电话这头却能感受到对方真切的满意。”

2015 年 5 月，中心正式接手社保卡窗口工作，一部分咨询员由“耳贴耳”改成了“面对面”。2016 年 9 月的一天，市人社局吴局长手机上蹦出了只有 3 个字的一条短信：“赞！赞！赞！”原来市药监局的一名副局长到中心办理社保卡，窗口工作人员娴熟的业务操作和细致耐心的服务给他留下了非常深刻的印象。这帮年轻人不仅传承了幕后服务的细心细腻，更创建了一套具有人社特色的“四主动、三一样”窗口经办服务模式，即“来人主动打招呼，若有疑问主动解释，遇有困难主动帮助，差错在我主动道歉；工作忙闲一样认真，事无巨细一样到位，班后服务一样热情”。

广纳民智，搭建三位一体“新模式”

中心所有咨询员虽然都是面向社会公开招聘的合同制用工，但这支队伍始终坚持自我加压，注重从服务细微处寻找突破。2016 年，中心以社保基金监督为切入点和着力点，开辟了通过 12333 咨询平台受理社保基金举报、投诉问题的处理路径。投诉（举报）人可以采取拨打 12333 人工电话、语音留言、网站留言等方式提出诉求、建议。中心记录相关信息后，以社保基金举报投诉转办单和传送录音的形式，转送至相关业务处室、经办机构，相关部门依据转办内容进行调查取证并将处理结果反馈中心，再由咨询员将处理结果反馈举报人。目前，12333 已累计受理 20 余起投诉举报定点医疗机构违规行为的电话，其中有效处理 5 起。中心同时还主动将参保人员满意度调查和社会化评价纳入咨询服务的范畴，专门抽调业务精、服务优的咨询员组成外呼小组，2016 年对在常州市 17 所定点医疗机构就医

醒目的 12333 标识

出院的 1 494 名参保人员逐个进行访问调查，对外发出调查问卷 3 000 余份，并根据外呼和函调结果，对抽调的数据精准分析后形成调研报告，作为人社工作形势研判的重要依据。这一系列举措既方便了群众，促进了工作，又增强了人社工作的透明度。

民有所呼，我有所应，中心正合力搭建一个了解民情、倾听民声、收集民意、解决民困的平台。荣誉是一把有头无尾的尺，在未来，中心还将一如既往，抓住机遇，开拓创新，用自己的实际行动，以良好的形象、过硬的业务、饱满的工作热情投身到人社事业中去，提升创造力、凝聚力、战斗力，为人社事业提供更高质量、更深层次、更大范围的服务。

真诚的微笑 热忱的服务 竭力办好每一件民生实事

——记江苏省淮安市人力资源和社会保障综合服务窗口

医保用户赠送锦旗

2014年6月，淮安市人力资源和社会保障综合服务窗口（以下简称人社综合服务窗口）先后有行政许可服务处、养老保险处、医保中心、社保中心、就管中心、人才中心等12个机构共计190余人，45个前台窗口、30个后台窗口，75项行政服务事项进驻市政务服务中心。三年来，窗口工作人员改进作风、规范服务，办事效率和服务水平不断提高。截至2016年11月，人社窗口先后24次被评为全市政务服务系统优胜窗口，178人次被评为服务明星和优胜个人，共办结服务事项99.71万件。窗口建设的不断加强，服务水平的显著提高，有力地促进了全系统各项工作的顺利开展，2015年市人社局蝉联市“软环境建设十佳单位”，“城乡综合便民服务点”建设荣获市委、市政府创新创优项目一等奖，“15

分钟就业创业服务圈”荣获全市“101% 服务优胜品牌”，全系统连续三年被评为全市“文明行业”和“文明单位”。

竭力为民服务，组织领导有保障

服务明星王永峰

服务明星张葵八

良好的作风建设是窗口工作顺利开展的重要基础。局党委专题研究并印发了《淮安市人力资源和社会保障局开展窗口单位改进作风规范服务教育培训实施方案》，明确了此项活动由一把手负总责、分管领导具体负责。根据方案要求，人社综合服务窗口结合自身特点，及时制定了《窗口单位日常管理制度》《窗口单位纪律要求》《窗口单位通用文明用语》等制度规定。在此基础上，围绕作风建设这一主题，以自查自纠、群众监督评议和加强基础建设为主要手段，以开展“101% 服务流动红旗”优质服务竞赛活动为载体，以群众满意为标准，全面打造作风优良、服务贴心、百姓舒心的人社亲民队伍。三年来，先后四次组织“改进作风、规范服务”专题培训。市委组织部副部长、市人社局局长、党委书记江泽清出席开班式并上第一课，培训班还特邀市软建办、市文明办和局纪委领导授课。培训内容包括党风廉政建设、作风建设、文明礼仪、软环境及纠风工作等多个专题。通过培训，窗口工作人员较好地掌握了窗口单位服务规范和礼仪，明确了纪律红线，服务理念和服务意识也得到了提升。

倾情为民排忧，办结时限大提速

一是实行综合柜员制。所属医保中心窗口打破按业务性质分设服务窗口和配备工作人员的常规做法，在全国同行业中率先创新实施医保服务综合柜员制，把分属各科室的窗口业务集中到业务受理科，使服务大厅任何一个医保窗口均可独立办理业务事项，实现了“一站式”服务。目前，人社综合服务窗口已全部实行综合柜员制。用人单位和参保职工再也不用根据业务种类选择办事窗口，大大减少了办事人员为同一业务在多个窗口间重复往返等现象，缩短了办事时间，提高了服务质量。

二是开展网上服务。为进一步拓展服务平台，人社综合服务窗口在不断完善已有门户网站的同时，还在窗口单位开发了医保、社保、就业等相关 APP。拓展了微信公众号“淮安人社局”的服务功能，更加方便了市民查询社保、就业、招聘、培训以及人才服务、人事考试等信息。除此之外，还开发了大型综合网站论坛等服务平台，医保、社保、就业等窗口服务相关信息都能在论坛上咨询、讨论，极大地方便了服务对象。

三是开展预约服务。为情况特殊的企业和群众开辟绿色通道，最大限度地简化办事程序和缩短办事时间，已成为人社综合服务窗口每一位工作人员的自觉行动。三年来，人社综合服务窗口结合工作实际，优化办事流程，将一些工作量较大、花费时间较长的事项由即到即办转变为预约服务，大大提高了工作效率和服务质量。2016 年年初，富誉电子科技（淮安）有限公司生育保险经办人周叶向医保窗口电话预约了生育津贴的办理业务。当天下午周叶将 30 份生育津贴材料递交到医保窗口，窗口工作人员当场整理材料并填写《事项受理通知书》。一个工作日后，周叶顺利拿到了生育津贴转账支票。相比原来在窗口需要排队等待，预约服务给办事人员带来了很大的便利，节约了办事时间。2015 年，医保中心窗口荣获省妇联颁发的“巾帼文明岗”。

真心为民解难，标准服务高效率

为全力推进窗口单位标准化服务，市人社综合服务窗口先后制定了《综合窗口服务规范》和《综合窗口运行规范》，在部门网站和服务大厅公布服务指南和办事须知，公开服务承诺，标注办结时限，认真落实“两书”（受理通知书、补正告知书）办理和首问负责制，严格执行受理审查各项制度规范。局纪委和窗口牵头处室坚持全程跟踪督办，定期检查通报。通过设立意见箱、公布举报监督电话、网络投诉、聘请社会监督员等多种形式，将服务对象监督、上级监督、社会监督和内部监督落到实处。2015 年以来，市人社综合服务窗口先后三次获得市软建办和文明办授予的“101% 服务流动红旗”。

窗口办事须知

征缴中心窗口近年来相继参与人社部《社会保险术语养老保险部分》国家标准制定及独立承担《社会保险登记（审核）服务规范》国家标准预研工作，实现了我市国家标准制定历史上“零”的突破。该窗口撰写的论文《以标准化建设助推社会保险经办能力提升》，入选长三角标准化优秀论文二等奖并被《中国标准化》杂志刊登。2015 年以来，该窗口进一步创新服务模式，与市劳动保障监察支队协调配合，将缴费基数申报、社会保险登记证年检、社会保险书面稽核和劳动保障书面审查等进行全面整合，细化服务标准，简化办事程序，提高了工作效率。2015 年，征缴中心窗口被全国妇联授予“巾帼文明岗”称号。

热忱为民着想，细化服务排隐患

实行综合柜员制后，窗口的每个工作人员都熟悉掌握了所有业务办理流程，服务对象到哪个窗口都可以获得“一条龙”服务，给企业和群众带来了方便，节省了时间，提高了服务效率。但如何确保综合柜员制更加科学规范，社保窗口在创新实践中抓住了细化服务这个关键，针对灵活就业人员缴费集中、问题复杂等实情，制定了详细的工作方案，在解决一个问题的同时，往往能发掘其他问题并一道解决，既方便了群众，又有效化解了问题隐患。

医保窗口业务办理

一直在宁波生活的陈学敏先生，2007 年来到了淮安。2016 年 5 月他到社保窗口缴纳养老保险费用，窗口工作人员及时核对更正了其社保缴费信息后，很快办妥了手续，然而当得知陈学敏即将退休时，便主动帮其查询缴费情况，结果发现因为系统升级，陈学敏在浙江的养老保险关系未能导入，原先的转移单中没有历年缴费基数，无法接续养老保险关系，陈学敏的退休办理将出现困难。于是，窗口工作人员立即与宁波的社保经办机构联系接续养老保险关系，使陈学敏顺利办理了退休手续。2015 年，社保中心窗口被省人社厅评为“省级社会保险经办服务示范窗口”。

赤诚为民奉献，微笑服务创品牌

一是开展微笑服务。“微笑迎接每一位办事群众，让服务对象感受到最大的诚意和热情。”这是市委组织部副部长、市人社局局长江泽清逢会必讲、逢人必谈的话题。三年来，市人社局领导坚持定期不定期到窗口实地走访，窗口工作人员将微笑服务贯穿日常工作始终。

2015 年 7 月的一天，正值酷热当头，一位中年男子带着酒意来到工作人员居敏所在的社保中心窗口。居敏正在为群众办理业务，该男子强行插队，要求居敏给他优先。居敏微笑劝说对方取号排队，等前面群众事情办结后再为他服务。该男子不但不听劝告，还口出脏话无端指责。受此委屈，居敏没有与其争吵，还和往常一样带着微笑耐心劝解。在周围群众纷纷指责和劝说下，该男子只好悻悻地去取号排队，到号后居敏仍然认真为他办结相关事务，得到了在场群众的一致称赞。人社窗口还有许许多多这样的同志，每天都以真诚的微笑迎来一批批群众，又以周到的服务送走每个服务对象。正是因为有这些同志的辛勤付出，才使得人社综合服务窗口服务满意率不断提高。三年来，人社综合服务窗口共收到各类锦旗 39 面、表扬信和电话 118 件次。

二是创建人社品牌。窗口建设的不断加强，服务水平的显著提高，有力地催生了一个又一个全国有影响、全省有位置的淮安人社品牌。2015 年，市医保中心窗口在全国首创的“医疗保险病种分值结算办法”、社保中心窗口在全国首创的“特困群体助保工程”，均被评为“全国十二五民生改善优秀示范案例”，淮安市也被评为“全国十二五民生改善优秀示范城市”。征缴中心窗口在全国首创“社保费财政、税务、审计、征缴四方联网征管监控模式”，先后被省市和国家人社部肯定并推广。此外，通过不断深化“健行天地间，医保永相伴”“心社保、星服务”等亲民服务品牌，极大地提高了人社综合服务窗口服务群众、服务企业、服务基层的水平。

完善四化建设 服务永无止境

——记浙江省社会保险事业管理中心

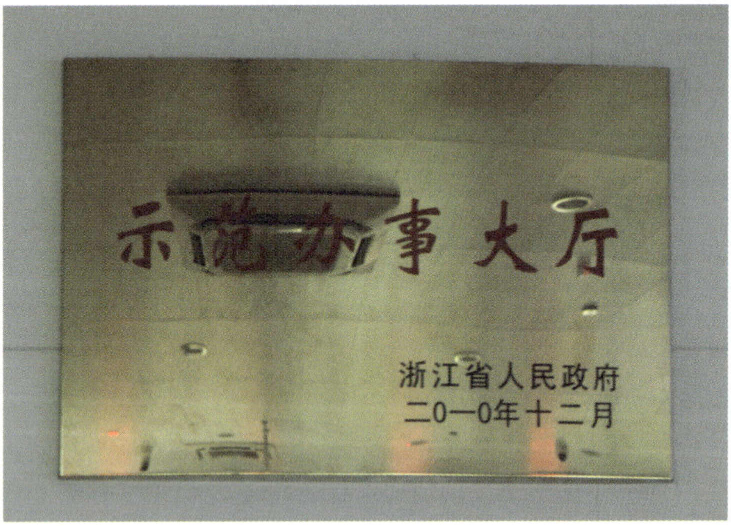

省政府授予“示范办事大厅”称号

近年来，浙江省社会保险事业管理中心（以下简称省社保中心）在部中心的指导下，坚持以人民群众利益为导向，以优质服务为目标，以狠抓服务效能为主线，深入开展创优争先、作风建设年、建设省示范办事大厅、标准化建设等一系列活动，不断转变服务理念，规范服务方式，强化服务态度，提高服务质量，全力打造管理统一、经办便捷、服务贴心、运行阳光的社保经办服务体系，不断增强人民群众的社保服务获得感。

工作有规章，队伍专业化

省社保中心认真贯彻党的十八大和十八届三中、四中、五中、六中全会精神，深入学习贯彻习近平总书记系列重要讲话精神，落实国务院和省委、省政府关于简化优化公共服务流程决策部署，结合党的群众路线教育实践活动，将“为了谁、依靠谁、我是谁”的认识问题结合搞好服务的实践，勇于突破条条框框，大胆创新，不断完善服务机制、健全工作制度、提升服务水平，着重搞好“三办”：

一是搞好“统办”。以往省社保中心在经办模式上采用的是“专管员”制，即由固定专管员负责固定单位的所有业务经办，或是由一个科室甚至是一个岗位包揽某一险种业务经办的全过程。随着社保业务的不断发展，“专管员”制不但对基金安全造成较大隐患，而且由于没有形成统一规范经办流程，所以服务方式也难以有效创新。为此，省社保中心将原来按险种设置的业务统一整合为按流程设置（即参保登记、缴费结算、关系管理、待遇核发），不断完善职能归并工作，统一业务入口和业务出口，改变了以往由一个部门或一个人包揽业务经办所有环节的情况，实现了“分段把关、分人负责、相互制衡”，减少了工作人员利用权力寻租的概率，有效降低了基金管理风险，形成了统一的业务经办规程，保证参保资料传递在经办机构内部进行，减少经办环节，简化办事手续，提高服务效率，真正实现了“一站式”服务，为进入“互联网＋社保”时代奠定了基础。

二是搞好“快办”。省社保中心进一步优化服务方式，缩短办事时限，实行“一门告知、同步办理、限时办结”。在受理业务时，要求窗口工作人员将申请表格、填写要求、所需资料等一次性告知经办人，确保发放资料“一次清”，答复咨询“一口清”。同时，在坚持原则的基础上，灵活处理办事形式和方式，对材料提供不齐全的，也可视业务种类进行先行办理，如参保单位办理社会保险登记业务，对基础性资料具备，但其他相关资料不全的，可先办证，待单位来领证时，再后补材料。严格执行首问责任制，承诺凡符合政策的“进一门、找一人、事办成”，用热情的接待和耐心的解答让群众满意。

三是搞好“特办”。省社保中心建立了绿色服务通道。如退休档案审批上门服务，主动上门集中审核退休人员工龄档案，避免了档案运送的风险，方便了参保单位。以规范化的制度和专业化的服务队伍实现“窗口形象好、业务素质好、遵守规章好”。

行事有标准，服务规范化

根据人社部经办服务标准化建设要求，省社保中心规范设置办事服务大厅，建立和落实各项相关管理制度，先后制定完善了《人力社保厅窗口单位办事制度》《人力社保厅窗口单位服务规范》《浙江省社会保险事业管理中心经办风险防控一览表》《社会保险工作人员纪律规定》等，形成了科学决策、有序管理、高效服务的运作机制。努力将业务制度化繁为简、科学规范，做到事事有准则、处处有章法、人人有遵循。省社保中心还建立了服务之星评选制度，要求窗口人员工作中要举止文明、态度热情，坚决杜绝“门难进、脸难看、事难办”的衙门作风，让前来办事群众真正感到暖心、省心、舒心、放心，定期评选窗口服务之星，通过群众评议公认表现出色的大厅工作人员作为服务之星进行宣传表彰，并与年度考核挂钩。社保服务经常面对各种弱势群体，服务对象中有很多“老、弱、病、残”。因此，省社保中心一直倡导要换位思考，要对服务对象有感情，无论面对哪类服务对象，都要坚持做到不推诿，耐心服务到底。曾有一名聋哑老人到中心咨询业务，中心工作人员用笔和纸与其交流，耐心服务了两个多小时，写下了 30 多页纸。这名服务对象被深深地感动，专门给厅领导写去表扬信，对中心窗口的服务同志大加赞赏。省社保中心继续实行大厅值班制度。在服务大厅实行科长、副科长每日轮流值班，中心领导轮流带班制度，主要负责对窗口服务人员服务规范进行日常细化管理、引导服务对象办事及处理各类突发情况，真正做到听民声、察民情、解民忧，为群众答疑解惑，做到“零障碍”服务，有效减少了窗口工作人员在各类窗口服务明察暗访中出现问题的概率，保障了服务大厅的安全

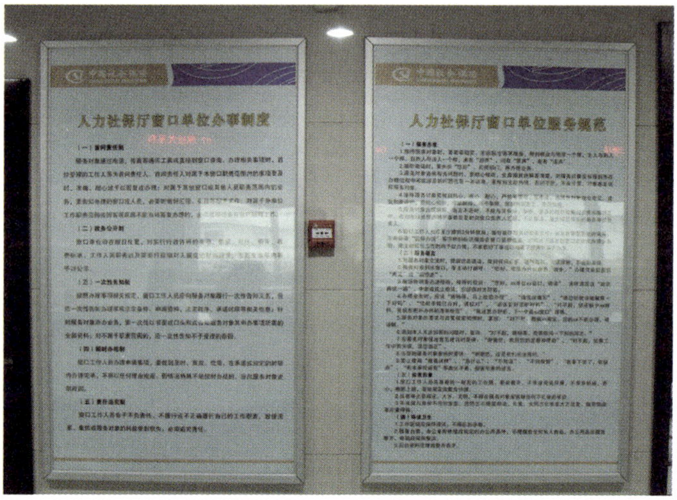

公开办事制度和服务规范

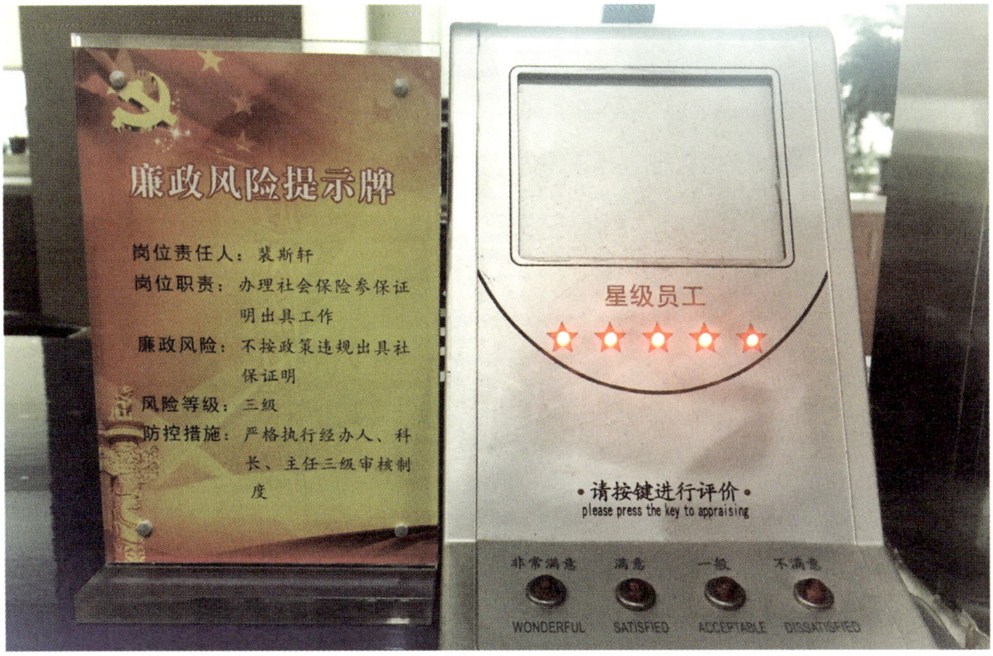

实行廉政风险提示和服务满意度评价制度

和稳定。

省社保中心还从硬件上优化了服务环境，既符合标准化建设的要求，又体现了人性化的服务。一是合理设置服务窗口。按“柜员制”经办模式从参保登记到待遇核发设置窗口顺序，各窗口服务标识鲜明、职能明确、布局合理。二是配备各项便民设施。查询机、饮水机、传真机、吧椅、长椅等服务设施一应俱全，并设有休息等候区，能满足日常服务接待需求。三是营造良好大厅环境。除安排物管保洁人员负责日常清洁外，还要求工作人员做好大厅的环境保护工作，整个办公区域内外环境优美，专门配有绿色植物，服务环境整洁优雅。四是实现政务公开。办事大厅设置了专门的电子自助查询机，张贴了各项社会保险业务服务办事指南、办事流程、所需材料与服务时限等内容，让服务对象一目了然，设置

标准化经办服务窗口建设

公开社保经办流程

工作人员公示栏、重要事项公告栏等，主动接受当事人和社会的监督，坚持职工挂牌上岗，实行服务窗口亮身份、亮标准、亮承诺。省社保中心确立了“细微之处见真情、服务之中树形象”的理念，全面贯彻和优化各项服务标准和服务规范，严格落实各项工作纪律，要求全体窗口工作人员从服务用语到仪容仪表，从服务环境到服务能力，每一个细小环节都不能疏忽，不仅要精通自己的业务，还要旁通其他科室相关程序和要求。在服务态度上，做到一张笑脸相迎，一声暖语问候，一腔热情接待，真情接待零距离，真心办事零差错，真诚服务零投诉，用优质文明的服务获得广大群众的认可。

模式有创新，工作信息化

随着网络科技的日益发达，互联网和手机无线端功能覆盖了生活的方方面面。为积极顺应“互联网 +”时代的潮流，省社保中心通过省人力社保厅“阳光政务”平台，积极打造线上社保办事平台，将 10 项主要对外服务项目均纳入网上办事大厅，逐步实现了各项社保业务的网上申报、网上登记、网上办结，不仅降低了参保企业的社保经办成本，显著提高了经办效能，使参保单位能“零距离”办理社保业务。特别是 2016 年以来，组织实施了“依托政务服务网查询个人社保信息”这项省政府便民实事。通过倒排时间表、制定路线图、明确责任人，将全省各地的查询信息汇聚到省人力社保厅的阳光政务平台，并与省政府的政务服务网进行了对接。目前，全省大部分地区都可以通过 PC 端和手机 APP 上网查询个人社保信息，实现了“动动手指查社保”。

省本级自 2014 年起，开始积极探索参保证明网上自助打印服务。经过两年多时间的努力，省本级和杭州市本级、嘉兴市本级、金华市本级、舟山等地已经实现了参保证明网上自助打印，这些统筹区的参保人员可以足不出户，随时通过互联网打印参保证明。这项服务有三大亮点：一是“便捷”。这些统筹区的参保人员可以随时通过互联网打印参保证明。即便是远在温州的省本级参保人员，也可以在当地打印参保证明，不用再为一纸证明来回奔波。二是“透明”。通过互联网打印参保证明，可以有效解决虚假证明的难题。在证明上有授权码和官方验证平台的网址，只要登录验证平台，输入授权码，就可以检验参保证明的真伪，不用再担心虚假证明的出现。三是“统一”。网上打印的参保证明，其表样、内容和数据口径在全省都是统一的，结束了参保证明五花八门、适用不一的历史，实现了“全省一证通”。省本级 2016 年 6 月 20 日下发通知提供参保证明远程自助打印服务，截至 11 月 30 日共远程自助打印了 35 496 份，不仅阳光社保的覆盖面进一步扩大，为参保对象提供了更便捷的服务，也更有效防止和杜绝了开具参保证明中的不正之风，切实加强了党风廉政建设。许多网友在尝鲜这项新服务后，纷纷给省社保中心点赞。下一步，省社保中心将统筹协调各地，尽早在全省范围内实现“参保证明轻松打、便民服务更通达”。

监督有渠道，政务阳光化

为方便群众办事，实现社保经办的标准化和阳光化，省社保中心进一步梳理了权力清单和公共服务事项，科学优化了每一项行政权力和公共服务事项运行流程，通过整理、描述和分类，对阳光政务事项进行了归类、编码，逐项列明了事项名称、行使依据、受理条件、申报资料、示范文本及常见错误事例、办理程序、办理时限、承办部门及人员、咨询方式等，规范了办事流程并绘制流程图。在厅门户网站向社会全面公开了公共服务事项目录和办事指南，公开透明、可追溯、可核查，切实保障群众的知情权、参与权和监督权，强化了“能公开尽公开、能上网尽上网”的原则，加强了“阳光政务”网上办事机制的建设，既有序推进了社保业务网上经办模式，又强化了群众对社保经办的业务监督，提高了经办效率，而且限制了自由裁量权，维护了群众的合法权益，推进了公共服务制度化和规范化。

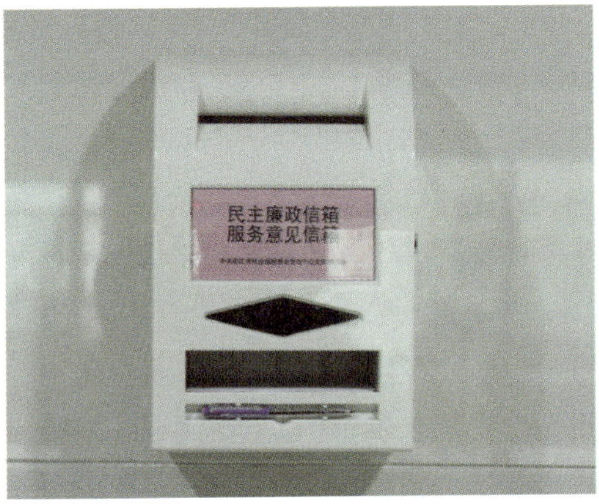

设立廉政信箱，接受群众监督

工作作风如何，服务质量好坏，群众最有发言权，群众满意度才是创建优质服务窗口的出发点和落脚点，因此省社保中心采取了以下几项措施：一是认真开展日志式管理。从2014年开始执行，在过去的两年多时间里，所有工作人员上班签到、下班签退，每人填写各自的岗位职责说明书，每天填写工作日志，对工作内容、完成时限以及完成情况进行自我评价，每季度开展同级互评，将窗口工作人员的日常工作情况和完成程度置于广大群众的监督之下，极大程度地解决了人员管理上的“庸、懒、散”问题。二是加强系统内自查。2016年11月初，浙江省人力社保系统组织开展全省社保系统内的互关互检，各市县间交错检查，对全省范围内的人力社保窗口单位进行了明察暗访，检查组从行为规范、服务场所规范、阳光政务、制度建设等各方面进行了考核，推动了窗口作风建设各项规定的落地生效。省厅纪检监察室还采取定期巡查和突击检查相结合的方式，监督窗口工作人员的服务行为，确保群众满意。三是强化社会监督。通过设立群众意见箱和举报监督电话，畅通举报投诉渠道，建立健全服务评价机制等方式，加强与服务对象沟通交流，形成多方位的监管格局，坚持做到“有诉必理，有理必果”，帮助窗口不断改进服务作风。同时在大厅配备视频监控系统、电话录音系统，软硬件相辅相成，对提高服务水平，落实行风建设方面都起到了积极作用。四是定期开展窗口工作人员自查自纠，主动查找问题，认真剖析原因，提出整改措施。围绕规范窗口权力运行，强化制度管理，精确流程控制，明晰责任主体，加强关联性环节的相互监督，杜绝徇私越权、庸懒散漫和吃拿卡要等行为，形成高效的内部监督机制，以监督促服务，以服务促发展。

下一步，省社保中心将总结经验，不断创新，努力建设专业化、规范化、信息化、阳光化的社保经办窗口，推动全省社会保险事业又好又快发展，为民生幸福、社会和谐、经济发展做出新的更大的贡献！

善用"加减乘除"优化服务监管

——记浙江省杭州市医疗保险管理服务局

杭州市医疗保险管理服务局（以下简称杭州市医保局）成立于2001年10月，隶属于杭州市人力资源和社会保障局，为参公管理的副局级事业单位，目前内设12个处（室），实有工作人员167名。杭州市医保局经过多年的不懈努力，建立了高效优质、公开透明、开放共享、便于监督的医保经办平台，打造了一支政治可靠、业务精湛、作风优良的医保经办队伍，先后荣获省级文明单位、省级优质服务窗口单位、省级青年文明号、杭州市模范集体等荣誉称号。杭州医保的各项工作都走在全国前列，国务院医保评估组曾给予"杭州医疗

杭州市医保局大厅外景

保障经验堪称全国典范，代表中国医疗保障未来发展”的高度评价。

多年来，杭州市医保局致力于运用“加减乘除”，大力打造精准化服务。同时，寓廉政建设于政治学习，以政治学习带廉政建设，做到廉政警钟长鸣，严格依法履职，坚决杜绝权钱交易、权色交易，严禁“吃、拿、卡、要”等不良作风，成立 15 年来从未发生违法违纪问题，树立了良好的窗口形象。

等候区设有 ATM 机等各类设施

善用加法，多方共赢创“最大和”

为了引导定点医药机构加强管理，合理利用医疗卫生资源，实现医保的可持续发展，杭州市医保局于 2009 年年初启动了付费方式改革研究工作，同年 12 月底，杭州市政府出台了《杭州市基本医疗保险医疗费用结算管理暂行办法》，实施以总额预算管理为核心的付费方式改革。

杭州医保付费制度改革引入预决算管理思路，以上年该医药机构有效服务产生的医疗费为基数，结合医疗服务利用量可容许的上涨率确定为本年医疗费预算基数。

年初下达预算指标，年终进行决算。改革过程中，利用医保大数据实施精准化管理。坚持从实际出发，以控制增量为目标，充分考虑政策调整、年龄结构变化等客观实际因素对医疗费用的影响，及时调整总额预算指标，摒弃简单、刚性下达预算指标的管理方式。同时，推行"奖惩并重"的分担机制，形成了较为完善合理的总额预算、决算、清算考核体系，实现了科学、合理控费的目标。

杭州市医保局还建立了畅通的沟通反馈渠道，征求各定点医药机构个性化问题，并由人社、卫生、财政、发改等部门组成联席会议进行分析讨论，形成了较为完善合理的预决算管理机制。

杭州市医保局认为，医保部门、定点医药机构和参保人员三者之间是互为依存的关系，切不可将医保置身于两者的对立面。医保部门应当寓监管于服务，以服务促管理，使参保人员和定点医药机构都能充分享受应有的权利待遇。实施付费制度改革六年多来，结合实施医保智能监管等创新举措，取得了"促医院发展、保基金安全、让百姓实惠"的三赢局面：在不提高筹资标准的情况下，待遇保障水平不断提高，基金支出增幅环比呈逐年下降趋势，基金支付能力比改革实施前增加了 4.55 个月；充分调动定点医药机构主动参与管理，有效避免了分解服务、限制服务、转嫁费用、推诿患者等问题发生；实现医疗费的增幅适当可控，既维护了参保人员的利益，也控制了医保基金支付水平。

善用减法，全面监管求"最小差"

2001 年以来，杭州市医保局一直致力于利用信息技术建设高效、稳定的基本医疗保险信息系统，实现了联网实时结算、医疗保险实时救助等功能。2009 年以后，在早期"智慧医保"平台的基础上，杭州市医保局逐步打造了一个集"事前提醒""事中控制""事后审核""精准稽核""内部风控"五大功能于一体的智能化监管平台。

2010 年，杭州市医保局着手研究计算机智能监管工作，逐步建立了药品（含自制制剂、部分中药饮片和非招标药品）、医疗服务项目、疾病编码三大目录库和定点医疗机构信息库、执业医师库，并于 2013 年 2 月正式上线了医保智能监管信息系统，实现了事前规则提醒、事中结算控制、事后计算机全数据审核，再辅以医保监管平台的实时监控和稽查疑点筛查，形成了一套覆盖全程的监控管理体系。杭州市在充分运用信息化技术和医保大数据的基础上，建立了智能审核监控标准，极大地提升了医保审核工作的效率，促进了医疗保险的精准化管理。以智能审核为抓手的新型监管手段，不仅提升了医保经办机构的服务能力，也为打造服务型政府提供了助力。

医保智能监管系统对不同职责的人员赋予不同的操作权限，改变了原有的人工抽样审核排查违规费用的模式，在规范定点医药机构医疗服务行为和参保人员就医行为的同时，切实强化了医保经办机构内部的风险防控，使医保费用审核工作从以个人意志为主导转变为以系统规则为主导，加强了审核工作的规范性、透明性、公正性。

杭州市还从技术和制度两个方面同时入手，创新医保稽查方式，加大对医保违规行为的打击力度。一是利用医保智能监管系统对当期所有医保费用进行实时审查，和历史医保费用数据进行逐一比对查找疑点，实施精准稽核。二是将通过第三方审计、社会群众监督举报等多种形式发现的线索纳入监管系统，实施重点跟踪。三是进一步加强与公检法等司法部门的合作，建立联合办案机制，整合行政执法和司法的力量共同严厉打击恶意骗保等医保违法违规行为。

杭州市医保局开展的总额预算和智能监管工作，有效遏制了医疗费无序增长的势头，引导、激励了定点医药机构走良性发展的道路，医保基金支付能力大大提升，为确保医保基金安全、实现医保制度可持续发展提供了坚强保障。

善用乘法，提升服务得“最大积”

杭州市医保局积极发挥青年职工生力军作用，以“服务”为主题，以“展青年文明风采、创医保优质服务”为口号，牢固树立服务意识，不断创新工作理念，增强工作责任心和集体归属感，努力打造青年队伍的优质形象。2010 年杭州市医保局还对服务大厅进行了升级改造，推行实施叫号评价系统。大厅设置服务引导台，在大厅醒目位置设置了办事指南，公开办事流程、所需材料、监督电话等内容，自觉接受办事群众和各类媒体的监督，使各项工作真正在阳光下运行。大厅编印各类宣传资料以方便群众了解办事程序和医保政策，并为参保人员提供免费复印、出借老花镜等便民服务，同时对收到的意见建议、投诉举报及时进行分类处理、认真核实。

查询机可以查询医保记录

实现优质医保服务的目标正是建立在扎实的业务基本功和良好的服务素质基础上，杭州市医保局重视对窗口工作人员思想和业务素质的培养，定期深入开展理想理念教育和职业道德教育，积极宣传“爱岗敬业、乐于奉献”的服务精神。近年来举办了各类培训班、培训讲座，开展了服务窗口创先争优活动、优质服务创文明主题行动，还组织工作人员参加各种公益活动，倡导爱心服务理念。“迎进来，走出去”，是杭州市医保局提出的服务理念之一，更是基于医保品牌形成的特色服务。为前来大厅办事的参保人员提供优质服务是医保工作人员应尽的职责，而通过“走出去”深入基层开展医保服务则是将服务进行延伸。服务大厅青年职工深入广场、街道、学校、医院等基层开展一系列的医保现场服务活动，为市民提供政策咨询，同时发放医保政策宣传资料，现场办理一些简单业务。在一些活动中还提供测量血压，发放防暑药品等便民服务，受到参保人员的广泛欢迎。

杭州市医保局每年在编制年度工作计划时，至少安排两次干部职工集中培训，组织干部职工学习政治理论和业务知识，提升干部职工的服务意识和服务能力。将干部考核工作寓于日常工作中，实施量化考核制度和重大问题一票否决制，并将考核结果作为干部提拔的依据之一，确保将德才兼备、群众满意的工作人员选拔到领

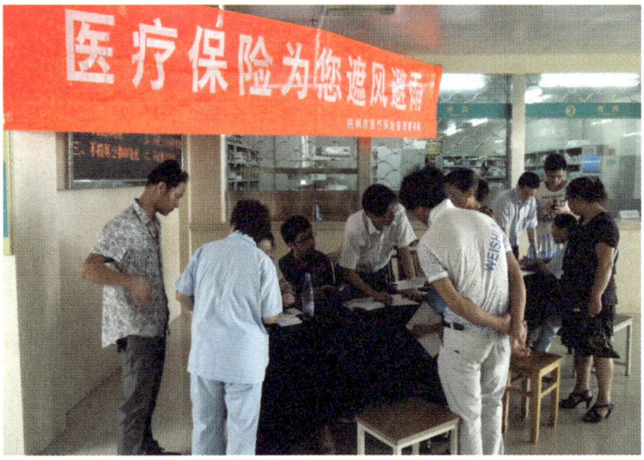

不定期在医院、社区、广场提供咨询服务

报销窗口紧张而忙碌

导岗位。为打造优秀的青年职工队伍，杭州市医保局以“做强做亮做实做优”窗口服务为抓手，将能力强、素质好的青年职工充实到窗口工作中，推出了学习（Study）、微笑（Smile）、高效（Speed）、满意（Satisfy）“4S”服务品牌，即做强学习型窗口，提升团队战斗力；做亮微笑型窗口，提升团队亲和力；做实高效型窗口，提升团队创新力；做优满意型窗口，提升团队服务力。在全体工作人员的共同努力下，2015 年的平均业务经办时间比 2010 年缩短了 20% 以上，服务满意率由 2010 年的 98.24% 上升至 2015 年的 99.18%，业务经办实现了零差错。

杭州市医保局在不断完善市级医保服务大厅的同时，按照“经办标准统一、经办流程统一、经办结果统一、服务规范统一”的要求大力推进城区医保经办服务窗口和街道医保服务站点建设，目前杭州市主城区已建成市级服务大厅 4 个，区级服务大厅 9 个，街道服务站点 54 个，其中驻市民中心服务窗口实行了 7×8 服务制，构建了较为完善的医保服务网络，实现了主城区医保经办服务全覆盖。

杭州市医保局从 2010 年 12 月便开始实施省、市“一卡通”工作，截至 2016 年 12 月，开通市域范围内医保“一卡通”定点医疗机构 585 家，省域范围内医保“一卡通”定点医疗机构 226 家，极大地方便了参保人员异地就医结算，减轻了异地居住的参保人员垫付医疗费用的负担。

为进一步提升服务效率，提高便民程度，杭州市医保局积极利用“互联网+”创新服务模式：一是推出短信提醒功能，实时提醒参保人员的就医结算情况；二是建立微信公众号，与服务对象进行网络互动；三是与软件公司共同研发了手机APP“杭州医保123”，让参保人员足不出户便知杭州医保动态，全方位为主城区410多万名参保群众提供便捷高效的服务。

善用除法，健全内控筑“最优商”

为建立健全作风建设长效机制，规范窗口服务，优化经办流程，杭州市医保局根据国家、省有关政策，结合本市工作实际，先后出台了《杭州市医疗保险管理服务局内部控制暂行办法》《工作人员内部管理制度》《中共杭州市医疗保险管理服务局委员会议事规则》《杭州市医疗保险业务权限管理规范（试行）》《杭州市医疗保险内部审计规程（试行）》，修订了《杭州市医疗保险管理服务局财务管理办法》，并将一系列内控制度汇编成《杭州市医保内控文件汇编》。随着内部控制制度不断建立健全，内部控制已贯穿于工作的全过程，组织决策、人事管理、权限分配、内控审计等工作进一步得到明确和规范，各项业务经办也做到了有章可循、有据可依。

根据省、市政府阳光政务网权力清单和服务事项梳理工作的要求，杭州市医保局还进一步梳理和规范经办业务流程，并以此为契机编印《杭州市医疗保险业务经办流程汇编》，确保经办标准的统一，促进杭州市医保局各经办窗口经办服务的规范化，也为医保业务的内部审计提供了依据。同时严格落实首问负责制、一次性告知制、限时办结制等服务要求，并由内控部门对各处室的业务流程、档案进行事后审查。一是加强业务流程控制。为加强对各项业务、各个环节的有效监督，根据“一事一流程”的要求，杭州市医保局按独立性、衔接性、制约性原则，科学合理地制定了业务流程。业务流程涵盖了参保人员参保、待遇享受、待遇支付以及两定机构准入、协议管理、退出的全过程，保证业务经办有序开展，并在运行过程中，从组织机构控制、业务运行控制、基金财务控制、信息系统控制、内部控制的管理与监督五个方面着手，不断优化、提高内控制度防御风险的能力。二是加强业务经办的内控审计。随着社保覆盖人群的扩大和社保基金规模的扩大，医保经办管理服务不断下沉，杭州市医保业务经办实现了主城区医保经办服务窗口全覆盖，并向街道、社区延伸。经办服务窗口的不断开拓、经办人员的不断增加，对经办服务规范、统一和管理严密、精细化提出了更多更高的要求。杭州市医保局专门成立了内控审计处承担医保业务和基金的内部控制工作。按照年初制订的内控审计计划，内控审计处认真评查了各类业务案卷，并按照各项经办业务的政策依据、受理范围、办理材料、办理程序以及业务档案的归置、财务票据的管理等规范和业务操作流程进行了内部审计。三是建立沟通反馈机制。对于审计的结果，及时与被审计部门直接面对面地进行沟通和反馈，并认真督促整改。通过沟通交流，各级经办机构的工作人员对医保政策和经办业务的流程有了更进一步的了解和掌握。同时，结合审计中发现的问题，各业务处室也及时主动地对相关业务流程进行了调整和完善。通过加强内部控制制度，杭州市医保局提升了医疗保障工作的质量和效果，推进了公共服务的标准化与精细化。

杭州市医保局通过运用“加减乘除”，创新制度，加强内控，以总额预算和智能监管工作构筑起一个开放、共享、多赢的平台，建立了“寓管理于服务，寓服务于管理”的合作共赢的新模式，促使定点医药机构主动加大内部监管力度，使医疗保险管理方式从原先医保部门单向监管的粗放式管理，转变为医保和定点医药机构良性互动的精细化管理、精准化服务，确保了医保基金的运行安全，减轻了参保人员的医疗费用负担，推动了医疗保险走向“共同治理”的新时代。下一步，杭州市医保局将继续坚持“全覆盖、保基本、多层次、可持续”方针，以“增强公平性、适应流动性、保证可持续性”为重点，以服务促监管，继续开拓创新，为进一步打造金牌优质窗口奠定扎实基础，为全面建成幸福和谐杭州的社会保障体系做出新的贡献。

心系群众 改善民生 服务发展 誉满江城

——记安徽省芜湖市人力资源和社会保障经办服务窗口

芜湖，一座被孙中山先生誉为“长江巨埠、皖之中坚”的现代化滨江城市。近年来，芜湖市在积极打造经济和城市两个升级版，努力实现人才结构、产业层次、城市品质三个高端化的道路上，年均投入 90 亿元滚动实施 33 项民生工程，保障市民群众共享改革发展成果，而 100 余名人社人正在芜湖市人力资源和社会保障经办服务窗口这一全市保障改善民生的“主战场”上演绎着一个个平凡、精彩、感动的故事。

2014 年以来，芜湖市人力资源和社会保障经办服务窗口（以下简称芜湖市人社经办窗口）大力创新服务方式，不断完善经办体系，持续优化运行环境，切实改进工作作风，着力创立特色品牌，牢固树立“为民、务实、清廉”良好形象，为构建“创新、优美、和谐、幸福”新芜湖做出了积极贡献。

制度领航，构建“标准化”窗口服务体系

“实施预约接待制度后，窗口缠访的现象大大减少，因为办事群众知道与其在这里和工作人员毫无意义的‘争吵’，还不如参加预约接待和人社局领导面对面‘讲理’，预约接待更能解决问题。”芜湖市人社经办窗口管理办公室段荣峰介绍道。

服务对象一个疑难杂症问题的僵持不下很容易影响窗口工作秩序。芜湖市人社经办服务窗口在工作实践中，坚持问题导向，建立完善了预约接待制度，由局分管领导、科室、中心负责人组成预约接待组，定期召开会审会议集中受理服务对象在窗口办事中的各类复杂问题，既有效提升了窗口的工作效率，又切实维护了服务对象的切身利益。

2014 年以来，芜湖市人社经办服务窗口立足建立窗口服务长效机制，重点加强窗口服务体制机制建设，着力构建标准化窗口服务体系。全面落实“五制”“四公开”“三亮明”相关规定，细化制定了优质服务窗口目标管理、办事公开、领导巡查、督办督查等系列制度，制定完善了服务大厅规范化服务标准和窗口单位服务规范，对窗口的人员、空间、物品、设备、信息等各种资源进行合理的配置和优化，做到事事有准则、处处有章法、人人有遵循。

针对人社工作点多、线长、面广的特点，芜湖市人社经办服务窗口按照“大项简化、小项细化、流程优化”的原则，全面系统地开展行政权力和公共服务事项清理梳理工作，清理后保留行政权力 74 大项、92 小项，行政权力精简 41.3%，梳理人社公共服务事项 97 大项、155 小项，并同步开展证明材料清理，推行“无证化”办事模式，同时编制办事指南，提升服务对象的办事效率。芜湖市人社经办服务窗口积极推动事项纳入市“一站通”平台运行，借助信息化手段开展电子监察监管，推动人社经办服务工作的简政放权和规范透明。

创先争优，打造“亲切化”窗口服务模式

黄薇是芜湖市人社经办服务窗口的一名工作人员。她曾遇到过这样一位办事对象：一名 30 多岁的职工因一线操作失误，自肩部以下失去了双手。其家中上有 70 多岁的父母，下有刚满周岁的女儿。黄薇在为其办理工伤费报销的同时，主动“找事”，不仅帮助他联系辅助器具的配置事宜，实地到合肥考察器具种类，协调器具公司到芜湖后还帮助其取型、安装、训练。几个月后，这位职工的生活可以自理了，他的父亲喜极而泣，他的妻子含着笑、带着泪，紧紧拉着黄薇同志的手说：“谢谢！谢谢！谢谢……”

这只是芜湖人社经办服务窗口践行亲切服务理念的一个缩影。

芜湖市人社经办服务窗口坚持将服务对象满意作为窗口建设的出发点和落脚点，切实将每一件事情做实做好，把每一处细节做精做优。

服务群众无小事，悉心为百姓答疑解惑

开展亲切服务。全面落实“群众路线教育”和“践行三严三实”成果，按照“两学一做”专题教育活动要求，以“服务事项零空白、服务审批零等待、服务办理零距离、服务效能零违规、业务办理零投诉、违规投诉零容忍”为工作目标，广泛开展以“微笑、真情、文明、敬业、满意”为主题的亲切服务。

专人引导便民服务

注重服务礼仪。定期从市行政学院邀请专业教师为窗口人员开展文明礼仪培训，保障窗口人员使用文明用语，规范服务行为，优化服务技巧，提高服务质量，积极营造和谐温馨的窗口服务氛围。

设立共产党员示范岗。按照“成熟一个，命名一个”的原则，在全体窗口常态化开展共产党员示范岗创建活动，以模范的行动塑造党员的良好形象，以突出的业绩展现服务型党组织的战斗力。

夯实平台，营造“优质化”窗口服务环境

芜湖市人社经办服务窗口坚持高起点谋划、高标准建设，大力加强基础设施建设，积极为群众营造个性、温馨、便捷的服务环境。

医疗保险服务窗口为群众办理报销审核事项，做到一站式服务提速提质，让群众满意

就业与人才服务中心举办返乡人员专场招聘会

市政务文化中心新建8 000平方米的皖江人力资源配置中心，一楼为人力资源市场，设立132个招聘展位，可容纳4 000人次进场应聘，配套设置高端人才洽谈室1个、远程面试室2个，为各类用人单位提供全方位的人力资源招聘服务。二楼为公共就业和人才服务大厅，设32个对外服务窗口，提供“一站式”公共就业创业、高校毕业生服务、人力资源服务、技能培训鉴定、人才开发、网络招聘等综合服务。三楼为人事考试院，功能齐全、结构紧凑、布局合理，呈“回”字形结构，外环南侧为办公区，北侧为培训区，东侧为电子化考试区，西侧为考试封闭保密区，内环的南侧设有试卷保密区、会议室和资料室。在社会保险服务中心，科学划分功能

区域，推动建设集成化窗口，实行同类窗口合并重组、相近窗口资源整合、关联窗口业务协同、公共窗口信息共享，并建立窗口服务、网络服务、电话服务、自助服务、终端服务一体化的服务模式。

长期以来，在沪居住的退休人员医药费报销是个老难题。为了让退休人员方便办理社保事宜，人社局整合资源，创新路径，在上海专门设立医保办理窗口。这是芜湖市人社经办服务窗口主动服务、延伸服务的又一创新举措，让在沪的 4 000 余名芜湖退休职工“足不出沪”即能享受医保报销服务。

芜湖市人社经办服务窗口积极联系市政府驻沪联络办和市财政局，在驻沪联络办内设立医保服务站，在较短时间内即完成了办公场所的整治出新、办公设备购置、软件系统安装测试、政策宣传栏上墙、宣传资料和业务受理单的印制、工作人员轮值安排、业务受理流程制定等各项工作。每月 11—20 日的工作日，芜湖市人社经办服务窗口安排工作人员赴沪，为退休在沪生活的参保人员提供医药费报销、医保异地安置申请、医保门诊慢性病申报、医保个人账户申领等业务服务。截至 2016 年 11 月底，该站共受理业务 6 000 余件。据不完全统计，按照每人回芜交通等基本费用 300 元测算，每年不仅为退休在沪安置人员节省了约 120 万元费用，更重要的是大大方便了参保人员，避免了老人们往返的舟车劳顿。

“不用回芜湖，直接在上海就能报销医药费，我真是没想到，芜湖市人社局真是为我们办了一件大实事。”家住上海的芜湖退休职工李大爷激动地说。

适应形势，丰富“信息化”窗口服务手段

“别看这卡小，但功能多，办事方便，绝对是个宝。”“现在，缴费付费、领取待遇、报销医疗费、打印参保缴费证明……只要这张小小的社保卡，这一切便可轻松搞定，它开启了我幸福生活的新时代。”芜湖市民李先生兴奋地说。而他们口中小小的一张卡，正是芜湖市人社经办服务窗口大力推行的社会保障卡。

在“互联网 +”时代，用好科技手段，不仅可提质增效，更是改进服务水平的大力尝试。芜湖市人社经办服务窗口树立“互联网 + 服务”思维，依托金保工程系统、省阳光就业平台和芜湖市政府易户网、易企网建设，大力推进窗口单位信息化建设，努力实现“实体窗口”向“无形窗口”转变，初步形成“网上申报、网上缴

费、网上查询、网上经办”人社公共服务架构体系。

芜湖市人社经办窗口开发的基层自助服务终端系统平台，为持社会保障卡人员提供了查询、缴费、业务办理、医院就诊等六大类便民服务。搭建的网上办事大厅，实现了网上社保费申报、核定、人员增减、网上缴费、网上招聘信息发布、网上求职等功能。建成了“芜湖人社”微信服务平台和手机 APP 客户端，在向广大群众提供信息发布、政策查询、社保信息查询、社保卡业务受理、特殊功能订阅以及其他便民服务的同时，实现了人社业务“即时查询、移动经办”。为了实行平台化征收，让参保人员凭社保卡在任何银行网点、自助终端实现缴费，芜湖市按照“人社、地税、银行多方共建，信息共享”的原则，探索建立了社会保险缴费实时结算平台，建立了“一卡通”诊间结算平台，将医保、就诊、银行“三卡合一”，用社保卡可在三甲医院挂号、诊费结算、查询等功能，并将系统延伸到基层自助服务终端，村（社区）居民可远程预约挂号、查询等。同时，芜湖市人社经办服务窗口还自行开发职业技能鉴定“信息发布、日常鉴定、国考省考”三项网上办事平台，个体参保人员网上申报退休管理系统，医疗保险监控系统等。

特别值得一提的是，芜湖市人社经办服务窗口在全省率先开展支付宝合作试点，在“利用支付宝城市平台输出社保查询、个人参保缴费等内容，开发应用个人社保脱敏数据”等方面先行先试，已在全国率先开通了支付宝缴纳城镇居民医疗保险业务，现在只要打开支付宝，就可随时随地查看个人社保账户信息。

惩防并举，实现“规范化”窗口服务监管

每年年底由芜湖市政府组织开展的政府行风评议是全市公共服务窗口的一场大考，既要接受市检查组组织的暗访考验，也要接受市民在网络的投票评价。在近年来的评比中，芜湖市人社经办服务窗口的得分始终位居前列，而取得这样的成绩就不得不提人社窗口建立的完善的复合式、立体化监管体系，以及一以贯之、持之以恒的窗口服务监管工作。

为加强统一管理，芜湖市人社经办服务窗口成立了服务窗口综合管理办公室，由领导班子成员任组长，全面统筹协调窗口的建设和管理工作，将窗口建设与业务工作同部署、同落实、同检查，并定期向局长办公会议汇报窗口建设情况、分析存

在的问题、明确具体工作举措。

注重健全内控体系。芜湖市人社经办服务窗口建立完善了业务审批、基金支付内部控制体系，全面梳理了廉政风险点，有效杜绝了窗口经办违规行为。

强化社会监督。通过设立监督意见簿，公布举报电话等方式，芜湖市人社经办服务窗口自觉接受群众监督，对群众的投诉意见积极吸收整改，坚持做到“有诉必办、有办必果”。聘请了16名有阅历、有专长的人民监督员，由人民监督员牵头组织开展暗访，并定期召开监督员座谈会听取他们的意见和建议。积极发挥“两代表一委员”的作用，每年主动邀请他们对窗口服务满意度进行考评。

创新评价机制。芜湖市人社经办服务窗口在窗口服务大厅安装电子叫号和监控设备，安排专人通过监控实时监管；特别是，参照银行做法在每个窗口安装服务评价器，由服务对象给予窗口工作人员客观评价，并将评价结果按月通报并作为窗口工作人员的重要考核依据。

以人为本，建设“专业化”窗口服务队伍

“小窗口，大舞台。人社服务窗口不仅体现着本行业的素质，更代表着政府的形象。”“窗口的微笑服务，是一个人内心真诚的外露，是自身文化素质和礼貌修养的体现。”这是芜湖市人社经办服务窗口工作人员王秀婷在市人社窗口工作人员微笑服务演讲比赛中的一段演讲词。

在窗口建设中，芜湖市人社经办服务窗口积极调动窗口工作人员的积极性，着力打造了一支政治过硬、业务优良、作风清正、纪律严明，具有良好职业道德修养的人社窗口服务队伍。

以增强业务素养、提高服务水平为目标，加强人员培训，建设学习型窗口，通过专家授课、业务讲座、实地观摩、自主选学、集中学习等常态化教育培训活动，基本实现了“一般工作人员做到应知应会、中层干部成为行家里手、领导干部成为专家权威”。

提升队伍素质，严把窗口人员进口和出口关，保障人员质量，维护队伍稳定。注重将优秀窗口人员提拔到领导岗位，形成良性竞争氛围。加强人员交流，组织区

级人社窗口服务人员上挂市人社窗口锻炼，提升全市人社系统窗口人员整体素质。

强化绩效考核，按月开展窗口人员服务效能评比，组织年度“优质服务之星”和“服务之星标兵”到浙江大学、南京大学学习培训，以先进典型促进比学赶超，切实增强窗口工作人员的荣誉感和责任感，全面提升人社窗口服务质量。

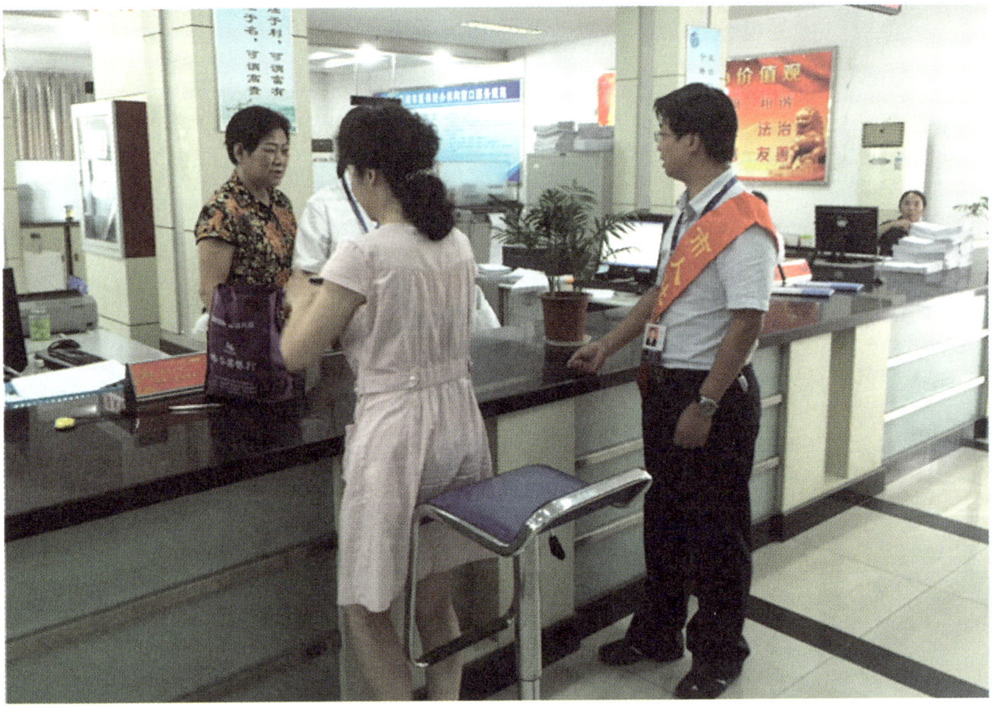

服务之星

潮头扬帆竞一流。芜湖市人社经办服务窗口承载着人社事业铸就的文化底蕴，肩负着人社岗位赋予的神圣责任，将继续拼搏进取、开拓创新，为芜湖的民生保障和经济发展贡献力量，“皖江明珠、创新之城”的便民利民之路必将越加宽阔！

立足效能抓创建 围绕服务铸品牌

——记安徽省宿松县政务服务中心人力资源和社会保障局服务窗口

宿松县政务服务中心人力资源和社会保障局服务窗口（以下简称县人社局窗口）于2015年从县人社局搬迁至宿松县政务服务中心，进驻项目共27项，窗口总进驻31人，主要负责失业登记、职业介绍、参保登记、待遇审核、医保报销、退休受理、社保卡发放等业务。县人社局窗口先后获得了“全省为民服务示范窗口”、人社部“优质服务窗口”、“全国工人先锋号”、省“工人先锋号”、全省医保档案达标优秀等级单位、全省城乡居民养老保险统计工作先进单位、安庆市医保经办机构五星服务示范窗口、安庆市养老保险宣传信息工作先进单位、安庆市“优质服务窗口”、宿松县创业文明行业活动先进窗口、学雷锋活动示范点等荣誉。同时也涌现出了全市“青年岗位能手”“宿松好人”“优秀志愿服务者”“优秀党员”“服务之星”“党员先锋岗”“最佳工作人员”等先进个人。

文明行业先进窗口

加强文化建设　干部作风优良

走进人社局窗口，首先映入眼帘的是墙上一句句励志警语、一项项温馨提示……这是县人社局加强窗口文化建设的一个缩影。

为适应工作形势，全面提振窗口工作人员干事创业的精气神，引导干部职工积极向善向上，县人社局围绕“过精神生活、强职工素质、促工作落实、展人社形象”的总体要求，全面开展窗口文化建设活动，由性格管理、制度管理逐步走向文化管理。一是推进“全员读书”活动，建设“人社书屋”。继 2015 年每月一次读书分享以来，2016 年将核心价值观公民个人层面“爱国、敬业、诚信、友善”四条价值准则与读书活动结合起来，每季一个主题，每月举办“服务故事•读书分享”活动。通过月初讲服务故事、月末分享读书心得方式，把参加分享情况纳入目标考核的举措，使“全员服务”与“全员读书”落到实处，营造了读书好、好读书、读好书的阅读氛围。二是提升业务能力。优质服务离不开过硬的业务本领，县人社局窗口每年开展学政策比业务强素质大练兵活动，在 2016 年系统内 109 人参加的业务知识竞赛考试中，取得 5 人进入前十名的好成绩。三是开展“十大典型”人物培养活动。2012 年起，每两年开展一次学习标兵、服务之星、文明职工、道德模范、岗位能手、巾帼建功、优秀党员、优秀党务工作者、节俭之星、健身榜样“十大典型”人物培养活动。共有 6 名窗口工作人员被评选表彰人社系统“十大典型”人物，进一步发挥典型在窗口工作中的示范引领作用。四是开展兴趣小组活动。建立读书、球类、棋牌、音乐舞蹈、生活技能、书画 6 个兴趣小组，窗口工作人员可根据自己的爱好和特长选择适合自己的兴趣小组，丰富了大家在 8 小时工作外的业余生活。五是开展职工关爱活动。通过组织窗口人员开展“我们的节日”主题活动，如每逢三八妇女节、五四青年节、清明节、母亲节和职工集体生日等节日，窗口人员均开展户外活动；组织健康检查、举办养生讲堂，建成职工健身房、职工食堂；邀请积极心理学专家举办“快乐工作、幸福生活”讲座；利用局短信平台每周向窗口值班长、窗口工作人员发出慰问、励志、提示短信等。活动的有效组织开展，增强了窗口人员获得感、幸福感和归属感，带来了正思维，提升了正能量。

通过窗口文化建设，县人社局窗口工作人员自身素质和业务工作能力得到大幅提升、工作积极性得到充分激发，锻造了一支素质过硬的窗口队伍。县人社局窗口面对的大多是弱势群体。李女士是一位普通的下岗女工，下岗后由于没有一门手艺只能在家照顾一对在中学读书的儿女，靠丈夫外出打工维持生计。可是，天有不测风云，丈夫不幸遭遇车祸，终生瘫痪在床，肇事司机逃逸，一个幸福的家庭濒临崩溃。得知她的情况后，就业局副局长郝红志第一时间赶到她家里了解她的生活情况、工作经历。回单位后，郝红志立刻着手给她安排培训、联系用人单位。一个月的培训很快结束，出乎意料的是，李女士却不愿接受为她推荐的工作，她想在家里自己开一间缝纫店，为的是方便照顾丈夫，但是资金缺乏，没有启动资金。于是郝红志又为她办理了小额担保贷款手续，让她有了开店的资金。店顺利开起来了，李女士给人家加工衣服，做窗帘还有床上用品，收入能够维持基本生活。从此，李女士脸上洋溢着幸福和满足，虽然这次就业并没有让她富裕，但却让她有了一个稳定的生活，让她重新对生活充满了希望。

在窗口工作，既要熟练掌握业务，还要具有包容心、能换位思考。2016 年 10 月 10 日，一位 30 多岁的妇女找到政务中心 1075 号医保窗口工作人员杨乐咨询新生儿费用的报销手续问题，当得知超过了参保时间后这位妇女顿时异常激动，对杨乐进行质问和呵斥。面对办事对象的愤怒，28 岁的姑娘杨乐站起来，用微笑和耐心，细致地为她进行政策解读。虽然办事对象最后仍是愤愤不平地离开了，但面对她近乎辱骂的言辞，杨乐展现了一名窗口工作人员严明的纪律和高超的接待服务能力，未与办事对象有半句争论。但人非草木，孰能无情。满肚子委屈的杨乐在后台忍不住掉下了眼泪，但她没有任何怨言，擦干泪水继续到前台窗口工作。

“窗口无小事，事事系民心”，这是就业窗口工作人员王世泽的口头禅，作为一名普普通通的 90 后，从事就业和社会保障这项工作只有短短的两年时间，在服务大厅，王世泽负责劳动用工备案和就业失业登记证办理。在 2016 年 6 月的一个下午，临近下班，有位办事群众找到了他，告知自己特意从南昌赶回来，办理《就业失业登记证》。王世泽告诉她需要到社区申请、公示，而且还需要两张照片，第二天再到窗口办理。她听了后更加着急了，说第二天清早还要赶到芜湖去，时间肯定来不及。王世泽根据当时的情况进行简化程序，告知她只需要填好表格，提供复印件和照片，他会推迟下班进行办理。在下班之后他继续等待，过了好长时间，她才迈着急匆匆的步伐赶了过来，当她看见王世泽仍然等在这里，显然松了一口气，赶紧把材料递给他，王世泽抓紧时间为她办完《就业失业登记证》，那时已经下班一个多小时了。

社保窗口陈彬至今还记得两年前见到赵老伯的情景。“当时是早上 8 点多，社保大厅里排队资格认证的人比较多，赵老伯情绪烦躁，大声吵嚷着。”见此情形，陈彬立即迎上前去，将老人劝到一旁，请他静下心坐下来，为他添满茶水，然后微笑着对他进行耐心细致的政策宣传，陪着他拉家常。老人的气慢慢消了，从口袋里掏出资格证，让陈彬签了字，临走时握住陈彬的手笑着说：“小陈，明年认证我还来找你，你这个伢儿不错。”“窗口是人社部门直接与老百姓接触的平台，我们的一言一行传递着人社部门的服务理念。发自内心真诚地微笑，是赢得群众信任最好的方式。”陈彬说。

在窗口之外，县人社局窗口的同志也将优质服务的理念延伸到群众家中。孚玉镇民东社区王海燕的儿子不幸患血友病多年，在王女士为他报销药费时，医保窗口工作人员详细了解了她的家庭状况，主动利用周末到其家中告知政策，帮助收集诊治材料和办理慢性病申报认定手续。上门时，工作人员总不忘带上点大米、食用油等生活必需品，送上一分温暖和关爱。

何香娥是一位盲人，有一套拿手的按摩技术，一直有创业帮助残疾人一起就业的愿望。2014年5月，就业窗口工作人员在日常工作中得知这一情况后，主动找到她，介绍就业创业扶持政策，帮助办理工商营业执照，租赁营业场地，为她争取到了贴

医保窗口荣获锦旗

息贷款项目。现在，何香娥已经在宿松路新开了一家盲人按摩店，吸纳了6名盲人按摩师。

除了以上事例外，还有很多优质服务的“凡人善举”，特别是在县人社局窗口开展“两学一做”活动以来，窗口工作人员默默地做了，却从未提起过，要不是同事口口相传，别人无从知晓，如有自掏腰包为服务对象买盒饭、付车费的80后女同志，有与家人长期分居两地无怨无悔的窗口负责人等。

强化效能建设　监督机制健全

首问负责制、限时办结制、一站式窗口服务等，这些都是雷打不动的铁纪律。窗明几净，案头整洁，仪表得体，良好的“第一形象”常伴常新。虽然县人社局窗口是大厅人流量最多的窗口，但不论多忙，办事群众都能听到这样和蔼的迎声和送声：“你好，你有什么事情要办？”“好，我立即给你办理。”“你的事情已办好，如有不清楚欢迎咨询。”这是县人社局通过强化效能建设打造服务型窗口的一个缩影。

县人社局窗口工作人员服务办事群众

为提升为民服务窗口新形象，县人社局坚持把强化窗口效能建设作为工作主抓手紧抓不放。一是推进制度建设。先后推出亮牌办公、服务调度、视频监控、满意度随机调查、民主测评、第三方监督、明察暗访等监督机制。在严格执行AB岗工作制、首问负责制等制度的同时，完善了《窗口工作人员奖惩制度》《窗口工作人员轮岗办法》《窗口工作人员请假、顶岗制度》《服务之星、红旗窗口评选办法》等管理制度，进一步提升服务的规范性。二是强化目标考核。出台《督查督办方案》《失信行为问责办法》，对36种情形采取扣分制，建立窗口职工效能、诚信档案和“三来一网”投诉档案，对年扣分10～30分，采取诫勉谈话、通报批评、取消评优资格、进行纪律学习等组织措施。同时，对“三来一网”（来人、来电、来信，网络投诉）情况实行月分析、季调度，截至目前，“三来一网”实现零投诉。三是推进微笑服务。2015年以来，全面推开微笑服务，出台了《微笑服务标准》，充分宣传微笑的作用、好处，全面营造微笑视觉文化（墙上、屏上、网上、杯上、办公用品上），开展笑星评比、微笑培训、微笑服务摄影、微笑服务征文、读微笑服务书籍等活动。四是通过举办服务论坛，召开服务推进大会，推出服务意识强化培训、礼仪培训，开展“以优质服务，创部优窗口，让群众满意”集体承诺签名活动，强化窗口人员的服务意识。五是每月组织一次窗口人员服务故事分享活动，传递正能量、弘扬真善美，搭建窗口人员见贤思齐、比学赶超的平台。

县人社局窗口工作人员为群众提供服务

创新工作举措　延伸服务平台

县人社局始终注重创新举措，不断提升窗口服务质量。一是将窗口服务拓展到网上。开发网上办事大厅，服务群众“零距离”。实现了高校毕业生网上报到、人事考试网上报名、工资网上预约审批、社保费网上代扣代缴、网上继续教育、城乡居保网上资格认证、工伤网上申报。网上办事大厅的建成使用，让高校毕业生实现网上报到，每年5 000余名高校毕业生无须再往返工作单位和宿松；人事考试实现网上报名，使有志到宿松工作的同志无须耽误工作实地报名；工资实现网上预约审批，提升了办事效率。二是将窗口延伸到乡村。注重加强乡村基层服务平台建设，实现县乡村三级服务网点全覆盖，在全省率先开展社保卡服务网点建设，着力推进就业和社会保障等公共服务均等化，2016 年已将退管服务、社保卡和《就业失业登记证》申领下移到乡村，重点推进城乡居保“五个不出村”服务。县人社局窗口通过创新服务举措，促进服务过程“精细化”、实现服务对象“零距离”、带来服务结果“真满意”。

您的需求就是我们的方向

——记福建省厦门市人才服务中心

每天中午还未上班，厦门市人才服务中心（以下简称中心）取号机前，一名动作麻利、业务娴熟的工作人员就会提前恭候，为刚进来的办事人员提供一系列快速取号咨询，使得来往办事人员再多也井然有序。

中心现有员工 140 余名，每年服务用人单位达十万家次、各类专业技术与管理人才数百万人次，是厦门特区乃至海峡西岸最重要的对外人才服务窗口。近年来，中心每年仅受理业务咨询电话就达十余万人次，不仅无一投诉，还不断收到办事群众的表扬信。

“我们是服务人才的一线窗口，与用人单位和人才直接打交道必须要换位思考，使服务更接地气、暖人心。”中心主任程常建一语道出了他们做好人才服务工作的方法，“从文化建设入手，从规范制度抓起，从内涵理念上创新，由内而外激发员工服务意识，方能深挖服务潜力。”

温暖——关注细节，服务不断线

在某外资企业刚工作不久的人力资源专员陈先生的眼里，中心是“温暖”的。

2016 年 4 月，陈先生想为单位新引进的一名技术人才办理跨省调动手续，但在人才中心调档审核时发现当事人缺失多项重要材料。“当时听到后，我就像被浇了盆冷水般，不知道要怎么办。公司领导也一直在催，我真怕办不下来啊”“看到当时垂头丧气的我，中心工作人员不仅安慰我，还在这期间，不厌其烦地帮我处理各种问题，多次致电外省有关部门协调说明，最终帮助补齐材料，办好了跨省调动手续。让我备感温暖！”

温暖源于热情、耐心，更源于中心对细节服务的重视。

经常来中心的人员，常会注意到两件特殊的事：一是办事大厅进门左手设有“值班主任席”，二是入场招聘企业人事负责人手里都拿着一个红色小袋子。

为了能快速回应群众需求，中心决定像银行的营业厅一样设立办事大厅值班主任，由部门负责人轮任。同时，设立咨询服务台、主任信箱、在线 QQ、短信群发和在线互动答疑等多样化咨询联系渠道，及时帮助办事群众答疑解惑。

值班主任帮助办事群众答疑解惑

红色小袋子被大家叫作文具包，里面装有胶水、圆珠笔、回形针、便笺纸、纸巾等，是中心免费为入场招聘企业提供的。除此之外，凡是招聘方需要的物品，从格式化招聘海报到矿泉水，市场均无偿统一提供。

“企业入场招聘基本上可以空手来，服务很细致、人性化，而且站在企业需求的角度。”厦门中盛粮油集团有限公司人力资源部经理戚羽表示，公司与中心合作了十几年，现场招聘都优先考虑这个平台。

为满足越加精细、日益专业的服务需求，中心坚持软硬并举，舍得投入，立改立行，进一步推进人才服务与时俱进，不断优化发展。中心依靠自我积累，先后投入数千万元，购置扩建服务场所，改善服务环境。目前，中心累计面积近 2 万平方米，其中交流场所面积达 1 万平方米，是目前国内最大单层交流场所，使得交流对接更加井然有序。同时，中心立足信息化平台建设，配备高性能路由器、小型机服务器等先进设备，不断推进厦门人才网升级改造，使人才服务朝着更安全、更稳定、更高效的方向迈进。如今，现代化交流场所配置了自动扶梯、空调、新风装置、LED、监控系统及写字区、服务台、就餐区、警务室等附属设施，3 000 平方米的办事大厅、2 500 平方米的多媒体培训教室、2 000 平方米的党员活动中心，信息化人事代理系统及密集架档案库、人才网站、中心机房、自动化办公系统等服务功能一应俱全，能够随时为招聘单位、求职人才、办事人员提供多功能、一条龙的人事人才服务。

同时，中心推行首问负责制和岗位 AB 角；主动开通网上报批、传真报备和查询功能，做到“材料齐备的立即办理，需要报批的短信通知”；每年在毕业生报到高峰期，与市人社局合署设立毕业生集中报到窗口；为有需求企业提供上门办理人事代理等服务……从细微处观察办事群众的需要，主动作为，通过一个个务实贴心的细节改革，中心做到服务不断线。

诚信——规范发展，树立“过硬”服务品牌

曾经作为应聘者，如今作为招聘者，厦门保沣实业有限公司人力资源总监赵广文已经记不清自己是第几次来中心了。

“觉得这里很规范、安全。”这是赵广文对中心最满意的地方。有一次，他招聘工作结束后，随身的公文包忘记在市场摊位，里面有现金、银行卡等，最后公文包完好地由市场的工作人员主动联系送回。

“诚信为上”是中心的核心价值理念之一。为确保服务可信可靠、规范有序，

厦门人才市场始终坚持对入场招聘及信息发布单位资格严格审查，要求做到招聘真实。尤其是每次交流会，不仅在现场加强巡查管理，同时约请辖区公安及聘请20余名专业保安加强管理，杜绝私招滥雇现象。

厦门人才网在人手紧的情况下，坚持每天人工核对转储上万条（次）招聘信息、个人求职信息，发现虚假信息则予以警示或删除；开发在线个人应聘投诉系统及诚信评价系统，建立网络不良信息跟踪筛选制度，确保信息内容的真实有效；强化人才网防伪提示，拟定“防伪识别十招”，维护网站声誉和市场秩序。

为更好地服务人才和用人单位，针对选用人中的诚信失衡问题，中心经多方争取，成为教育部全国高等学校学生信息咨询与就业指导中心在厦唯一授权开展国内外学历验证的代理机构；工作中，不遗余力推广开展委托代理人员年度考核工作，致力增加档案的有效信息量和现实依存度，提高档案的人才评价功能；在档案管理系统中增设“违法违纪信息数据库”“到档缺失材料记录”等一系列功能；依托档案资源，充分满足社会对学历、工作经历、专业技术职务、奖励及违法记录等全方位核查需要，为选才用才提供免费征信服务。

社会呼唤诚信，诚信塑造品牌。特别是近年来，中心高举诚信服务大旗，着力加强以“诚信奉献、爱岗敬业”为主要内容的职业道德教育，坚持将“以诚信促发展、以发展促诚信”进行到底。为夯实诚信发展平台，中心横向上以国家、省市相关行业标准为基准，及时将具体、明确的量化指标和最新工作要求渗透到各服务环节中，如新修订《信息公开发布管理暂行办法》《厦门市人才市场交流会现场管理规定》等多项规章制度，大大提高服务规范的可操作性；纵向上针对前台接洽、后台管理、会员服务、市场开发、虚假信息应对处理、节假日服务维护等环节一一进行规范，进一步指导明确服务过程中的职业礼仪、知识要点、文明用语和服务忌语等硬性措施，促使窗口工作朝更加规范化、专业化、精准化方向发展。

针对薄弱环节及社会关注热点，中心还主动晒出服务承诺，接受服务对象监督。如将服务内容、服务流程和办事程序、收费价格“上网”“上架”；在区域明显位置实行服务承诺、文明公约、监督台、监督电话“四上墙”，在大厅明显位置设立监督意见箱；由中心领导和相关部门负责人带队，每天定期抓好日常效能巡查，加强指导监督；结合民主测评，开展年度服务评比，对考核优秀的给予表彰，对表现较差的予以相应惩处，不合格的予以辞退，从而在对外服务中形成一套“有所为”的激励机制、“必须为”的自律机制、“不敢为”的惩戒机制和“不能为”的防范机制。

中心成立以来，从未因乱收费、发布虚假信息和错误服务而被投诉。正是以规范、诚信的服务，中心赢得了群众的信任，树立起过硬的服务品牌。正如经常到市场招聘的厦门松霖科技招聘主管褚伟表示，无论是本市还是周边企业，都愿意选择到厦门人才市场招聘，看重的就是“诚信”二字。据不完全统计，区域内 80% 以上的人才流动是通过厦门人才网和厦门人才市场实现的。

创新——把握需求，变被动服务为前瞻性服务

周末，往往是中心培训部负责人赖洪洪最忙的时候，不少教室座无虚席。

周末公益课堂是近年来中心创新推出的一个公益服务项目。凭借优质的师资、实用的内容、免费的服务，吸引了大量企业人力资源部门负责人和其他人员的参加，成为各类人才求职充电的周末“加油站”。“周末时间对于我们来说很宝贵，但我觉得来这里上课非常值得！”一位来上课的学员说。据了解，截至目前，中心已举办公益讲坛近 230 期，受益人才和毕业生达 2.5 万余人次。

中心把人才和用人单位的合理需求作为改进窗口作风和创新人才服务工作的第

举办公益讲坛

一原动力，坚持人才、企业需求走访活动，变被动服务为前瞻性服务。

在全国率先开通网上人事代理平台，足不出户即可享受远程人事代理服务；创新开展人事代理业务网上预约服务，办事群众在预约时间到专门柜台一站办理；针对新形势下简化优化流动人员人事档案管理服务的新要求，就党员人才调动及党组织关系转移、学历变更、工作经历证明、人才流动及信息化提升等问题组织专题研讨，结合实际，提出多项便民利民的意见举措。

在节后招聘求职黄金时节，举办“公益性人才服务月”活动；落实市政府“降费减负”政策，自2016年6月1日起取消人才交流会摊位费；加强校企合作，每年与厦门市及周边高校合作举办“相约高校•携手未来”校园招聘会，并分批组织用人单位赴外地高校招聘优秀毕业生人才；在《厦门人才市场报》开通“求职直通车”服务；大力开展待就业毕业生就业登记、就业（见习）公益岗位开发、首次（见习）就业推荐等服务。近年来，促成数千名就业困难毕业生取得见习上岗资格或实现就业。

立足人才引进，跟进举办软件园、自贸区及电子商务等重点园区、重点产业专场招聘会；为福建自贸区厦门片区管委会面向海内外招聘法律、国际金融、国际贸易、国际航运等专才提供笔试、面试等考务服务；围绕2017年“金砖会议”用人需求，提前跟进，帮助延揽外语专业人才；与美国密苏里州立大学签订《赴美中长期项目合作备忘录》，进一步满足厦门市现代服务业和高端制造业优秀管理人才发展急需。

与台湾人才机构合作，成立国内首个台湾人才服务部，定期举办台湾专业人才对接会；积极探索两岸人才合作与服务新模式，开发面向两岸高端人才猎头服务的“联合猎才网”，协助台湾泛亚人力资源集团在厦门自贸片区成立大陆首家台湾独资的人力资源公司——沛亚人力资源服务（厦门）有限公司，协同开展台湾人才寻访推荐，进一步促进两岸人才交流与合作。

举办台湾专业人才对接会

为人才流动党员探索构建党建网站、党员人才招聘会、趣味运动会、周末青年联谊会、党员夜校、异地党费缴交等多样化特色服务平台，成为厦门市非公党建亮丽名片。

党员夜校

在业内率先开通“掌上人才网”“手机客户端”和“微信公众号”，与广电网络合作开辟数字电视“人才求职”专栏；厦门人才网连续四次大的创新改版，并开通“电子求职地图”及“语义智能搜索”“简历智能提取”“人才信息匹配度智能计算及订阅推送”等多项便捷实用功能，不断超越自我，厦门人才网手机客户端荣获全市“最佳公共服务类”APP，综合成效位居国内政府人才网站前三甲。

“服务其实并没有多么高深的理论，只有最朴素的思想：那就是把你放在我心上，你的需求就是我的方向。”培训部负责人赖洪洪这一朴素的想法，正是中心“细致、诚信、创新”服务精神的凝结。

厦门人才网 APP

红土地上的响亮品牌

——记福建省龙岩市上杭县社会保障服务中心

每个月的第一个周一上午，福建广电网络上杭分公司的人事专员蓝建芬都有个准点“约会”，约的是上杭县社会保障服务中心的工作人员小许。她要为自己公司的几十名员工办理社保、医保调整手续。“以前为公司员工办理社保、医保时，需多地来回跑，耗时耗力花上一整天。现在，在社保中心办事，20 分钟一次性办齐。这不，我 11 点多到，办完事还有时间回去上班呢！”蓝建芬高兴地说道。

完善便民服务体系

近年来，针对群众反映医保制度不完善、社保经办机构分散导致办事不便等问题，上杭县以简政放权为抓手，突出问题导向，整合各类社会保障和医疗救助资源，建立社会保障服务中心，健全医保制度，精简服务流程，构建起了“制度一体化、服务一站式、办事一条龙、便民一卡通”的便民服务新体系。

上杭县社会保障服务中心占地面积 1 500 平方米，按国家标准《社会保障服务中心设施设备要求》建设，于 2014 年 3 月 13 日正式挂牌对外服务。中心前后台工作人员 49 人，设立了就业服务、医疗保险、机关社保、城乡居民社保、劳动社

上杭县社会保障服务中心大楼

领导视察

保和行政审批6类服务窗口。中心自2014年3月13日开始启用服务评价系统以来，群众满意度达99.82%。上杭县社会保障服务中心还先后荣获"红土先锋岗""先进基层党组织""市级文明单位"和"省级文明行业示范点"等多项荣誉。全国人大常委会委员长张德江、人社部部长尹蔚民、福建省委书记尤权、中央巡回督导组副组长刘上洋等曾先后到上杭县社会保障服务中心视察调研，对中心实施的"四个一"体系给予了充分肯定和高度赞许。

为解决经办机构分散带来的极大不便，2014年，上杭县决定合并业务机构，整合就业服务、医疗保险、机关社保、城乡居民社保、劳动社保等业务经办机构，将低保医疗救助、重度残疾人员医疗救助、"五老人员"医疗救助、计生户医疗救助以及大病医疗补充补偿等所有医疗保障业务统一由县医保中心负责，设立县社会保障服务中心，实现医疗、养老、失业、工伤、生育"五险"在中心大厅"一站式"办结，实现社保体系的"五险合一"。上杭县社会保障服务中心办事窗口按照办事流程先后顺序设置，真正实现了办事"一条龙"。

创新惠民管理制度

服务大厅里，来自步云乡的农民林学全正在办理医保报销手续。除了方便快捷之外，让他感到最满意的是"实施城乡一体化的医疗保险，不再区别城镇、农村，不管是我们乡下人还是城里人都在一个大厅统一办理医保，享受一样的待遇"。像林学全这样，上杭老百姓都深切感受到了上杭县人社局实行"一体化"制度后带来的喜人变化和利民实惠。

为打破医保城乡二元体制，上杭县先行先试，整合新型农村合作医疗和城镇居民基本医疗保险制度，在全省率先推行城乡居民医疗保险一体化制度，在天津经验交流会上被专家誉为“上杭模式”。

在上杭县社会保障服务中心最显眼的办事窗口，是为办理“健康扶贫”保险和大病医保“三保合一”而设置的。2016年，上杭县以民生为本，在全省率先出台了“健康扶贫”保险和大病医保“三保合一”均衡化政策，彻底解决群众因意外事故、疾病住院造成生产、生活困难问题，实现了群众从一般常见病到重大疾病报销的全覆盖，为阻断群众因病致贫返贫上“双保险”。

“真是没想到，现在像我这样患重病的人，每年要花费巨额医疗费，如今出台健康扶贫保险政策，医疗费用大大降低，负担一下子减轻了。太好了，谢谢你们告诉我这个好消息，今后再也不用为住不起院而发愁了！”在上杭县社会保障服务中心，正在办理“健康扶贫”保险的刘高寿老人高兴地说道。现年62岁的刘高寿老人因身患白血病，2016年在龙岩住院政策内费用花去18.8万元，尽管参加了城乡居民基本医疗保险，医疗费都按规定在医院直接报销了，但他仍然需要负担4.2万元，让本来就贫困的家庭雪上加霜，而健康扶贫政策将让他住院费用自付基本为零。

提高办事服务效率

为了让群众节省办事时间，上杭县社会保障服务中心可谓“精打细算”，在办事流程上能简则简。上杭县社会保障服务中心按照“机构维持、编制不变、职能整合、人员调剂”原则，不断简化审批环节，压缩审批时限，将各业务经办项目的所有审批权下放至窗口，设立就业服务、职业培训、技能鉴定、医疗保险、行政审批等21个窗口，入驻与群众息息相关的100项办事项目，实行“前台受理，后台办理”，建立“前台后台、楼上楼下”有机衔接的服务体系，实现一个窗口办理全县所有医疗保险业务，最大限度方便群众。2014年8月14日，时任龙岩市委书记、现任福建省副省长梁建勇在上杭县社会保障服务中心调研时说：“这种前台受理后台办理、楼上管理楼下经办，立体式全方位服务水平比沿海做得更好。”

为提高办事效率，上杭县社会保障服务中心开展“马上就办”示范点创建活动，将社会保险参保登记、养老金领取资格认证、《就业失业登记证》办理、城乡居民养老保险关系转移等 27 个事项作为“马上就办”项目，通过政务栏对外公开“马上就办”工作制度、事项名称、承诺时限、投诉电话等，做到有询必答、有诉必理、有查必果、有果必复，定期公布受理的行政审批事项和近期解决企业、群众反映问题的情况，自觉接受群众监督。中心每月还对窗口服务质量、群众满意度组织一次考核，张榜通报扣分情况；每季度开展一次“红旗窗口”和“服务标兵”评选，评选内容包括工作业绩、工作纪律、工作作风和环境卫生等，评选 2 个红旗窗口和 6 名服务之星，并在大厅“红土先锋岗”展示。同时，根据每季度群众投诉举报及意见反馈，定期或不定期对科室和个人进行考评，张榜公布考评结果，不断规范服务行为。在窗口前台的工作人员坦言：“我们的压力大了，但是群众笑了。这是我们最大的动力。”据统计，上杭县社会保障服务中心对外服务以来，共受理各类事项 57 360 件，即时办结 57 073 件，办结率 99.5%，群众满意度达 99.8%。

工作人员规范化培训

“失业好几年了，虽然自己有手艺，灵活就业不用愁，可由于爱人患上绝症，每周要到医院透析 3 次，要照顾，即使有工可做，也只能在家附近，无法外出，每月的收入维持全家的生计都有困难，因此，无法再拿出钱来缴纳养老保险费，可又不知道自己的养老保险缴了多少年了，我想查查自己的档案，2015 年 9 月的一天，我来到社会保障服务中心一楼 4 号窗口询问，工作人员热情接待，马上通过电脑查到了我的档案，并到档案室把我的档案拿给我看。马上就办真的是快，工作热情周到，又解开了我的心结。”原国有企业上杭县造纸厂失业职工郭文发近日又一次来到社会保障服务大厅对工作人员表示感谢。说到马上就办，前来办理社会保险业务的上杭建润电业有限公司人力资源部负责人周智琳深有感触地说：“现在来人社部门办事真是又快又好，比如，企业为员工办理《就业失业登记证》，到 2 号窗口可以马上就办，随到随办、立等可取；又如，企业缺工，把用工信息拿到 2 号窗口，立即就可在大厅的大型 LED 显示屏上看到，可以在上杭政府网、上杭人力资源和社会保障网、上杭有线电视上查询到，人社部门还可根据企业的要求，组织有用工需求的企业赴乡镇赶集举办流动招聘会，为企业解决缺工问题。我在企业人力资源部门工作十多年了，与人社部门打交道也十多年了，随着人社部门开展‘马上就办’活动以来，人社部门的工作效率和办事效率是越来越快、越来越好了，服务也更贴心了。”

如果说“一站式”“一条龙”服务是上杭社会保障服务中心方便群众办事的前哨站，那么推行的社保卡“一卡通”则将服务延伸到了“后台”。在确保“社会保障卡”人手一卡的基础，中心拓展社保卡功能，除医保、银行存储功能外，添加养老、工伤生育保险及低保补助等政府补助功能，一张社会保障卡即可办理各类社会保障业务和领取政府各项补贴，实现社保卡的“一卡通用、一卡通行”。上杭县在全县行政村设立 312 个社会保障服务便民点，在全市率先实行社保卡托收城乡居民社会养老保险保费，方便参保人持卡缴费、领取待遇，基本实现“个人缴费不出村”和“待遇领取不出村”。此外，在确保参保人在县内公立医院凭卡直接结算的基础上，进一步拓宽社保卡应用范围，参保人持一卡可在福建省立医院、协和医院、省肿瘤医院、南京军区福州总院、福建医科大学附属第一医院 5 家医院和全市 11 家定点医院直接结算，享受省市县三级便捷优质医疗服务。

“社保卡真是太方便了，我可以拿着它到乡镇卫生院、县医院看病，到福州的大医院看病也可以用。以前到一个医院看病就要办一张就诊卡，否则没法开药。看病前要先办卡，看完病又要去退卡，光排队办卡退卡就要花半天的时间。现在用社保卡看病省去了办卡退卡的麻烦，只要拿着一张卡就可以在龙岩的所有医院看病拿药。更想不到的是社保卡居然还可以直接缴纳和领取养老保险金，我每个月只要到村里的代办点就可以取钱，不用搭车到镇上和上杭县城去取，以前取每个月 55 元的养老金，车费就要花去 10 元钱。”南阳镇南岭村村民黄建军兴奋地说道。

打造便民服务之家

“到这里办事，不仅又快又好，而且有人引导，有纯净水喝，服务态度也好，让人备感温馨亲切。办理养老、工伤、生育保险，都在一个大厅，只要半个小时就全部办好了，真方便！”上杭汀江水电公司人力资源部的小邱深有体会地说。凡是到上杭县社会保障服务中心办理业务的人，都有这种真切感受。

政务服务礼仪培训

推行“引导员”制度，配备大型电子显示屏、自助查询机等高标准硬件设施，增设雨伞架、储物柜、报刊架、药箱等便民服务设施，设置信访接待、劳动监察、劳动仲裁、投诉举报等受理接待室，填报区放置一副老花镜……一点一滴的细节拉近了与群众的距离。

“我县是建筑之乡，从事建筑工作的人员逐年递增，而且流动性非常大，平时大都在矿山上，不在县城，工伤业务办理非常不方便，一来一回一天就过去了。现在方便了，我可以通过互联网，把增员和减员信息通过 QQ 群发给社保中心，办理完后还会将结果反馈给我们。油钱都给我们省了不少。”这是上杭县金山建设公司小江觉得中心最方便的地方。

针对建筑企业人员流动性大，变动频繁的情况，中心从实际出发，从工作需要出发，突破了某些传统业务办理模式的框架，允许这些企业通过QQ、微信、电子邮件、电话、传真等多方式办理工伤保险业务申报手续，简化了办事程序，减少了中间环节，提高了办事效率，受到了企业的欢迎和赞赏。

“群众满意是我最大的心愿。”老党员张钊海在社会保险平凡岗位上爱岗敬业，求真务实，服务于民。2016 年农历正月初三下午 5 点，张钊海突然接到福建紫金铜业有限公司熔炼厂里发生了一起工伤死亡事故电话通知。正月初四一大早他驱车 40 多千米前往事发企业调查了解情况，耐心地做好家属代表和企业负责人的思想工作，使这次工伤事故得到妥善处理。2016 年他被评为“龙岩市劳动模范”。

“服务受理零推诿、服务方式零距离、服务质量零差错、服务结果零投诉。”这是上杭县社会保障服务中心向社会公开的“四个零”承诺。“红土先锋岗”“党员先锋岗”“服务标兵”“红旗窗口”……在上杭县社会保障服务中心窗口，一项项荣誉背后，是辛勤汗水的付出。服务无止境。在上杭县社会保障服务中心窗口中，涌现出福建省五一劳动奖章获得者吴开勋、“龙岩市劳动模范”张钊海等一批先进

红土先锋岗

典型。

上杭县是著名的革命老区，是古田会议会址与毛泽东才溪乡调查纪念馆所在地。如今，上杭县社会保障服务中心已经成为红色土地上一块响亮的招牌。走进上杭县社会保障服务中心，“服务大厅”成为“便民之家”，让老百姓切身体会到“百姓有所求，政府有所为”。

追求卓越 敢为人先 创一流服务窗口

——记江西省南昌市红谷滩新区沙井街道人力资源和社会保障服务所

红谷滩新区位于南昌市一江两岸新城区，沙井街道地处红谷滩新区中心，2005 年，在省市各级领导的指导和关心下，红谷滩新区沙井街道人力资源和社会保障服务所（以下简称红谷滩新区沙井街道人社所）成立，服务面积 13 平方千米，辖 30 个社区 2 个行政村，300 多家企事业单位，16 万余人口。沙井街道人社所现有工作人员 8 人，党员 4 人。

荣誉展示墙

2014 年以来，红谷滩新区沙井街道人社所在党支部的引领下，充分发挥党组织的战斗堡垒和党员的先锋模范作用，大力推行“党建 +”工作模式，积极践行“大众创业、万众创新”的国家战略，紧紧围绕“树一流形象、创一流品牌、建一流业绩”的目标，高处着眼实处着手，优化管理手段、创新服务模式，窗口服务质量得到全面提升，成为示范南昌、引领江西，在全国具有一定影响力的基层人力资源和社会保障优质服务窗口，先后荣获南昌市青年文明号、全市十佳劳保所、首个“五星级街道劳动保障事务所”、全市巾帼文明岗、江西省优秀劳动保障事务所、全省人力资源和社会保障系统先进集体等荣誉称号。

创新工作机制　推进服务窗口效能大提速

为了切实有效推进人社工作的正常开展，红谷滩新区沙井街道人社所成立了以街道办事处主任为组长，人社所长为第一责任人的街道人社工作领导小组，每年召开全处人社工作部署大会，制定工作方案，与社区签订《社区劳保工作目标责任状》，把全年工作分解到各村居，落实村居主体责任，把人社工作完成情况列为社区年度评优评先的必备条件之一，进一步督促各社区保质保量完成目标任务。

党员先锋岗

今天我值日

红谷滩新区沙井街道人社所始终坚持每周五的例会制和每月一小结、每季一通报、半年一考核的工作考评制度，先后出台《沙井街道社区劳动保障工作奖惩办法》等 12 项管理考核办法，奖勤罚懒，表现优秀的人社专干可提拔到社区主要岗位任职，激发工作人员积极性，提升人社工作效能。红谷滩新区沙井街道人社所积极推进人社队伍专业化建设，鼓励人社专干参加全国劳动保障协理员和社会工作师职业资格等级考试，工作人员持证上岗率达到 80%，促进工作队伍逐步走向专业化。

为提高服务效率，进一步落实首问责任制、限时办结制、一次性告知制等制度，红谷滩新区沙井街道人社所规范使用乡镇街道人社所工作人员“文明用语”和“十个一”标准，推出了“延时预约服务、今天我值日、党员先锋岗”等服务举措，积极发挥全所工作人员的积极性，充分调动人社工作人员的创造性，有效激发人社工作热情，努力打造一支乐于奉献、勤政为民、生机勃勃的人社服务队伍。

创新平台建设　力促业务工作全程网络化

本着“服务前移、方便居民、利于工作”的原则，2014 年，红谷滩新区沙井街道人社所建立了以“街办主任—人社所所长—社区主任—社区人社协管员—楼栋长”为工作链条的网络化管理服务模式，街办主任是责任领导，所长是第一责任人，实现了街办、人社所、社区、楼栋四级贯通，通过这种管理模式，红谷滩新区沙井街道人社所将工作触角深入社区的每一个角落，进楼、入户，为居民提供贴身服务，使劳动保障工作全覆盖，把省市各种工作信息系统延伸至各社区（村），实现劳动保障信息系统市、区、街道、社区（村）四级贯通，就业失业登记、居民医保、退休认定、城乡养老等，与老百姓生活密切相关的各项人社业务均可以在社区办理，做到了不进社保门，能办社保事，有效地提高社区劳动保障工作效率，解决了服务群众最后一公里的难题。

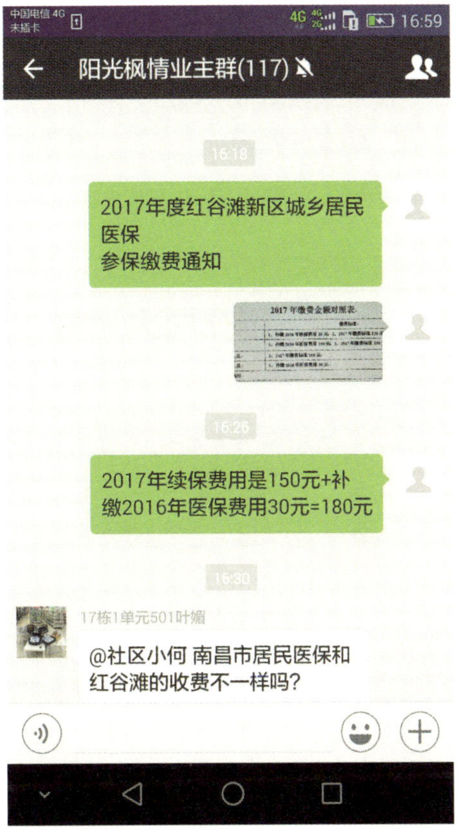

社区微信群

红谷滩新区沙井街道人社所提出了“互联网 + 社区”的服务模式，主要是在社区建立了居民 QQ 群、微信群和“手机短信服务平台”等，积极推广“智慧人社”手机 APP，居民可以通过这些渠道了解各项人社政策，真正实现了“让数据多跑路，让百姓少跑路”。居民只要登录相关服务端口就能知道最新的信息动态和办理相关业务。

创新工作流程　打造“四位一体”新格局

红谷滩新区沙井街道人社所要求工作人员“一专多能”，随时接受居民咨询。除在全处32个村居设立宣传橱窗、悬挂宣传条幅等传统方式外，还充分利用小区LED显示屏、楼梯电视屏、街道微信群等现代新型传播媒体积极做好政策宣传。为方便居民随时查看政策，人社所还印制了《沙井街道人力资源和社会保障政策宣传手册》等宣传资料，通过“邻里节”、12333政策咨询会、进楼入户等措施，将相关各项政策送到每家每户，形成“政策天天讲、标语处处挂，资料户户有、政策人人懂”的宣传氛围。近三年，共举办各类宣传活动50余次，做到政策宣传及时、把握准确、办理透明。

依托两大平台　为辖区失业人员找出路

红谷滩新区沙井街道人社所紧紧依托“沙井街道企业协会”和“海南种植协会”两大平台，积极为辖区失业人员、就业困难群体、被征地农民等人群提供就业服务。人社所为企业开展“送求职人员进企业”“送培训进企业”“送岗位进社区”等活动60余场，共为协会成员单位推荐员工4 545名，实现了劳动力市场供需双方的无缝对接。2016年，红谷滩新区沙井街道人社所进一步拓宽了企业协会成员，将辖区楼宇企业纳入服务范围，创立沙井街道楼宇企业协会，通过“五个一”即建立一本楼宇企业信息台账、搭建一个楼宇企业交流平台、举办一次楼宇企业政策宣传、召开一次楼宇企业座谈会、组织一场楼宇企业招聘活动等重要举措，助推楼宇企业发展，实现楼宇就业倍增，积极营造“大众创业、万众创新”的良好氛围；针对辖区被征地农民原系市郊菜农的特点，通过沙井街道海南种植协会，鼓励他们发挥特长，走出去自主创业，在三亚、东方、乐东等市县建立了1.2万余亩的辣椒、木瓜、香蕉等种植基地，年产值达上亿元。人社所建立了转移被征地农民就业试验点和被征地农民创业示范点，给予职业培训、小额贷款、养老医疗等方面服务，共转移被征地农民就业500余人次。颜任根原是沙井街道卫东村的被征地农民，2004年，因红谷滩新区发展的需要，他的土地被政府征用，一直以种菜为生的颜任根失去了生活来源，因为文化水平低，几年间，他开过摩的、扛过沙包，前后换了很多工作，生活一直不怎么稳定。2009 年年初，他跟着老乡来到海南省乐东县种植木瓜，原本就是种植能手的颜任根发挥自己的特长，承包了 3 000 余亩的木瓜种植地，红谷滩新区沙井街道人社所海南种植协会积极提供各项帮助，联系当地农业部门提供农机设备和病虫防治技术服务，人社所为其办理养老保险、医疗保险，提供小额担保贷款政策咨询服务，经过一年多的苦心经营，木瓜基地取得大丰收，总产值近 5 000 万元，带动辖区被征地农民 100 余人转移就业。2010 年 4 月，时任中华人民共和国副主席习近平亲临南昌市红谷滩新区沙井街道人社所海南种植基地视察调研。人社所积极落实小额贷款政策，帮助自谋职业、自主创业的失业人员解决创业起步阶段的资金问题，截至目前共帮助 162 户自主创业失业人员申请小额贷款 2 000 余万元，共带动就业人员 600 余人。37 岁的张恩椿是南昌市精益图文有限公司的负责人，也是红谷滩新区远近闻名的创业标兵。2001 年，张恩椿毕业于东华理工学院机械加工专业，毕业后就被分到南昌特种变压器厂从事机修工作。原以为即将开始新的生活，可是，2005 年因为企业改制，张恩椿从单位下岗了，这对结婚才一年的他来说是个沉重的打击，妻子因为怀孕也无法外出工作，这使他的生活一下子陷入困境。面对这种情境，他没有退缩，利用自己对广告设计感兴趣这个特长积极学习相关知识，为自己创业打下基础。不久后，他在自己的楼下开办了一个复印打字店。但是，由于位置偏僻，设备陈旧，生意一直不太好，大概过了半年店就维持不下去了。几个月后，张恩椿在一家大型广告公司找到一份工作，他利用这份工作学习了管理经验和拓宽了业务渠道。工作之余，他还积极寻找店面，做好市场调查，为自己今后再次创业奠定基础。2014 年 5 月，张恩椿在庐南大道开办了南昌市精益图文有限公司，主要经营复印打字、图文制作等业务，由于他肯吃苦、勤钻研，店里的生意逐步走上了正轨。但是，由于资金紧张，小张店里的设备一直没能更新，好几笔生意都没有接下来。红谷滩新区沙井街道人社所知道后主动与他联系，对其资料经过严格审核，及时为他提供了 10 万元小额担保贷款。利用这笔资金，小张很快购买了新的设备，也接到了一笔大生意。这几年，在张恩椿的努力经营下，生意越做越大，名气也越来越响，每年收入约 100 万元，同时还解决了十余名下岗人员的就业问题。如今的张恩椿，换了新车，买了新房，一种幸福的滋味涌上了他的心头，他总是对别人说："如果没有党的好政策，就没有我张恩椿的今天。"人社所认真落实社保补贴和岗位补贴政策，鼓励社区开发公益性岗位安排失业人员就业，鼓励辖区服务性企业新增岗位新招失业人员，共为 145 名灵活就业人员办理了社保补贴和岗位补贴。优惠政策落实到位，就业环境逐步改善，对推动就业工作起到了积极的作用，为实现充分就业街道奠定了基础。目前，红谷滩新区沙井街道人社所共有红谷世纪花园、万达西区、万达星城 10 个社区被评为“充分就业星级社区”，其中万达星城社区 2014 年被评为国家级“充分就业星级社区”。

紧扣市场需求　做好求职人员职业培训

为了做好职业培训工作，2014 年，红谷滩新区沙井街道人社所与专业培训学校开展深度合作，充分发挥其优质职教资源和品牌专业优势，结合失业人员、失地农民技能单一、求职难的现状，以市场需求为导向，以适应岗位要求为抓手，以提高就业竞争能力为目的，采取“定向式”与“订单式”培训相结合的办法，主动对接企业、深入社区，扎实开展“送培进企”“送培进居”活动。2014 年至 2016 年，红谷滩新区沙井街道人社所连续三年为江西省地中海阳光大酒店、0371 澳门豆捞红谷滩旗舰店等企业员工进行在职培训。人社所还在企业成立职业培训教学基地，把学员安排到企业进行现场教学，培训合格的学员推荐给企业，向企业和培训学员提供招聘、培训、见习、就业“一条龙”服务，先后在卫东花园、丰和花园、飞虹等社区开设艺术插花、十字绣等培训班，把培训送到居民的身边。

目前，共举办计算机、园林绿化、物业管理、创业、电子电工、家政服务、编织、公关礼仪等各类免费职业技能培训班 120 期，培训人数达 8 312 人次，其中创业培训 1 160 人次，就业率达 91%。

保护失地农民　纳入城镇职工养老保险

在社会保障工作方面，2014 年以来，按照“统筹城乡、全民覆盖”的总体思路，遵循“社会保障无小事”的工作理念，红谷滩新区沙井街道人社所积极宣传各项社会保障政策。目前，共办理城镇居民基本医疗保险 27 752 人，并向每位参保人员发放了社会保障卡，实现续保缴费、看病报销一卡通；为切实维护辖区失地农民的基本权益，办理 2 744 人被征地农民养老保险，其中 2 529 人纳入城镇职工养老保险省级统筹，提高了他们的社会保障待遇，使他们没有后顾之忧；全面实施城乡居

发放城乡居民养老保险退休金

民养老保险工程，共为 417 名居民办理了城乡居民养老保险，其中为 72 名无须缴费退休人员发放每月 80 元退休金共计 20 余万元，全处社会保障体系实现全覆盖；认真做好退休人员社会化管理服务工作，通过召开退休人员座谈会，推选热心社会公益事业退休人员担任志愿者协助劳保专干开展工作。2014 年以来，红谷滩新区沙井街道人社所送文化进社区，向辖区 80 岁以上的老人赠阅一份《江南都市报》。人社所积极运用人脸识别系统做好认定工作，退休人员通过自家电脑或银行网点均可认定，真正做到方便快捷。充分利用节假日对孤老、特困、重病、伤残等退休人员进行了走访慰问。积极组织健康讲座、文艺表演、体育比赛、踏青郊游等形式多样的文体活动，丰富他们的业余生活，让他们体会到党和政府的关心，感受到“老

利用人脸识别系统进行退休认定

有所养、老有所乐”。

继往开来　致力成为基层人社保障排头兵

近年来，红谷滩新区沙井街道人社所得到各级领导的关心和支持，原人社部副部长孙宝树、王晓初、孔昌生先后莅临南昌市红谷滩新区沙井街道人社所视察指导工作。所长邬江华同志撰写的《劳动保障视野下的失地农民转移就业探析》一文荣获 2013 年人社部举办的征文比赛三等奖。中央电视台《朝闻天下》栏目、《中国劳动报》、江西电视台等多家媒体相继报道了红谷滩新区沙井街道人社所的先进经验和创新做法。

十年磨一剑，砺得梅花香。今日之南昌城市发展日新月异，大都市格局雏形已成，正在努力打造“秀外慧中”“时尚动感”城市，红谷滩新区沙井街道人社所也必将与时俱进，继往开来，追求卓越，敢为人先，致力于成为全国人力资源和社会保障基层平台的桥头堡、排头兵，为实现中华民族伟大复兴的中国梦贡献一分力量。

打造社保服务品牌 树立社保服务形象

——记江西省新余市分宜县社会保险事业管理局

分宜县社会保险事业管理局（以下简称分宜县社保局）主要经办全县企业职工基本养老保险、机关事业单位养老保险及职业年金、城乡居民基本养老保险、企业职工医疗保险、工伤保险、生育保险和五险统征、社保卡信息采集、发放及应用等业务工作。近年来，在县委县政府、县人社局的正确领导和上级业务部门的指导关怀下，该局夯实服务基础，优化服务手段，转变服务作风，着力打造社保服务品牌，树立社保服务形象，受到了社会的普遍赞誉。该局多次荣获省社保工作先进单位、社保经办管理先进单位、社保民生工作目标管理绩效考核先进单位，先后荣获档案工作规范化管理省特级单位、省文明单位、省先进基层党组织等荣誉称号。

基础铺路，窗口服务加速推进

如今，在分宜县社保局办事厅，群众排队的“长蛇阵”不见了，怨声载道的声音没有了。过去，该县社保办事场地狭小，窗口少，设施简陋，前来办理业务的群众经常要排队，有时还会发生插队占位口角纠纷。为给全县参保群众提供一个便利舒适的办事环境，2013 年，该局主动向上级反映，争取资金，改建了一个 800 多平方米的经办大厅，内设 21 个经办服务窗口及多功能便民设施，用一站式服务窗口解决排队难题，柜台上方悬挂电子指示牌，公开业务经办流程，使功能设施全面改善改观。政策法规、办事指南、服务用语等全部上墙，大厅安装电子监控系统，增设业务咨询台、触摸式查询机、政策宣传显示屏等设施，宣传材料、服务指南、纸、笔、饮水机、老花镜一应俱全，群众休息椅和电视机更是为办事群众增添了温馨和便利。同时，全面推进乡镇劳保所和社区办公自动化及信息化建设，全县 24 个基层劳保所和社区设施设备全部达到了有牌子、有办公室、有电脑等“六有”标准。

宽畅舒心的优良环境，让前来办事的群众交口称赞，而更让他们满意的，是大厅工作人员热情周到的服务、熟练的业务技能、规范的办事程序。在社保大厅，人性化的服务遍及每个角落。

分宜县社会保险业务经办大厅

学习开路，窗口服务水平提高

练好内功，加强队伍自身建设，是分宜县社保局做好工作的前提和基础。近年来，该局分期分批指派业务骨干参加部、省、市业务知识培训，并定期对系统内工作人员进行业务知识培训和政治思想教育，大大提高了全局人员的业务素质和政治水平。与此同时，该局广泛组织开展岗位练兵、政策法规竞赛、党员示范岗、青年先锋岗、演讲、征文等相关活动，努力提高窗口工作人员的综合素质能力。

此外，针对该局年轻人多的特点，积极发挥年轻人在接受新知识方面的优势，通过多种形式督促工作人员认真学习社保政策，并通过考试、考核等形式来巩固学习成果，让工作人员对各项社保政策熟记于心；同时在工作中充分发挥老同志的带头作用，对年轻同志进行“传、帮、带”，以提高年轻同志的工作能力。全局上下形成了一个人人都是窗口、个个都是形象的比学习、比奉献、比进步、讲团结、讲正气的良好氛围，社保服务逐步迈进规范化、优质化轨道。

制度定路，窗口服务热情周到

俗话说，“没有规矩，不成方圆”。该局紧紧抓住制度建设这个“牛鼻子”，减少审批环节，规范工作流程，提高办事效率，不断建立和完善咨询接访制、限时办结制等近 20 个内部管理制度，实行制度管人、规章管事、律条管权。该局组织学习《社会保险工作人员纪律规定》《人力资源和社会保障窗口单位纪律要求》《人力资源和社会保障窗口单位文明用语》等多项规章制度，明确各窗口岗位职责和服务规范，并层层签订责任书。

“您好，这是您补办的社保卡，请收好。”11 月 30 日上午，刘先生到社保大厅补办社保卡，工作人员用了不到两分钟的时间就为他办好了手续，刘先生对工作人员热情高效的服务竖起了大拇指。

为提高职工业务水平和服务质量，分宜县社保局开展了“业务大讲堂”，由职工每月轮流登台讲课；同时，实行定人、定岗、定职责、定实效，提升干部执行力，使每一名干部有岗有责、岗责对应，致力提升机关工作效能。通过一系列强有力的措施，真正把服务窗口建成优化发展环境的示范窗口、服务人民群众的便民窗口、展示精神风貌的形象窗口。

党建引路，窗口服务作风优良

近年来，分宜县社保局牢固树立抓党建促发展，抓党建促和谐的理念，以“党建+”为引领，进一步深化群众路线教育实践活动和“两学一做”，继承和发扬党的优良传统和作风，深入推进三大工程建设，注重典型示范带动，充分发挥了党支部的战斗堡垒作用和党员的先锋模范作用。结合党员“亮卡承诺”“挂牌上岗”，设立“党员示范岗”和“青年先锋岗”，引导党员干部立足岗位，主动作为，内强素质、外树形象，切实增强干部意识，争做服务先锋。该局广泛组织开展业务培训、岗位练兵、社保讲堂、政策法规知识竞赛、青年文明号、巾帼标兵岗、工人先锋号等相关活动，努力提高经办人员的综合素质和服务水平。加强日常教育管理，要求每名窗口人员牢固树立窗口意识，人人争先、事事规范、处处自觉，切实做到“我的岗位我负责，我的岗位请放心”，自觉做到“五多五少”：多一点微笑，少一点冷漠；多一点亲切问候，少一点冷言冷语；多一点耐心，少一点不耐烦；多一点效率，少一点扯皮；多找一点不足，少找一点理由。

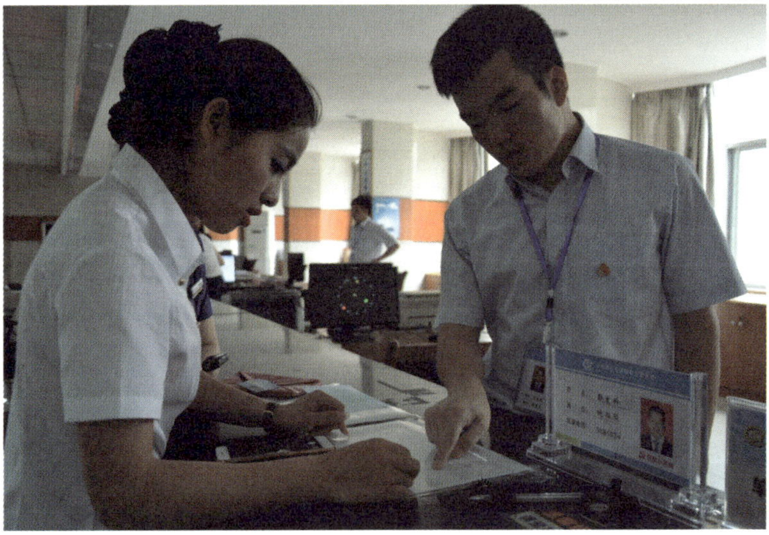

党员示范岗

大厅里不时传来这样的声音："您好，欢迎光临！请问您办理什么业务？""您的手续已办好，请核对。""请留下您的联系方式，以便我们及时和您联系。"一句句温暖的话语就像一阵清风拂面而来。

"把参保群众当作我们的亲人朋友，站在办事群众的角度换位思考，会使我们的服务更贴近群众。"窗口工作人员刘芸笑着说。

信息优路，窗口服务高效便捷

"分宜县社保服务大厅搬家了，退休人员工资又涨了……"自从关注"分宜社保"微信服务平台后，卢小刚每天都能收到公众号上定期发送的社保政策及最新资讯，第一时间了解社保政策和变化。"媳妇二胎快生了，平台还定期发布关于生育报销的注意事项。"卢小刚说，当下的社保政策、业务指南、定点信息等，不用去社保大厅，都能通过微信公众号查看。

近年来，分宜县社保局不断探索应用现代化信息服务技术，积极对接"互联网+"，打造信息化服务平台。为提高群众对社保的知晓率，打通"服务群众最后一公里"，该局开通社保门户网站和微信公众平台，参保人员个人账户、待遇及社保卡信息等都可以在互联网上查询，不用现场咨询。社保宣传从口口宣传"一对一"升级到全媒体宣传"一对万"，营造了浓厚的氛围。2016 年全县城乡居民养老保险参保人数 17.2 万人，参保率、覆盖率、代扣代缴率均达到 96.2%，位居全省前列；原来，办理养老、医疗、失业等"五险"，参保人员要走多个单位、开多张票据，2013 年，分宜县"多险合一"信息系统在全省率先上线，对"五险"实行统一登记、申报、征缴、稽核等，参保人员只要一次性带齐有关材料，即可在大厅内享受"一站式"服务，实现了参保群众"进一个门，事情可一次办成"；对业务、文书等查阅频率高的档案进行了全文扫描，建立了完整、规范和安全的电子档案，实现了档案信息资源共享，档案查全率、查准率 100%，真正实现社保档案"记录一生、保障一生、服务一生"的目标，2014 年该局被评为全省社保唯一的档案工作规范化管理省特级单位；建立县农商银行业务系统与城乡 24 个社保信息系统业务对接网络平台，保费利用社保卡代扣代缴，社保卡广泛运用于待遇发放、医保就医、社保缴费等多领域；村级金融便民服务点在全县 135 个行政村全覆盖，村民手持社保卡可以"取款、缴费、查询"三不出村，真正让广大群众感受到了"不进社保门，办好社保事"

的便利。

“2011 年就开始领钱了。刚开始是每月 55 元，现在涨到了 80 元，感谢党的好政策。”在分宜县铃山镇檀溪村的便民超市里，前来购物的彭文秀老人说，“买东西特别方便，不用给现金，社保卡轻轻一刷就行了！”

监督护路，窗口服务形象提升

分宜县社保局始终坚持公开制度，主动接受办事群众和社会各界的监督。一是程序公开。开通政务门户网站，在网站将退休审批的政策依据、申报条件、参保政策、办事流程、办结时限、监督投诉等全部对外公开。通过电子屏幕、服务指南、公示栏等方式，对社会公开公示服务内容和标准。二是身份公开。全体窗口服务人员均挂牌上岗，党员佩戴党徽，亮出党员身份，自觉接受监督。三是承诺公开。该局将向社会公开的服务承诺，制作成版面在服务大厅进行长期公示，公布举报电话，设立举报信箱。

此外，该局将作风建设的监督检查作为一项经常性工作来抓，建立自查整改、责任追究等内部监督机制和民主评议、投诉举报等外部监督制度。推进监督检查问责工作，以纪律检查、项目内审、“日志式”管理等为主要内容，全面落实“首问负责制”“限时办结制”“一次性告知制”，坚持每年邀请机关科室、村级干部，服务对象及人大部门对社保工作进行提意见活动；常年开展满意度调查活动，拓宽社会监督渠道，广泛听取社会各方面的批评和建议，确保组织监督、群众监督和舆论监督的作用得到充分发挥。重大信访事件由“一把手”带头上门做好解释工作，始终将群众的诉求放在第一位，切实解决好关系群众切身利益的问题。

创新拓路，窗口服务不断延伸

2015 年 4 月中旬，居住在非洲肯尼亚共和国的分宜籍退休职工夏某，通过互联网在国外登录分宜县社保局“人脸识别技术资格认证系统”，顺利完成了资格年检，按时领取了养老金。这是分宜县在全省率先启用人脸识别技术，每年两次为享受养

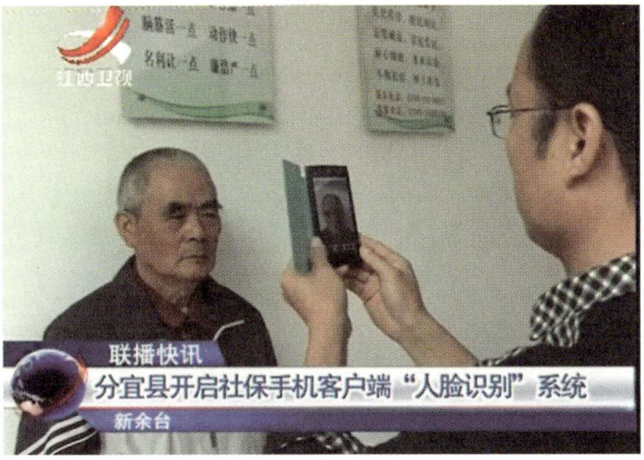

在全省率先推行手机"刷脸"认证

老金等待遇的离退休人员进行资格年检的新举措，从而使养老金等待遇发放资格年检工作步入了信息化、规范化、人性化轨道。

往年，由于离退休人员居住分散，资格年检手段不规范等原因，致使对他们的生存状况信息不灵，出现了冒领、骗领养老金的现象。分宜县社保局引进先进设备及技术，于 2013 年和 2015 年分别在全省率先使用网上"人脸识别"技术及手机进行养老金领取资格认证，实现了资格认证异地"漫游"，即使住在国外也不用去大使馆盖章，足不出户就可完成认证，每年可减少退休人员往返路费数十万元并有效防范了养老金冒领的现象。因身患重病等造成行动不便的特殊人员，居住当地的由辖区劳保所或社区提供预约上门年检服务，个别居住异地的由当地县级以上社保经办机构负责协助年检。多年居住在福建的分宜籍退休人员姚某感激地说："前几年为了领取养老金参加年检，从福建到江西每年来回几趟，不仅花去了大笔费用，还折腾了身体。而今身居福建，在家人的协助下，通过网上视频几分钟就完成了资格年检，这真是一件惠民便民的大好事。"至今，该县发现查处冒领、骗领养老金等待遇行为 60 多起，追回社会保险基金 70 余万元，且每年可防止社保基金流失 200 余万元。

为充分满足群众多样化的需求，在经办空间和时间上，分宜县社保局不断在服务上做加法和乘法，使服务群众的里程更短、速度更快。延伸经办"空间"，城乡居民养老保险个人账户清单送到家，社保卡发放进村入户，针对年老体弱、重病瘫痪等特殊人群开辟"绿色通道"，组织工作人员上门认证；延伸经办"时间"，实行双休日上班制度，为周末期间来办理业务的群众提供便利，从而实现了"5+2"不间断办公，无缝服务，

进村入户上门为退休人员年检

上门为特殊人群认证

群众随时都能来办事。

通过创新服务方式，提升服务水平，该局推进了窗口规范化建设和优质高效服务，取得了一定的成绩，并赢得了社会各界的广泛认可。今后，该局将进一步强化内部管理，规范服务行为，提高服务质量，通过创建优质服务窗口来促进社保事业的发展，更好地为人民服务、为政府解忧，为构建和谐社会做出应有的贡献。

聚力改革创新 打造民生品牌

——记山东省济南市章丘市人力资源和社会保障综合服务大厅

近年来，章丘市人力资源社会保障局（以下简称章丘市人社局）始终秉持“以服务民生为根本、以群众满意为标准”的理念，着力打造优质服务品牌，坚持以优化服务环境、创新制度管理、强化学习教育为抓手，全面推进人力资源和社会保障综合服务大厅的标准化、规范化建设，不断在强力改革、着力改造、努力改变中砥砺前行，有力地推进了“温暖人社”建设。

搭建综合服务平台，开启为民服务新模式

人力资源和社会保障工作涉及面广、政策性强，有不少亟待研究解决的热点、难点和转轨带来的各种历史遗留问题。章丘市人社局从打破内部机构设置、整合优化相关职能入手，不断探索为民服务新模式。

为适应改革发展需要，章丘市人社局实施了新综合办公楼改造提升工程，仅用了 70 天的时间，就通过资源整合将 8 700 平方米的原质监局质量检测车间改造成为章丘市人社局综合服务大厅，共设立劳动就业、社会保险、监察仲裁、人事管理等服务窗口 74 个，所有对外业务全部实现大厅办公和“一站式”办理，满足了群众服务需求，提高了工作效率。这既是转变政府职能、提升服务效能、改善保障民

生的一项重要举措，也是章丘人社事业创新发展、跨越发展的一个里程碑。

“以前的办公楼由于场地限制，每年只能集中举办几次大型招聘活动，现在设立了专门的招聘洽谈区，可以容纳23家单位同时进行招聘。”据相关负责人介绍，现在这里不仅实现了现场集中招聘，也可以满足用人单位分散招聘的要求，大大提高了就业成功率。

从优化业务职能、明确责任主体、减少办事环节、节约运行成本、提高工作效率等方面出发，章丘市人社局建立了“五险合一”社会保险运行模式，成立了“一科室四中心”，即社会保险综合科、征缴中心、审核中心、结算中心、稽查中心，实现了统一申报缴费、统一审核稽查、统一待遇结算，有效解决了多险种、多部门职能重叠造成的资源浪费等问题，为“五险一票征缴”工作的顺利推进奠定了坚实的基础；同时，在做了大量调查研究论证的基础上，章丘市人社局主动与上级沟通协调，将原劳动就业办公室与职工再就业服务中心合并，组建了新的劳动就业服务中心，对各项工作职能进行了整合，对推进更高质量就业提供了强有力的组织保障。

着力规范服务标准，提升为民服务新水平

为民服务的点多面广量大，涉及的服务窗口多，服务质量的高低直接影响着政

窗口工作人员为群众提供热情、细致、周到的服务

府在群众心中的形象。章丘市人社局通过“擦亮”服务窗口，提升服务质量，深化服务理念，优化服务措施，着力提升为民服务新水平。

宽敞明亮的人社综合服务大厅

进入章丘市人社局综合服务大厅，映入眼帘的是所有设施的整齐划一、规范有序，柜台内小到笔筒、电话，大到电脑、办公桌椅，都做到统一配备、摆放。服务大厅设立了总服务台，不但能提供业务咨询和引导服务，还设置了急救箱、便民伞、饮水机等便民设施，让群众感受到更加细致周到的服务。同时，每个业务经办区域都配备了复印机，大厅所有窗口免费为办事群众复印相关业务经办资料。市民宋先生表达了自己内心的看法：“我这还是第一次遇到能免费复印资料的单位，省钱、省时、省力，真是不错！”这项看似不经意的小举措，不仅方

总服务台为群众提供业务咨询和引导服务，并设置急救箱等便民设施

便了群众、温暖了人心，更体现出一份沉甸甸的责任，一种真挚的民生情怀。

开展窗口单位改进作风专项行动，坚持做到办公设施、物品摆放、工作服装“三统一”，每名工作人员都要亮明身份、亮明承诺、亮明标准，并在每个柜台设置服务评价仪，主动接受社会监督，切实把干部形象树在窗口、亮在一线。按照公共服务标准化要求，不断强化各窗口工作人员的业务经办能力，使服务大厅每一个岗位都能集中办理多项业务，使经办工作从分散走向集中，从粗放走向精确，真正实现各项业务的“一个窗口接待、一站式服务、一次性办结”，方便了群众办事，提高了工作效率。

“只要到了我们窗口，能让群众一次把事情办完的，我们绝不让跑第二次；即使不是我们的业务范围，也会负责讲清楚办理的流程，让群众满意地走；哪怕再晚，我们也要把群众的事办好了才下班。”业务大厅的工作人员告诉记者，窗口实行每日服务“三提前”，即提前检查好信息系统或硬件设施、提前准备好业务凭证和相关印章、提前到达岗位进入工作状态；服务咨询“四告知”，即告知业务办理政策规定、所需资料、工作流程和办结时限；服务过程“三亮明”，即窗口工作人员提供服务要亮明身份、亮明承诺、亮明标准，让办事群众实实在在感受到人性化的氛围、温馨化的环境和贴心化的服务。把小事做成精品，把细节做到极致，才能让人社服务更高效，让群众办事更方便。

咨询台

为降低行政成本，提升工作效率，章丘市人社局单独设立了自助服务区，群众和用人单位可以通过 8 台电脑自助办理各项社会保险的申报和信息纠错，个人还可以凭身份证通过 4 台查询机自助查询和打印社会保险缴费及待遇享受信息，为劳动者及时了解和维护自身权益提供了有效保障。

自助服务区

2015 年以来，章丘市人社局按照“数据向上集中，服务向下延伸”的思路，在济南市各县（市）区人社系统中率先成立了信息网络中心，整合全局信息资源，大力实施“门户网站、手机微信、数字电视、自助终端”四位一体的“智慧人社”系统建设，充分利用信息化手段，在局门户网站、手机微信平台开设“便民问答”“交流互动”专栏，以问答的形式明确业务办理流程和政策依据，同时群众可 24 小时进行网上在线咨询，目前共在网上回复群众咨询事项 350 余件，切实提高了群众知晓率和满意度，人社服务品牌更加深入人心。同时为全市 20 个镇街人社服务中心和 645 家村级卫生室配备电脑及网络设备 695 套，初步实现就业招聘、社保查询、基层服务的信息化、网络化管理，确保了各项工作的高效运转，有效满足了群众需求。

健全工作推进机制，构建为民服务新常态

以加强内部管理、实现有序运转、提高整体效能为关键点，建立健全多项工作机制，最大限度让群众满意，努力实现为民服务长效化、常态化管理。

健全内部管理机制，建立“全程问责”机制，完善首问负责、一次性告知、窗口礼仪规范、大厅管理、督查巡视等25项制度规范，重新梳理优化业务经办流程96项，规范行政权力事项101项。健全督查督办机制，制定《关于开展作风效能建设明察暗访工作的实施方案》，强化督查巡视制度，对各部门、窗口人员岗位履职、工作作风、办事效率等情况进行督查，对服务群众不到位、工作推进不力、制度执行不彻底等行为，实行纵向部门管理和横向业务经办“双重问责”，确保了各项工作的顺利开展和服务效能的不断提高。

圆满完成权力清单、责任清单的编制工作，针对市镇两级平台编印两套《工作规范》和《就业服务一本通》《创业政策汇编》《劳动保障政策法规200问》等实用性手册，有力促进了行政权力依法公开、规范高效运行。

建立“结对包联”机制，要求每名领导干部带领相关科室对口联系1～2个镇街，并确定一名业务骨干担任人社服务中心“第一副主任”，通过深入调研、建章立制、规范流程、强化培训等方面的工作，全面提升基层平台公共服务能力。健全“业务下沉”机制，将就业培训、社会保险、人才服务、劳动维权等56项业务下放到镇街人社服务中心。

同时，紧紧围绕全市扶贫工作，强抓优化发展环境的“牛鼻子”，找准推进产业脱贫的“着力点”，形成经济社会发展的“加速度”，探索出了打赢新时期扶贫开发攻坚战的新路子、新模式。思路决定出路，扶贫重在扶志，只有真正俯下身子进村入户与两委干部和党员群众拉家常、讲政策、听建议、话发展，说实在话、办实在事，才能让党员干部有干头、群众有盼头。扶贫工作开展以来，市人社局综合服务大厅工作人员结合贫困村实际，为其找项目、跑市场，带领村两委干部多次赴济南匡山和章丘市经济强村进行深入细致的考察学习，从测土配方到果树管理，再到市场预期，都做了大量调研，确保每一分钱都花到刀刃上，为项目落地和产业发展夯实了基础。集中利用资金、挖掘优势项目，实现专业化、市场化运作，打造较

高层次的“造血”功能，章丘市人社局积极探索精准扶贫新模式，为农村更好更快发展增添了新动力。

狠抓能力素质提升，实现为民服务新突破

以加强学习交流、强化教育引导、严格纪律约束为着力点，努力提升干部队伍素质能力，为更好地服务民生、服务基层发挥了重要的支撑作用。

坚持每周五集中学习制度，通过业务骨干轮流授课、政策交流答疑等方式，及时把法律法规、制度规范纳入学习培训教育中，使广大干部职工成为熟知业务的“明白人”，落实制度的“有心人”。坚持每周召开一次全体领导干部和 27 个科室负责人参加的办公例会，对机关作风、效能建设等方面的问题进行集中点评，逐件听取全局市民服务热线、民声网等交办事项处理情况和群众满意程度，对群众不满意的办理件立即专项督办，并进行责任追究。仅 2015 年受理市民服务热线、民声网等群众诉求事项 3 500 余件，按时办结率达 100%，办理过程满意率和结果满意率均达到 98% 以上。

把人事安排、退休审批、职称评聘、社保经办等岗位作为重点，层层签订《党风廉政建设责任书》，采取自己找、群众提、互相查、领导点、组织评五种方法，认真梳理出廉政风险点 182 个，有力推进了廉政风险防控机制建设；积极开展“亮服务、亮承诺”活动，立足部门职责和任务分工要求，公开单位拟办实事承诺 4 项、个人承诺 274 项，通过定期对标践诺，真正起到了防范风险、堵塞漏洞的作用，达到了内强素质、外树形象的目的，为加快科学发展、建设“温暖人社”提供了强有力的组织保障。

行必责实，解民忧，暖民心，绝不仅仅是一句口号。结合“两学一做”教育实践活动，紧扣就业、社保、劳动关系等民生重点，章丘市人社局主动接受市人大、市政协对人社工作的专题问询、监督评议和调研视察，有力促进了难点、热点问题的解决。同时积极推行的“一线工作法”，开展创建劳动关系和谐企业、和谐园区活动，由被动坐等群众来访，变为主动下访解决实际问题，实现了维护职工权益与服务企业发展的“双赢”，劳动争议调解结案率达到 93% 以上；结合全市中心工作，重点实施了“就业创业促进工程”，不断强化高层次人才引进和培养工作，为“加

快科学发展，建设美好家园”提供了坚实的民生保障。

章丘市人力资源和社会保障综合服务大厅服务环境与服务模式的转变提升，体现了全局上下同心，一身正气，从一件件与群众息息相关的事情做起，筑牢服务为民的思想、夯实勤政务实的作风，有力维护了为民务实清廉的品牌形象。站在新起点，适应新常态。面对新形势、新任务、新要求，章丘市人社局将以更先进的理念推进发展，以更多的亮点振奋人心，以更好的实绩造福于民，奋力谱写人力资源和社会保障事业发展新篇章。

让群众满意没有完成时

——记山东省东营市广饶县大王镇人力资源社会保障服务中心

民生是船，幸福是岸。近年来，山东省广饶县大王镇人力资源社会保障服务中心（以下简称中心）深入实施积极的就业政策，扎实推进覆盖城乡的社保体系建设，加大人才培养和引进力度，努力构建和谐劳动关系，为“幸福大王”建设做出了积极贡献，让这艘充满希望的大船，乘着科学发展的东风，以更加强劲的动力，扬帆破浪、奋勇前行！

牵线搭桥，让村民家门口就业

大王镇西李村村民李秀德身强体健，但年龄偏大，想找个工作成了难题。该村人力资源社会保障服务站工作人员李荣祥得知情况后，在全县下发的用工需求表里仔细寻找，终于为他找到了工作，一个月能拿到 2 000 多元，而且离家很近、很方便。“作为村居人力资源社会保障协管员，俺不但为村民办理求职登记，而且每月定期在村务公开栏张贴企业用工需求，让大伙儿不出村就能看到全县的岗位信息。”李荣祥说道。

在大王镇，像李荣祥这样的人力资源社会保障协管员共有 97 名。就业是民

协管员现场办公

入户调查群众需求

生之本，对于普通百姓来说，找到一份工作，有较稳定的收入就是最幸福的事。作为工业大镇，大王镇各企业用工需求较大，群众就业愿望强烈，为了搭建双方之间的信息交流平台，让就业信息真正“上得来，下得去”，自2011年起，大王镇在各行政村、社区和企业聘用了97名人力资源社会保障协管员，按照平均每人每年1 200元的标准予以补贴。这些协管员定期对有用工需求的人员进行实名制登记，详细摸清人员情况、所学专业、求职意愿等情况，并为就业困难人员和零就业家庭中有就业意愿和服务需求的求职人员，提供相应的公共就业和人才服务，对其接受服务情况和效果进行跟踪，实行动态服务。

作为帮助用工企业和求职者牵线搭桥的“红娘”，这些人力资源社会保障协管员把企业的用工需求与居民就业紧密地联系在一起，既让企业招聘到了满意的员工，又让居民能在家门口实现就业愿望。中心多层次发布岗位需求招工信息32期，发放“明白纸”15 520份，使用滚动显示屏免费为企业发布用工信息，使劳动者及时得到最新的就业信息，切实方便了群众就业。截至目前，中心成功为企业招聘5 201人，提供就业岗位1 897个。

“存粮千斗，不如一技在手。”一些无工作技能优势、文化水平偏低的农村转移劳动力是就业市场的弱势群体。依托定点培训机构，中心针对不同的群众量身定制“培训套餐”，让求职者练就本领捧牢“铁饭碗”。对农村劳动力开展技能培训，推行现场教学，把教学课堂设在种植大棚、养殖基地或加工车间。通过现场讲授、现场解答、现场示范、现场实践，实现了培训专家和学员的学用互动，提高了培训实效。高美玲是广饶县大王镇的一名农民，前几年家里的土地统一流转出去后，参加了就业培训班，并在附近企业找到了一份仓库保管员的工作。“工资不低，工作不累，离家也近，还不错。”对目前的工作高美玲很满意，像她一样撂下锄头当工人的农民在大王镇不在少数。

大学生是引领“大众创业、万众创新”潮流的主力军，为帮助他们实现创业梦想，中心多措并举“铺路搭桥”，积极落实创业担保贷款政策，简化办理流程，开通绿色通道，实行申请受理、审核、放贷等“一站式”全程服务，为创业者提供资金支持。大王镇小李村邓彪是一名高校毕业生，毕业后在广饶县大王镇菜园商业街创办了一家广告制作中心，自 2014 年 5 月 19 日被认定为创业人员以来，先后享受了个人创业担保贷款、一次性创业补贴、房屋租赁补贴等各项就业、创业优惠政策。

据统计，自 2012 年起中心先后为企业办理用工备案 7 331 人，实现农村劳动力转移 10 692 人，开展个人有效求职登记 7 309 人。为企业办理失业人员登记 417 人次，打印《就业创业证》3 286 本。充分发挥创业担保贷款促进就业、创业的作用，截至 2016 年 12 月底发放创业担保贷款 432 笔，合计发放额 4 076 万元。自 2015 年起，对创业带动就业的个体工商户进行一次性创业补贴 69 人次，发放补贴 27.6 万元。

服务群众，没有最好只有更好

“现在有了自助化的设备，来办个业务真的是太方便了，有的业务不用排队等候就能办理，节省了不少时间。”12 月 2 日，在中心刚刚办完业务的卜令德说道。走进中心大厅，扑面而来的是甜甜的微笑、亲切的话语，不禁让人们产生了一种“回家”的感觉。

高效、便捷的服务离不开完善基础设施的支持。中心遵循“务实、高效、创新、一流”的服务宗旨和“依法办事、廉洁勤政、公开透明”的办事原则，全面推行“一站受理、全程服务、限时办结”工作模式，初步建立了服务事项审批内容、审批依据、申报材料、办事程序、承诺时限、收费标准“六公开”的工作运行新机制。中心的投入使用，搭建起了党委、政府为民服务的桥梁。

为了实现软硬件环境的同步提升，大王镇强化责任意识，加大工作力度，全面提升中心建设管理水平。一是着力完善运行服务机制。紧紧围绕建立行为规范、运转协调、公正透明、廉洁高效的行政管理目标，进一步完善中心运行机制，创新管理方式，增强服务功能，探索建立制度化、规范化、长效化的工作机制，确保各项工作有章可循、有人办事，真正把中心办出特色，办出水平。二是着力提高管理服务水平。努力推进政府职能从“管理型”向“服务型”转变，不断加强依法行政、限时办结、考勤考核、热情服务、廉洁服务、投诉监督等各项制度建设，加强工作人员培训，切实提高政策水平和业务能力。积极改进服务方式，拓展服务内容，大力提升服务质量和服务效能，充分发挥便民服务中心的集聚效应，努力为群众提供优质高效便捷的“一站式”和“一条龙”服务。三是着力打造阳光政务品牌。牢固树立“以人为本、服务发展、普惠民生”的执政理念，努力把中心建成展示党委、政府管理水平和办事效能的综合平台、群众企业办事的“政务超市”、大王镇对外形象的示范窗口，着力打造富裕大王、生态之城、幸福家园、美丽大王的阳光政务品牌。

一间整洁的便民服务室、一组开放式服务台、一套办公设备、一张办事流程图、一本便民服务登记台账……在大王镇，这样标准化的村级人力资源社会保障服务站已经有 97 个。服务群众，没有最好只有更好，为打通便民服务“最后一公里”，真正让老百姓少跑腿、好办事，大王镇积极探索建设便民服务体系的新模式，不断提升标准化服务和规范化管理水平。以镇服务中心为龙头，逐级延伸便民服务的内

村级便民服务站

容，提升为民服务的质量，广泛开展创建村级人力资源社会保障服务站，全面推行为民服务代办制，实现为民服务“零距离”， 2014 年共有 51 个村创建完成并通过了验收。2015 年 6 月 30 日前全面完成便民服务站创建任务，所有村级便民服务站均达到示范点的经办管理服务水平，真正形成经办管理规范、办公设施齐全、经办队伍成熟、管理服务优良的新局面。

目前，各创建达标村各项工作运行平稳，与群众日常生产生活密切相关的事项都纳入服务站进行办理，积极帮助群众解决实际困难和问题。比如，针对老年群众反映的养老金待遇申报、领取不方便问题，服务站随时开展养老金申请、代发业务，让群众在家门口就能按时足额领取养老金；居民保险的征缴等与老百姓息息相关的工作也全部由便民服务站全程代办，真正做到了为民、利民、便民。创建村级服务站，推行全程服务代办，既解决了困扰群众的难事，又切实提高了为民服务水平。

积极开展 60 周岁以上人员待遇领取资格认证工作

幸福指数，来自社保体系的完善

“以前生病不敢轻易到城里医院，现在俺和城里人一样报销，不再担心住不起大医院了。”在位于广饶县大王镇的东营市第二人民医院，正办理出院手续的郭百亮说道。64 岁的郭百亮前不久因冠心病住院，共花费医药费 40 696.92 元，现场报销 32 658.5 元，个人只承担了 8 038.42 元，这比此前的新农合报销比例至少高出 10%。

没有完善的社会保障体系，“幸福大王”建设就无从谈起。近年来，大王镇坚持政府主导与农民自愿相结合，引导农民参保，建立起个人缴费、集体补助、政府补贴的新型农村养老保险制度，逐步解决农民养老难题。同时，不断完善职工养老、医疗、失业、工伤、生育等其他社会保险制度，将更多的财力向社保领域倾斜，通过不断提升社会保障水平，更多的群众吃了“定心丸”。

作为社会保障的重头戏，养老无疑是老百姓最关注的问题。2011 年 7 月居民养老保险从最初的新农保和城镇居民养老保险两部分统一合并实施了城镇居民养老保险，实现了居民养老保险的全覆盖。2012 年参保人员 3.2 万人，收缴保费 716.4 万元，镇财政配套资金 38.1 万元。2016 年参保人员 2.63 万人，收缴保费 919.28 万元，镇财政配套资金 52.8 万元。对比 2012 年镇财政配套资金增长 38.58%，养老保险保障的标准逐步提高。养老保险缴费档次由原来的最高 2 500 元 / 年提高至最高 5 000 元 / 年，缴费补贴也由原来的最高 50 元提高至最高 70 元。自 2010 年居民养老保险基础养老金制度实施以来，大王镇连续四次调整居民基础养老金标准，从最初的 60 元调整到 175 元，持续位居全省前列，该镇 1.8 万名 60 周岁以上城乡老年人从中受益。

社会保障不仅仅是“锦上添花”，更应该发挥“雪中送炭”的民生兜底作用。大王镇在做好普惠性民生工程的同时，针对特殊群体进一步加大惠民力度，真正将特惠政策落到实处。重度残疾人员缴费政府买单，待遇领取年龄提前。对重度残疾人（一至二级），政府每年为其代缴 300 元档次的养老保险费并享受缴费补贴 60 元。重度残疾人政府代缴保费这项惠民政策自居民养老保险在该镇实施以来，一直得到了很好的贯彻执行。从 2011 年每人每年代缴 100 元，到 2012 年、2013 年每人每年代缴 200 元，再到 2014 年、2015 年每人每年代缴 300 元，每一次代缴标准的提高，无不体现着政府对困难群体的关心与照顾。缴费买单的同时，再将重度残疾人（一至二级）养老金领取年龄由 60 周岁提前至 55 周岁。

2013 年 3 月，随着广饶县城乡居民医疗保险管理系统调试完成，大王镇村民郭百亮成为该镇第一个享受城乡居民医疗保险报销的人，这也标志着广饶在全省率先实行的城乡居民基本医疗保险一体化全面启动。城乡居民医疗保险合二为一，不论是农民还是城镇居民，都感受到实实在在的好处。新政策实行后，农民门诊保险范围扩大到了全县所有定点医疗机构，三级医院住院报销费用比例由 50% 提高到 60%，可报销药品及诊疗目录范围扩大到了 2 387 种。同时，医疗保险缴费档次由原来的最高 120 元 / 年提高至 240 元 / 年，政府对个人缴费的补贴标准则由原来的 320 元 / 年提高至 470 元 / 年。

定点医疗机构监管，确保资金安全

社会保障是人们生存和发展的依托，只有解决好这个问题，百姓才能“老有所养、病有所医、失有所助、伤有所保”。参加社会保险是每一位职工的权利，为了帮助职工实现他们的权利，2016 年 10 月，大王镇开展了社会保险扩面征缴工作，让用人单位及广大职工意识到参加社会保险的重要性。截至 2016 年 12 月，大王镇企业参保人员增加了 560 人。

帮民工维权，当好劳动者的娘家人

“感谢你们，帮俺们要回来工资，要不然真不知道以后的日子咋过。”顺利拿到拖欠的工资后，朱秀梅对中心的工作人员表示感谢。“你们是实实在在为劳动者服务，多亏了你们，不然我们不知道怎么讨回辛苦钱。”随着大王镇经济的快速发展，大批的农村富余劳动力，成为企业劳动用工的中坚力量。和谐稳定的劳动关系，是企业和职工的共同愿景，是企业健康发展和劳资双方共赢的基础。

构建和谐的劳动关系，既是企业增强发展后劲的重要保障，也是劳动者享受合法权益的基本前提。针对当前劳动者与用工企业之间频发的劳动用工争议和实际的劳资矛盾，结合县人社局下移的劳动用工备案业务，中心从业务工作开始，把严格审核双方签订的劳动合同书作为劳资矛盾的源头控制，努力杜绝和化解劳动者和用工企业的劳资矛盾和用工争议，规范全镇企业劳动用工形式。特别是要求用人单位签订合同后，必须依法缴纳养老保险、医疗保险、工伤保险、失业保险、生育保险，从而最大限度地保护了员工的合法权利。此外，大王镇还充分利用新闻媒体和网站、微博、微信等媒介，大力宣传构建和谐劳动关系的重大意义、党和政府的方针政策和人力资源社会保障法律法规，着力宣传企业关爱职工、职工奉献企业的先进典型，培育选树一批模范劳动关系和谐企业，在全镇营造了构建和谐劳动关系的浓厚氛围。

劳动监察员的工作看似简单，但随时会遇到各种不可预测的情况，有时是用人单位调查不配合，有时是劳动者情绪激动发生过激行为，甚至是摔东西、对监察员人身攻击。面对类似情况，监察员始终保持耐心和真诚，积极化解矛盾纠纷。自2013 年 7 月劳动合同审验工作下移以来，中心已经为 219 家企业办理了劳动合同用工备案开户手续，网上审核备案劳动者用工信息 31 743 人次，审验劳动用工合同文本 61 486 份。2014 年至 2016 年，中心每年 5 月都开展人力资源社会保障监督检查工作，全面普及人力资源社会保障法律法规，及时掌握全镇企业用工动向，依法规范用人单位劳动用工行为，有力维护了广大劳动者的合法权益。

招才引智，借外脑助力地方经济发展

2016年8月，大王镇举办了第二届“赢在起点”大型人才交流会，中心通过网络、报纸、微信微博等方式广泛发布招聘会信息，吸引高端技术人才、专业管理人才、高校毕业生和周边富余劳动力等各类人才参加招聘会，破解相关企业人才难题。此次招聘会为大王镇企业引进高校毕业生 100 余名。

功以才成，业由才兴。人才是先进生产力，是拉动科学发展的第一要素。中心认真履行汇聚人才的职能，注重完善人才引进、培养、使用、激励体制机制，创新人才引进方式，加强高层次人才队伍建设，为地方经济的腾飞助力。

大王镇成立了以镇党委书记为组长，镇长为副组长，党委委员和相关部门负责人为成员的镇人才工作领导小组。突出培训重点，加大培训力度，加快培训成果转化，为产业转型升级、实现强镇富民提供了人才保障和智力支持。定期召开人才工作例会，指导全镇各部门单位、企业、农村及各类新型社会组织人才工作。镇党委认真落实企业家例会制度，由经济发展办公室牵头，每月召开一次企业家例会，多次召开人才工作专题会议，与全镇高层次人才定期座谈、交流，了解人才工作现状和企业的诉求。每季度召开人才工作例会、企业家例会、高层次人才交流座谈会。

招聘现场

为了摆脱人才资源不足的困境，大王镇借助“借脑引智”工程，着重在人才引进上下功夫。一是深化“校企合作”引才模式，依托位于大王镇的东营科技职业学院，鼓励企业与其联合办学，根据企业生产实际需求，设立机械、化工等急需专业，每年为企业提供近 2 000 名紧缺人才。二是实施“赢在起点”大型人才交流会活动，搭建劳务对接平台，吸引百余名本地和周围地区富余劳动力、本籍在外就读高校毕业生、外出人员到大王镇就业。三是实施企业“走出去”战略，鼓励企业从本地走向全省、全国，以高校招聘会、网上招聘等方式，从高等院校和科研院所引进文化素质高、业务水平强的人才，从社会招聘有工作经验、有专项技能的人才。

人才引进来，既要留得住，也要培育好。面向全镇重点企业，大王镇大力开展以人才发展、企业上市和转型为主的高层次培训，全面提升大王镇企业在新常态下的工业制造能力、人才储备能力和经济发展能力。聘请专家对大王镇企业家进行高层次经营管理培训，内容以当前经济形势、产业转型升级、科技创新等为主。通过自主报名和企业推荐相结合的方式，遴选 30 名企业董事长、总经理和高端技术人才，组织他们到清华大学、上海交通大学参加企业战略发展高级研修班。举办大王镇规模以上企业高层经营管理人才创新发展论坛，通过相互交流启发思路、取长补短，实现企业的跨越式发展。

一系列高端的人才培训工程，让大王镇人才资源实现了“强筋壮骨”的蜕变。邀请中国商业系统研究中心主任委员左政举办了大王镇企业上市培训会议，对全镇限额以上企业主要负责人和财务负责人在企业股权激励、绩效管控、公司治理、战略规划、商业决策等方面进行了深刻的阐述；邀请山东大学孟祥旭教授举办了“从工业 4.0 到中国制造 2025”专题培训会；邀请齐鲁证券高启宏经理举行了“中国多层次资本市场上市的意义条件和程序”专题培训会；邀请青岛滨海学院客座教授李剑明对全镇旅游业相关企业举办了“礼仪沟通协作”专题讲座，全面提升大王镇企业在新常态下的市场竞争力。加强企业内部员工培训，鼓励企业与大专院校合作，通过“请进来教”“送出去学”“联合办学”等方式加强员工培训，人才工作示范点企业以“每天有学习，每周小培训，每月大培训”的节奏抓培训，部分公司还成立了商学院，为员工提供了学习的平台。企业人才培训形式多样化，如永泰集团开展的沙盘式培训、大富翁体验式培训，是今后人才培训的新风尚。

筑暖巢，凤来栖。目前，大王镇规模以上企业中已登记的初级以上技能人才 6 733 名，获得专业技术职务资格的专业技术人才 522 名，企业经营管理人才 2 003 名；2013 年以来引进的硕士及以上学历的国内人才 41 名，海外人才 3 名；省级及以上研发中心 17 个。2015 年新增享受国务院特殊津贴专家 1 人，“山东省首席技师”2 人，市“有突出贡献的中青年专家”1 人，县“乡村之星”1 人；新增市级首席技师工作站 2 个，市级“特殊贡献奖”首席工作站 1 个，市级企业技术中心 1 个。截至目前，已入库国家“千人计划”学者 1 人次、省“青年科技奖”1 人次、“黄河三角洲学者”4 人次、市“青年科技奖”3 人次、“乐安学者”6 人次。

执法维权惠民生　优质服务暖人心

——记河南省郑州市人力资源和社会保障局劳动保障监察支队

“本人到此办理公司拖欠工资一事，工作人员的耐心讲解和处理，让我有一种如沐春风的感觉，使我在这寒冷的冬天备感温暖。”这是一位名叫王博韬的劳动者在意见簿上的留言。王博韬的感受正是郑州市人力资源和社会保障局劳动保障监察支队（以下简称支队）认真贯彻落实国务院关于简化优化公共服务流程相关要求，持续加强“三化建设”，提升服务效能的不懈追求，也是“全国维护妇女儿童权益贡献奖”“河南省人民满意公务员示范单位”“河南省人力资源社会保障系统先进集体”“河南省共青团青少年维权岗”“河南省劳动保障监察目标管理（综合）考核先进单位”等众多荣誉的一个外在缩影。

标准化建设——擦亮为民服务“窗口”

标准化服务平台是提供优质服务的基本前提，支队始终坚持标准化建设方向，不断巩固强化服务基础。

科学设置区域。走进支队明亮整洁的投诉举报大厅，醒目的咨询引导区、业务受理区和自助服务区，一个秩序井然的流水线式服务格局便映入眼帘。各类便民服务手册、办事流程和服务承诺等公示内容一目了然。大厅工作人员每天上班时间前10分钟，已经到达岗位。“提前检查电脑、网络等工作设备运行情况，提前准备好各类表格材料，提前整理便民服务设施。”支队一天工作的开始，就是让来访群众一进门就有一个温馨舒心的良好环境。

投诉举报大厅

完善服务机制。“对来访群众，我们严格落实两个‘一样办’，即要求全体人员在工作中把群众要办的事当作亲人的事一样办、把群众的困难当作自己的困难一样办；‘三到位’服务，即接待引导到位、答疑解惑到位、跟踪服务到位；‘五个一’连贯动作，即接待来访群众要做到一张笑脸、一把椅子、一杯茶水、一句问候、一个告知。真正让来访群众感受到家一样的温暖。”这是支队投诉举报科科长荆大志对劳动保障监察优质服务的具体要求。

支队实行首问负责制、一次性告知制、限时办结制和错案追究制，要求专人全勤接访，根据来访群众的具体诉求，做好分类处理。对于符合政策的，在第一时间受理好；对处在政策边缘的，创造条件接待好；对政策无法解决的，耐心细致解释好；对职权范围之外的，详细具体告知好。

强化服务监督。在接待群众来访和业务办理过程中，支队要求全体工作人员统一着装亮证，设置岗位牌，公开工作人员姓名、职务、工作职责和工作纪律，这样既是对工作人员的鞭策，又方便群众监督，形成内部监督、社会监督和舆论监督的全方位服务监督体系，杜绝了“门难进、脸难看、话难听、事难办”和擅自“空窗”现象的发生。“不让群众在我这里受冷落、不让工作在我这里延误、不让差错在我这里发生、不让不文明言行在我身上出现、不让歪风邪气在我这里产生、不让单位形象在我这里受影响，已经真正成了我们每一位劳动保障监察员的共识。”有着30多年工龄的老徐如此感言。

正是有了这样牢固的宗旨观念、扎实的服务举措、严格的服务监督，在支队劳动保障监察服务平台上才发生了一起起感人的事件，意见簿上写下了一条条动人的留言。

2015 年 8 月 7 日，投诉举报中心接待了一位很普通的来访群众，他是当事人李新伟的丈夫，举报山东某集团股份有限公司没有按照规定为劳动者参加社会保险登记并缴纳社会保险费。

这起案件是一起相对非常复杂的案件，据调查，李新伟是这家企业在郑州的一名促销员，在下班途中发生车祸双腿被货车轧断，出现工伤事故。但是这家企业在郑州没有办理营业执照和驻郑许可证，没有办理任何手续且没有固定的经营场所，而且这家单位拒不配合支队的工作。案件办理进展缓慢，但是李新伟双腿被轧断，丈夫一只眼睛失明，家中上有老人需要赡养，下有小孩正在上学，且她本人每个月还需要大量的医药费来维持生命，如果将此案件中止或者简单的一罚了之，那么这个家庭就会面临巨大的灾难。

支队监察员暗暗下定决心要将此案进行到底，还当事人一个公道。在市人社局领导的指示下，由支队主要领导带队，远赴千里之外的山东处理此案，在去的路上监察员们制定了详细的处理措施，准备了多套应急方案，到山东后，由于该企业在当地是明星企业，缴税大户，有较强的优越感，支队的工作人员颇费周折才见到了这家企业的负责人。经过多次面对面耐心细致地做工作、摆事实、讲法律，该企业负责人逐步转变了最初不理解、不配合的态度，并为这名职工补缴社会保险费近 10 万元，报销了医药费，办理了工伤保险待遇。可以说让这名职工乃至这个家庭的生活有了最基本的保障。

“真正想群众之所想、急群众之所急，将优质服务落实在实际行动中，才是对宗旨观念最好的诠释。我们的辛苦工作能换来劳动者诉求的圆满解决，再苦再累也值得。”支队副队长刘宗建事后说道。

正规化建设——锻造执法维权“利刃”

优质服务要靠过硬的本领，执法维权更是需要全方位的综合素质。支队始终坚持正规化队伍建设，建立健全 20 多项内部管理制度，不断筑牢进人关、用人关和培训关，以业务经办、作风养成、文明执法等为重点，不断促进思想教育和业务学习的常态化，切实打造一支政治可靠、执法严格、作风过硬的执法队伍。

竞争上岗强队伍。提高工作效能的关键在队伍建设，队伍建设的关键在选人用人。支队领导班子对选人用人问题高度重视，对支队中层以上领导职位及投诉举报科等重点岗位严格实行竞争上岗，按照组织动员、公开报名、资格审查、加分确认公示、演讲答辩、民主测评、确定考察对象、组织考察、党委决定、任职备案的程序进行，局纪检部门对选拔任用干部工作进行全程监督。

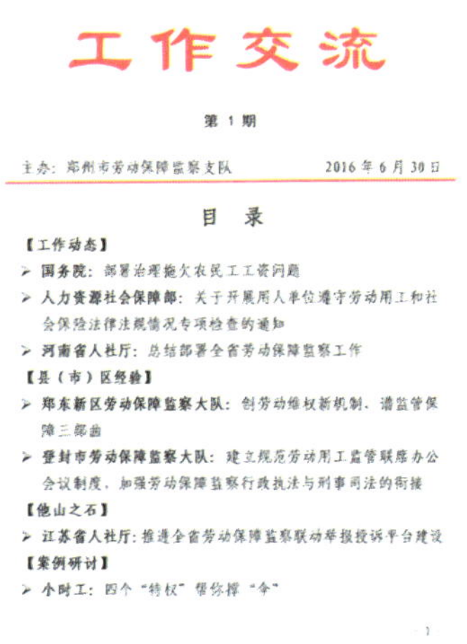

工作交流

第 1 期

主办：郑州市劳动保障监察支队　　2016 年 6 月 30 日

目　录

【工作动态】

➢ 国务院：部署治理拖欠农民工工资问题

➢ 人力资源社会保障部：关于开展用人单位遵守劳动用工和社会保险法律法规情况专项检查的通知

➢ 河南省人社厅：总结部署全省劳动保障监察工作

【县（市）区经验】

➢ 郑东新区劳动保障监察大队：创劳动维权新机制，谱监管保障三部曲

➢ 登封市劳动保障监察大队：建立规范劳动用工监管联席办公会议制度，加强劳动保障监察行政执法与刑事司法的衔接

【他山之石】

➢ 江苏省人社厅：推进全省劳动保障监察联动举报投诉平台建设

【案例研讨】

➢ 小时工：四个“特权”帮你撑“伞”

1

《工作交流》刊物

学习交流提素质。为拓宽执法人员的工作视野，支队创办了《工作交流》，学习推广兄弟省市和郑州市各县（市、区）劳动保障监察机构的先进经验做法。针对经济社会发展新常态下的劳动保障监察工作新特点、新情况、新问题，定期组织学习讲座、调查研究等活动。邀请省、市政府法制部门、法院等部门专家领导辅导讲解热点问题，分析破解执法实践中的难点困惑。积极开展“每周一讲”活动，给优秀监察员提供一个“传经送宝”的平台，激发干部职工自觉学习的动力。

支队新入职的军转干部李慕晨说：“经过这些全方位的学习交流，让我们这些‘门外汉’对劳动保障监察工作有了直观而又深入的认识，

劳动保障监察案例研讨会

对成为‘行家里手’有了更多的信心和向往。”

法治建设严行为。从事法制工作20多年的法制科科长张荷花说：“除了以上学习培训，我们还坚持定期开展劳动保障监察案例分析研讨和案卷评查活动，持续加强‘法治支队’建设，根据《人力资源社会保障窗口纪律要求》，制定支队工作量化考核细则，不断强化执法人员法律法规、职业道德和作风纪律教育，提高劳动保障监察人员的责任意识、服务意识和职业道德水平。全面落实劳动保障监察执法责任制，完善法治监督，坚决杜绝不作为、慢作为、乱作为，引导全体队员真正做到敢于执法、善于执法、执法必严。”

正是这样“三位一体”的正规化队伍建设，让支队面临重大农民工群体性突发事件能够快速、果断、妥善处置，面对众多疑难案件能够“拨云见日”，出色完成任务，最终赢得政府的信任和人民的满意。

“这件事情咱们郑州市劳动保障监察支队做得好，咱们得点个赞。”这是2014年1月7日河南公共频道《百姓关注》节目的主持人对支队在短时间内为50多名农民工追讨回60多万元工资的一个衷心感谢。在支队监察员将追讨回的工资转交给农民工兄弟们时，他们激动地握住监察员的手说：“真的太感谢你们了，要

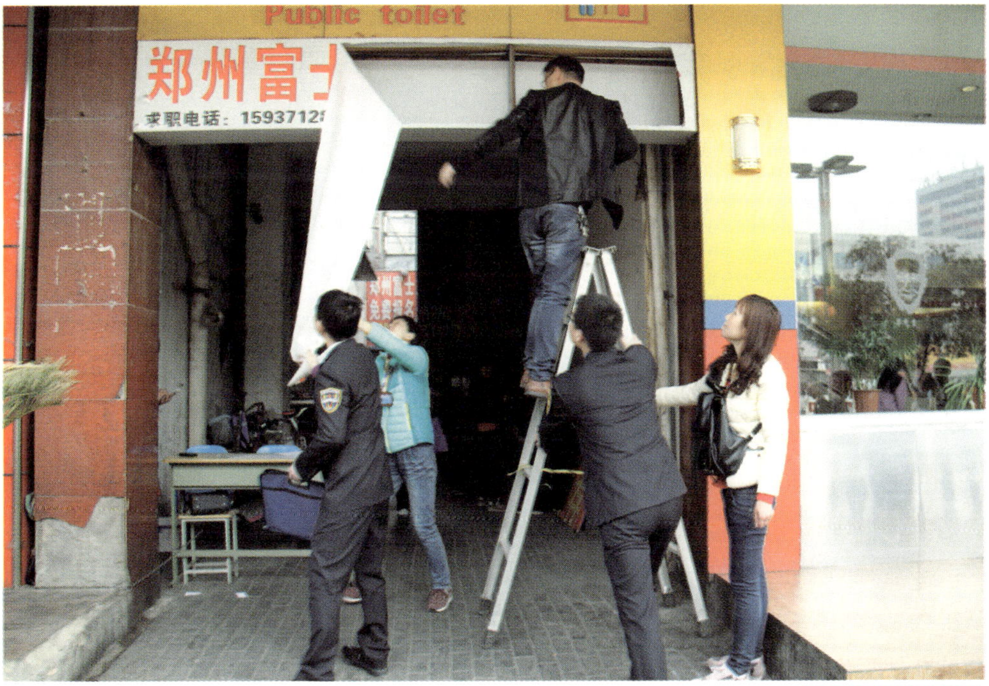

清理整顿非法职介

不到钱这年可咋过啊！”像这样的事例不胜枚举，近年来，支队共检查各类用人单位 7.2 万户次，涉及劳动者 208 万余人，处置群体性突发事件 1 703 余起，补签劳动合同 35 万余人，取缔非法职业中介 517 户，累计为 16.5 万名劳动者追发工资报酬及补偿金 9.6 亿元，为农民工追发工资报酬 6 亿余元，责令为 4.9 万余名劳动者补交社保费 6 236 万余元。

创新化发展——加足优质服务“马力”

创新塑造优质品牌，便利引领服务方向。近年来，支队紧跟“信息化”时代步伐，围绕服务“便利化”，积极创新工作模式，丰富工作方法，不断提升服务水平。

“互联网 +”服务模式。为方便群众诉求，畅通投诉举报渠道，支队建立了线上线下联动服务，借助郑州市人力资源和社会保障局官网开通了网上投诉举报专栏，利用市政府信箱、12333 案件转办平台等多种途径，让信息多跑路、群众少跑腿。为劳动保障监察便民服务插上了互联网的翅膀，实现了服务从实体窗口向网上经办延伸。近年来，支队积极探索网上预约、网上受理、网上经办和网上反馈等新的服务模式。“遭到被迫离职，公司又强势不支付经济赔偿金”的许华静和“试用期被无故辞退”的王兵通过网上投诉举报所反映的问题均得到满意答复和解决。自 2014 年以来支队共处理此类网上投诉举报案件 212 起，投诉人对工作人员热情的服务和耐心的解答纷纷表示满意。

在下一步的工作中，支队还将进一步加快信息化建设，建立统一的服务信息平台，探索实现案件受理、立案、调查、处理、审批到结案全过程网上办理，办理进度和结果成效网上实时查询，切实提高案件办理效率。充分利用劳动保障监察“两网化”平台，加强与省、市和各县（市、区）的业务互通和区域统筹，加快信息整合和资源共享。

“一站式”服务模式。为避免群众在劳动保障监察、社会保险稽查和劳动人事争议仲裁机构“折返跑”，郑州市人力资源和社会保障局以及时化解劳动关系矛盾，构造和谐劳动关系为总目标，通过整合三家机构资源优势，出台《关于建立综合执法维权长效机制的意见》，综合运用行政执法和调解仲裁手段，建立劳动关系矛盾联调联处工作机制。下一步，将建立协调联动的投诉举报平台，形成接访、分流、调处、联动、督查于一体的“一站式”工作模式，切实促进劳动保障维权工作，为企业和劳动者提供便利服务。

“延伸式”服务模式。郑州市探索建立属地管理、层级负责的工作机制，在全市范围内推行劳动保障监察网格化管理模式，全面建立起“横向到边、纵向到底、责任明确、跟踪及时”的监察执法网络，在全市942个网格配备1 884名监察协管员，实现了街道和社区的全覆盖，切实方便群众在社区、街道等第一时间、第一地点反映诉求，切实将劳动保障监察由被动执法向主动检查、事后处置向事前预防转变。

网上投诉举报受理

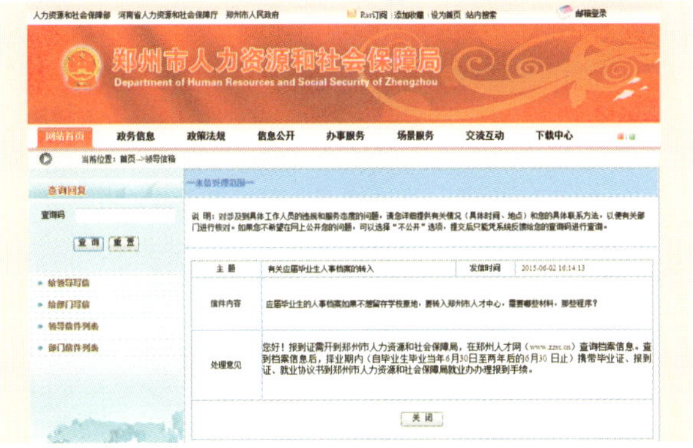

网上信箱

上门服务

“劳动片警”服务模式。支队在劳动密集型企业设立劳动保障青年服务岗，为企业和劳动者提供一对一、面对面的“劳动片警”上门服务。结合日常巡察、劳动保障书面审查等手段，深入工业园区、劳动用工密集区，对企业用工做到动态管理、常态监察，引导企业依法规范用工，在劳动场所悬挂劳动者维权公示牌，告知劳动法律法规和举报投诉的受理部门、地址、电话，为广大劳动者提供维权服务。

“我们创新了执法方式，由原来的企业和劳动者跑腿，变为我们为企业和劳动者上门服务，这样大大地方便了企业和劳动者，既为企业节约了成本，又方便群众诉求，办事效率也大大提升了。” 支队将再接再厉，不忘初心，为让劳动保障监察事业更加出彩而继续奋斗！

人社工作连万家 窗口服务惠民生

——记河南省济源市人力资源和社会保障局综合服务大厅

巍巍王屋山下，滔滔黄河岸边，矗立着一座新兴工业旅游城市——河南省济源市。济源曾因“愚公移山”故事而闻名中外，而今济源市人力资源和社会保障局发扬新时期“愚公移山”精神，以昂扬向上的朝气、敢为人先的豪气、追求卓越的锐气，开拓创新、拼搏进取，在愚公故里谱写了一曲当先锋、惠民生、促和谐的壮美华章，塑造了新时期人社人的良好形象。

服务大厅外景

作为济源市人力资源和社会保障部门为群众服务的重要窗口，济源市人力资源和社会保障局综合服务大厅（以下简称济源人社综合服务大厅）先后被人社部、共青团河南省委和河南省纠风办、人社厅分别授予“全国人力资源和社会保障系统2011—2013年度优质服务窗口”“河南省青年文明号”和“河南省群众满意基层站所”等荣誉。荣誉的背后，生动地记载着济源人社综合服务大厅一以贯之为民服务、创先争优的坚实脚步。

全国人力资源和社会保障系统2011—2013年度优质服务窗口

便民为本，打造“一站式”人社综合服务大厅

“综合服务大厅是人社部门履职能、促就业、强保障、惠民生的重要窗口，不断创新改进服务方式，简化优化公共服务流程，探索业务经办新模式，为各用人单位和人民群众提供更加‘便民、规范、高效、廉洁’的人社部门窗口服务，是济源人社综合服务大厅全体职工的光荣职责和使命。我们要甘当人社事业‘新愚公’，敢为人先，争创济源人社大厅窗口服务品牌，让群众满意。”济源人社综合服务大厅管理办公室主任李建波常用这段话来鼓舞鞭策大厅全体窗口职工。

2011年7月1日，济源人社综合服务大厅正式投入运行，共进驻人社部门9家单位，设置32个服务窗口，其中7个社保业务综合经办窗口，集中为全市各用人单位和人民群众提供人才交流、公共就业、参保登记和待遇支付4大类105项人社公共服务。整个大厅上下两层，办公场所面积达2 000平方米，一楼集中开展社保征缴、待遇申报与审核支付服务，二楼集中开展人才交流、公共就业和参保登记、权益记录等服务。在大厅建设上，严格按照人社部“五统一”要求，厅内规划建成了咨询引导、自助服务、叫号等待、业务受理、银行收费等八大功能区，32个窗口都是根据业务经办衔接和群众办事需要科学设定的，叫号机、评价器、书写台和视频监控网络等办公服务设施一应俱全。目的就是让来这儿办事的群众都能享受到敞亮舒心、安全有序的服务环境。

河南豫光金铅集团作为全国铅锌行业龙头企业，有 6 500 多名职工，每个月的社保业务量近千笔。该企业的社保专员李振雷，以前来人社局办理职工社保业务，可是吃了五险不合一、受理部门多、信息化程度低的大苦头。每次来，楼里楼外多家跑，经办政策不统一，提交一大堆资料都是“家常便饭”。如今走进人社综合服务大厅，李振雷 1 个小时的工夫，就把集团攒了一周 150 多人的就业登记、社保转移、退休申报和医保报销等手续在大厅全部办完了。李振雷正是济源市人社局组建“窗口受理、链式服务、一站办结”的便民综合服务大厅的众多受益者之一。

“现在群众来大厅办完就业手续后，还可以顺道到社保窗口了解参保缴费和社保待遇支付等方面的政策和流程，真正实现了‘进一家门，办多铺儿事’。下一步我们将根据新农合与城镇居民医保、五项社会保险经办机构双整合，以及机关事业单位社会保险制度改革进展情况，进一步完善大厅功能，调整增设服务窗口，革新精简优化服务流程，为‘一站式’服务大厅建设挂上加速挡，让群众办事更便捷、更省心。”大厅主任李建波这样说道。

创新服务，打造“效能型”人社综合服务大厅

网络服务平台

2016 年 6 月，富士康济源市厂区人资部社保科的杨柳，对厂区职工社保年度缴费基数申报这个老大难问题，再也不用犯愁了。因为济源市人社局专门开发上线了济源市人力资源社会保障网络服务平台，还为企业量身定制客户端。专管员一键登录后，职工年度缴费基数申报模块可以实现与企业财务系统对接，批量导入职工的工资数据后，人社大厅社

保窗口的工作人员在线审核，即时提出审核意见。企业专管员只需去一趟服务大厅，把申报核定表领回来就行了。

“互联网＋大厅窗口”的双线服务模式，运行之初就为企业解决了大问题。目前，济源市人力资源社会保障网络服务平台企业注册用户达537家，个人注册用户达2.5万人。下一步，综合服务大厅将依托网络服务平台，对36项群众和用人单位经办量大的社保业务逐步探索实现网上在线办理。建成并推广人社网上服务大厅，与实体办事大厅深度融合，为群众和用人单位提供更加多样化、便利化的人社综合服务。

近年来，济源人社综合服务大厅9家派驻单位开展的105项业务全部实现授权到位，前台办理。制定窗口业务经办服务标准，建立大厅窗口权责清单，实行清单备案管理。对群众办事所需的36项盖章证明事项进行合法性、合规性审查，坚决砍掉15项不合规、不必要的证明盖章事项，积极为群众办事减负，接受群众监督。同时，在局网站开辟办事指南专栏，方便群众在线查询窗口办事流程和下载填报业务表格。

现在群众来大厅办事，能充分感受到窗口服务“五制四公开三亮明”和以“叫号服务、首问负责、一次告知、即时受理、限时办结、当场评价”为核心的标准化服务流程带来的便捷和舒心。企业办理上百人的社保批量业务时，可以利用业务批量办理新模板，实现批量导入、一键受理、当场办结、准确高效，再也不用排长队等候，节约了时间，提高了效率。目前，济源人社综合服务大厅年均办理的社会保险公共业务达28万笔，即时办结率达98%；社会保险待遇支付业务年均办理1.2万笔，发放社保待遇近10亿元，限时办结率达95%。

阳光透明，打造“廉洁型”人社综合服务大厅

2016年7月初，济源市社会保险年度缴费基数上调至2 206元。计算下来，灵活就业人员单养老保险这一项就需要缴纳5 294.4元。尽管基数提高了，但失业人员王自强还是打算继续缴费，为几年后的退休生活增添一分保障。

王自强说：“2013年4月，我都52岁了，从克井镇一煤矿下岗后，趁着会水电安装的手艺，就在建材城揽活。灰头土脸忙一个月，纯收入也就不到3 500元，还得供女儿读大学。算算自己的工龄才28年，要是停缴养老金了，退休也领不了

多少钱，真是左右为难。”2016 年 6 月，王自强到济源人社综合服务大厅办理就业档案和社保关系转入代理手续时，窗口工作人员告知他符合济源市“4050”就业困难人员社保补贴政策，如果继续缴费，审核通过后可以享受财政 2/3 的补贴，同时，为他发放了一次性告知书和申请表格。抱着试一试的态度，王自强一次性交齐了 4 317 元的养老金，并递交了社保补贴申请手续。年底，王自强便收到了当年的社保补贴共计 2 878 元。没有找熟人，还是工作人员主动介绍的，一下子就补贴这么多，让王自强感到很意外、很满足，他对窗口工作人员热情高效的服务连连称赞。他是济源人社综合服务大厅坚持服务为民，阳光服务，让办事群众从人社好政策中得实惠的众多受益人之一。2014 年至今，大厅窗口累计为 6 241 名符合政策的“4050”就业困难人员申请财政拨付社保补贴资金 2 312 万元，组织 2 300 多名退休的职工参加市级医院体检。这只是人社服务大厅为群众廉洁办事、惠民利民的一个生动缩影。

近年来，济源人社综合服务大厅大力推行阳光服务，积极为群众办实事谋利益，全面推行政务服务公开。9 个部门 105 项政务服务事项，全部公开受理窗口、政策依据、办理流程、提交资料、收费标准、办结时限、监督电话、服务电话。对慢性病卡发放、特殊工种备案、社保补贴资金等涉及群众切身利益的重大事项，及时公

政务服务公开栏

开办理结果。不断完善大厅监督体系，科学设定业务窗口的职责和办事流程，形成了上下制约、全流程、可溯源的廉政风险防控机制；金保系统严格实行一人一号一密码，业务实名制办理；业务窗口严格执行业务办审分离制，业务档案专人归集会审，社保主管部门每月派员逐件稽核，避免错办、漏办、违规办等现象的发生，切实维护群众利益。同时，济源人社综合服务大厅始终对职工违反廉洁自律行为保持高压态势，专门设立 2 部投诉举报电话和 4 个举报信箱，针对群众反映的问题线索从实从严查处。大厅建成以来，坚决杜绝了吃拿卡要、克扣套取、徇私舞弊等侵害国家和群众利益的违法事件，确保大厅窗口的每一项公权力都在阳光下运行。

改进作风，打造“口碑型”人社综合服务大厅

听到大厅叫号机传来“请 L037 号到 13 号窗口办理业务”的声音，刚入职万洋冶炼集团的李鑫磊，拿着社会保险转移申请表，快步来到大厅 13 号窗口。这是他第一次来人社大厅办理业务，还不知道能不能一次办成。

“您好！请将您 2016 年 10 月的社会保险缴费基数填写在表格右侧指定位置内。”李鑫磊听到工作人员的提示，顿时蒙了神，啥是缴费基数？看到这一幕，工作人员刘艳耐心地解释说：“缴费基数就是您的社会保险费每个月按什么数来扣缴，直接和您的工资挂钩。本年度，我们这儿的最低缴费基数是 2 206 元。公司为职工申报的基数不能低于这个数。”

“我刚去厂里上班才一周，早上班长递给我一个表，让我去人社大厅，抓紧时间把社保转到公司。你说的问题我也没问，这会儿班长的电话打不通，那我回去再问问吧。”说完这句话，李鑫磊准备转身返回 15 千米外的公司。看到这一幕，刘艳赶紧叫住了他：“请您稍等一下，大老远不能白跑一趟。我这儿有你们公司社保专员的电话，我打电话给您问问。”

几分钟后，经过核实，李鑫磊 10 月的社保缴费基数为 2 650 元。工作人员按照这个基数将他的社保转入后，出具了缴费单，并叮嘱他回去后交给公司社保专员就行了，并请他对本次服务做出评价。李鑫磊高兴地说：“感谢你们的认真负责，帮忙沟通协调，不仅让我少跑了一趟，还维护了我的参保权益。”然后用力地按下了 13 号窗口评价器上的“非常满意”键。

济源人社综合服务大厅始终严格按照服务规范，耐心答疑解惑，热情沟通协调，

尽力让群众少跑腿，少费周折，办成事，已成了济源人社综合服务大厅全体职工朴素的工作信条。近年来，济源人社综合服务大厅坚定不移推进窗口作风建设，不断提升大厅科学化、制度化、规范化管理水平，努力在群众心中树立好口碑。坚持建章立制，以制度管人，先后修订完善了以《综合服务大厅窗口及窗口工作人员日常考评暂行办法》和《责任追究办法》等15项大厅规章制度，涵盖人员管理、工作纪律、服务规范、绩效考评等关乎服务质量和群众评价的重点内容，为全体职工立规矩，明纪律。在各个窗口安装服务评价器和高清监控，实现职工工作纪律、服务行为、办事效能等全程监控。利用社保系统开展职工办件量、办件进度、操作规范等在线监控和测评，取得了良好效果。

济源人社综合服务大厅坚持从严从实抓好窗口作风建设。2016年，相继开展了“为民服务，我的承诺”“三亮三比三评三创”等11场作风建设专题活动，重点整治“满浮懒散不作为”等作风之弊。群众如发现窗口工作人员存在服务作风等方面的问题，可以拨打市长热线、纪检举报热线和大厅投诉电话来反映。经查实后会将处理结果及时逐件反馈到人。同时，设立群众疑难问题协调处理办公室，办事群众遇到涉及多方协调办理、社保遗留问题、政策法规不清等疑难问题，都可以来咨询反映。通过畅通反映问题和协调解决问题两个渠道，既及时了解群众诉求，又起到自我监督、自我完善的效果。2016年至今，大厅累计为群众协调解决各类难题632件，保持了大厅涉诉涉访事件零发生。

“三亮三比三评三创”活动动员部署会

在日常管理中，济源人社综合服务大厅坚持营造风清气正的大厅工作氛围，每月根据考核办法，综合评定职工工作实绩、作风纪律、服务质量、群众评价等重要考核指标，评选出 6 名先进个人和 3 个流动红旗窗口。并印发工作情况通报，公开奖惩结果。表现好与坏，群众评价怎么样，窗口间差距在哪里，领导和职工们心里都有本明白账。大厅每年还举办年度考评会，邀请服务对象代表和主管单位领导组成考评组，窗口工作人员和负责人逐一上台述职，民主公开评选年度优质服务窗口和优秀服务标兵，并在大厅荣誉栏公布。

人社工作连万家，为民服务无止境。在服务型人社建设新征程上，济源人社综合服务大厅将不忘初心，时刻践行“人社工作为人民”的工作宗旨，淬炼出小窗口的大作为，竭力为广大人民群众提供更加便民、规范、廉洁、高效的人社部门窗口服务。

窗口之光

——全国人力资源社会保障系统2014—2016年度优质服务窗口先进事迹报告集

下册

人力资源和社会保障部人事司组织编写

中国劳动社会保障出版社

图书在版编目（CIP）数据

窗口之光：全国人力资源社会保障系统2014—2016年度优质服务窗口先进事迹报告集／人力资源和社会保障部人事司组织编写．—北京：中国劳动社会保障出版社，2017

ISBN 978-7-5167-3028-7

Ⅰ．①窗… Ⅱ．①人… Ⅲ．①人力资源－社会服务－先进事迹－中国 ②社会保障－社会服务－先进事迹－中国 Ⅳ．①F249.21 ②D632.1

中国版本图书馆CIP数据核字（2017）第078613号

中国劳动社会保障出版社出版发行

（北京市惠新东街1号　邮政编码：100029）

*

保定市中画美凯印刷有限公司印刷装订　　新华书店经销

787毫米×1092毫米　16开本　32.25印张　506千字

2017年6月第1版　2017年6月第1次印刷

定价：92.00元

读者服务部电话：（010）64929211/64921644/84626437

营销部电话：（010）64961894

出版社网址：http://www.class.com.cn

编审委员会

编写人员

序

习近平总书记指出，作风建设永远在路上，永远没有休止符，不可蜻蜓点水，不可虎头蛇尾，不可一阵风。自 2014 年起，我部结合党的群众路线教育实践活动，在全国人社系统持续开展窗口单位作风建设工作，建立窗口单位作风建设的长效机制，坚持统筹兼顾、改革创新，整体推进、重点突破，不断改进工作作风，提高服务质量水平，扎实推动人社事业改革发展。

人社部门作为重要的政府组成部门，既肩负着综合管理的职责，又担负着民生服务的重任。人民群众的“获得感”“幸福感”，不仅来源于民生政策的制定，更来源于民生服务的提供。人民群众能否获得优质高效的人社公共服务，取决于人社系统各级各类窗口单位是否具有过硬的思想作风和工作作风，是否具有场所设置合理化、内部管理制度化、办事流程规范化、为民服务精细化的服务平台，是否具有专业素质高、服务意识强、纪律要求严的工作队伍，是否能真正做到用心用情为老百姓提供养老、医疗、就业等各项人社服务，把党和国家的惠民政策落实到位。

近几年来，人社系统各级各类窗口单位认真贯彻党的群众路线教育实践活动要求，牢固树立民本理念，积极推进窗口单位作风建设，取得了显著成绩。各个板块、各个地区在推进窗口单位作风建设的过程中也总结形成了一些创新做法、新鲜经验，涌现出了许多先进事迹、优质服务窗口。但同时也必须清醒地看到：一方面，当前我国进入全面建成小康社会的决胜阶段，经济发展进入新常态，经济发展方式正在深刻改变，经济结构正在深刻调整，人社公共服务的范围、结构、方式正在深刻变化，这对窗口单位作风建设提出了新挑战、新要求；另一方面，我们的窗口单位作风建设还刚刚起步，仍存在不少问题，需要常抓不懈、持续发力、久久为功。要充分利用优质服务窗口标杆作用，用成功案例引领整体建设共同发展，用先进典型激励广大干部争创一流，在系统内外营造争先创优的良好氛围，更好地推动窗口单位作风建设。

为此，2016 年 12 月，我部组织开展了全国人力资源社会保障系统 2014—2016 年度优质服务窗口表彰活动，授予北京市人力资源和社会保障局电话咨询中心等 390 个单位“全国人力资源社会保障系统 2014—2016 年度优质服务窗口”荣誉称号。同时，为进一步发挥好激励先进、鼓舞士气、推动工作的作用，我部组织编写《窗口之光——全国人力资源社会保障系统 2014—2016 年度优质服务窗口先进事迹报告集》，选取了 64 个典型单位的先进事迹，集中展现了人社系统窗口服务单位进一步改进服务作风、创新服务方式、提升服务水平的最新成果，以及各类窗口单位在服务规范、流程、标准等方面的有益探索实践。这些优质服务窗口的事迹各有特色，但都很过硬、很感人，都能够紧紧围绕“民生为本、人才优先”工作主线，坚持以人民为中心的发展思想，是人社系统各级各类窗口单位的优秀代表。希望全国人力资源社会保障系统各级各类窗口单位充分运用这本报告集组织开展好学习培训，结合自身实际，进一步加强研究和思考，着力解决窗口单位建设存在的重点难点问题、人民群众迫切要求解决的突出问题，着力把各级各类窗口单位打造成展示良好形象、人民群众满意的公共服务平台，以优质服务让人民群众增强实实在在的“获得感”“幸福感”，以优异成绩迎接党的十九大胜利召开。

尹蔚民

2017 年 6 月

目 录

下 册

增强服务意识 树立窗口形象 统筹城乡就业服务工作科学和谐发展

——记湖北省十堰市丹江口市公共就业服务中心

就业是民生之本，稳定之基。解决好城乡劳动力就业和社会保障问题，事关经济社会发展全局，直接关系到维护社会公平正义，保持社会和谐稳定，是构建和谐丹江口，实现城乡协调发展的迫切需要。近年来，丹江口市紧紧围绕“就业服务不断提升，经济社会稳步发展，城乡就业更加充分，覆盖城乡居民的就业服务体系基本建立”的目标，按照“立足当前、着眼长远，强化服务、依法维权，完善管理、健全保障，统筹规划、科学引导，因地制宜、分类实施”的原则，不断创新就业服务体制机制，着力优化人力资源市场环境，全力推进城乡统筹就业。全面实现了基层就业服务机构工作队伍专业化、市场建设标准化、硬件设施统一化、信息网络一体化、管理服务规范化目标，为统筹城乡就业和延伸基层就业服务打下了坚实基础。

适应新常态，做政治可靠的人民公务员

认真贯彻执行党的各项路线方针政策，严格遵守党的政治纪律、组织纪律、廉洁纪律、群众纪律、工作纪律和生活纪律。坚持原则，大是大非问题上始终做到旗帜鲜明、立场坚定，坚决反对民族分裂主义和非法宗教活动，自觉维护民族团结、

社会稳定。顾全大局，团结一致，虚心听取各方面的意见建议，遇事注重与社会各界主动沟通交流，积极配合全市各部门单位共同搞好工作。坚持相互支持、相互帮助、通力协作，坚持“重实情、讲实话、办实事、求实效”的工作作风，认真履职尽责。牢固树立“政治意识、大局意识、核心意识、看齐意识”，做“讲政治有信念、讲道德有品行、讲奉献有作为、讲规矩有纪律”的好机关、好干部，始终同党中央和上级党组织保持高度一致。

开拓新思路，准确掌握服务区域基本概况

丹江口市位于湖北省西北部山区，地处汉江中上游、鄂豫两省交界处，市域南部雄峙的武当山是中外驰名的道教圣地，市区西端的丹江大坝是全国重点水利枢纽工程，丹江口水库是亚洲最大的人工淡水湖，又是举世瞩目的南水北调中线工程调水源头和大坝加高工程建设所在地，2012 年被列入秦巴山区集中连片国家扶贫开发工作重点县。全市总面积 3 121 平方千米，下辖 20 个镇（办、区），总人口 45.9 万人，其中，城镇人口 19.2 万人、农村人口 26.7 万人。近年来，丹江口市城乡就业结构不断优化，城乡就业创业人员保持快速增长，对全市经济社会发展起到了重要的推动作用。

丹江口市公共就业服务中心举办返乡农民工大型招聘活动

丹江口市公共就业服务中心与“丹江口市劳动就业管理局”“丹江口市创业指导中心”合署办公，三块牌子，一套班子，是市人社局管理的副科级参公管理事业单位，是全市唯一的公共就业服务机构，它是在丹江口市职业介绍所基础上历经3次演变而来的，按照全省人社部门统一部署，2012年正式更名为丹江口市公共就业服务中心，中心现有内设机构9个，即办公室、职工失业保险科、培训科、城乡就业科、创业指导科、劳动保障事务代理科、基金财务管理科、网络信息科及就业训练中心，定编28人，目前在岗人员31人。

丹江口市公共就业服务中心（劳动就业管理局）领导班子成员

近年来，丹江口市公共就业服务中心坚持以科学发展观和党的十八大精神为指导，以全心全意为人民服务为宗旨，以“五个基本”“七个体系”建设为抓手，以“建一流队伍、树一流形象、创一流业绩、建一流窗口、提供一流服务”为目标，全力打造优质文明服务窗口，现已形成了专业化、制度化、规范化的公共就业服务中心。一是设有职业介绍、就业登记、职业指导、职业培训、失业保险、就业援助、创业指导、劳动保障事务代理8个对外服务窗口，配备工作人员22人。二是市场大厅设置了8个招聘、求职交流功能区和多个对外发布招聘信息的多媒体显示屏。三是成立了市场大厅办公室，并配置传真机和电话，方便用人单位和求职者咨询。四是公共就业服务中心实行全天候服务，工作人员节假日、双休日轮流值班，随时

丹江口市委书记孙咏平（右四）深入乡镇调研精准就业扶贫工作

为城乡劳动者提供高效便捷的优质服务。五是每年举办各类招聘会 20 余次，进入市场招聘的用人单位近 500 家，介绍成功就业人数达 6 000 余人，平均每天进入市场大厅的服务对象达 1 000 人以上。

顺应新时期，废旧立新健全完善制度体系

三年来，丹江口市公共就业服务中心把提供优质服务作为践行科学发展观的重要行为指南，把服务群众、贴近群众作为重要日常工作常抓不懈。一是落实“一把手”亲自抓、分管领导亲自干和工作人员“赶、帮、超”的责任体系，通过层层分解，明确目标任务，逐级签订责任书，将工作重心前移至前台窗口，对群众进行面对面服务，掌握了第一手人力资源信息，在第一时间了解用工信息，第一时间解决就业用工需求，从而保证了就业服务工作的顺利开展。二是落实各项就业目标任务，实行周汇报、月检查、季通报，把劳动就业工作指标纳入年终考核，形成了统一领导、分工协作、齐抓共管的良好工作机制。三是加强机构设施建设，实行人性化服务。在原有基础上，又增设了综合信息科和信息中心，重点加强就业信息宣传发布、

档案查询等。四是加强制度建设。健全完善服务大厅工作人员行为规范和首问负责制、一次性告知制、限时办结制、业务办理承诺制、AB 岗工作制、预约服务制、考核奖惩举报投诉责任追究制等一系列约束机制，严格奖惩兑现，进一步提高便民服务大厅的工作效率和服务水平，提高办事群众的满意度，让前来办事的老百姓实实在在地感受到家的温暖。

落实新规范，夯实基层平台扎稳服务根基

按照省、市人社部门要求，丹江口市公共就业服务中心认真落实省编委〔2010〕3 号文件精神，及时下发了《关于完善全市基层劳动保障服务平台建设的通知》，在全市 20 个镇（办、区）设立人社服务中心，作为市人社局派驻各地的全额拨款事业单位，承担相关人社业务经办和就业服务工作，共核定人员编制 36 名，同时，按照“以钱养事”的办法，公开招聘了 40 名基层人社协理员，为全市 194 个行政村、39 个社区配备了 233 名专（兼）职助理员，从而形成了覆盖全市的市、镇、村（社区）三级联动的就业服务和社会保障网络体系。

上下联动，形成合力。为进一步提升就业和社会保障公共服务能力，丹江口市向省发改委争取了基层就业和社会保障服务设施建设项目资金 229 万元，加上本级财政配套资金，共投入 770 余万元，对市人力资源市场进行了改扩建，并在 20 个镇（办、区）建立人力资源分市场，实现了工作全覆盖，为全市城乡劳动者提供更加高效便捷的就业服务。同时，结合基层人社工作实际，完善了办公“硬”环境，每个人社中心服务大厅和市场面积都在 100 平方米以上，并设有专门的服务窗口，统一配置了办公桌椅、档

丹江口市委副书记、市长李翔（左二）视察基层公共就业服务平台建设情况

案柜、电脑、电话、打印机、传真机等，开通了互联网和就业服务网，市镇两级财政每年给予每个平台 2 万元工作经费，保证办公需求。

采取新手段，服务领域不断向纵深拓展

近年来，针对“就业难”与“招工难”并存的问题，丹江口市公共就业服务中心每年都组织用工调查专班深入全市企业开展用工需求调查，结合调查结果，分别在人民路新广场、车站路人力资源市场和江南江北部分乡镇、规模企业举办农民工“春风行动”、就业扶贫、服务创业带动就业、送岗位下乡等十多项专场招聘活动，每年组织 500 余家市内外用人单位进场招聘，提供优质就业岗位近 20 000 个。

丹江口市人社局党委书记、局长朱燚（中）深入企业调研企业岗位用工及技能人才培训需求情况

2016 年 5 月，在丹江口市委、市政府的正确领导下，市人社局统筹谋划，精心组织，在全市集中开展了企业用工需求情况调查工作，共组建了 7 个专班，对全市 528 家企业进行了用工需求情况实地调查，通过调查，全市共有 68 家企业登记用工需求 2 341 人。6 月，针对调查情况，又会同市扶贫办对全市建档立卡贫困人员进行了招聘摸底登记，同时，经市委、市政府同意，积极为招聘企业与建档立卡贫困人员搭建供需服务平台。由市委组织部牵头，7 月 28 日，在六里坪镇沿河大

道联合举办了丹江口市2016年就业扶贫六里坪工业园专场招聘会。8月11日，在市区车站路人力资源市场举办了丹江口市2016年就业扶贫城区主场大型招聘会，市委、市政府领导先后参加了招聘会启动仪式，招聘期间，共有103家企业进场招聘，提供就业岗位3 055个，共有5 300余人进场求职，现场达成就业意向864人，签订就业协议481人，呈现出精准就业扶贫助推建档立卡贫困劳动力就业创业的良好开端。

丹江口市就业扶贫六里坪工业园招聘会

转变新作风，服务质量和水平提速增效

创建公共就业优质服务窗口活动既是落实为人民服务理念的具体行动，也是提升机关效能、打造部门形象的有效载体，需要长期坚持。丹江口市公共就业服务中心作为政府公共就业服务机构，是人社部门面向社会提供公共服务的重要基层窗口，在持续加强干部队伍作风建设的同时，也主动采取了一系列有效措施，不断提升服

务质量和服务水平。一是严格依法行政，实行办事公开，提高政务工作透明度。充分利用媒体宣传公共就业职能范围以及各项政策法规，实行办事程序公开、承诺规定公开、党员责任监督公开、最新就业政策公开的“四公开”机制。二是加强工作人员理论学习，提高综合素质。坚持以教育窗口工作人员树立依法办事意识、创新意识和吃苦奉献精神为目标，有针对性地制订学习计划，采取集中学习与自学相结合、理论学习与业务学习相结合的形式，切实加强干部职工学习教育，通过集中学习、座谈交流、撰写读书笔记等形式，不断提升大家的服务理念和工作能力。三是改善服务窗口环境，不断提高服务质量。各窗口在确保各项目标任务顺利完成的前提下，制定完善了工作人员日常行为规范、文明用语等，并要求将自身的言行与维护单位的形象结合起来，以高度负责的态度干好本职工作，积极为广大城乡劳动者提供更好的服务。四是提供优质培训服务，切实提高劳动者的综合素质。紧密联系学校、企业、培训机构，狠抓劳动力技能培训、就业前培训、创业培训，每年组织5 000 余人进行各类专业培训，通过培训，参训人员的就业技能普遍得到增强，为城乡劳动者市场竞争就业和自主择业打下坚实基础。

丹江口市公共就业服务中心（劳动就业管理局）主任、局长徐保福（左一）陪同省、市就业局领导视察公共就业实训基地实训情况

加强新监管，就业服务效能显著提升

丹江口市公共就业服务中心作为窗口服务机构，每天要面对大量城乡劳动者及诸多就业困难人员和弱势群体，没有严格的监督监管，就没有良好的精神风貌和工作状态。2016年，丹江口市公共就业服务中心以“两学一做”学习教育活动为契机，采取了严格的管理措施。一是严格刷脸考勤。在大厅进出口安装了刷脸考勤机，每天上午和下午上下班都要进行刷脸考勤，每月25日在“两学一做”主题党日活动时进行通报，同时，加强日常检查、巡查，工作日期间，每天由一名班子成员带领办公室工作人员，每半天进行1～2次定时、不定时的纪律检查，重点对环境卫生、仪容仪表、精神面貌、工作态度、文明礼貌、资料摆放等日常行为进行规范，对检查过程中发现的问题和不足及时督促纠正落实。二是创新督查方式。一方面，聘请“两代表一委员”、社区工作人员、民办人力资源服务和培训机构及企业工作人员作为履职尽责行风监督员，把日常办事过程中碰到的工作纪律和作风效能方面的情况及时反馈到当天负责带队巡查的班子成员和中心办公室，并做到即知即改；另一方面，争取市人社局党委支持，安排局效能办工作人员每周开展2～3次明察暗访，以督促工作。三是严查严管严训。严格执行各项规章制度，加强监督检查，严肃工作纪律，对违反工作制度的严厉批评教育，涉及失职行为的严肃处理。四是广泛开展“四个一”活动。按照“一张笑脸相迎、一声你好问候、一把椅子让座、一片诚心办事”的工作规范，要求窗口人员认真接待服务对象，坚决杜绝“三难”现象，树立“务实、高效、勤政、廉洁”的良好部门形象。

注入新动力，就业服务工作收获丰硕

一分耕耘，一分收获，有付出自有回报，良好的部门形象，会得到广大老百姓的认知和社会各界的广泛认同。正因为如此，近年来，丹江口市公共就业服务中心先后被省政府授予“再就业工作先进单位”、被省爱卫会授予“卫生先进单位”、被十堰市委授予“先进基层党组织”、被省劳动就业管理局和十堰市劳动就业管理局授予“劳动就业工作先进单位”、被丹江口市授予“文明单位”“综治优胜单位”“优质服务窗口”“工会工作先进单位”等荣誉称号。

在今后的工作中，丹江口市公共就业服务中心将狠抓思想作风和行风建设，认真贯彻落实党的十八大和十八届四中、五中、六中全会精神，以“两学一做”和“履职尽责”要求为标准，进一步增强公仆意识，强化职业道德，规范职业行为，完善服务标准，提高服务质量，努力为广大群众多办好事、多办实事，以优质高效的服务，推进就业创业工作再上新台阶，为全市区域经济发展和社会稳定做出新的更大的贡献，争创全国一流服务窗口。

创新服务为民生

——记湖北省宜昌市社会保险基金征收稽查局

宜昌市社会保险基金征收稽查局（以下简称宜昌社保征稽局）主要负责宜昌城区用人单位和灵活就业人员社保登记、申报核定、基金结算、账户分配管理、扩面稽核、社保转移、居民医保参保核定、机关事业单位养老保险核定征收，以及综合统计等工作，承担着7 000多家用人单位、20万名灵活就业人员、27万名城镇居民的社保公共业务经办服务。目前，局内设10科1室，人员编制46人。

近年来，在全面进入经济新常态的时代背景下，面对日益增长的服务对象和服务需求的多元化，为更好适应建设服务型政府的新要求，作为政府部门的一线窗口单位，宜昌社保征稽局始终坚持将创新作为提升经办服务能力的动力源泉，把民生民本作为创新的最大依据，主动创新、务实笃行，实现了社保经办服务能力的跨越提升，赢得了社会及服务对象的一致认可和赞誉，先后获得省人社系统优质服务窗口、宜昌市文明单位、宜昌市人民满意站所、宜昌市基层党风廉政建设示范点、宜昌市先进基层党组织等多项荣誉称号。

创新理念：从管理者到服务者的转型

2010年6月的一天，宜昌社保征稽局经办大厅内人头攒动，前来办理参保缴费手续的灵活就业人员，在业务前台排起了四条长龙。由于前来办事的人太多、等待时间太长，不少群众发起了牢骚，原本整齐的队伍慢慢躁动起来，300平方米的大厅显得更加拥挤、嘈杂……每年，宜昌社保征稽局都会面临好几次这样的考验：社保缴费基数调整前的灵活就业人员续费高峰，调整后的参保单位年度缴费基数集中申报高峰，以及年底的居民医疗保险续费高峰。在这期间，柜台里的工作人员忙得晕头转向，柜台外的服务对象等得怨声载道。

是啊，看看这经办大厅，还是十多年前由一个生产车间改造而成的，无论面积、格局、光线、设施都只能算二流水平，与部颁标准要求以及先进地区相去甚远。再看看这人力，加上聘用的也就五十来号人，即便临时调配应对仍然显得力不从心。面对这些客观存在的硬伤和短板，宜昌社保征稽局新一届领导班子没有推诿懈怠、坐等观望，而是向广大服务对象许下了“二流的硬件也能创造一流的社保经办服务”的庄严承诺。

如何改变？怎样突破？转变思想是关键。与其一味抱怨经办服务的硬件跟不上，不如抓住根本，着力提升服务软实力。在宜昌社保征稽局看来，服务软实力的核心在于单位的价值理念。2011年，通过组织全员参与、声势浩大的“我为单位形象增光彩”活动，明确提出“经办就是服务、服务就要满意”“群众利益无小事、群众诉求勿小视”的工作理念，进一步找准了单位角色定位，明确了社保经办机构的重心应在“服务”上，目标应在“服务对象是否满意”上。此后数年里，宜昌社保征稽局通过强化服务礼仪培训、编印窗口服务规范手册、安装电子监控及服务评价设备、完善服务投诉举报处理机制、启用履职尽责日常考核系统、开展服务明星和文明窗口评选等，基本完成对全体干部职工从管理者向服务者转变的思想改造，初步形成了共同的价值取向，进一步强化了对干部职工履职实绩和经办服务行为的痕迹管理和规范考核。

现在的宜昌社保征稽局，依然是那个车间改造的大厅，依然是五十来个工作人员，依然是人来人往的忙碌，但少了许多拥挤与嘈杂，添了很多温馨与文明。在这里，

利用周末，组织干部职工进行服务礼仪培训

站迎式微笑服务已成为前台经办的标志，群众评价服务已成为日常考核的常态，科室轮流导督已成为大厅管理的惯例。近三年来，宜昌社保征稽局累计接受群众评价5.5万余人次，满意率始终保持在99.9%以上，政风行风网上受理待办事项1 300多件，回复数量稳居宜昌人社系统之首，满意率均保持100%，先后涌现出省级劳模、市级先进工作者、全市优秀共产党员、全市政务服务标兵等先进典型。

不仅如此，近几年，宜昌社保征稽局紧扣“服务为民”宗旨，以需求导向和务实导向为原则，进一步强化工作理念，让理念在具体工作中落地。

2014年，宜昌社保征稽局举办的第一期新参保单位社保政策经办培训班正式开班，“许多新参保单位不了解政策，也不懂经办程序，往往给单位和员工带来欠费、影响待遇等麻烦。对他们进行参前培训，不仅可以帮助他们快速上手，而且能够从源头上遏制社保欠费”，宜昌社保征稽局局长对开展这项活动做出了这样的定位。

随着经济社会的发展，社保经办机构的服务对象日益多元化，服务对象的需求也更具个性化。顺应发展需求，宜昌社保征稽局提出“服务对象的需求就是经办服

定期开展新参保单位社保政策及业务经办免费培训

12333 政策宣传活动中，工作人员为老百姓解释社保政策

宜昌中船重工职工在场内宣传栏前驻足观看宣传漫画

务的追求”，在做好社保共性服务的同时，探索实施了“四维”经办服务模式：对于新参保单位，注重源头规范，坚持定期免费组织社保培训；对于一般参保单位，侧重于及时互动，主动搭建线上咨询服务平台；对于部分内部人力资源管理基础较薄弱的重点参保单位，突出个性服务，坚持开展“社保专员”点对点服务活动；对于广大参保群众，则将服务与宣传有机结合，力求渠道多元、形式多样，让社保经办走到身边、装进口袋、放在掌上。

近年来，宜昌社保征稽局通过践行理念，在开展中省单位参保扩面工作时，做到“沟通交流面对面、政策宣传送上门、参保指导手把手”，有效打破了社保扩面瓶颈，中省单位参保率达到100%。在开展社保稽核工作时，坚持“通过稽核树权威，借助稽核树形象”，实现了实地稽核行业全覆盖、书面稽核单位全覆盖。在社保宣传工作中，针对群众对社保政策的误区、盲点，自主创编了系列社保宣传漫画，向社区、企业免费发放，取得了良好的社会反响。

创新服务：给社保经办插上互联网的翅膀

2015 年 12 月，葛洲坝建设集团所属企业退休职工陈慧琴等人，手持绣有“履职尽责，为民解忧”的锦旗来到宜昌社保征稽局，专程感谢该局开发了异地养老金基数提取调整业务，彻底解除了他们的一块“心病”。原来，宜昌城区有许多葛洲坝这样的省直退休人员，退休费由省里发放，医疗保险却在宜昌。退休后，医保个人账户划账以退休费为基数，但宜昌社保经办机构不能直接提取相关数据。因此，每年年末，这些退休人员都要往返武汉、宜昌两地办理养老金基数调整，一方面基数调整后，医保个人账户增加的额度还不到往返办理基数调整所需费用的 1/3；另一方面参保人员年龄越来越大，精力越来越差。面对千余名参保人员的这笔“亏账”以及影响社会稳定的巨大隐患，宜昌社保征稽局迅速争取省社保局支持，在省内率先提出接口传送经办方式，变“群众奔波”为“信息跑腿”，成功施行省直退休人员异地养老金基数提取调整，为他们开通了“直通车”，彻底解除了奔波之苦、后顾之忧，对此，省社保局给予充分肯定并予以推广。

葛洲坝退休人员赠送锦旗，感谢宜昌社保征稽局为他们解决往返办理养老金基数调整的问题

一石激起千层浪，在妥善解决省直退休人员的问题后，宜昌社保征稽局以“符合实际、力求实用、发挥实效”为原则，充分调动广大干部的主观能动性和创造性，通过组织科室召开“小诸葛亮”会，整理收集了社保参保证明开具难、单位申报年度缴费基数排队长、办理居民医保跑路多、社保缴费后手工到账流程限制多等服务对象反映突出的问题。

如何破题？李克强总理提出的“互联网＋”指明了解题思路，智慧宜昌搭建的电子政务平台提供了破解之道。

宜昌社保征稽局首先将目标锁定在社保证明上。近几年，无论是单位资质评定、招投标、申报上市，还是市民银行按揭、公积金贷款、购房购车，都需要开具社保参保证明。每年，宜昌城区有8 000多人、4 000多家单位开具社保参保缴费证明，然而，要开这么一张小小的证明并不容易。参保个人和单位除了需要携带身份证、单位介绍信、他人代理委托书等各种资料外，从证照审核、系统查询，再到核查汇总，最后开具证明，全部都在窗口办理，经办效率非常低。2015年，宜昌社保征稽局通过与市智慧办合作，在全省率先研发推行了社保网上电子证明。参保单位和个人无须任何资料、不受时空限制，不用往返跑腿、不再排队等候，几分钟就能通过互联网开具社保电子证明。经过近两年的运行完善，社保电子证明得到快速推广和应用，截至目前，已有1.3万余人、9 000家单位下载打印，受到社会一致好评。与此同时，还在全市人社系统内率先开通了微信公众号、微博、咨询服务QQ群、手工到账处理微信群等多个线上服务业务，灵活就业人员、参保单位、社区居民以及办理医保一次性清算的退休人员四类社保缴费短信提醒业务，主动引导广大参保对象按时足额缴纳社保费。一位加入手工到账处理群的参保单位感慨：因为有了这个群，这个夏天不再炎热。

牵一发而动全身，要想“互联网＋”在社保经办服务领域有效融合，加快流程优化改造是当务之急。近年来，宜昌社保征稽局围绕经办服务中不简、不便、不优等问题，开展了一系列“瘦身”行动，先后创新推出居民医保核定业务下沉社区经办模式，彻底解决社区工作人员往返经办的问题，提高了经办效率；为50人以下的中小微企业开通年度缴费基数申报绿色通道，实行快审速结，将提交的资料精简为1项，经办时间缩短到5分钟内；取消社保登记年检，对基本信息有变化的参保单位随时办理；实行灵活就业人员首次参保“一证一签字”，即凭身份证在系统生成的“参保申请确认单”上签字即可办理登记，有效甩掉了社保经办“赘肉”，为服务对象带来高效和便捷。

“只有充分运用‘互联网 +’的思维、技术、方法，加快建设智慧社保，才能带来社保经办服务系统性、全面性的提升”，这是近几年宜昌社保征稽局探索社保服务创新的真切感受。

为让“互联网”这个翅膀更加丰满有力，助力社保经办飞得更高更远，目前，宜昌社保征稽局已经制定了《智慧社保公共业务信息系统建设方案》，明确了社保云数据中心、网上办事大厅、电子档案系统、智能服务系统四大建设内容。随着“金保工程”三版全面上线，智慧社保全面建成，跨部门、跨区域、跨行业涉及社保服务事项的信息互通共享，社保实体经办大厅 85% 的业务能够实现网上经办；社保网上办事大厅、移动客户端、自助终端等平台，能为服务对象提供更加多样化、个性化的服务；广大服务对象不管在什么时间、什么地点，只要有互联网，就能办社保、缴社保、查社保、咨询社保，“少跑腿、好办事、不添堵”将成为每一名社保经办服务对象最真实的体验。

创新机制：让社保惠民政策落实落细

把改善民生、服务民生作为创新目的，从民生需求中选择创新办法，这是宜昌社保征稽局创新求变的思维逻辑和价值追求。

2013 年年初，几位参保职工向宜昌社保征稽局反映，由于公司欠缴社保费，想离职但社保关系不能转出无法在新单位参保，临近退休的不能正常办理退休，退休了的不能享受慢性门诊等医保待遇。原来，这些职工所在公司近年来连年亏损，基本处于停产状态，无力为职工正常续缴社保费。了解情况后，宜昌社保征稽局在深入沟通和充分论证的基础上，对当事公司的在职、退休职工分别采取针对性措施，由单位为这些人员缴足社保费办理减员手续或医保一次性清算，让 21 名职工的社保关系正常流动，为 4 名癌症退休职工彻底解除了医保后顾之忧。

但这样的问题并非个案，由此引发的信访和群体性事件不断增多，成为经济社会稳定发展的隐患，如何解决？必须从机制上加以健全和完善。

对此，早在三年前，宜昌社保征稽局就在湖北省率先创新出台了《社保扩面征缴分类管理办法》，并逐步健全完善了数据信息共享、重点单位监控、联合认定停核、联动清欠扩面、欠费分类预警、内部业务衔接六大工作机制，形成了对社保费源的定期体检—分级预警—分类处理—跟踪督办的动态监管，提高了部门联动清欠的效率。2016 年，又跟进建立社保欠费企业重点监控及预警机制，并通过专题简报向各级领导、相关部门发布信息，形成联动预防化解欠费的工作格局。

近两年，宜昌社保征稽局重点针对企业社保缴费能力问题、中小微企业社保负担问题、降低企业社保费问题等，开展调研工作，先后实地走访企业 340 多家，发放问卷 500 多份，收集意见建议 760 多条。针对社保降率减负和提高经办效能等方面的突出问题，2016 年 5 月，宜昌社保征稽局积极落实中央“三去一降一补”政策，在不违反社保政策的大前提下，结合本地实际，创新出台了 14 条惠企利民举措，形成降率、缓缴养老保险、“减一补一”、暂停核定社保费等一套降本减负的组合拳，主动回应社会期盼，推进社保政策机制进一步健全完善。

随着 14 条措施的实施推进，上级有关为企业降本减负的政策在宜昌得到全面贯彻落实、延伸。2016 年，为城区 7 000 多家企业减少社保缴费 2.4 亿元，直接为企业降低人工成本 1.67 亿元；对 159 家完全丧失生产经营能力的企业，暂停核定社保费；帮助 488 家困难企业办理了“减一补一”手续，使 679 名职工的社保关系能够正常流动；实行宜昌地区内医保缴费年限互认，让参保人员无须再为转移后不能认定的医保年限买单，为每人每月减负 300 多元，每年减负 4 000 多元。

意莫高于爱民，行莫厚于乐民。民生是最大的政治，民需催生好的创新。对于宜昌社保征稽局而言，过去的探索与成绩仅仅只是拉开了漫漫民生创新征程的序幕，前方要走的路还很长。

热线连万家 服务在身边

——记湖南省长沙市 12333 电话咨询热线

开通 12333 电话咨询服务热线，是当前人社事业改革发展的迫切需求，是转变政府部门服务职能、提升人社公共服务水平的重要举措，对于及时掌握群众诉求呼声、减轻经办部门压力、改善党群干群关系等均有着重要意义。2011 年以来，在湖南省人社厅的精心指导和长沙市委、市政府的大力支持下，长沙市人社局党委高度重视 12333 电话咨询服务热线的建设工作。2014 年 3 月 30 日，长沙市 12333 热线正式开通，每月来电量 12 万个左右，人工接听 3 万个，自动语音服务 9 万个。热线从无到有、从小到大，从单一咨询到多方位服务，不断发展壮大。我们始终坚持“用心倾听，真诚服务”的宗旨，以群众满意为出发点，开拓创新，积极进取，使 12333 成为长沙市人社局最重要的一个对外咨询服务窗口，成为一个广受社会公众欢迎的人社公共服务品牌，多次被评为长沙热线工作先进单位。

长沙市 12333 热线启动现场

做政策咨询的百宝箱

“我和别人在同一个单位上班，一起办理的退休，为什么退休金不一样呢？”“请问国庆节加班有多少加班费呢？”“我要生二胎了，可以像一胎一样报销吗？”……现在老百姓只要有人社业务方面的困惑就会想到12333，每天的咨询电话中，政策咨询占到了80%以上，而12333就像人社政策的百宝箱，只要百姓来问，一定会给百姓找到一个满意的答案。为确保咨询服务的标准化、规范化、整体化，长沙市12333电话咨询热线建立了12333知识库，为咨询提供了强有力的信息支撑。在知识库建设中，长沙市人社局所有业务处室、二级机构积极配合，协同建立起包括政策法规、问题解答、办事指南等9个业务类别库，涵盖了国家、部、省、市、区县（市）多级政策信息。在实际工作中，针对知识库的维护不仅组织业务处室和二级机构及时提供，而且主动发挥12333咨询优势，咨询员在接听每一通电话时都要在知识库中找到对应的知识点，并将缺失的、错误的知识点及时上报给知识库管

12333百问百答知识墙

理员进行补充和更新。咨询员还要将咨询期间出现的重点、难点、热点问题进行提炼、总结，上传到知识库中。截至目前，长沙市 12333 知识库已经收录了近万条信息，基本涵盖了人社政策的方方面面。

长沙市 12333 咨询员培训启动会

在咨询过程中，咨询员并不是简单地把知识库中的政策读给来电人听就了事，而是把深奥难懂的政策用通俗易懂的语言表达出来，让老百姓了解得明明白白。因此，这对咨询员提出了更高的要求。一直以来，长沙市 12333 电话咨询热线始终将咨询员培训作为一项长期的基础性工作来抓，形成了一套卓有成效的培训机制。所有新进人员必须经过半年的政策业务培训、业务部门岗位实习和带教老师一对一培训，考核合格后才能正式上岗。对于在岗咨询员，实行定期或不定期的针对性培训，定期邀请业务部门负责人进行业务培训，及时掌握新政策和新的办事流程，同时，邀请相关专家开展电话接听技巧、语言艺术、人际交往、沟通技巧等各方面的培训，注重咨询员适应能力、应变能力和协调能力等综合素质的培养。知识库全面、准确、清晰，有了这个百宝箱，加上训练有素的咨询员，咨询服务距离群众满意还远吗？

做群众办事的指南针

“你好，我想给我刚出生的小孩买医保，请问要到哪里去办，要带什么材料呢？”“你好，我骑车上班摔了一跤，我想申请工伤，请问怎么办？”“我是应届毕业生，我现在要创业，要怎样申请小额贷款呢？”……人社业务从出生到上学、从看病到就业、从养老到维权，几乎涵盖了每一个人从摇篮到坟墓的需要，担起了管理一生、记录一生、服务一生的责任。可见每个人都有办理人社业务的需要，但是要办什么，该怎么办，在哪里办，并不是每个人都清楚，很多人碰到这些问题就

12333 全国统一咨询日

像是失去了方向一样迷茫不知所措。而 12333 就是群众的指南针，对群众所关心的每一项办事流程和政策依据都要熟记在心，绝不让群众多跑一步路。

2015 年的一个上午，12333 热线接到了一个这样的电话：“你好，我今年 76 岁了，前一段时间我去看我女儿，结果生病住院了，花了 1 万多元，但是当地医院一分钱都没给我报，我是一个老国企的退休人员，也给国家做了不少贡献，以前没生过病，第一次生病住院，结果一分钱也没给我报，你说我要怎么办？”咨询员周维斯第一时间安抚了这位老人的激动情绪，然后通过沟通了解了当事人的具体情况，这位老人是在异地突发急诊住院，没有办理异地安置，要想报销医疗费用，必须将住院材料和票据等资料带到长沙市人社局医保窗口进行审核报销。咨询员耐心地向这位老人解释政策，并告诉他具体的办事流程，但是老人说儿女都在外地，自己年纪大了，没有精力把事情办好。考虑到老人的具体困难，咨询员主动和老人约好来办事的时间，并全程带领老人办好了所有的业务。老人最后笑了，他说咨询员小周就像他的亲女儿一样贴心，让他感受到了家人的温暖。

做参谋辅政的勤务员

2016 年年初，12333 热线接到多名长沙市热工控制设备厂职工的咨询与投诉，反映该厂全体退休职工的医保个人账户都停止了划账。咨询员了解到，热工控制设备厂于 2003 年与原长沙市医疗保险管理服务中心签订了医疗保险协议：单位按正常情况缴纳医疗保险费外，对于退休职工占在职职工比例超过 38% 以上的退休人数，可按单位上年度职工平均工资总额的 5% 乘以超比例退休人数缴纳医疗保险费，每月按时足额缴纳医疗保险费后可按规定享受医疗保险待遇。但是协议未明确单位在职人员全部退休后如何缴费及享受待遇的问题，而且也没有相关政策依据。因此自2015年7月起，该单位已无在职职工，无法继续缴纳医疗保险费，所有退休人员按规定无法享受医疗保险待遇。这引起热线工作人员高度重视，多次就该事主动与医保局和征缴中心业务人员进行沟通，并协调医保局、征缴中心负责领导召开了专题讨论会，并形成专题报告申报局领导审批，最后终于在多个部门的共同配合下解决了热工设备厂的历史遗留问题。以小见大，敏锐发现问题，主动协调并有效解决问题，这已充分体现了12333咨询员不仅仅是人社业务咨询员，同时也是参谋辅政的勤务员。

为高效解决咨询过程中的问题，长沙市12333电话咨询热线建立了业务联动机制和首问责任制，12333咨询员以电子工单形式转发给业务处室和单位，并派专人跟踪、督促有关处室、单位及时办理，办结后再由咨询员反馈给当事人。此外，12333及时收集各种信息和问题，将市民咨询的热点、难点、重点、意见和建议进行梳理，通过简报、月报、季报和专题报告等形式，向各级领导及政策研制部门进行汇报，充分做到常规信息定期反馈，重要信息及时报告，为领导决策和政策调整提供了一个客观、公正的参考渠道。

市民陈先生是一家电力行业破产改制企业的留守人员，他来电反映：每年到缴纳大病互助医疗保险的时候，就会给他带来了很大的困扰，因为他所在的企业现在基本是退休人员，而且大都随子女居住在全国各地，而单位退休人员的大病互助医疗费用必须由单位统一缴纳，所以每年他都要提前很久跟分散在各地的退休人员联系，让他们把钱打到单位的账户上，他再统一为他们办理缴费。这个过程非常麻烦，最关键的是很多退休人员很难联系上，他希望有关部门能优化现有办事流程，建议把这些单位退休人员的大病互助医疗保险费用绑定到退休养老金账户上自动扣费。咨询员觉得他的建议很合理，便记下来并形成专题报告报送到长沙市社会保险费征缴中心，征缴中心的领导看了报告很认可这个建议，立即组织相关业务处室、单位沟通协调，在短短一个月内就下发了《关于进一步加强职工医疗保险有关工作的通知》，出台了新的缴费方案。12333咨询员第一时间拨打了陈先生的电话，将这个好消息告诉了他，他对长沙市整个人社系统的工作态度和效率都给出了高度的评价。群众的诉求就是12333的奋斗目标，12333咨询平台已然成为政民良性互动的平台。

做创新服务的领跑人

随着经济社会的发展，群众对公共服务的需求不断增多、服务要求不断提高，12333 紧跟时代步伐，不断拓展服务方式和服务功能，扩大服务内容，在电话服务的基础上逐步建成集网上服务、微信服务、短信服务和现场服务于一体的综合性服务平台。2010 年开通了门户网站咨询服务，共受理各种咨询投诉 37 353 件，回复率达到 90% 以上。2014 年 10 月，开通了“长沙 12333”微信公众号，实现了最新政策、业务信息主动推送，社保信息查询，提供 24 小时智能机器人咨询解答服务，工作时间 12333 咨询员人工在线咨询服务。除此以外，长沙市 12333 电话咨询热线还积极开展人社业务微信办理，在全国首创通过微信来缴纳个人社保费，同样的业务，以前排队两小时，如今只需两分钟。现在长沙 12333 微信关注人数已经突破了 45 万，随着口碑的提升，关注人数还在持续增加。它的快捷和便利大大地提高了长沙市 12333 电话咨询热线的服务效率和满意度，得到市民的高度肯定，获得了腾讯最受用户喜爱的人社城市奖。随着 12333 短信服务的开通，长沙市 12333 电话咨询热线将由被动服务向主动服务转变。“总是忘记及时缴纳社保费怎么办？”“我在人社局办理的业务审核通过了吗？”别担心、别着急，现在长沙市 12333 电话咨询热线会主动将群众应该办理的业务及办事指南通过短信提醒，并及时告知办理结果。

微信、短信等线上服务积极开展的同时，线下服务也进行得如火如荼。以前群众到长沙市人社局来办事，不知道要去哪个窗口、哪个部门，经常出现这个窗口不对、那个部门不受理的情况，有时候楼上楼下要跑好几趟，办事群众怨声载道，经办部门也无可奈何。2014 年，在长沙市人社局政务大厅开设 12333 咨询台，工作日期间安排两名咨询员提供面对面的政策、业务咨询，办事流程引导服务，至今累计提供服务达到 50 万人次。咨询台的工作量之大是任何一个窗口都不能比拟的，每天值班的咨询员都忙到下班时几乎说不出话来，可是他们并没有因为巨大的工作量而降低自己的服务质量，12333 咨询窗口月月都被评为先进窗口，群众和各级领导、同事都给予了高度的肯定。长沙市人社局局长常说：“以前每天都有群众到我办公室来反映事难办，现在我每天敞着门，基本见不到来访群众了。”

服务做得实、做得好，更要让 12333 的服务惠及更多的群众。近几年，长沙市 12333 电话咨询热线每个月都会和长沙电视台联合开展“人社政策进社区、惠民服务在身边”活动，深入各个区县、街道，以群众喜闻乐见的方式，把人社政策、办事指南送到每一个人的身边。

12333 全国统一咨询日为群众提供政策咨询

做人社事业的螺丝钉

长沙市 12333 咨询员从开始到现在，一直“有名无分”，为什么这么说？一听咨询员，大家都知道肯定很专业，事实上她们的确练就了一身人社咨询真本事，“人社专家”的称号名副其实。然而，她们一直摆脱不了的另一个身份——“临时工”，群众有不懂、有不满想到的是她们，群众有难事、有急事找的也是她们，出了事、搞砸了还是她们。现在热线一个月的来电量是 3 万个左右，市本级只有 17 名咨询员，每个人每天要接听 80 个以上的电话，可就是在没编制、待遇低、压力大的情况下，咨询员依然坚持着，不怕苦、不怕累，勤学苦练，把群众放在心上，把服务做到极致。

2014 年的一天下午 5 时许，周女士打来了电话，几个月前，她在上班途中发生交通事故，当时并没有上报交警部门对交通事故进行责任认定，但是后来觉得身体不适住院了，单位人事部门来为她申报工伤，但是因为没有交警部门出具的交通事故责任认定书，无法证明周女士不是责任人，所以工伤保险处不予认定为工伤。她本人不接受此事的处理结果，多次到长沙市人社局相关部门申诉，认为长沙市人社局办事不公，扬言要去上访，不给她认定就要跳楼。周女士不停地说了一个多小时，这时已经超过下班时间 40 多分钟了，可是咨询员贺洁并没有打断她，仍旧耐心地倾听着，并不时通过轻声细语来安抚她的情绪。最后她的情绪慢慢平稳了，说出了她的心声，其实她到业务部门去了那么多次，早就知道这个结果不可能更改了，但是心里又不甘心接受这个现实，所以就想找个人来发泄一下自己心中的不满，她说她找了这么多部门，只有 12333 的小姑娘自始至终耐心地听她说完了所有的话，并且没有表现出任何不耐烦，她感觉心里舒服多了，表示愿意平静地接受了。在 12333 咨询中，经常会遇到因没有办成事而情绪不满的咨询者，他们打来电话有时仅仅就是为了宣泄，他们需要的可能只是一句暖暖的安慰、一份小小的陪伴。

余克雯也是 12333 的一员，看起来和大家差不多，但她在这支队伍中算得上是大姐姐了。她是 12333 培训师，负责新政策新业务的传达和培训。每天下了班，她还要梳理当天咨询工作中发现的热点、难点问题，整理成规范标准的知识点录入知识库，并在第二天的晨会上做好咨询员的培训，让每一个人能第一时间掌握新的业务知识。同事问她，待遇这么低，怎么这么拼？她答道："没想那么多，就是想把工作干好，群众有事都来打 12333，我们帮着解决了，心里就高兴！"12333 咨询员的付出有看得见的，也有看不见的，然而她们不在乎别人的眼光也不计较付出多少，只是本本分分做好自己，站好自己的岗，做一颗颗平凡的小小的螺丝钉。

再勤奋的咨询员也不是铁打的，她们可能比别人更累、更委屈，也更需要关心和爱护。为了让这支年轻的队伍保持活力，长沙市 12333 电话咨询热线坚持在文化建设过程中让每一位咨询员积极参与，倡导大家共同认识并自觉践行服务理念，让大家有归属感，营造好的工作、生活和人际氛围，用感情留住合适的人。积极开展各种文体活动，聘请专业老师定期开展心理缓释方面的培训、指导，设立了专门的舒缓休息区，缓解大家紧张的工作、生活压力，让每一个人都有良好的精神状态，以饱满的热情投入到每天的工作中。

人社事业很伟大，人社咨询很平凡，但 12333 咨询员用耐心、贴心、细心、

集体生日会

专心诠释了她们是最可爱的人。不忘初心，不断进取，继续前行，长沙市 12333 电话咨询热线将在人社公共服务道路上书写新的篇章、再创新的辉煌。

为侗乡群众搭一座“桥”

——记湖南省怀化市芷江侗族自治县人力资源和社会保障服务大厅

芷江是我国五个侗族自治县之一。这里，历史悠久、交通便利、生态优美。特别是中国人民抗日战争胜利，日本侵略者在这里投降，使这座小城誉满全球；侗乡人民热爱和平，相继举办了五届“中国芷江·国际和平文化节”，更使这座英雄之城享誉海内外。沐浴和平阳光，共享发展红利。芷江侗族自治县一边致力发展，一边倾情民生，自 2014 年以来，在县人力资源和社会保障局一楼办起了服务大厅，为 38 万名侗乡群众搭起了一座便利办事的“桥梁”，目前，已接待群众 30 000 余人次，群众满意度和幸福感测评位居省市前列。

贴近服务——群众感受到“桥”的温馨

政府部门的一个举动、工作人员的一项承诺、服务设施的不断完善、服务质量的不断提升，考量的是政府职能的转变，温暖的是办事群众的心。

过去，经常有办事的群众说：“人社局工作人员的服务态度是好，就是我这老胳膊老腿的上下四五楼找人办事累得够呛。”为此，县人社服务大厅从为人民服务出发，全力打造便民窗口、示范窗口、形象窗口，彻底解决了老百姓爬楼难、找人难、办事难的问题。

强化服务理念，推行“五不”承诺。领导坚强有力，由一把手负责，分管领导主抓，工作人员具体抓，确立了“群众之家、幸福之家”的奋斗目标，提出了“不让政策的落实在我这里延误，不让该办的事项在我这里积压，不让工作的差错在我这里发生，不让办事的群众在我这里冷落，不让人社的形象在我这里受损”的服务承诺。服务过程中，切实将人民群众的小事当成大事来抓，实行文明服务、微笑服务、耐心服务、便民服务和廉洁服务。工作时间内，全体工作人员一律整洁着装，挂牌上岗，文明用语，做到问有答声，走有送声。工作纪律上，严格执行国家人社政策，不违规违纪办事，扎扎实实办事，清清白白为人，树立风清气正的服务形象。因此，在多次的政风、行风评议中群众满意度很高。原水宽乡农民杨宏美在 2009 年新农保启动时参保，后于 2014 年将户口迁至县城东街居委会，未及时上报异动信息，造成养老金停发，本人直接找到新农保窗口反映情况。窗口工作人员初步了解情况后，耐心向她解释，多次下到县、乡、村进行核实，在 5 天内及时做出信息调整，并给杨宏美一次性补发 10 个月养老金共计 750 元。

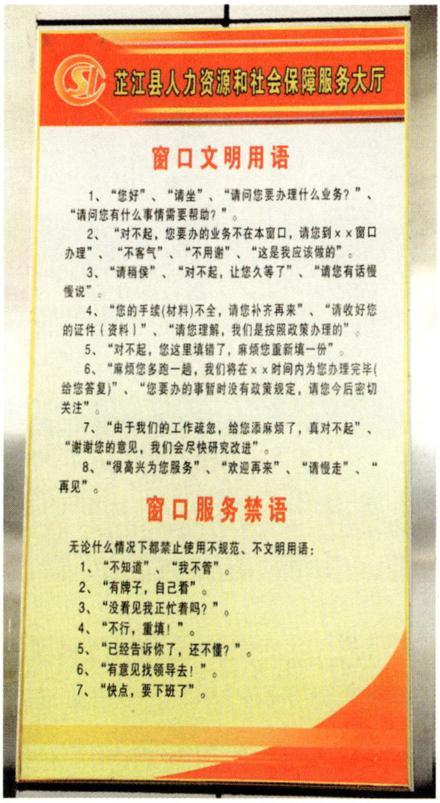

窗口文明用语

满足群众需求，完善服务设施。开设了劳动就业、养老保险、医疗生育保险、工伤保险等 12 个服务窗口，设立了 LED 电子显示屏，窗口前配备了座椅，服务区设置了阅报栏，公共休息区配备了等候椅、会议桌、饮水机、纸笔、老花镜和绿色植物，醒目位置悬挂了“服务大厅意见簿”。同时，专门设立了困难人员认定、职业介绍、退休老人生存认证等绿色通道，每年开展专场招聘会 2 ~ 3 次，为 6 000 余名企业退休职工进行人脸建模生存认证。县肉联厂下岗职工王洪平，其配偶车祸去世之后独自抚养一子，一直都靠打零工维持生活。就业服务窗口工作人员得知情况后，主动为他办理了就业困难人员认定，连续三年为其支付了 9 536 元社保补贴，并于2016年9月办理了退休手续，切实解除了他及家里的后顾之忧。

窗口服务

立足优质服务，强化制度管理。实行岗位责任制、首问负责任制、限时办结制、AB岗无缺位制和责任追究制等多项制度，变“被动工作”为“主动服务”。芷江庆湾煤矿于2014年10月被依法关闭，职工失业后失去生活来源，各种问题骤然凸显，服务大厅从大局出发，主动与县经信局取得联系，在工龄认定、医保社保等方面多次提供帮助，特别是失业保险窗口工作人员加班加点准备资料，仅用两个月时间就为126名失业职工办理好了每人每月824元的失业金领取证，共发放失业救济金249.2万元。同时，为不断提升服务质量，大厅建立严格的考核机制，在窗口工作人员的补助中有一半用于日常考勤和作风建设，如发现未按时上下班、工作时间玩手机、串岗闲聊、吃零食、浏览娱乐网站、炒股、抽烟等现象的，不但要扣除补助，还要按照整治“不作为、慢作为、乱作为”的问责办法予以问责；在省、市、县作风督查中，被发现违纪违规并造成严重影响的，还要扣除当事人的年终奖金，给予相应的纪律处分。因此，大厅工作人员时刻绷紧作风建设这根弦，以高昂的斗志、崭新的精神面貌为前来大厅办事的群众服好务，深受群众好评，在省市县纪委多次明察暗访中，均未发现有工作人员违规违纪问题。

真情服务——群众收获“桥”的满意

一站服务，群众放心；高效服务，群众安心；上门服务，群众舒心。金杯银杯不如口碑。百姓得实惠，政府得民心。

“你们这个窗口的姑娘，不但人漂亮，港（讲）话也客气，办事还很利索，这是我们老百姓的福气啊！”蒲思道在城乡居民医保窗口为母亲张海秀（67岁）办理恶性肿瘤慢特病门诊费用时很是感慨。正是这样，服务大厅就是站在提高群众幸福感的高度，着力优质服务的深度和广度，全面落实一站服务、高效服务和上门服务。

大厅设置窗口指示牌

推行一站服务，让群众放心。服务大厅设立窗口指示牌、引导台、信访咨询点、学雷锋志愿服务区，由志愿者专门负责引领办事群众到各窗口办事，所有单位的对外办理事项都纳入敞开式窗口办公，全面实行一站式办结。专门设立举报电话，每天安排一名中层以上干部值班，根据来访者诉求，及时交由各窗口负责人处理好各类来访。2015年，原渔业队多名高龄老人，因为生活条件差、年老多病，多次上访要求解决退休养老问题。大厅工作人员闻讯后，主动与主管部门畜牧局联系，多次到渔民中了解情况，积极向上级人社部门反映情况，争取政策倾斜，最后采取以城镇小集体企业身份参保的方式，将他们纳入了城镇职工养老保险，及时有效地解除了他们的后顾之忧。2016年上半年，退休职工罗凤仙身患结肠癌，举步维艰。城镇职工医保窗口获悉后，主动联系市第一人民医院，为其挂好号，安排好床位，其前后住院6次，发生医疗费用为72 327.78元，医保统筹报账52 582.8元，出院后还主动为其办理了特殊病种。

导访咨询台、学雷锋志愿服务岗

推行高效服务，让群众安心。服务大厅力求缩减审批事项，简化办事流程，实行高效服务。医保工作以前报账必须经工作人员、分管副局长、局长逐级审批后，实行现金结算，手续既烦琐，支付又不规范。自从医保窗口移至大厅后，医保患者报账只需一次到窗口上报报账资料，后续工作均由窗口工作人员依照审批流程全部代办，实行银行 POS 机网银结算。芷江职中教师唐成松因患肝硬化，先后在芷江人民医院、怀化市第一人民医院、解放军 302 医院住院治疗。出院后，他在上交窗口报账资料三天后就直接从银行卡上领取到了医保报账款 155 138.37 万元。“要用真诚来化解矛盾”，服务大厅积极探索和大力开展“互联网 + 信访”新模式，畅通便民信访，创建了省级信访示范点。大厅信访室安排一名局领导带班和其所分管的业务股室、二级机构负责人轮流值班，能当场回复处理的，按照信访事项简易办理当场给予回复处理，尽快使群众息诉息访；暂时不能处理的，做好信访台账登记，同时交由信访办工作人员将处理的信访件录入湖南省网上信访投诉平台，确保每一件信访事项件件有着落、件件有回音。某企业因拖欠 70 余名民工工资问题到大厅集访，大厅接访的值班领导与监察大队、仲裁院负责人第一时间在大厅热心接待，及时联系该企业负责人，妥善处理了该问题，避免了事态扩大，息诉息访。2016 年，通过“网信”办结的信访件已达 45 件。

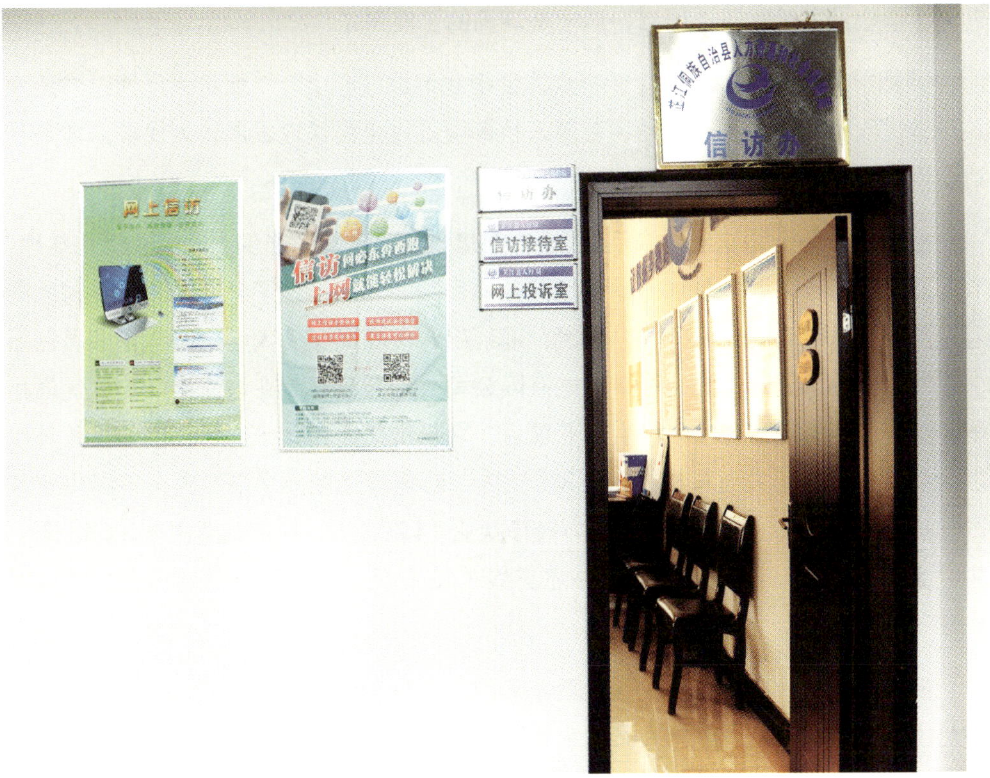

大厅设立县人社局信访办

推行上门服务，让群众舒心。为全面开展“办事面对面、服务心贴心”活动，窗口工作人员或上门认证，或上门调查，或上门联系医院等。原木材公司改制退休职工杨志刚因病死亡，其家属在领取抚恤金上有分歧，窗口工作人员唐玉莲、黄皓荣两位同志不但在最短时间内办理好抚恤金审批手续，而且曾 5 次上门到其 4 个亲属中进行调解，使他们坐下来达成了领取协议。2014 年 11 月，芷江公坪一砖厂工人因工伤住院，砖厂老板拒付医疗费而离院，后找到 3 号窗口曹娟寻求帮助，她在了解情况后立即找到砖厂老板，督促其尽快办理工伤认定和工伤赔付事宜。很快，受伤工人又重新回到医院治疗，并在规定时间内获得了工伤赔付。

政策落地——群众得到“桥”的实惠

国家有很多惠民政策，留在文件里、停在口头上，促进不了社会经济的发展，解决不了人民群众的实际困难。把就业政策送到群众手心上、把保障政策做到全覆盖、让群众觉得维权不再困难，这才是满满的正能量。

“把群众的冷暖放在心上，群众才会把我们放在心上。”服务大厅通过广泛深入开展优质服务窗口创建活动，带动人社各项工作全面快速发展，人民群众才享受到改革的丰硕成果。

把就业政策尽力送到群众手上。成功创建了湖南省芷江光倒刺鲃创业孵化基地，申报了“万名专家服务基层行动计划服务项目”，成功推荐了公坪镇顺溪铺村为湖南省创新创业带动就业示范村。同时，涌现出许多农民工、大学生等返乡人员创新创业带动就业的典型，湖南和平光电有限公司、莉苑蓝莓专业合作社、宏源优质桃类专业合作社争取到全市大学生创业项目，享受市、县资助 50 余万元。2014 年以来，全县城镇登记失业率控制在 4.3% 以内，新增城镇就业 7 086 人，下岗失业人员再就业 4 543 人，新增农村劳动力转移就业 14 708 人，新增创业主体 1 643 个，共培训 14 210 人，发放小额担保贴息贷款 1.13 亿元，为 875 名困难人员发放社保补贴 260 余万元。

把保障政策尽力做到全覆盖。基本形成了包括养老、医疗、工伤、失业、生育五大社会保险以及离、退休人员社会化管理服务等内容较完整的社会保障体系。目前，各类社会保险参保总人数达 30.8 万人，参保面达 98% 以上，共争取社保补助资金 3.59 亿元，社会保险基金收支每年逾 2 亿元。特别是在医保报账方面，2016 年共为 100 多名城镇居民患者补偿大病医疗费 324 059.86 元，并与县总工会联系，为 30 多名重病困难职工解决大病医疗救助金共计 5 万余元。

把维权尽力做到让群众满意。三年来，主动监察用人单位 257 个，涉及劳动者 15 000 余人，督促补签或续签劳动合同 4 200 余份，收取农民工工资保证金 1 640 万元，追回被拖欠农民工工资 1 613 万元，督促用人单位缴纳社会保险费 59 万元。受理劳动争议案件 65 起，全部结案；处理信访事项 120 余项，信访案件受理率和结案率均为 100%。服务大厅共收到锦旗 20 余面。

一切为了方便群众办事创业

——记广东省人力资源和社会保障厅综合服务大厅

广东是经济大省、人力资源大省，是群众创业创新的热土，人力资源社会保障系统服务窗口面对群体广，服务量大，办理要求高。近年来，广东省人力资源社会保障厅综合服务大厅（以下简称综合服务大厅）作为省厅服务群众第一线阵地，充分发挥示范作用，坚持改革创新，注重标准规范，着力打造阳光、标准、高效、模范服务窗口。大厅年均接待办事群众 2 万人次、受理业务 13 万件，始终保持服务零事故、零超时、零投诉。2014 年、2015 年连续两年在省政府综合效能测评中被评为优秀，连续三届被人社部授予“全国人社系统优质服务窗口”荣誉称号。

方便群众放在心上，办事大厅联到网上

2013 年以前，群众办事必须到综合服务大厅窗口现场办理，排队、填表、交资料、拿回执、来回跑是“规定动作”。综合服务大厅经常挤满了办事群众，嘈杂喧嚣，门庭若市。工作人员每天面对数以百计的群众，处理成百上千的表格资料，精神高度紧张。如何既能便民利民，让群众少跑一趟路、少排一次队、少等一分钟，又能提高办事效率，把一线人员从前台高度紧张中解放出来？作为广东省政府网上

办事大厅第一批试点单位，综合服务大厅依托日趋成熟的信息技术大力推进网上办理，2013年开通网上办事大厅，实现全部行政许可事项及主要社会服务事项网上办理，为群众办事增加了新渠道。

工作人员正在指导办理人在网上办事大厅办理业务

网上办事大厅办理事项标准化编制，标准化流转，全流程公开，实时监管，在线测评，群众办事纷纷优先选择网上办事大厅。在网上办事大厅，个人可以自助查询参保证明，可以申请核定养老待遇历史信息，也可以申请劳动能力鉴定；用人单位可以申请异地迁转户口招工管理，可以申请企业年金方案备案，也可以申请外国专家来华工作许可；法人机构可以申请设立职业技能鉴定机构、省属技工学校、中外合作职业技能培训办学机构等。

陈先生以前习惯定期到窗口查询参保缴费情况，遇到高峰期必须取号排队，有时需要耗费一两个小时。自从使用网上办事大厅后，他感慨地说，网上办事大厅就是好，方便快捷又省事，再也不用担心排队浪费时间了。某事业单位刘科长是一名“老人事”，经办人事工作十多年。他认为，以前申请核准单位岗位设置来来回回至少跑两三趟，自从有了网上办事大厅，提交材料时有智能预审，办理过程可在线实时查询。在窗口工作了 4 年的林洁琪感触最深，网上办事大厅最大的好处是群众怨气没了、投诉少了、满意度高了，工作人员也不需要一上班就是埋头收材料、点清单、查缺漏，有更多时间与到窗口前台办事的群众面对面沟通，更好地为群众答疑解惑，双方笑容多了，政群关系更加融洽了。

在顺利开通网上办事大厅后，综合服务大厅进一步拓展承接服务事项。2014 年 6 月，增设人事业务服务窗口，将人事计划、人才职称、人才调配、工资审核、公务员考录调动、事业单位公开招聘及外国专家管理等业务在窗口统一受理，建设成了全面覆盖人社业务办理的“大平台”。目前，共设置窗口 15 个，办理业务 42 项，实现厅本级服务事项窗口办理全覆盖。综合服务大厅与网上办事大厅互联互通，线上线下结合。近三年来，综合服务大厅年均接待办事群众 2 万人次，受理业务 13 万件，其中网上办事大厅受理业务 12 万件，占受理总量的90% 以上。

综合服务大厅

制度规范上墙上网，依法办事入脑入心

“您好，请问有什么可以帮您？”

“您好，先生，您不要着急，您的心情我能够理解。”

“非常抱歉，您所提到的问题我们需要进一步与相关部门联系，请您留下有效联系方式，我们会尽快由专人和您联系，好吗？”

……

这不是五星级酒店，却能让办事群众感受到五星级的服务和五星级的温馨。这是综合服务大厅在近年狠抓制度规范建设中，规范使用文明用语、杜绝服务忌语的全新变化。

近年来，综合服务大厅深入贯彻人社部关于建立健全窗口作风长效机制、加强和改进人社公共服务的统一部署，围绕窗口服务的基本要求、重点领域和关键环节，坚持建章立制，注重规范建设，推动制度规范上墙上网，依法办事入脑入心。

规范窗口管理制度。全面梳理公共服务事项目录、办事指南，通过门户网站、宣传手册等主动向社会公开并实行动态调整。建立完善了服务大厅日常运行、值班、考勤、效能监察、操作指引、文明用语等制度。建立窗口效能与作风建设督办月通报制度，每月对窗口业务量、形势分析、效能监测、处领导到窗口服务等情况进行通报，监察结果与年度考核、评先荐优挂钩。

完善业务办理规程。制定了业务工作规范，明确受理、移交、审查、审批、文印、送达等各个办理环节的责任单位、责任人以及办理时限，统一受理申请、统一表格文书、统一送达结果。实行“一次性告知”和“承诺办结”，受理申请时将所需材料一次性告知申请人，在受理回执中告知期限，按时办结，让群众办事少跑路。

摆放在综合服务大厅的电子显示屏

注重贴心服务细节。明确窗口设施统一规范，设置咨询台、电子屏，配备自助电脑、复印机和扫描仪，设置留言簿、意见箱、群众满意度手机测评器，营造舒适、贴心的办事环境。

主动缩减办理时限。2015 年年底，主动对 7 个许可事项和 23 个服务事项缩减承诺办理时限，最长缩短 30 天，综合压缩率达 30%；对 8 个服务事项按照简易程序现场办结，让群众办事更快捷。比如，人事管理工作中的“人员增减”、工资变动核准等业务，在外界看来十分神秘，但在这里却是通过系统互联，实现窗口即时办结。

积极简化材料手续。系统内能查证的材料，不要求提供证明；系统内可流转的程序，不用群众来回跑，让群众办事更省心。仅 2016 年下半年，贯彻落实人社部加强和改进人社公共服务意见，又进一步简化 10 个事项证明材料，优化 6 个事项办理流程。

主动公开受热捧，政务信息触手可得

“每周五都关注你们推送的事业单位招聘信息，待业人士很焦虑，希望有信息多多及时发布啊！”周五“广东人社”微信公众号刚推送信息不久，后台就看到广东云浮一名“粉丝”发来消息。

这是“广东人社”在助力政策发布和信息公开。“广东人社”微信公众号于 2014 年 7 月 1 日率先开通，成为全国人社系统首个省级政务微信。目前，已拥有“粉丝”18 万人，点击量累计超过 900 万人次。

最新政策发布、热点传递、专题解读、业务指南等均可通过“广东人社”微信订阅，“微动态”“微查询”更是人们喜爱的栏目。在每天微信推送后，很多“粉丝”会通过微信表达对某类信息的兴趣与需求，也会有表达对“广东人社”的感谢。2016 年 1 月，“广东人社”微信公众号推送《大事件！广东机关事业单位养老保险“并轨”正式落地》，短短 3 天获得超过 16 万人次的阅读量；4 月推送的《百万教师周知！广东全面启动中小学教师职称改革，以后评聘统一！》，获得 7 万多人次的阅读量。2014 年、2015 年，“广东人社”微信公众号凭借表现形式活泼多样、信息传递有效、回应公众诉求及时、受众阅读体验和参与热情高的凸显优势，连续两年荣获“广东十大最具传播力政务微信平台”称号。

“广东人社”微信公众号仅仅是综合服务大厅信息公开“阳光港”的有力举措之一。近年来，省厅建立“每年有策划，每季度有重点，每月有热点，每周有报道”的宣传阵地，大力提高政策群众知晓度；每年拨款 250 万元购买 12333 电话咨询热线先进设备，大力提高群众咨询电话接通率；改版升级门户网，大力提高网上咨询互动亲切感。目前，综合服务大厅通过网上可查、报上可阅、电话可询、架上可取、前台可问等多种渠道，实现了窗口业务受理项目、依据、条件、材料、程序、时限、收费、结果、经办人、监督电话“十公开”。办事群众对可享受的政策清楚，对需要的信息随时可了解，对填写的表格有式样，对办事的进度可查询，前来办事的群众纷纷点赞："阳光就是反腐剂！""公开就是信赖源！"

特色岗位亮形象，领导带班上岗显奇功

2015 年 6 月 9 日，来华外国专家业务窗口的数名同志来到聘请外国文教专家单位较为集中的广州大学城设立服务点，现场提供外国专家来华工作行政许可事项即时办结服务，当天就新办并发放《外国专家来华工作许可证》2 本、《外国专家证》2 本，办理延期《外国专家证》15 本。中山大学、华南理工大学、广东外语外贸大学等人事部门同志纷纷点赞。这是综合服务大厅创新服务方式，实现窗口前移、服务延伸，主动为民提供各种便利贴心服务的众多举措之一。

目前，综合服务大厅开设了志愿者服务岗，延长服务时间，只要群众在服务时间内取了号，工作人员办理完毕后才下班；同时还承诺，如果办事群众按号排队超

来华外国专家业务窗口工作人员到广州大学城现场办理行政许可业务

过 9 个人或等候超过 45 分钟，立即增加窗口工作人员协助办理。综合服务大厅实施共产党员岗位亮牌上岗制度，所有共产党员上岗位均亮着“共产党员岗”统一标识，主动接受群众监督；为工伤患者等特殊群体提供随到随办专门服务等。

从 2015 年下半年起，新实施的处领导窗口带班制度又成为办事机构和群众高度赞赏的亮点。窗口各相关业务处室领导要求每周到窗口服务半天，处长每年累计不少于 1 周。群众纷纷评价处领导带班上岗的做法：“处级干部坐到前台受理材料真不容易”“以上率下风气清”“政策解释真是深入全面”。经常到前台带班的仲裁调解处处长蔡吉恒更有另一番感言：处领导到窗口带班，最主要的是实现了真正“换位思考”，更多时间面对面与办事群众接触，零距离倾听民意、无障碍掌握实情，及时发现政策执行存在的问题，切实体会办事流程不完善之处。他在经过 3 个月窗口带班后，对仲裁调解窗口业务材料砍减了 3 项，内部流程精简了 2 个环节，仲裁调解结案时间缩减了 25%。新任工伤保险处处长李辉在前台带班时，面对面接触众多工伤人员，多次接待 1 名持续反映工伤待遇水平偏低的上访者。她在经过反复调研、公开征求意见的基础上，在一年多时间内先后组织修订了 5 项工伤方面的规范性文件建议，提交厅办公会审议并通过印发实施，内容涉及待遇水平调整、器械配置、服务流程等，受到了群众的一致好评。

服务群众永远在路上，改进作风没有休止符

“感谢党和政府，感谢人社厅的各位领导帮我送到医院，感谢各位工作人员帮我顺利办理工伤认定，你们真是真心实意为群众办实事、谋利益。”年近六旬的陈先生在家人陪同下来到服务大厅，双眼饱含着泪水，将一面绣着“排忧解难护百姓，全心全意为人民”的锦旗和感谢信亲手送到窗口，嘴里不停地说着：“谢谢，谢谢你们！”这是发生在 2015 年 9 月的感人泪下的一幕。

故事是这样的。陈先生是省属某国企保安，曾参加对越自卫战并负伤，2015 年 2 月工伤未愈来到综合服务大厅办理工伤认定申请。正在值班工伤处领导赵银庆和其他工作人员热情接待，快速为他办理相关手续。他高高兴兴办完手续走向门口时，长年积病的腰痛突然急性发作，跌倒在门口沙发处无法动弹。赵银庆和工作人员立即上前，第一时间拨打 120 急救电话，通知陈先生所在单位，及时协助将他送往医院医治。考虑到他腰伤严重，之后的工伤劳动能力鉴定申请、现场鉴定以及申

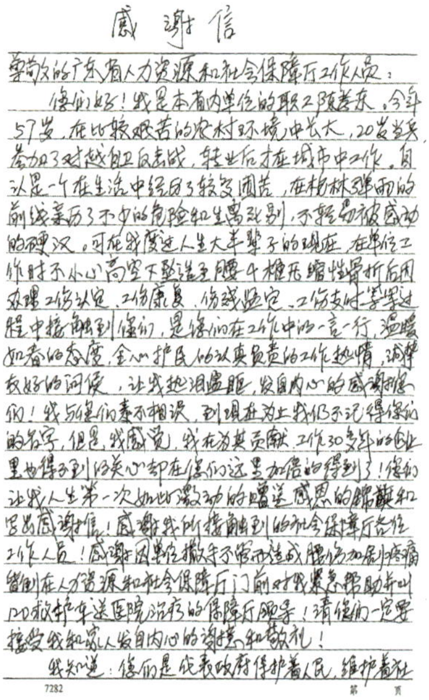
感谢信

尊敬的广东省人力资源和社会保障厅工作人员：

您们好！我是本省内单位的职工陈[illegible]东，今年57岁，在比较艰苦的农村环境中长大，20岁当兵参加了对越自卫反击战，转业后才在城市中工作。自认是一个在生活中经历了较多困苦，在枪林弹雨的前线亲历了不少的危险和生离死别，不轻易被感动的硬汉。可在我度过人生大半辈子的现在，在单位工作时不小心高空下坠造成腰4椎压缩性骨折后因办理工伤认定、工伤康复、伤残鉴定、工伤支付等等过程中接触到您们，是您们在工作中的一言一行，温暖如春的态度，全心护民的认真负责的工作热情，诚挚友好的问候，让我热泪盈眶，发自内心的感谢您们！我与您们素不相识，到现在为止我仍不记得您们的名字，但是，我感觉，我在为其贡献工作30多年的企业里也得不到的关心都在您们这里加倍的得到了！您们让我人生第一次如此激动的赠送感恩的锦旗和写出感谢信！感谢我所接触到的社会保障厅各位工作人员！感谢因单位搬迁不慎而造成腰伤加剧疼痛昏倒在人力资源和社会保障厅门前时紧急帮助并叫120救护车送医院治疗的保障厅职员！请您们一定要接受我和家人发自内心的谢意和敬礼！

我知道：您们是代表政府保护着人民，维护着社

7282 第 页

陈先生赠送的锦旗和送来的感谢信

请工伤康复环节，大厅工作人员和工伤处负责同志主动提供预约上门服务，随到随办，保证了其工伤认定、劳动能力鉴定及时完成。

陈先生在感谢信中写道：“是你们在工作中的一言一行、温暖如春的态度、全心护民的认真负责的工作热情、诚挚友好的问候，让我热泪盈眶，发自内心的感谢你们！……你们是代表政府保护着人民，维护着社会安定，也正因为如此，让我们始终保持着对政府、对共产党的热爱和信赖。”

这样感人至深的故事在综合服务大厅一直发生着。5 号窗口的熊海燕，已经在窗口连续工作 5 年，每年她都是春节放假前最后一班离开，春节收假上班第一班报到，留言簿上、留言箱里每月都有办事群众给她留下的书面感谢！人事业务窗口的 5 名年轻女同志，笑容时刻那么灿烂，声音天天那么甜美，动作永远那么轻快，已被办事群众亲切地称呼为“五朵金花”，人未到窗口双方就远远互相打招呼了。工作人员真正把群众当亲人，与人民心连心，急民之所急，解民之所忧；群众把窗口工作人员当朋友，每次办事总少不了嘘寒问暖，临走前还要挤时间留下书面感谢。

每年春节，这个坐落在热闹城市中心北京路步行街附近的综合服务大厅，都会收到前来逛花市的街坊自发送来的一束束鲜花。据不完全统计，2014 年以来综合服务大厅共收到锦旗 8 面，感谢信 56 封，留言簿、留言箱感言 650 多条。

人力资源和社会保障工作全部涉及人，大部分涉及民生，与群众切身利益息息相关。广东省人力资源社会保障厅负责同志表示，“服务群众永远在路上，改进作风没有休止符”，将以荣获“第三届全国人社系统优质服务窗口”称号为新起点，把综合服务大厅作为打通政府联系和服务群众的“最后一公里”的主要平台，作为展示人社部门良好形象的第一阵地，一如既往为群众办事创业提供高效便捷优质服务。

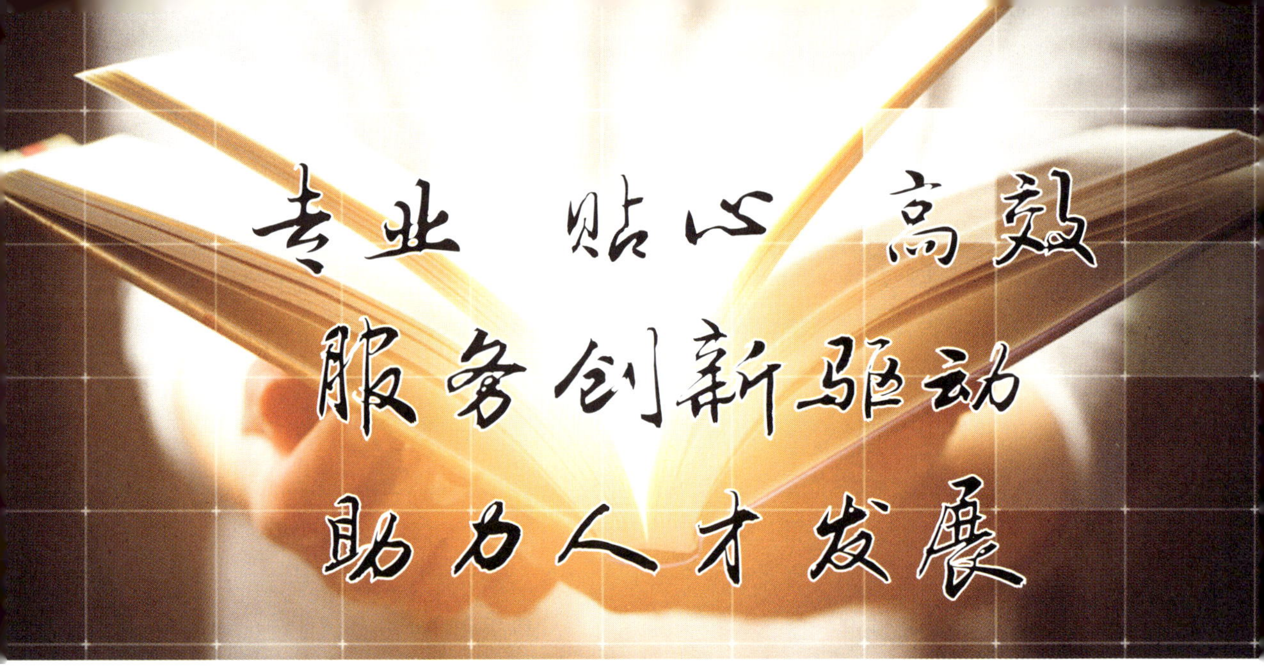

专业 贴心 高效 服务创新驱动 助力人才发展

——记广东省珠海市高层次人才服务窗口

从 20 世纪 90 年代初的“百万重奖科技人才”到 2013 年的“人才立法”，珠海一直在走一条尊重人才、重视人才，以人才的优先发展引领经济社会科学发展的“人才”之路。2014 年 7 月 26 日，正值《珠海经济特区人才开发促进条例》通过人大立法一周年之际，珠海市高层次人才服务窗口正式成立，同年加挂“中央‘千人计划’广东省服务窗口珠海市分窗口”牌子，肩负起更光荣而艰巨的使命——为更多来珠海创新创业的高层次人才提供优质高效的人才公共服务。

概况篇

珠海市高层次人才服务窗口（以下简称窗口）承担着人才来珠海创新创业的各项公共服务和各项人才政策待遇兑现、跟踪落实、高层次人才和青年优秀人才评审、珠海人才发展环境对外推介等工作。2014 年 8 月，珠海市人力资源和社会保障局整合相关资源，出台《珠海市人力资源和社会保障局人才公共服务平台建设方案》，将人才选拔申报、专业技术资格评定申报、人才政策待遇申领、留学人员引进等 40 项公共服务集中在窗口统一办理。2015 年，窗口推出“十个一”人才服务机制（即建设一支工作团队、开设一个服务专区、提供“一站式”业务办理、建立一个信息系统、打造一个交流平台、配备一组服务专员、开通一条服务热线、制作一张服务联系卡、定制一套服务指引、搭建一个融资对接平台），在确定“做什么”的基础上，进一步明确具体“怎么做”，真正实现人才服务零距离。

窗口成立以来，已有 2 名诺贝尔奖科学家、49 名“千人计划”专家、7 名“广东省领军人才”在珠海创新创业；每年受理全市各行业千余名人才评审申报，现已评定四批高层次人才和青年优秀人才共 1 244 名；兑现人才创业资助、工作津贴、住房保障、补充养老等待遇近 7 000 余万元；发放产业发展和创新人才奖金达 1 亿余元，发放新引进人才租房补贴约 1 200 万元；为全市近 20 万名专业技术人才、6 500 名留学回国人员提供优质服务。

服务篇

（一）完善软硬环境，广引人才“来落户”

“栽好梧桐树，引得凤来栖”，窗口积极营造良好的人才服务软硬件环境和设施，时刻做好为人才提供周到服务的准备，建立起国际化的引才渠道，努力为有意愿来珠海创新发展的人才做好落地前的对接，有效吸引项目落户珠海。

营造温馨舒适的人才服务“硬环境”。为给人才提供更加温馨舒适的服务环境，珠海市对原有高层次人才服务专区进行升级改造，除了设有 3 个安静、独立的高层次人才服务办事窗口外，专区还配套设立了功能齐全的洽谈室、活动室和会议室，满足人才交流、洽谈、会议等多方面的需求。走进服务大厅，“珠海市高层次人才服务专区”几个大字熠熠生辉，服务

服务专区

柜台上整齐摆放着人才政策汇编和人才服务联系卡，墙面滚动播放着珠海人才宣传片。

强化热情暖心的人才服务“软环境”。“您好，这里是珠海市高层次人才服务窗口，请问有什么可以帮到您？”这是人才服务专员晚上 10 点多接到的咨询电话，为了方便人才及时联系，窗口专门设有一条简单、易记的服务热线统一对外，24 小时不间断提供服务。窗口秉承“人才优先、规范高效”的服务宗旨，以人才的体验和感受为第一出发点，不断优化办事程序、提高办事效率，健全窗口的服务用语、“AB 岗”、热线值班安排等各项管理制度。同时，窗口还积极发挥党员的模范带头作用，设立“党员志愿服务岗”，利用每周三中午休息时间，不间断为人才提供优质服务。

拓宽面向全球的人才引进“广渠道”。在广东省人社厅支持下，珠海市在巴黎、东京、多伦多、法兰克福、硅谷、悉尼、马德里、华盛顿等地建立了 11 个引进海外高层次人才工作站。每年举办或承办“海外专家南粤行”“海外专家高端对接洽谈会”“留学人员珠海创业洽谈会”“中央‘千人计划’专家珠海行”等高端人才引进交流活动，积极赴外参加深圳国际人才交流大会、中国海外学子创业周等人才项目对接活动，吸引海内外高层次人才前来创新创业。每年有大量的海内外人才通

“千人计划”专家珠海行

过上述活动，了解珠海、爱上珠海，最终落户珠海、扎根珠海。

实行环环相扣的人才落地“强联动”。在重大人才项目方面，珠海市建立起市（区）科技、国土、金融、人社、工商、税务等部门参与的“引进高端人才（团队）工作联动机制”，由高层次人才服务窗口服务专员对接，确保人才（项目）高效落户；对竞争性人才项目，直接纳入市商务局跟踪系统，人才服务窗口“引人（项目）”、市商务局“落地”的快捷对接模式，并分解到各区定点跟进、按月反馈，合力推动人才项目尽早落户。

从事能源开发的鲍博士便是参加了“海外专家南粤行”活动，对珠海产生了浓厚的兴趣。在得知其正在为寻找研发所需的原料及配套设备发愁后，窗口的人才服务专员克服重重困难，及时对相关信息进行收集，并积极与各地、各区对接，促使鲍博士与珠海高栏港区某机械制造公司达成合作协议，并在窗口服务专员陪同下，到茂名市接洽原料样品采集有关事宜。最后在横琴自贸片区积极对接之下，2016年8月，鲍博士的公司在横琴正式注册成立。

（二）完善配套服务，保障项目“深扎根”

人才项目要落地，会遇到工商登记、生活配套等一系列问题。窗口积极协助办理项目落地初期的相关手续，建立起关心工作与保障生活并举的服务体系，帮助人才深入扎根珠海。

提供“一条龙”的创业服务，帮助项目落地。珠海市高层次人才服务窗口指导、协助创业人才办理从公司设立（商事登记）、机构代码证办理、税务登记、创业政策申请、创业园入驻申请、人才招聘、调动入户、用工备案及员工参保等一系列手续。“项目落地初期，人才初来乍到，不熟悉情况，往往会为了企业注册、寻找场地、人才招聘等看似琐碎却又与企业息息相关的事情操碎了心，我们要想办法为人才提供全方位的创业服务，帮助人才创业项目顺利启航。”窗口工作人员说。

开展全方位的配套服务，保障人才生活。建立人才公寓服务体系。“华发高级人才公寓”是珠海市政府专门为高层次人才提供的周转公寓，总套数达147套，目前已入住103户，市高层次人才服务窗口先后在公寓楼设立了人才服务办公室和交流活动室，配备人才服务助理，将服务窗口延伸至公寓大楼，以每周六定期现场办公与不定期服务相结合、电话热线服务与网络自媒体服务相结合，为高层次人才提供政策咨询、房屋维修、家居协理等相关协助。2014年11月，美国生物医药专家黄博士在珠海市创业并入住华发高级人才公寓，因入住时间紧迫，黄博士因公在国外，人才服务助理细心周到协助其做好家居配套工作；2015 年端午节，考虑到公寓里居住的多为外籍专家，为了让专家们感受中国传统节日气氛，服务助理挨家挨户为专家送上自制的粽子； 2016 年 11 月，德国食品安全专家王博士在家中不慎手部受伤，情况十分危急，一个电话，服务助理及时赶到，陪同王博士就医，并将其安全送回公寓……

协调解决人才子女入学问题。2016 年 11 月 16 日，高层次人才服务窗口接到投资专家宋女士提出的紧急需求。为能尽快给珠海企业带来世界领先的金融服务与金融产品，宋女士决定到珠海发展，积极推进创投项目落地。宋女士育有一子，美国籍，定于 11 月 23 日随行抵达珠海，迫切需要解决小孩上学问题。接到电话后，窗口服务专员第一时间联系教育部门，经沟通协调，教育部门及时解决孩子的入学需求。11 月 24 日早上，在窗口服务专员的陪同下，宋女士母子二人如愿来到学校办理入学手续。

类似的突发情况不少，为了解除人才在珠海创新创业的后顾之忧，窗口总会想方设法为人才去协调、去争取，在子女入学、医疗保障、配偶就业等多方面，急人才之所急，想人才之所想，提供各种周到、贴心、热情的服务，让人才工作专心、生活放心。

（三）聚集多方资源，帮助人才“谋发展”

人才项目要发展，公司管理、融资对接、人脉扩充等都是关键因素。窗口充分聚集各类资源，优化服务方式，搭建对接平台，拓展发展空间，最大限度服务人才创新创业发展。

定期走访，及时解决发展中的难题。又是一个周三，工作忙得不可开交，“不管怎样，我们还是尽量安排时间，多走走企业”，高层次人才服务窗口服务专员把手上工作交接好，就马上奔赴企业。这次要走访的企业是高新区的派诺科技、远光软件，专员核查要走访的企业情况，恰巧企业的人才待遇卡和高层次人才证书还没被领走，迅速整理有关资料为人才送卡、送证上门。从 2014 年起，窗口便开展“走访企业、服务人才”活动，每周定期深入企业，了解企业和人才的发展情况，切实做到了“把政策与服务送上门，把意见与难题带回来”，主动为人才提供服务、解决问题，活动开展以来获得人才的一致好评。

例如，在一次走访活动中，人才服务专员了解到从美国回来的，研发高空逃生、防摔设备的王博士遇到了难题：“我公司的一个员工，近半年以身体不适为由，长时间请假，严重影响了工作，他的工资待遇我应该如何核算才合法？是否可以辞退他？” 窗口及时对接劳动关系及政策法规有关科室，为王博士解决问题。针对类似的劳动关系纠纷或企业运行过程中所遇到的各种法律问题，窗口还为人才提供相应的法律咨询及法律援助服务，协助解决人才发展过程中遇到的法律事宜。

创业导师珠海行

投融资对接，主动帮助人才项目找资金。为帮助人才解决融资难问题，珠海市人社局搭建了公益性公共创业服务信息平台——“聚交网”。自 2016 年 3 月 28 日试运行以来，发布创业企业信息和投融资机构、银行机构信息，平台采用“线上与线下相结合”的模式，为有融资需求的创业企业提供“一站式”融资对接服务，丰富融资渠道，实现珠海市的优秀创业项目和国内优秀的投资方自由互动和对接，打造珠海本土创新创业智慧汇聚大舞台，使珠海市创业生态系统日益完善。目前已形成定期举办线下投融资对接沙龙的制度，几乎每周都有活动在举办。截至目前，共吸引 29 个创业项目及广州和君资本、英诺天使投资、中大创投、深圳腾讯南极圈、成都德商资本、华金投资等 34 家创投机构参加活动，其中四维时代科技公司获得融资 1 800 万元。不到一年时间，已为 356 家创业企业实现融资超过 1.3 亿元，带动投资 4 亿元。

联谊交流，积极协助人才搭人脉。2016 年 10 月 14 日，这一天北山会馆特别热闹，主题为“让游戏更好玩”的小型聚交活动，在这里“玩开”了。来自美国微软、深圳腾讯、珠海金山、初创企业帅狗狗等一群 IT 领域的精英，从创意到技术再到市场，一次又一次的思维碰撞，相聚甚欢。类似这种人才俱乐部、人才联谊会，几乎每周都在进行，通过高层次人才服务窗口协调提供专门场所，组织开展高层次人才专业领域经验交流会、联谊会等沙龙活动，并有针对性地组织同行业或者行业关联度高的人才进行对接交流，促进高层次人才之间的项目合作和人际交流。

“互联网 +”，努力实现人才服务高效率。在“互联网 +”浪潮的背景下，窗口的人才服务工作也不断实现着“转型升级”。“珠海市人才公共服务信息平台”于 2016 年上线，并被应用于 2016 年度珠海市高层次人才、青年优秀人才评审中，大大提高了人才评审的效率。平台目前已有单位用户 389 家、个人用户 1 200 余名，实现“数据多共享、人才少受累”的目标。同时，窗口改变传统的单一线下窗口服务模式，分类组建了 5 个人才服务 QQ 群和微信群，群组人员总数已经超过 2 000 人次，方便企业经办人与人才咨询、讨论和交流，开通“珠海人才”微信公众服务号，每周定期推送最“新鲜”的人才资讯，借助“指尖”服务优势，破除时间、空间限制，让企业和人才在第一时间获得最新的人才政策、最全的人才信息和最快的人才服务。

成效篇

人才服务工作的成效，最终要看人才引进的成果。窗口通过“以才引才”“才企联姻”“产业聚才”等方式，“组团式”引进海内外高端人才项目，形成“滚雪球”聚才效应，推动珠海实施创新驱动战略，取得了显著的社会成效。

短短两年时间，珠海市在生物医药、航空航天、海洋装备制造、电子信息、3D 打印技术、新型材料等重点发展行业领域，“组团式”引进海内外高端人才项目，推动重点产业创新突破、优化升级、聚集发展取得显著成效：在生物医药领域，引进了包括诺贝尔奖得主在内的 20 多位世界顶级生物医药研发专家，使珠海成为全国重要的生物医药研发基地；在航空航天领域，引进了一批来自北美的知名博士，创办了为实现中国航天梦提供高技术支撑的 3 家留学人员企业；在海洋装备制造领域，引进了多个国家级研发团队，受到国家总理李克强的高度评价；在高端电子信息领域，引进了多个“千人计划”专家团队，形成了高端电子信息的规模化发展。

“组团式”高端人才项目的引进，加速形成了珠海产业集聚人才效应。例如，中航通飞公司为打造世界级的通用飞机产业基地，集聚各类人才超过 1 000 人，其中“新世纪百千万人才工程”国家级人选 2 人，享受国务院特津专家 15 人，研究员级职称 70 人，副高级职称 122 人，各类试飞员、飞行员 50 余人；三一海洋重工集聚了全国最大的海洋工程装备研发团队，为国家南海开发战略实施提供了重要支持；软件互联网人才加速流向珠海趋势明显，2014 年从业人员达到 5.4 万人，同比增长 17.24%；珠三角打印设备研发人才约有 300 人，集聚珠海发展的达到 200 人。

高端人才的大量集聚，充分发挥了推动产业升级和优化产业布局的引领作用，有力支撑了珠海实施创新驱动战略，促进了珠海经济社会的快速稳定发展。今后，珠海市高层次人才服务窗口将继续秉承“人才优先、规范高效”的服务宗旨，立足人才发展规律，健全人才服务机制，进一步做实、做细、做精各项人才服务工作，为来珠海创新创业的各类人才提供更加专业、贴心、高效的服务。

窗口有限 服务无限

——记广西壮族自治区贺州市社会保险事业管理局

贺州市社会保险事业管理局（以下简称贺州市社保局）组建于2013年4月，现有工作人员76人，为全国首批社会保险标准化建设“先行城市”实施单位、国家级社会管理和公共服务标准化综合试点单位。该局秉承“窗口有限，服务无限”的理念，坚持创新发展，坚持特色发展，以推进社保标准化建设为载体，以质量标准化手段提升社保经办服务水平，2014年以来，荣获了“全国人力资源和社会保障系统2014—2016年度优质服务窗口”“广西社会保险经办管理服务先进单位”“贺州市政务服务优秀服务窗口单位”等荣誉称号。

贺州市获得全国社会保险标准化建设“先行城市”实施单位称号

创建标准窗口，打造社保服务标准“新高地”

贺州市社保局以创建全国社保标准化建设“先行城市”与国家级社会管理和公共服务综合标准化试点为契机，贯彻执行国家标准，结合实际制定地方标准，从根本上解决了服务质量“因人而异”、服务行为“随心所欲”的问题，经办流程更加规范、透明，办事效率显著提高。

实施国家标准有成效。贺州市认真贯彻实施《社会保险服务总则》《社会保险视觉识别系统》等8项国家必选标准和《社会保险申报缴纳管理规范》《社会保险征缴稽核业务规范》等17项自选标准，大大提升了经办服务的统一性、规范性、高效性。2014年以来共受理社保业务11.2万件，按时办结率100%，平均提速52.1%。同时，按照《社会保障及服务中心设施设备要求》《社会保险视觉识别系统》规定，坚持“规范、适用、便民、美观”的原则，规范装饰布设，划分出综合服务、接待洽谈、政策咨询等6个功能区，规范服务窗口标识，做到标识清晰、整洁明亮、舒适美观，经办服务环境得到质的提升。

创建地方标准有特色。贺州市社保局着力于抓规范定标准，梳理社保业务经办流程，将社保参保登记、基金征缴、关系转移、财务管理、档案管理等15类业务61项社保经办确立标准。在此基础上，形成贺州社保基础标准、保障标准、提供标准三大项服务标准239条，成为贺州市推行社保服务窗口作风建设新品牌，形成了贺州社保经办服务标准体系。完整、明晰的服务标准使每个社保经办事项都有“标准”可依，按“规矩”办事。

交流借鉴经验有亮点。贺州市地处桂、粤、湘三省区接合部，坚持“走出去”和“引进来”相结合，加强与先进地区的交流学习，增进认知、争取帮扶、合作共赢，湖南永州市、广东肇庆市和清远市、广西梧州市等城市先后与贺州市签订了社保标准化共建协议，在桂粤湘三省（区）率先开启了社会保险标准化探索跨省（区）合作新模式。贺州社保标准化区域影响力不断提升，题为《联手共建社保标准化　互促互进结亲谋共赢》，宣传永州市和贺州市签署社保标准化教育培训基地新闻稿件在“中国劳动保障新闻网”刊登。《中国社会保障》2016年第11期刊登了贺州社保标准化建设的成果，广西电视台、《广西日报》等新闻媒体也先后对该局的经验做法进行宣传报道。

贺州市与广东省清远市签订社会保险标准化教育培训基地共建协议

创建便民窗口，打通社保服务“最后一公里”

贺州市社保局牢固树立“以人为本”的服务理念，推行人性化、精细化社保经办服务，打通服务群众“最后一公里”。

联系群众面对面。以“贺州社保课堂”为载体，积极开展“百千万”活动，即深入百家企业、走访千名群众、发放万份问卷。2014 年以来，共征求到社保卡制作、优化服务流程、扩大社保政策宣传等意见建议 65 条，需整改问题 31 条，目前已整改完毕。同时，通过实施养老保险、医疗保险缴费年限并联审批，医疗保险费用直接支付到社保卡等 10 项简化、优化审批流程的便民措施，让群众办事创业更方便、更快捷、更舒心。

问需百姓心贴心。建立社保服务大厅值班长制度，贺州市社保局从领导班子成员到窗口工作人员轮流担任值班长。值班长除正常的接受咨询、经办引导、政策宣

贺州市社保局到平桂飞碟公司开展“贺州社保课堂”进企业活动

传等工作职责外，突出以心贴心的诚意沟通，主动听取意见和建议，翔实记录在《值班日记本》上，并建立月信息反馈整改制度，立行立改。目前共落实整改 27 项，将大量群众诉求解决在萌芽状态，没有发生被投诉现象。

服务基层实打实。积极推进基层就业和社保服务项目建设，全市 5 个县区均建立办事大厅，61 个乡镇（街道）按照区厅“五条标准”建设达标，形成市、县、乡（镇）、村四级就业社保服务体系。积极推进医疗保险异地就医信息平台应用工作，现场对药店、医院经办人员进行业务培训，使他们熟练掌握业务系统操作，全市 238 家定点零售药店、87 家定点医院全部实现全区异地刷卡直接结算。为使定点医疗机构结算更规范，制定《贺州市城镇基本医疗保险付费总额控制结算暂行办法》，明确

贺州市社保局负责人带头执行值班长制度，直接为办事群众提供服务

当月费用，次月10日前结算完毕，得到定点医药机构的一致好评。

创建数字窗口，开辟社保信息服务“新路径”

贺州市社保局以信息化建设为抓手，加快实现“数字社保”，用强大的信息支撑将广大参保人、参保单位以及社保人等紧密联系起来，为社保的公共均等化服务提供保障。

构建“互联网+社保”新平台。贺州市社保局建立贺州社保微信公众号、贺州社保专员工作网上联络室、社保QQ工作群等掌上服务平台，实现了养老保险“人脸识别”待遇资格认证，社会保险个人账户网上查询，参保人员医疗保险费用审核结果短信告知等功能，使社保经办服务由“实体大厅”向“网上大厅”延伸，社保业务办理从“窗口办理”向“掌上办理”迈进，让参保人员切实享受到“互联网+社保”带来的方便。2016年以来，参保人员到社保服务大厅经办业务数量同比下降25.6%。同时开通了12333服务热线，受理社会公众电话投诉举报、政策咨询和信息查询等业务，畅通了群众诉求渠道。

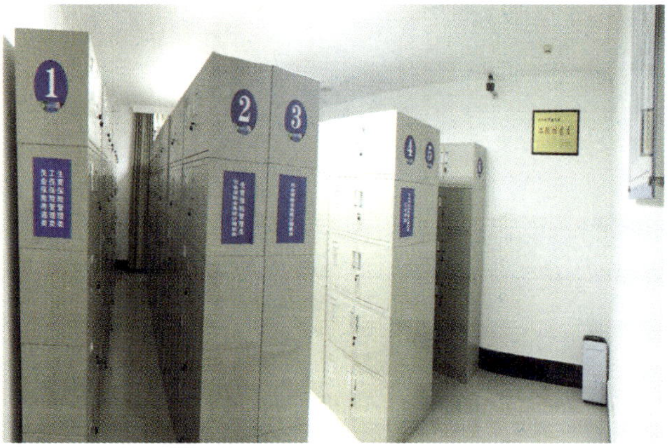

贺州市社保局档案室被评为市直机关二级档案室

实行社保档案数字化管理。为适应档案信息化建设和电子政务建设需要，结合本地实际，制定了《贺州市社会保险业务档案数字化管理实施细则》，明确业务档案数字化领导机构、技术规范、操作规程等，并严格执行“部门立卷制度”，按照“谁经办、谁收集、谁整理、谁负责影像化”的要求，部门科室在移交纸质档案的同时移交业务档案信息化数据。自1988年贺州市社保经办机构成立近30年来5万多卷社保业务档案资料全部实现影像化永久保存，实现了“存量档案数字化、新增档案电子化、经办档案制度化”，2016年12月被评定为二级档案室，为群众及社保经办提供安全、便捷服务。

推进社会保障“一卡通”建设。为加快破解社保卡“办卡难”“应用难”的问题，贺州市社保局整合资源，实行贺州市人社局信息中心与贺州市社保局信息技术科“两块牌子”“一套人马”合署办公，每周定期召开联席会议，实现信息共享工作推进无缝对接。主动加强与公安部门沟通，争取提供参保人员相片信息，加快制卡进度。对参保人员因离职、电话或地址变更造成信息不畅未领取社保卡的，开展“清卡行动”，组织人员进社区、进企业、进校园，共发放社保“休眠卡”3 651 张。2014 年以来，全市共制发社保卡 116.2 万张。参保人员持社保卡可实现信息记录、自助查询、就医结算、缴费和待遇领取等方面 39 项功能应用。

创建廉洁窗口，筑牢社会保险基金“安全网”

以开展党的群众路线专题教育实践活动、“三严三实”专题教育活动、“两学一做”学习教育活动为载体，加强党风廉政建设，强化法治思维，建立健全制度，执行内控标准，确保社保基金安全。

廉洁教育到位。始终把党风廉政教育作为确保社保基金安全、社保干部安全的重要措施，组织社保窗口工作人员到钟山监狱、市法院等市纪委廉政警示教育基地现场接受教育，使大家更加意识到珍惜自由、永葆廉洁才能更好生活的重要意义。结合社保经办工作的特点，对待遇审核、基金稽核、个人账户划拨等高风险岗位经办人员开展廉政谈话 60 人次。通过组织窗口人员上廉政党课和廉洁从政主题讲座，观看《贪欲打开堕落之门》等反腐倡廉教育片，让社保窗口人员受警醒、明底线、知敬畏，保证经办人员从思想上“不敢腐”“不能腐”向“不想腐”转变。

廉洁管理到位。把制度建设作为立足长远的之本之举，印发了《“一岗一预防”廉政风险防控管理实施细则》，排查出 62 个廉政风险点，按照风险严重程度，划分为橙色、黄色、红色“三色预警”，有针对性地制定防控措施，着力形成岗位为点、程序为线、制度为面，覆盖所有岗位的廉政风险防控体系。对涉及多个部门（科室）经办的，建立了 20 条贺州社保业务经办工作链，对受理收件、审核、转报等环节全程实行签字负责制，确保所有操作都留下可追溯、可检查的操作轨迹。认真落实“三审三核”制度，所有经办业务实行三级审批，部分高风险业务实行四级审批（如企业稳岗补贴实行联审小组审核），确保经办过程合规合法，提高系统风险防范能力，有效推进社保管理领域的风险防控。

廉洁监督到位。监督是确保廉洁经办的重要保证。近年来，贺州市社保局每年都制定《社会保险内部监督检查方案》，采取定期检查和随机抽查相结合、自查和互查相结合、领导检查和群众评议相结合的方式，严格检查参保登记、基金征缴、待遇审核等工作，防范和化解运行风险，规范社会保险管理服务工作。2014年以来，贺州市社保局对社保关系转移、养老保险待遇等7项业务进行专项稽核，出具监督检查报告10份，对检查发现的问题整改8个。为层层落实党风廉政建设责任，按照谁主管、谁负责、一级对一级负责、层层抓落实的原则，贺州市社保局全员逐级签订了党风廉政责任书，进一步提高了全员纪律意识、效能意识和廉政意识。大力推进以“六公开”和“两卡两箱”为主要内容的社保“阳光工程”，向企业和职工全面公开业务流程、政策依据、工作职责、服务标准、服务时限和服务要求，发放服务卡、评议卡，设置资料箱和意见箱，广泛接受群众监督。同时，在服务大厅安装同步录音录像设备，确保服务全程透明化、阳光化。

创建文化窗口，扮靓社保经办队伍“家园梦”

贺州市社保局以文化建设为引领，确立贺州社保精神，充分发挥文化凝聚、激励作用，不断提升贺州社保人的政治素质和文化素质，让社保核心价值理念深入人心，促进贺州社保事业蓬勃发展。

培育精神文化。在贺州人社精神的引领下，在群众广泛参与和充分论证的基础上，提出“求真务实、开拓创新、高效廉洁、服务发展”16字贺州社保精神，确立了贺州社保文化核心理念。同时，确定各部门理念，并在工作台卡、工作牌证上公开个人格言，做到“机关有精神、部门有理念、干部有格言”，引导窗口服务人员坚定服务思想，转变服务理念，自觉升华个人追求和价值取向，推动干部履职能力、工作效率和效能不断提升。

培育视觉文化。在统一社保标识的基础上，学习借鉴企业办公管理模式，在社保服务窗口推行“5S”（即整理、整顿、清扫、清洁、素养）办公管理新模式，对各类办公物品实行定位摆放，内务整洁亮丽，使经办服务环境面貌焕然一新；组建“贺州社保讲解队”，全面推介标准化建设成效和经验，对内提升队伍素质、增强集体荣誉感，对外积极展示新风貌、新变化；按照贺州市政务服务中心有关要求，严格执行服务窗口工作人员统一着装制度，积极展示社保服务窗口经办人员良好精神风貌，树立和保持社保部门良好社会形象。

培育人文文化。坚持“以人为本”，强调人的尊严和价值，重视人的成长和发展，重视人的自我实现，尊重人的本性，重视人文关怀。举办“贺州社保课堂”“岗位大练兵”活动，开设服务礼仪、服务标准培训班，增强干部职工沟通协调和业务经办能力。开展“贺州社保课题研究”，增强干部职工分析问题、解决问题的能力。开展党员“红旗窗口”“红旗示范岗”评选活动，引导全局党员干部以榜样作镜子、当标杆、找差距，共同营造争先创优、比学赶超的浓厚氛围。2014 年以来，该局有 5 名同志先后获得优秀共产党员和政务服务工作先进个人等市级表彰奖励。服务窗口人员、优秀军嫂代表谢莲同志的先进事迹在《广西人事天地》2016 年 5 月刊载。贺州市社保局自导、自演、自拍微电影《收获》，展现了贺州社保人不断成长、成熟的精神风貌。

2016 年贺州社保课题研究成果展示现场

擦亮窗口 服务到位 打造基层社会保障优质服务平台

——记广西壮族自治区柳州市柳南区潭西街道办事处十一冶社区公共就业服务保障站

柳州市柳南区潭西街道十一冶社区，常住人口 4 460 户，约 1.4 万人，居民以十一冶建设集团有限责任公司（原中国有色金属工业第十一冶金建设公司，现属于广西壮族自治区直管企业）职工为主，是一个典型的企业改制型社区，服务对象既有众多企业退休人员、改制企业下岗人员，也有外来务工人员，社会事务管理压力巨大、任务繁重、情况复杂。为此，十一冶社区公共就业服务保障站积极探索有效的管理措施和服务渠道，把社会保障工作作为密切干群联系、展示政府形象、体现科学发展的窗口，充分发挥政府社会保障机构毛细血管、神经末梢的职能作用，通过开展以为群众提供满意服务为目标的创建优质服务窗口活动，打造基层社会保障优质服务平台。

改善环境，提升社会保障窗口为民服务水平

十一冶社区将服务环境软硬件建设作为打造优质服务窗口的一项重要内容，不断完善和改进。一是积极筹措资金，整合资源，完善硬件设施建设。针对原服务大厅面积狭小，办公设施落后，便民服务设施不齐全，办事窗口拥挤，不能满足群众

办事需求，也制约了社区工作发展的实情。十一冶社区从加强社区硬件建设入手，不断改善社区便民服务环境。积极倾听居民意见建议，反复与相关部门反映争取、沟通协商，整合资源，形成了以居民需求为主导的服务大厅建设方案，并争取政府部门专项资金。经过多方努力筹划，在办公大楼一楼方便居民群众进出的最佳位置开辟了100多平方米办公场所建成“一站式”服务大厅，按标准化建设要求对服务大厅进行施工、装修，办公区和服务区的电脑、打印机、档案柜、空调、饮水机、沙发等办公便民设备一应俱全；投资3万多元安装了电子显示屏，对社会保障服务项目、办理条件、办理依据、申报材料、办理程序、办结时限以及用工信息等内容滚动播出。二是拓展服务，打造品牌，完善便民服务机制。从提供特色服务入手，不断优化社区便民服务方式，打造便民服务品牌。针对以往社区服务方式较单一，服务项目设置单调，局限于传统的服务内容，时间安排不够灵活等特点，十一冶社区将掌握的居民情况进行梳理，针对不同服务群体在辖区内开展服务需求调查，鼓励居民参与服务项目优化活动，评价反馈社区服务。将调查到的服务内容进行分类细化，在确保社会保障服务制度化、规范化的同时，引入多元素的服务方式。除了实行首问责任制、岗位责任制、服务承诺制、跟踪走访制、统一使用规范用语等一系列制度外，还结合实际设计了各种便民服务“小贴士”，如为因特殊原因不便在大厅说明、办理事项的居民，人性化地提供私密空间“一对一”服务；对行动不便的居民预约上门服务；贴心周到地提供“相约星期六”“中午值班制”，让“上班族”在公共休息时间也能到社区办事、咨询等。

抓好队伍，优化社会保障窗口为民服务作风

社会保障窗口服务工作与居民群众联系密切、直接接触，而严格、规范、公开是确保社会保障窗口服务优质高效的前提。为此，十一冶社区公共就业服务保障站狠抓窗口服务队伍建设，以工作人员的素质提升推进服务质量提升，2014年以来，实现工作作风零投诉，没有发生违法案件和重大违纪问题。

狠抓培训学习。社区公共就业服务保障站由社区主任兼站长，配备有4名专职社会保障工作人员。工作人员是社会保障窗口优质服务的创造者，十一冶社区公共就业服务保障站注重抓好工作人员的业务培训和礼仪教育，着力构建社区工作人员“2+X”分类培训体系。“2”是定期采取以会代训的方式组织社区工作人员进

行分类培训。针对新上岗社区工作人员侧重加强专业理论知识和敬业爱岗方面知识的教育，针对现有岗位人员侧重加强社区工作发展形势、创新意识等方面知识的培训。定期运用行动学习法开展案例分析会，通过交流共享，碰撞思想火花，激发工作活力。“X”是组织人员参加上级社会保障系统业务培训学习，参加社会管理创新、基层党建等专题干部轮训，开展到兄弟单位学习交流系列活动等。通过构建分类培训体系，开拓社区管理眼界，创新社区工作方法，提高工作人员业务技能和综合素质，培养良好的职业道德和服务意识。

强化“四个一”管理。在工作中坚持推广“四个一”管理模式。“一个公开栏”，在大厅设置固定公开栏，公开内容包括工作人员职责、服务事项、管理制度、重大事项等；“一部便民电话”，设置一部便民电话，受理群众对服务事项的咨询和对工作人员工作态度、服务质量及廉洁情况等方面的投诉；“一本登记簿”，对申办人、申办事项，承办人、承办情况及回复、反馈情况等逐一进行登记；“一个意见箱”，设置征求意见箱，及时收集群众意见，不断改进工作作风，接受群众监督。通过实行“四个一”管理模式，有效提升了窗口服务人员的工作作风。

严格考评考核。实行严格有效的考核激励机制。规范日常考核，从强化工作人员责任心抓起，对窗口人员在岗在位情况、着装情况、文明礼仪情况进行监督。对服务质量开展“星级服务”评比活动，以个人出勤、工作纪律、思想品德、业务技能、工作实绩等综合表现，作为年终个人绩效考核成绩的主要依据，健全完善了社区工作人员约束、激励、竞争机制，调动社区工作者的积极性和主动性。

倡导精细服务。一是“网格式管理、组团式服务”。积极开展社区网格管理探索，将社区按户数和人数规模分成网格，每个网格配备工作人员，全体社区工作人员成为社会保障工作前台。坚持“人在网中行、事在格中办，只找一个人、只进一道门”的网格化工作模式，进一步将社区服务管理的关口前移到网格、楼栋、居民户。利用网格管理区域实现管理服务全覆盖，做到社区有网、网中有格、格中有人、人尽其责。二是积极倡导“五心”服务理念：热心为民、细心服务、耐心工作、爱心奉献、虚心学习。窗口服务人员在工作中主动亮身份、亮承诺、亮形象、亮流程，主动承诺服务时限，严守服务宗旨，使用文明用语，为群众营造友好的服务氛围。三是不断强化社区社会保障“五色”志愿者服务队伍（红色代表为表率、黄色代表为维和、绿色代表为牵手、橙色代表为关爱、蓝色代表为帮扶）。创新开展“五色行动”，通过邻里结对帮扶等多种形式，进行就业和创业指导、职业介绍，为进城务工人员、有意创业人员、就业困难人员提供志愿服务。充分利用社区资源，邀请心理、法律等专业志愿者开展培训、辅导。通过志愿者队伍上门服务和面对面引导，使辖区居民树立了正确的就业观念和生活态度，促进了社会和谐稳定。

更新理念，创新社会保障窗口为民服务方式

针对社区退休老人多、失业人员多等实际情况，十一冶社区公共就业服务保障站倡导“换位思考”工作理念，紧密结合服务对象的特点，设计了“小秘书”“贴心人”“跑腿工”“帮大姐”等角色定位，创新方式方法，丰富社会保障服务窗口的服务内容。

十一冶社区组织社会化企业退休人员参加柳州市潭西街道庆重阳节文艺演出

（一）当好退休老人的“小秘书”

十一冶社区60岁以上老人3 122人，占总人口的21%，远远高出柳州市平均值，其中空巢、独居老人700人。为充实空巢、独居老人的生活，社区社会保障窗口工

社区退管工作人员到柳钢医院慰问重病独居老人并送上慰问金及保暖衣

柳南区和柳州市潭西街道领导和十一冶社区工作人员到军转干企业退休人员家中进行慰问并送上慰问品

作人员把自己当成他们的“小秘书”，采取了一系列颇有成效的服务举措。

社区服务站窗口办公桌上，有一份特殊的爱心档案。档案中记录着社区在册退休人员3 540人的基本信息，备注栏特别标明哪位老人残疾，哪位老人独居等。社区都给每户老人家庭发放了一张便民联系卡。卡上写有服务站工作人员的联系方式，只要老人有需求，一个电话就能呼叫“小秘书”。

档案中，“赵建喜”的名字进行了特殊标记，60岁的赵建喜因精神异常早早病退。她退休近20年，父母早早过世，只有一个弟弟远在广东，无暇顾及。

因赵建喜时常患病，送医院、办住院、结账、日常探望等都成了“小秘书”的分内事。微薄的病退工资，难以承受巨大的住院费用，社区又为她申请了特殊退休人员生活困难补贴。

2016年上半年，医院打来电话，赵建喜病情加重，已经病危。社区联系她唯一的弟弟，通知他从广东赶回来探望。几天后，他弟弟离柳前专程到社区对工作人员表示感激，并放心地托付社区关注姐姐后续的照料工作。如今，社区“小秘书”成了赵建喜在柳州唯一的亲人。

（二）成为空巢老人的“贴心人”

在社区还有一个特殊的“日间照料服务中心”。中心位于柳南区潭西街道旁，占地1 500多平方米，是柳南区首个投入使用的社区老年人日间照料服务机构，通过政府购买服务的方式运营。中心设置有日间照料室、康复训练室、图书阅览室等十多个功能室，为十一冶社区内60岁以上有服务需求且有完全自理能力的老年人，特别是空巢老人、享受低保的特困老人提供了日间照料、饮食、保健、娱乐等方面的服务。除日间休息、就餐收取较低费用外，其余活动场所和设施均无偿为社区老年人开放。在日间照料服务中心，老年人可以享用廉价可口的午餐，还能聚在一起打牌、看书、看电影、听音乐。这已成为众多社区老人的第二个家，社区工作人员则成为老人身边最贴心的人。

83 岁的空巢老人周明华，就是该中心的最大受益者之一。三年前，老伴去世，剩下她独自一人。老人身体不好，心脏还做过搭桥手术，去市场买菜或做饭十分困难。

2015 年 3 月 30 日，社区日间照料中心开业，周奶奶成了这里的常客。与大多数老人一样，平日里他们早上吃过早餐后来到这里，打麻将、看书报、看电影。中午享用过午餐后，还可以在此休息，下午继续娱乐。“环境好，服务好，我们都喜欢。”周明华为日间照料中心竖起了大拇指。每逢年节，社区还组织老人们开展包饺子、游园等集体活动，让老人们更多地感受到社区这个大家庭的温暖。

（三）甘当企业遗留问题的“跑腿工”

2006 年 9 月企业退休人员实行社会化管理，根据上级有关工作要求，社区接收了 2 800 名十一冶集团退休人员，管理服务的退休人员猛增了 13 倍。十一冶集团属于自治区直管企业，退休人员医保关系在柳州，养老关系在自治区。为办好与他们切身利益相关的各种社会保险事务，社区服务窗口工作人员经常需要跑南宁，每个月少则四五趟，多则二十来趟。为了不影响退休人员工资待遇的领取，每年还要为十一冶集团退休人员提供刷脸照相服务。

社区白老先生反映，其身份证上出生时间为 1944 年，而实际为 1943 年，因为这一误差，他的养老金每年比别人少 100 多元，希望社区帮忙修改。经查询，老人退休原始资料出生时间确为 1943 年。为帮助白老先生办成此事，工作人员与老人一同前往南宁，拿着原始资料到自治区社保部门核对，最终得以顺利解决。

这些退休人员，来自全国 20 多个省市，不少人退休后都回家养老。但是，养老、医疗报销等各种费用，都还在柳州办理。老人年纪大了，来回奔波太麻烦，社区“跑腿工”又接下了这单活。

刘传信退休后与老伴回到老家湖南怀化市养老。2016 年 4 月，老人下公交车后摔倒。老人误以为是有人将他撞倒，医生将他说的话记录在了病历本上。医疗费用花去 2.8 万元，老人的儿子将材料寄到社区代办。病历本上写着老人是被撞伤，

向企业退休社会化管理人员发放重病困难补助及慰问品

说明是交通事故造成。按照规定，该费用应由交通事故的责任人承担，医保无法报销。

由于代办不成，2016 年 6 月底，刘传信及老伴专门从怀化来到柳州，社区“跑腿工”陪同着一起跑相关部门。老人说话带有严重的乡音，社保局工作人员与老人交流困难，幸好有在一旁陪伴的“跑腿工”当翻译，最后，事情顺利办成了。

十一冶社区企业退休管理工作人员因热心为企业退休人员服务，排忧解难，被推选为 2012 年广西《南国今报》“公民榜样”

办好医保报销当天，两老买了回怀化的火车票。担心老人不熟悉路，耽误乘车时间，社区工作人员将两老送到了火车站。上车前，刘传信的老伴拉过工作人员，说了一大堆感激的话。执意要给工作人员塞红包。强退不行，工作人员只得暂时收下，在给老人邮寄医疗报销费时，一并将 500 元红包退回。

办理诸如此类事项，社会保障窗口工作人员都习惯了当“跑腿工”。近几年来，社区为退休老人“跑腿”代办事情达数百件，不少老人还特地写感谢信并寄来锦旗。

就像工作人员小孔所说：“这是我们的职责啊，虽然辛苦跑腿，工作量可能比一般的社区大，但每办好一件事，心里都会有成就感和满足感。”

（四）愿做失业人员的“帮大姐”

随着企业改制，失业人员逐年增加，特别是“4050”人员、残疾人就业更加困难。该怎么帮，社会保障窗口工作人员想方设法，自 2015 年起，组织了三五个热心的志愿者，每月在居民家门口举办“招聘会”，为有用工需求的企业宣传岗位信息，鼓励动员条件合适的居民“试一试”，取得了不错效果。

2016 年，社区将志愿服务提升一个层次，因为志愿者以女性居多，大家自己取名成立“帮大姐”工作室，专门帮助社区有就业意愿的人群就业再就业。

45 岁的刘女士因家庭原因一直想在小区周边找工作，但又没有任何技能，十分苦恼。2015 年，在就业志愿者的帮助下，她在家附近一单位找到一份保洁工作，既能照顾家庭，又有稳定的收入。2016 年，刘女士主动报名加入“帮大姐”工作室。她说，志愿者帮助了她，她也希望通过自己的努力，帮助像她一样曾经为找工作发愁的人。

如今工作室的义务“帮大姐”已发展到 20 多人，包括社区窗口工作人员、热心居民和辖区企业代表，两年来帮助近百名困难人员实现了就业再就业。

今后，十一冶社区公共就业服务保障站将以更高的标准发挥好社会保障服务窗口职能作用， 不断开拓工作思路、创新工作方法，努力为社区居民多做实事、多办好事，更好地服务居民、服务民生。为社区居民服务无止境，十一冶社区公共就业服务保障站永远在路上。

骏马深知前程远 无须扬鞭自奋蹄

——记海南省社会保险事业局企业养老保险处

企业养老保险处在“社保走基层”活动中合唱《社保之歌》

“……社保是大家庭，连着千万人，无论男女和老幼，互帮互助是亲人；社保是平安港，护着千万家，无论富贵和贫穷，不离不弃陪伴中……”近段时间在海南省社会保险事业局广为传唱的这首歌，是由该局企业养老保险处余海健同志自编自谱的《社保之歌》，也是该处的处歌。《社保之歌》不仅体现了社保人工作职责，也抒发了社保人对社保事业的热爱。近年来，该处在局领导班子正确领导和关怀下，充分发挥基层党组织的战斗堡垒作用，团结协作，勇于拼搏，严格管理，强化服务，推行服务窗口“综合柜员制”，以高效、便捷的服务方式，赢得了领导和同志们的肯定，以及老百姓的广泛赞誉和好评，在平凡的岗位上创造了不平凡的事迹，荣获2015 年度 “全国先进经办管理单位”。

发挥堡垒作用，铸造一支素质过硬的队伍

企业养老保险处现有工作人员 19 人（其中在编人员 13 人，购买服务 6 人），承担着每月 600 多名企业参保人退休审批、近 10 万人各项待遇审核和计发、财政项目代发和档案管理工作，并负责指导各市县企业养老保险经办工作。面对人手少，工作任务繁重的实际困难，为切实提升工作效能，确保各项待遇按时足额发放，处领导带领全处同志们想对策，找出路。一是充分发挥基层党组织的战斗堡垒作用。不管任务多重，事情多忙，也不放弃基层党建工作，始终把干部队伍思想学习教育作为首要任务贯穿始终。从政治思想上加强学习党的系列理论，既完成规定动作，又自觉完成自学动作。特别是认真开展“两学一做”学习教育活动，获得海南省社会保险事业局 2014—2016 年度“先进基层党组织”称号。二是抓管理，出效能。把企业养老保险业务工作分为前台业务和后台处理，并成立了综合组、前台柜员组、待遇一组、待遇二组及信息系统建设组 5 个组。经过分工，每个人身兼数职，每项工作又都由一个组长主要负责和落实，其他同志配合，明确了职责，相互配合，锻炼了后备干部。三是建立健全经办工作长效机制。完善各项规章制度，制定统一的经办规程，做到标准化经办，不断加强内控机制，让养老经办有法可依、有章可循。进一步修订完善了养老保险待遇业务经办规程和经办流程，使每一项养老保险待遇的核定和拨付工作都要经过初审和复审，形成了较为严密的内部监督约束机制，使每一个环节、岗位之间都能相互制约，相互监督。四是加强业务学习。养老保险工作政策性、专业性和知识性都很强，而经办人员新旧更替很快，不注重学习就无法满足工作需要。为此，该处制定了学习制度。每月都组织全处人员以疑难档案为教材，边讨论边学习，同时还对服务窗口在实际经办工作中遇到的问题进行讨论和研究，最后形成会议纪要，在今后经办过程中参照执行。五是狠抓窗口服务建设，建立团结、协作、高效的服务窗口。不断增强服务意识，积极探索经办服务管理新模式，实行服务窗口“综合柜员制”，实现“一窗口接待、一站式办结”。方便了群众，改善了服务，解决了窗口业务忙闲不均的问题；建立“全省养老保险经办”微信群，及时宣传社保最新的政策法规及各有关社保信息，方便群众咨询社保经办业务问题；设立处“内部咨询台”，全处同志轮流值班，使来人来电咨询的都有解答，减轻了窗口压力，也树立了社保人良好的形象。

企业养老保险处每月例行学习研讨

以上措施，造就了一支讲团结、讲责任、思想硬、有本事、服务意识强的养老保险待遇经办队伍。全处团结协作，各司其职，相互配合，充分发挥堡垒作用，克服重重困难，出色地完成了各项经办工作。

身份变了，但是军人的本色不能变

“小石，归侨生活补贴能不能列进发放待遇项目？”“石科长，为什么补发数额有出入？”“哦，你这个问题应该这样处理……”这是石勇军同志不断来回在局会议室指导 19 个市县调待忙碌的情形。这种情况已经连续 16 天了。

2016 年 9 月，为贯彻落实省政府的工作安排和省领导指示精神，在省人社厅的正确领导和局领导的大力支持下，企业养老保险处对全省调待工作进行了统一部署，先进行系统调待测试后，然后对省本级进行调待，最后对市县进行指导调待，并要求市县统一到省本级进行调待。石勇军同志接受任务之后，尽管爱人工作经常要值夜班，家中还有小孩需要照顾，但他没有一丝怨言，克服困难、日夜奋战，不分节假日，扎实认真地全身心投入海南省2016年调待工作。在调待前，他指导各市县经办机构进行清理待遇项目，进一步完善退休人员的基本信息，确保调待各项数据的准确性，为调待奠定了基础；在调待过程中，他手把手加强对各市县调待工作人员的培训，让他们进一步加强对“核三”系统的掌握和运用，确保调待顺利进行。经过一个多月的艰苦努力，海南省如时按质完成了调待工作，为53.14万名退休人员调整了养老金，实现100%发放，得到省人社厅厅长、局领导的表扬和广大退休人员的好评。而在这次调待工作中，石勇军成为中流砥柱。

石勇军同志作为一名共产党员和转业军人，自2014年12月从部队转业分配到企业养老保险处工作后，为了尽快进入工作状态，他继续发扬革命军人的优良作风，努力学习业务相关的各种条例规章制度，并及时虚心向身边领导同事请教学习，刻苦钻研社会保险业务知识，勤奋进取，加班加点审核退休人员人事档案，不明白的就查找条例和相关政策，做到学以致用。通过对养老保险系统的使用和探索，他不仅自己能熟练掌握养老保险系统的运用，还对该系统存在问题提出建议，使该系

工作人员一起讨论调待问题

统得到进一步完善。两年时间，他从一名社保行业新兵成长为处内的业务骨干，实现了从部队干部到政府工作人员的转变，是海南省社会保险事业局企业养老保险处的党员先锋岗。

每当人们夸奖他时，他都憨憨地笑着说："身份变了，但军人的本色不能变。"

不计较个人得失，不忘初心的共产党员

"海健哥，我跟他说了很多遍，虽然他 1983 年 12 月在《参加工作申请表》批准机关上有广东省海南农垦局劳动工资处'同意吸收为正式工'的公章，但还是按原合同制工人身份办理退休，他不同意，说我为难他，你来帮我解释一下吧。"前台工作人员翁天颖对后台的余海健说。这时"海健哥"就会笑眯眯地走到前台帮助解答。

余海健正在为乐东县社保局经办人解答政策

余海健同志自 1985 年以来一直在海南农垦中建农场从事劳资工作，于 1995 年 7 月被中建农场党委任命为劳动工资科副科长，2003 年 3 月被农垦总局组织部聘任为主任科员。从事多年的劳资工作，他不仅熟悉掌握农垦系统各时期的养老保险政策，还对海南省的养老保险政策非常了解。虽然在农垦社保移交属地管理时，

由于种种原因，他从参公管理的事业单位主任科员身份变成工勤人员。迄今为止，他作为一名工勤人员工作在公务员队伍里，说他没有思想情绪，那是假话。但是，一直以来他从不把这种情绪带到工作中，只要一上班坐在岗位上，他就会精神抖擞，干劲十足。他不计较个人的得失，兢兢业业、任劳任怨，圆满完成领导交给的各项任务。为了解决和了解原农垦职工存在的诸多历史复杂问题，减轻前台经办压力，2014 年余海健从农保处调到企业养老保险处后，为了明确原农垦职工用工性质问题，他多次与农垦总局劳工处沟通，并草拟了《关于农垦系统 1983 年 12 月份及 1984 年部分市（县）招录职工用工性质确认的函》报送海南省农垦总局，经海南省农垦总局复函，明确了农垦系统 1983 年 12 月及 1984 年原通什农垦局管理的 9 个地区在 1984 年 12 月前招工的性质，为全省各经办机构解决了一大问题。他是处里的“老大哥”，凡遇到有人问起农垦的问题，他都会认真耐心地进行解答，直到大家满意为止。

在审核人事档案过程中，针对一些有问题的人事档案或复印材料，他带领同事下到农场进行核查，甚至到省外进行核查，2015 年就核查涂改、篡改或造假人事档案资料 16 宗，不仅保障了参保人的合法权益，还维护了基金安全。2016 年 12 月，由于该月办理退休人员多，而处里举办全省企业养老保险“核三”系统培训班又抽出人手准备会议材料，致使工作量大、人手紧，于是他主动进行加班。但在加班回家上楼梯时，不小心踩空楼梯摔倒，造成左脚错位，住进海南省骨科医院动手术。处领导看望他时，他还念念不忘未完成的退休人员人事档案复审工作，担心这个月养老金不能按时发放。他这种吃苦耐劳、不计较个人得失、一心为社保事业奋斗的精神，让大家深受感动。

他常说：“我是一名党员，不能因为个人的得失而影响工作。”

我们难，可是参保人比我们更难

在繁忙的社会服务大厅 14 号柜台前，一位老奶奶对着一名挺着大肚子的工作人员说：“谢谢你，小姑娘，你不仅回答得详细，服务也好！”原来她夸奖的是即将当妈妈的王绥盈。由于 2016 年海南省调资比较晚，调资事项也比往年多，造成许多退休人员不知道自己到底增加了多少钱，就到企业养老保险处柜台咨询。11 月 3 日上午，海南省万宁市兴隆华侨农场退休职工董玉兰拿着她身份证到 14 号前台查询她的养老金。王绥盈经查询，老人家的养老金是正常发放状态。经过半个小时的交谈和询问，了解到她是万宁市兴隆华侨农场10队的退休人员，为了搞清楚自己的养老金情况，老人家早上6点钟坐班车赶过来咨询：为什么她的养老金2015年增加192元，2016年却变少了，才142元，是不是搞错了。明白老人家要了解的问题后，王绥盈耐心跟她说2015年与2016年调资政策不同，2016年增加的金额是对的。看到老人满意地走了，王绥盈也开心地笑了……

作为一名编外聘用人员，王绥盈自2013年8月聘用到海南省社会保险事业局企业养老保险处工作以来，兢兢业业，认真负责，任劳任怨，时刻秉持着全心全意为人民服务的社保精神和社保态度做好企业养老保险所属的各项工作，荣获“2014年度海南省社会保险事业局优秀员工奖”。在前台服务窗口接待中，面对的更多是老年人，她总是不断告诉自己，虽然自己是外聘人员，工资不高，但是比起顶着炎炎烈日，冒着风雨，舟车劳顿前来办事的人员，要舒服多了。人不能总是想着自己亏了多少，要多想自己做了多少。对待心情焦急需要帮助的参保人，一定要注意说话的语速，耐心倾听，想群众所想，急群众所急，把人民群众的需求记在心头，答复好每一位咨询者，使广大群众高兴而来，满意而归。

怀孕的王绥盈热情地为参保人服务

在前台服务窗口不仅要回答退休人员的咨询，还要经办养老保险待遇业务，平均每个月都要受理审核200份以上的退休材料，工作非常辛苦。2016年，王绥盈怀孕了，但是她仍然没有降低对自己的工作要求，不要求特殊对待，每天照常上班，照常工作。如今她挺着大肚子，在完成日常退休受理和来访接待的同时，还整理社评重算表 2 000 多份，扫描人事档案 1 230 多份。

“骏马深知前程远，无须扬鞭自奋蹄。”近年来，该处牢记使命，自觉履行职责，确保养老金按时足额发放，以实际行动体现着为民办实事的决心，以高效、便捷的服务方式为参保人提供优质服务，造福一方百姓，为和谐社会建设和社会保障事业的发展做出积极贡献。

“我们社保人，热情服务是天职，排忧解难是责任，撒向人间都是爱；我们社保人，太平盛世话幸福，不负重托和期待，共筑和谐中国梦。”这首歌会一直在养老保险处传唱，因为它是该处全体同志的心声，也是对社保工作的承诺。

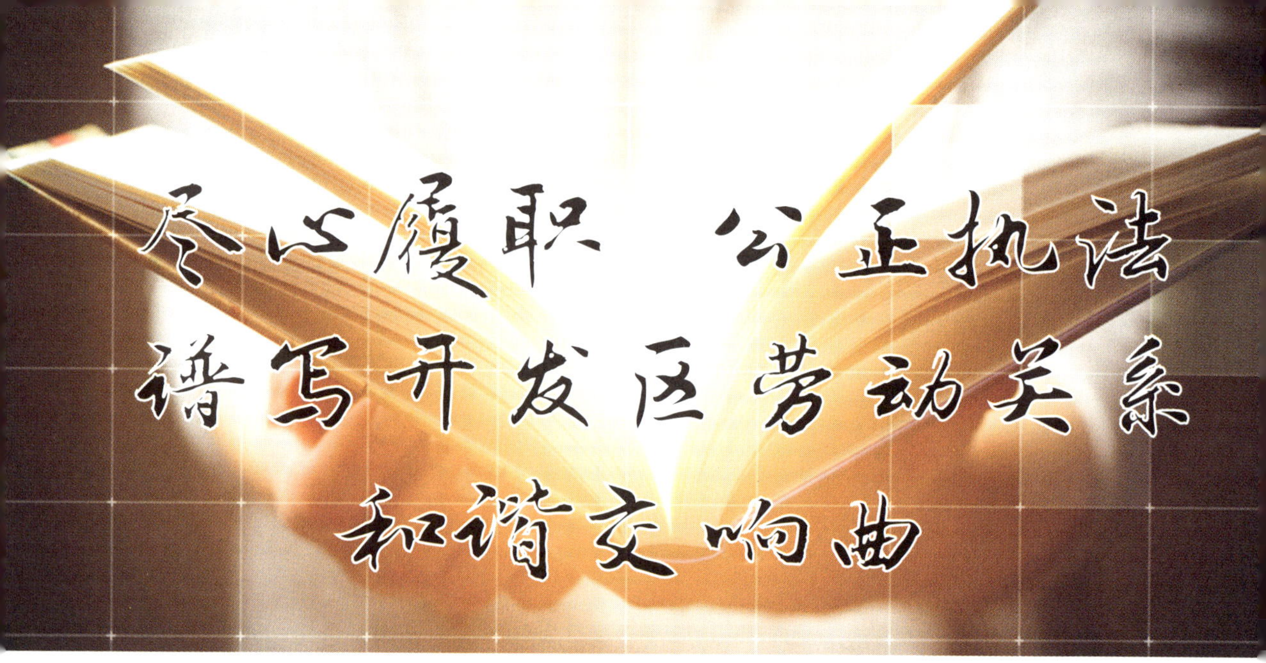

尽心履职 公正执法 谱写开发区劳动关系和谐交响曲

——记海南省洋浦经济开发区劳动监察大队

近年来，洋浦经济开发区劳动监察大队（以下简称大队）以维护劳动者和用人单位合法权益为己任，充分发挥劳动保障监察职能和作用，致力构建开发区和谐劳动关系新格局，创新思路，健全机制，锐意攻坚，谱写了一首首洋溢手足之情的劳动关系和谐交响曲。2014 年大队被评为海南省打击非法用工等违法犯罪活动优秀单位。

创新工作机制，设置一道道事前防范的减压阀

当前，劳动监察大队仅有 2 名工作人员（近期新增 1 名毕业生），同时肩负繁重的劳动仲裁工作，他们克服点多、线长、面广、案多的种种困难，主动作为，认真履职，创新管理机制，防范纠纷发生，自 2014 年至今共处理劳资纠纷投诉案件 359 件，处理劳动争议案件 334 件，赢得广大劳动者的一致好评。直到现在，尚未收到一件劳动者对劳动监察大队的投诉。

（一）建筑企业实名制，拖欠行为强打击

随着洋浦开发建设的迅猛推进，各类项目建设大面积铺开，施工单位和建筑工

大队到区内几个重点建筑工地及企业进行专项检查

妥善解决某工程施工单位拖欠农民工工资问题

人数量成倍增加，给劳动监察工作带来了日趋严峻的挑战。为了打击恶意讨薪及预防不依法按时支付农民工工资的行径，大队对区内在建项目的建筑施工企业实施实名制管理。要求建筑施工企业一律建立实名制管理制度，每个建筑施工企业必须对所在建项目进出的每个工人进行登记造册，有效避免了发生工资纠纷时一些工人冒名顶替或是浑水摸鱼骗取工资的情形，大大降低了解决纠纷的难度，明显提高了工作效率。实名制管理制度作为大队日常巡查的检查项目，尤其是在每年开展的农民工工资专项检查活动中列入重点检查落实的工作，取得了良好的效果。

（二）银行代发工资，实现工程款与农民工工资分账管理

鉴于工程领域层层转包现象相当普遍，由此造成管理体系非常混乱，总包商、分包商对施工工地农民工疏于管理的问题越发突出，欠资法律风险、纠纷隐患大，给全社会带来诸多不稳定因素。大队在某石化公司实行银行代发工资制度试点，制度要求企业对工程建设项目人工费用与其他工程款分账管理，总承包方应分解工程款中的人工费用，在工程项目所在地银行开设农民工工资专用账户专门用于支付农民工工资，业主拨付工程款时按照款中的人工费单独拨付到农民工工资专用账户上。银行代发农民工工资制度实践效果良好，逐步向全区企业推广，这一举措对业主、总包商、分包商、包工头等多方主体切实起到有力的制衡监管作用，极大地减少了

因欠资而发生的农民工集体上访、闹事等群体性事件，为工程领域安装了维护劳资和谐的稳定器。

（三）失信入“黑”，企业处处受限

诚信是中华民族的传统美德，是做人的基本道德要求，是社会主义核心价值观的重要内容。同样，诚信是企业生存发展的根本，是促进企业内外有效沟通的桥梁。但是往往有些企业钻监管的空子，对拖欠工资事实清楚、证据确凿的企业实行“黑名单”制度，依法依规向社会公布，在政府资金支持、政府采购、招投标、生产许可、市场准入、评优评先、融资贷款、资质审核等方面予以限制，做到“一处违法，处处受限”，提高企业失信违法成本。

大队在存在拖欠员工工资违法行为的用人单位门口张贴《责令改正决定书》

着力排忧解难，劳资纠纷在悉心调处中悄然化解

走进监察大队办公室，映入眼帘的是挂在墙上成排的鲜红的锦旗，这一面面锦

旗，饱含着一批批农民工对监察大队的诚挚谢意，折射出监察大队践行执法为民承诺背后的一连串感人肺腑的事迹。

大队获赠的锦旗

2014 年 6 月 16 日，洋浦森江沅船舶工程有限公司管理人员在调解工资纠纷中，与工人发生了肢体冲突，几名工人激愤之下挥舞着锋利的钢条冲上来。在紧要关头，大队长邢开光和监察员林宇鸿不顾安危，毅然站在暴怒的工人前面，生生把他们拉开，使双方最终冷静下来，重新回到谈判桌上。经过监察员的长时间劝导和调解，双方友好地达成协议。

2014 年 12 月 10 日下午，监察大队接到报告，称有农民工围堵海南逸盛石化有限公司大门讨要工资。大队长带人到达现场了解到，此次欠薪的缘由是施工单位华誉公司因自身管理不善，资金周转出现困难，导致 201 名工人 350 万元工资未能及时支付。但转危为机的因素在于业主海南逸盛石化与华誉公司未结算的工程款中足够支付此次所拖欠的全部工资。他们当即提出海南逸盛石化从未结算的工程款中先行垫付工人工资，并责令华誉公司当天务必做好委托手续和确认工人人数、拖欠金额，海南逸盛石化总经理当场拍板同意监察大队的意见。当晚华誉公司把需要的材料转交给海南逸盛石化，海南逸盛石化次日上午全额支付全体工人的工资。两家公司对监察大队雷厉风行的办事作风感叹不已，工人们对监察大队执法为民的风尚道谢连连。

2015 年 6 月，一辆辆接送孩子去幼儿园的车子从单位门口驶过，孩子们庆祝六一儿童节的一阵阵欢声笑语响起。这时，几十名穿着褴褛、头戴黄色安全帽的工人冲进大队办公室，空间不大的办公室立马就被工人们挤得水泄不通。其中，一名带头的工人告诉大队工作人员，他们是某工地的工人，在工地上干了几个月的活，到现在一分钱都拿不到，包工头跑了，施工单位也不管他们，业主也对他们置之不理，无奈之下才来找大队投诉。仔细一看，工人们黑黑瘦瘦的，有男有女，有的赤膊上阵，有的带着小孩，有的挺着大肚子。大队长立刻站起，指挥工人到外头说明情况、解决问题，不能把单位楼道堵了，妨碍其他前来办事的群众。工人们听从大队长的指挥，陆陆续续地走到单位门口。大队长带领队员开始对工人们的情况进行了解，门前熙熙攘攘的工人们各自说着包工头如何欠钱逃跑，如何使坏，如何令他们陷入困难，门口一下子“热闹”了起来。大队长随即令工人先冷静下来，给工人说清楚正确维权的方式方法，讲明白拖欠工资被判入刑的法律后果。听到这里，工人们似乎明白了什么，情绪也没有像刚才那么激动了。大队长见机立即让工人们选出几个说话比较清楚有条理的作为代表。工人们选出的代表你一句我一句，最后讲清楚了事情的前因后果。原来是因为包工头谭某的弟弟利用谭某的身份证与上一包签订了承包合同，并将包下来的工程单价提高，吸引了一大帮工人前来为他卖命干活。但令人匪夷所思的是，为何这位谭某的弟弟提高单价，做赔本生意招用工人呢？这实在让人想不通。情急之下，大队长让工人代表进办公室填写投诉表，当天立案调查此事缘由。次日早上，大队长驱车带人赶赴农民工投诉的工地现场。现场能看到几名零星的扫地工人正在清理垃圾，楼房已经盖好等待入住了，而工人的工资迟迟发不下来肯定有什么原因。工人们早已在门口等着，见大队一来，纷纷冲上车旁，边走边带大队长和队员们开到工地项目部大楼下。走到项目部楼下，现场工作人员早已在此等候，急忙领着大队一行人向会议室走去。为了防止工人闹事无理索要工钱、解决工程款与工资绑定问题，参加联席会议的人员除了大队成员、工人代表和项目部负责人外，大队还请来了派出所公安代表和规划局相关负责人一起了解协商农民工工资拖欠问题。通过会议了解到，总承包把工程发包给符某，符某又将部分工程分包给谭某的弟弟，由于没有身份证，谭某的弟弟借用谭某身份证与符某签订了承包合同，工人的工资单价比承包价还高，显然不合常理。另外还了解到，工程量都计算完了，总承包方都已经把钱准备好了，只要工资一结算清楚，钱立马发放。认定了主要欠薪责任人的主体在于谭某及其弟弟，随后大队一直联系谭某及其弟弟前来大队办公室协调解决工资问题，但谭某总是称其同意回来，过了一段时间仍不见踪影，谭某的弟弟更别提了，从来就没露过面。包工头一直不来解决问题对几十名农民工的正常生活已经带来严重的影响。有一次，大队在项目部开会离开的时候，工人一直围着车子不愿让大队离开，生怕大队一走，这个事情就没人管了。谭某及其弟弟以逃匿的方式逃避支付农民工的劳动报酬，已经涉嫌拒不支付劳动报酬。大队长做出一个决定，一方面抓紧时间收集好材料做好涉嫌犯罪案件移送公安；另一方面令总承包以进度款为限，优先垫付工人工资。工人工资结算存在争议，作为优先事宜处理。由于工人做工的单价高于承包单价，大队决定以工程量先计算工人的应发总工资 387 272.19 元，再根据实际计算的工程量计算出实发总工资 160 106.94 元，再根据比例 41% 计算工人的实发工资。最终，在大队的监督见证下，工资直接发到工人手上，工人们连声道谢。

2016 年春节前夕，洋浦新英湾安置区工地的上百名农民工一窝蜂地围堵洋浦管委会大楼上访，要求立即支付工资回家过年。接报后，监察大队全体队员紧急赶赴现场，安抚工人情绪、了解前因后果。拖欠原因是总包单位与分包班组之间的工程结算存在争议，工程款无法按时拨付到位。该案件涉及农民工 365 名，拖欠工资高达 998 万元，处理不好随时可能引发重大的群体性事件。大队随即召集业主、总包单位以及各分包班组负责人开会协调，当机立断拿出解决方案，责令总包单位先行垫付全体工人的工资，至于总包单位与班组之间的工程结算争议，过后可通过司法途径解决。方案确定后，监察大队采取“快立、快审、快结”的方式先将不配合结算工人工资的包工头刘某移送公安机关实施抓捕，起到了强有力的震慑作用。经过大队全面了解以后，做出了由总包单位先行垫付工人的全部工资 998 万元的决定，

大队召集各个施工班组包工头开会，要求各单位及施工班组及时足额支付农民工工资

使得全体工人都赶在节前兴高采烈地拿着工资回家过年。

2016年4月5日，正值清明时节，洋浦正迎来最炎热时的夏天，一群身穿制服的工人将管委会大楼门口团团围住，要求要为他们主持公道。大队接到通知，立刻驱车前往事发地点。到了现场，大队成员顶着烈日一边了解工人的情况，一边劝说缓解工人的情绪。经过了解，他们是某公司的工人，由于公司改制将部分业务外包出去，业务相关的工人没有安排其他岗位，大批工人面临下岗危机，情绪非常激动，而且不愿意跟公司妥协。大队找来公司高层及工人代表，经过几次会议的协调，最终协商达成一致，公司将这些员工按照岗位性质安排到公司其他岗位工作，并且提供不少于三个岗位以供工人选择。虽然有些工人已经愿意协调解决，但是部分工人仍然坚持要求公司赔偿。大队建议这类工人向劳动人事争议仲裁院提出劳动仲裁，通过合法程序索要赔偿，并且帮助他们向法律援助申请免费律师以维护其合法权益。

健全工作制度，办案规程纳入高效运行、监督有力的轨道

为确保依法行政，文明执法，大队制定了一系列行之有效的制度：一是“五清楚”，监察员对区内企业的基本情况要做到对劳动用工情况清楚、单位性质清楚、单位具体位置清楚、法人代表清楚、联系方式清楚；二是“四负责”，监察员在办案时要增强劳动保障监察责任意识，对案件的立案、调查取证、结案全程及办案质量高度负责；三是“三追究”，制定和完善监督机制，全力推行执法责任中监察员办案、履职、规程追究制，使各项工作规范化、制度化、透明化，进一步规范执法行为。通过一系列举措，大队打造了一支“业务精通、作风过硬、廉洁奉公”的监察员队伍。

坚持“内外并举”，让劳动法律法规深入人心

“执法先治队，治队务从严”，大队以“严”为本，突出队员能力的整体素质的提高，塑造冲得上、拿得下、靠得住、打得赢的突击队。同时，在全社会大力宣传劳动法律法规，在“就业招聘会”上设立法律咨询台，为用工单位和求职者答疑

解惑；开展了“送法进企业”“送法进社区”等一系列宣传活动，提高了劳动保障监察工作在群众中的认可度，使企业管理者、工人群体学法、用法、守法的意识不断增强。

大队参与编辑的制度汇编和法制宣传材料

争创"四个一流" 九龙坡人社人在行动

——记重庆市九龙坡区人力资源和社会保障综合服务中心

人力资源社会保障部调研重庆市及九龙坡区人力社保工作座谈会

重庆市九龙坡区人力资源和社会保障综合服务中心（以下简称中心）是集全区就业创业、社保经办、人事人才和劳动关系于一体的综合性服务平台，中心始终坚持全面贯彻落实党的十八大和十八届历次全会精神，深入学习贯彻习近平总书记系列重要讲话和视察重庆重要讲话精神，认真落实国务院关于简化优化公共服务流程决策部署，以"严格依法行政、优质高效服务、办事公开透明、工作作风优良、监督机制完善、坚持改革创新"为理念，积极开展各项工作，作为全市重点基层调研点先后迎接国家人社部5位部级领导、多位司处级领导和财政部、国家深改办、市委市政府、市人力社保局等各级领导多次调研，受到高度评价，获评全国人力资源和社会保障系统2014—2016年度优质服务窗口、重庆市人力社保系统优质服务窗口，连续8年获评全国人力资源市场秩序专项整治突出成绩单位，区劳动人事争议仲裁院、区医疗保险管理局先后获评全国人力社保系统优质服务窗口，一直朝着建设“一流的设施、一流的队伍、一流的管理、一流的服务”人力社保品牌目标努力奋斗。

夯实基础，打造以人为本服务环境

一是提档升级基础设施。为服务全区 111.6 万名群众，中心着力打造了集全区社会保障监控指挥和劳动监察“两网化”实时监控、劳资关系综合管理于一体的“指挥中心”，集劳资关系调解、仲裁于一体的劳动人事争议仲裁院和就业服务、社保经办和人事人才服务三大平台的“一心一院三平台”体系，设置经办窗口 66 个，日均接待群众 3 000 余人次，服务面积、窗口数、电子化程度、群众满意度均居全市前列。同时以中心为依托在全区 206 个村、社区全部建成便民服务点，形成了“村（社区）—镇（街）—区”三级服务平台，将个体参保、医保缴费、城镇职工失业保险待遇申领等 30 项经办服务下放到镇街平台；居民医保参保等 5 项经办服务下放至村社平台。辖区群众可以就近享受到便捷、周到、规范的人社服务。

九龙坡区白市驿镇群众在镇上城乡居民合作医疗保险服务窗口领取报销费用

二是优化简化办事流程。统筹梳理就业补贴审核发放、社保五险经办管理、人事工资审核办理、工伤案件认定鉴定、劳动争议执法裁决五大类职权 37 个细项，服务项目、办事流程、办理时限等全部在服务大厅上墙公示；优化工伤认定、新招录人员报到、劳动能力鉴定、退休审批办理等各类工作流程 34 项；将原进驻区行政服务中心的退休审批、劳动能力鉴定、非标准工时制审批等业务整合进区人力社保综合服务中心，改由科室直接办理，相关业务平均办结时间缩短一半以上；将涉及大学生就业服务、职业技能培训鉴定、就业补贴审核发放等涉及民生的关联紧密的科室（单位）就近设置；与工商银行、泰康人寿保险公司、中国大地保险公司“合署办公”，为群众社保卡挂失补办、金融功能激活及大病保险待遇享受提供“一站式”办理服务。

中心党员干部开展社保法宣传进村居活动

三是完善信息宣传渠道。开展人力社保政策“进村社、进企业、进学校、进医院”活动，印发各类宣传资料百万份，对接电视台、报纸、手机报、人防等信息平台，大力宣传就业、社保、医保、劳动维权等政策法规；扩大网上业务办理查询范围，辖区群众和企业可通过中心网站、微信公众号等平台查询相关业务办理流程及进度，做到结果可查询、过程可追溯，截至目前，网上咨询已占中心业务咨询总量的30%；整理编印了劳动就业、社会保障、人事人才三大类180项业务的规范性文本，对外公开；为镇街平台配备与区中心相连的视频终端设备、用于同步政策宣传的电视机，将人力社保近100项业务流程拍成视频宣传片，在中心大厅的LED显示屏及镇街、村社区平台同步播放；在社保服务大厅、就业服务大厅设置自助查询机，群众可根据自身需求点击政策解释、办事指南、求职招聘、培训信息等板块，轻松获取海量信息，真正做到人社政策入民心、阳光运行促规范。

注重效率，主动担当服务转型发展

一是就业创业举措推陈出新。建立完善“大学生见习基地”、困难家庭大学生“一对一”帮扶就业窗口、区属重点工业企业招工补贴政策和就业资金管理“1+8”配套办法；创新“东区集中办学，西区送教上门” SYB培训组织模式。将贫困家庭子女、毕业年度高校毕业生纳入免费SYB创业培训服务对象；充分利用微信等新型移动互联社交网络搭建创业交流平台，举行公租房小区创业讲座、困难人员创业大讲堂。开辟市内外人力储备基地，实施企业专场招工，深化稳岗补贴支持政策，强化用人单位社保补贴和公益性岗位补贴；大力助推“双创”工作，出台《九龙坡区创业担保贷款管理办法》，个人最高可贷50万元，15万元以内全额贴息，超过部分享受基准利率100%贴息，企业最高可贷500万元且享受基准利率100%贴息；成功助推九龙坡区入围“2016年全国小微企业创业创新基地城市示范”创建名单。

二是社会保险经办优质高效。率先在全市实现社会保障工作平台城乡全覆盖。扎实开展全民参保登记，总结形成的“七步工作法”多次在全国全民参保登记工作相关会议上交流并推广，实现社会保险由制度全覆盖向人群全覆盖转变，国家人社部专题到九龙坡区拍摄宣传纪录片；机关事业单位养老保险制度改革顺利实现工资调整、编制核对、数据入库、基数核定、资金测算等工作；按照国家“三去一降一补”的总体要求，根据全市统一安排，从2016年5月1日起，两年内阶段性降低区养老、医疗、失业保险费率共计2.5个百分点，继续实施小微企业困难行业的社保缴费调整政策，将社保缴费优惠政策扩大至12个行业，惠及13 229户企业减支5.53亿元；积极推进医保支付制度改革，建成以总额付费为主的综合支付体系；全区五险目前参保已达300余万人次，基本建成普惠性、基础性、兜底性的社保体系。

三是人事人才管理提升有力。探索建立“基础人才公开招聘＋重点人才公开

2016 年九龙坡区职业技能大赛软件编程项目竞赛现场

北京大型人才引进活动面谈考核现场

选聘＋高端人才集中引聘”相结合的“三聘”模式，坚持体制内外服务相结合的模式，四年累计为企、事业单位引进高端才近 3 000 人；2016 年九龙坡区在出台《高层次人才引进管理暂行办法》的基础上，又出台了《支持人才区内购房的实施意见》，按人才类别给予在区内购买商品房的六类高层次人才以销售建面均价 2.5% 至 90% 的补贴；建立九龙坡区人才服务联盟集群平台，将人才供给链条中的机构集中规范打造，合理分配政府供给资源和市场资源，形成“互联网＋”和市场配置的协调发展的人才引进、培养及市场化服务综合平台；建立高级专家发展资金扶持制度，几年来直接服务数百名专家、90 余个科研课题研发；2016 年在以往评选突出贡献专家的基础上，开启评选“十佳科技领军人才”和“十佳技能型人才”专项工作，凸显对专家人才创新创业的关注和积极导向；同时，积极开展全区各行业的职业技能大赛，在大赛中把服务重点产业和重点行业以及新兴业态进行很好的融合，全方位为技能人才搭建圆梦舞台；全力推进人事档案清查和规范管理工作，率先出台了临聘人员管理指导意见，公务员面试中率先在全市引入社会考官评价机制，首创从优秀村、社区干部中招聘镇（街）事业单位工作人员，并在全市得到推广。

四是劳动关系协调扎实有效。全部镇街建立协调劳动关系三方委员会，严格把关劳务派遣审批监管，确保劳动者合法权益不受侵害，全区劳动合同签订率国有及集体企业达 100%、私营及民营企业达 96.6%；全面实施监察两网化，实行网络办案，建立劳动保障三级监管体系。全面统筹全区清理拖欠农民工工资工作，建立清欠“三定三快”、红黄牌预警等长效机制，落实农民工工资直付制度、农民工工资保障金制度、农民工用工实名制。加强对恶意欠薪和恶意讨薪行为的打击力度。连续多年获评全国人力资源市场秩序专项整治突出成绩单位。全面运行仲裁信息管理系统，创新采取劳动仲裁“一案三书”机制；加强裁审衔接，形成法院、仲裁季度研讨会长效机制，实施案件分类处理，着力终局裁决，做到有案必立、立案必结；在全部镇街、大中型企业和劳动争议多发非公企业建立劳动争议调解委员会 100 余家，成功构建“四维”调解网络体系，加强基层调解组织培训指导，加大调解力度。2016 年春节期间，为 1.2 万名农民工追回拖欠工资 3.9 亿元。

科学管理，打造“为民、务实、清廉”队伍形象

一是制度保障，提升窗口服务形象。启动运行服务实时监控系统、群众满意度评价系统；组建窗口作风监督检查小组；完善细化《AB 角服务制度》《一次性告知制度》《全程代办制度》等八大服务规范，在全市人力社保系统率先制定人力资源和社会保障窗口单位“十二禁令行为”与“十二工作忌语”，统一着装，微笑服务；实行门牌、坐牌、胸牌和“去向公示制度”，向群众亮身份、亮承诺，外出办事必须在门牌上公示情况；制定就业资金管理“1+8”办法、就业服务业务规范、农民工维权手册等 20 项业务规范。全面推行局领导每日巡查制度、群众举报投诉处理通报制度、工作日志公示制度和领导带班制度；建立每周五学习制度，根据人社系统工作特点，每年定期与不定期举办业务培训；每半年评比人力社保“十佳服务明星”，并将窗口服务荣誉作为评先评优、职务晋升的重要参考，真正实现窗口经办队伍“素质提升、业务锻炼、成长进步”三统一。

二是筑牢防线，打造清廉人社队伍。建成 40 米廉政主题文化墙。梳理廉政风险点 110 个，并按高、中、低划分为不同等级，形成“分岗查险、分险设防、分权制衡、分级预警、分层追责”的预警防控模式；设立廉政讲坛、组织参观廉政教育基地、观看警示教育片等方式加强干部职工廉政教育；落实窗口单位科级领导干部三年轮岗制度；全面推行“阳光面试”模式，实行面试考官随机抽取、临时通知，考官和考生分别进行随机抽签决定分组和排序，全程跟踪摄像录音，维护公招公平、公开和公正；健全社会保险基金监管机制，在全市率先建立起立体监管工作网络，开展实时、多维和纵深的基金监管工作，实行纪检监察、基金监督“检查联合、处

理联动”机制；开展就业社保资金“举一反三”清查活动，构建社保基金初审、复审、会审的分级审核机制，形成医保、工伤、生育、公医基金（资金）使用资源共享、监管同步、处罚互认的监管新模式，制定集体决策、岗位制约、集体议事规则等规定 11 项，物品采购、基金监管等内控制度 78 项；建立审批审核结果、纪检监督电话同步公示机制，在办公楼、各办事窗口设立意见箱，门户网站公布监督电话，开通电子邮箱接受群众意见和投诉，着力构建明察、暗访、抽查“三位一体”的监督机制，做到“抓住关键、防控一片”。

三是加强教育，强化党员意识形态。全面贯彻落实党的十八大和十八届历次全会精神，深入学习贯彻习总书记系列讲话精神，巩固拓展党的群众路线教育实践活动和“三严三实”专题教育成果，扎实开展“两学一做”学习教育，从支部专题学、小组集中学、周末课堂学、个人自己学四个层次统筹推进。创新分阶段开展“1+X”的党员学习“老带新”，创新制作“两学一做”微信宣传页，通过“两学一做”微信群及区人力社保局微信公众号，不定期发布学习资料。局中心组推出了“讲政治、有信念，讲规矩、有纪律，讲道德、有品行，讲奉献、有作为”的“四讲四有”学习专题。社保局党支部还推出了“做社保三种人”（政治的明白人、业务的带头人、群众的贴心人）学习专题，就业局党支部推出了“助推创业惠民生”的学习专题，开展了“两学一做”知识竞赛，形成 “个人自学见笔记、小组讨论有发言、支部分析见问题”的学习教育机制，引导党员干部职工树立为民意识，立足岗位，善于担当，主动作为。

擦亮小窗口 做实大民生

——记重庆市渝北区社会保险局

小窗口，大民生。社保窗口服务工作，关系到党和政府惠民政策的真正落实，关系到实现好、维护好、发展好人民群众的根本利益，关系到加强党同人民群众的血肉联系。

近年来，重庆市渝北区社会保险局（以下简称渝北区社保局）牢记习近平总书记关于“便民服务平台建得好不好，关键看服务实效”的指示，始终秉承“民生为本，服务先行”的工作理念，坚持以“顺应期盼、群众满意”为目标，不断推进作风建设、简化服务流程、优化服务方式、创新服务手段，始终注重保障和改善民生，努力让改革发展成果更多更公平地惠及人民群众，在全市创下多个“率先”：

率先在全市构建“2+3 社保经办服务体系”，17 项社保公共业务和个人参保业务实现“同区通办”，区镇村“梯级”经办效应逐步凸显。

率先在全市推行社保业务“网上经办”，辖区内 100 人以上的近千家企业全部开通社保业务网上经办平台，网办公共业务超过 30 万条，占全年业务总量的 35%，公共业务网上经办全面拓展。

率先在参保登记环节推行“全业务综合柜员制”，待遇审核环节推行“流水式”作业、“一站式”办公，通过严格业务授权管理，群众办事更加便捷。

率先在全市建成标准化服务大厅，面积由 1 500 平方米增加到 5 500 平方米，服务窗口由 25 个增加到 62 个。

……

“十字学习法”促进作风建设

2015 年 10 月 27 日，秋雨纷纷，王群英带着十多岁的孩子，刚一走进渝北区社保服务大厅就失声痛哭。

“帮帮我们孤儿寡母！”王英群向社保局工伤分管领导哭诉，她丈夫张伟书是北大医药公司业务员，就在当年 8 月 18 日出差到雅安某药业公司洽谈业务途中发生交通事故，在当地医院抢救无效死亡。王英群说：“雅安某药业公司不愿意出具张伟书与其洽谈业务的相关证明材料，造成无法认定工伤。”

其实，工伤认定不属于社保局职责范畴，加上事发地点远在重庆市外，时间也过去 2 个多月了。但社保局还是主动与区人社局社保科协商，最后安排专人前往四川省雅安市，走访交警部门和医院，最终核实确认北大医药公司业务员张伟书发生的交通事故为工伤，为王英群母子落实了 63 万余元工伤保险赔偿金。

2014 年，习近平总书记在河南调研兰考县为民服务中心时指出，乡镇社区、企事业单位和窗口服务单位都要把为民服务工作搞好，要以百姓满意不满意为标准改进工作、改善服务，提高服务水平。习近平总书记说：“服务时效最根本的还是我们内在要有一颗为人民服务的心。”

“正因为我们有一颗为人民服务的心，所以时刻把群众的冷暖记在心上。”渝北区社保局局长吴邦力称，“本领过硬，才能服务为民；作风优良，方可赢得信赖。”一直以来，该局全体职工树立“夯实工作基础，必须以学习为首要”的观念，要求大家既要向书本学理论、学法规；也要向老同志学经验，向年轻同志学技能；还要向群众学纯洁、学实在，在工作中学习，在学习中提升工作能力和效率，从而打造一支敬业、守纪、廉洁的队伍。

据介绍，渝北区社保局专门建立了学习制度，定期围绕政治理论、政策法规和业务经办等开展学习培训，提升全局干部职工政策业务水平和依法行政意识；每年

"十字学习法"提升经办服务效能

都要对 360 名镇街工作人员和村居社保员集中开展基础操作培训，帮助基层社保人员解决业务经办中的实际问题。每月定期推出"社保大讲堂"免费培训服务，积极提升企业劳资人员的政策知识面和业务经办水平。

在学习实践中，渝北区社保局还总结提炼了学习、对标、体检、整改、评价"十字学习法"。该局要求，通过学习，对照标准体检自己的工作，找出存在的不足，然后整改提高，从群众的满意度来评价学习效果。

在通过学习增加职工作作风"精神之钙"的同时，渝北区社保局还着手作风建设硬件建设。吴邦力局长介绍，该局首先把作风建设纳入区行政效能监督范围之列，在社保大厅安装电子监控 70 多个，直接与区行政效能网和市社保局的效能监督网互联互通，时时接受区政府及市级部门的效能监督；其次对外公布社保大厅作风建设举报投诉电话，设置意见箱，把每一项业务、每一名工作人员的服务行为都纳入服务对象的直接监督，对"吃、拿、卡、要"等不廉洁行为"零容忍"；最后实施"双合同制"预防服务管理的不廉洁行为，在与两定机构签订服务协议时，同时签订廉政合同，对工作人员在医保等管理中的收送礼金、行贿受贿等谋取不正当利益的行为实施清单管理。

三级联动实现服务“零距离”

空港新城是新一轮重庆主城战略规划确定的城市空间发展战略新中心，位于渝北区的黄金地带，可谓寸土寸金。

标准化的社保服务大厅

就在这里，2014 年 5 月，渝北区选定 1.2 万平方米商业楼，建设区人力资源社会保障服务中心。由此，社保服务大厅由过去分散的 4 个整合到集中的 1 个，面积由 1 500 平方米增加到 5 500 平方米，服务窗口由 25 个增加到 62 个，配置了 1 个导引台、2 个填单台、5 台自助查询一体机、2 台电子显示屏；大厅将五险经办业务全面整合，按功能板块设导引咨询、休息等待、自助查询和办公服务区。

“由四处跑集中到一处办，真是方便不少。”市民吉光中称，走进大厅，就有志愿者询问需要办理的事项，然后指导填单子，再带到相关的窗口休息等待办理。王道福年近 70 岁，眼睛有些昏花，他戴上大厅准备好的老花镜，感慨地说：“瞧瞧！渴了可以喝水、不舒服还有便民药品，这里的服务方便又温馨。”

渝北区面积为 1 452 平方千米，有 22 个镇街 320 个村，是重庆“大城市、大农村、大山区”的典型缩影。近年来，渝北区常住人口达 123 万人，参保人员近 100 万人，服务企业有 10 000 多户。随着覆盖城乡的社会保险体系的基本建立，渝北区社保业务经办量猛增，因服务区域广、参保人员多，能够在家门口方便、快捷地办理社保业务成为广大群众的强烈愿望。

指导群众填写表格

“把社保工作作为重大民生工作来抓，实现社保服务‘零距离’。”渝北区提出，以平台建设为抓手，完善便民利民措施，将参保登记等公共业务和个人参保业务下沉到镇街社保所经办；实行城镇职工社保业务在社保大厅与镇街社保所两级窗口平行经办；城乡参保业务实行区级管理、镇街经办、村居代办的三级上下联动；同时为全区所有村居配置指纹认证仪、社保卡制卡机，实现社保卡补换立等可取，指纹认证足不出村。在全市率先构建起的“2+3”社保经办服务体系，真正化解社保工作服务人民群众“最后一公里”的问题。

现在，渝北区人力社保局在全区 22 个镇街社保所设立了 27 个社保业务经办窗口，在 320 个村（居）设立了社保代办点，即城镇企业职工基本社会保险业务由区社保公共服务大厅、镇街社保所两级服务窗口同时经办，城乡居民社会保险业务由区级统管、镇街经办、村居代办的三级服务平台上下联动经办。从而实现了参保缴费不出村居、待遇享受不出镇街，基本解决了办事群众往返奔波、长时间排队的问题，社保经办服务质效得到极大提升。

大盛镇距离渝北城区有 50 千米。村民金秀碧说，以前办理城乡居民养老保险和城乡居民医疗保险参保手续，要专门坐车 1 个多小时到区社保服务大厅排队办理，现在在家门口就能办好，既节约了时间，又节约了费用。

据统计，现在全区镇街社保所承担了全区近 50% 的社保业务量；村居代办点受托代办承担了城乡居民社保业务量的近 80%，既减轻了区社保服务大厅的工作压力，又方便了群众。

完善制度促进服务“标准化”

微笑着迎接进入窗口的群众，用心聆听对方的请求，耐心回答群众的咨询，细心办理社保业务，最后微笑着目送群众满意离开……

在渝北区社保服务中心，从早到晚，白丽娜每天重复着推行望、闻、问、办“四字工作法”。白丽娜是城镇职工养老科职工。她说，不只是区社保服务大厅，在区级、镇街、村居三级社保服务窗口，所有窗口工作人员都这样为群众提供标准化服务。

“文明窗口不仅仅是笑脸相迎，更重要的是要打造一个高效、便民的服务体系。”渝北区社保局相关负责人称，有了好的工作作风、搭建起完善的工作平台还不够，

深入村居为群众上门服务

耐心为群众解释政策

还要建立健全管理制度、公开服务承诺、规范工作行为和服务标准，将办事流程、管理制度、投诉机制、首问责任制、限时办结制等全方位公开；将监督与问责贯穿工作各个环节，简化、优化办事程序，坚持推行上门服务、跟踪服务、延时服务等便民措施，形成为民、便民、利民、亲民的长效机制，树立“有限职能，无限服务”理念，推进社保服务的标准化、规范化、便捷化。

为此，渝北区社保局从制度建设入手，健全内部管理制度，在经办服务方面建立了《首问负责制》《全程代理制》《一次性告知制》和《限时办结制》等；在能力建设方面建立了《业务学习制度》《考勤管理制度》和《基层镇街分片联系制度》等；在内控管理方面建立了《岗位职责清单制度》《岗位职责与系统授权管理制度》《局长办公会制度》和《责任追究制度》等。

与此同时，在服务规范方面，实行责任追究制、岗位AB角制、服务承诺制、限时办结制；做到办事程序公开、办事依据公开、办事时限公开、办事结果公开；窗口单位及其工作人员提供服务要亮明身份、亮明承诺、亮明标准，设置“共产党员区”“党员先锋岗”，推行党员挂牌上岗，严格履诺践诺，争做服务先锋；实现服务流程零保密、服务方式零距离、服务受理零推诿、服务事项零积压、服务质量零差错、服务效果零投诉；在服务礼仪方面，要求窗口单位工作人员服务语言规范，表达清晰准确，语气亲切温和，手势、姿态具有亲和力；做到微笑多一点、话语亲一点、办事勤一点、效率高一点；接待服务对象要热心、听取反映要细心、提供帮助要诚心、解答问题要耐心、办理业务要专心。

“我的医保已缴满25年。”2016年9月，李先群老人来到渝北区社保大厅现场确认医保缴费年限。然而，窗口工作人员查阅金保系统发现，老人实缴13年，还差 12 年。

李先群认为，这 12 年应视同缴费年限。按规定，这需要她提供档案核实确认。2006 年前退休人员档案都由原单位保管，但李先群的原单位已破产，资料不知去向。随后她电话联系多个相关部门，答复都是不清楚。

“找不到档案，这 12 年要补缴 6 万元的费用。”档案管理人员路璐得知情况后，与刘玉梅等 2 人从保管的破产企业退休人员档案着手，历经 4 小时翻阅，最终在遗失类档案中找到了李先群的退休档案。

规范的档案管理为李先群挽回了 6 万元的保险费。同样，标准的服务制度，也让窗口工作人员工作更顺手了、办事群众更满意了。白丽娜说，现在很少出现挨骂、拳头威胁等受委屈的事情了。

“综合柜员制”创优服务方式

过去，渝北区社保局参保登记科 23 项业务，分别由 10 个窗口承担办理，每个窗口分别承担 2 ~ 3 项业务。科长张双称，这就意味着有的群众在一个窗口办理完业务后，如果还要办理其他业务，还得重新排队等候，大家意见很大。

“群众的意见就是我们的一面镜子。”张双称，这面镜子照出了不足，于是就创新探索“综合柜员制”，实现一次排队办理多项事务，真正做到让群众少跑一趟路、少排一次队、少等一分钟。

10 个窗口，没增加也没减少，但工作人员的工作量却成倍翻番，他们必须熟练掌握 23 项业务的政策、程序和操作。之前，窗口工作人员吴晓只是负责单位登记相关工作，推行“综合柜员制”后，她现在能经办 23 项业务。吴晓坦言，确实比过去忙多了，连吃饭、上厕所都是跑，不过看到群众方便了，她和同事都觉得值了。

在渝北区，永辉超市有多家分店，主城区共有 40 多家分店。过去，都是以分店为单位在所在的行政区社保局办理社保业务。后来，渝北区社保局创新思路，协调市社保局和区地税局，帮助永辉超市把渝北的多家分店实现社保业务合并办理。

市人大代表、永辉超市行政副总杨李亲自到渝北社保局体验式调查后，于 2014 年提出，希望主城所有分店人员的社保都按合并办理的办法，统一由渝北区社保局办理。

现在，永辉超市在重庆主城的 40 多个分店都合并到一个社保账号，统一由渝北区社保局提供社保业务经办服务。社保局从 200 名员工的社保业务办理，一下子猛增到 5 600 多人的业务量。

一个小小的创新，为企业降低了管理成本，减少了企业职工的奔波劳顿，提高了服务效率和质量。中百仓储超市也紧随其后，也将其多家分店的社保业务在渝北区社保局合并办理。张双称，虽然工作量成倍增加，但只要企业、群众办事方便，他们不怕累。

“让‘窗口’更亮，让服务更优。”渝北区社保局负责人称，在全市率先推行“综合柜员制”，实行一站式办公的同时，该局还同步推进网上经办平台，探索与银行、电信等社会服务组织网络对接，加强云服务、大数据服务平台的研究与应用，完善门户网站、微博微信平台、自助终端机、12333 咨询电话等平台，为区内 100 人以上企业开通网上经办平台，参保单位在网上直接经办社保公共业务，进一步提高窗口服务效率和质量。

领取养老金的幸福笑脸

永辉超市劳资干部季双说，以前参保要经常往社保局跑，还要排队等候，现在坐在公司电脑前就可以完成几乎所有的日常参保业务申报了。

擦亮小窗口，做实大民生。渝北区社保局以真心真情温暖办事群众，以实际行动践行“民生社保”服务的承诺。截至 2016 年 11 月底，渝北区参保单位已突破 1 万户，全区养老保险已覆盖 90.16 万人，医保已覆盖 99.72 万人，职工“五险”累计参保 258 万人次，平均参保 44 万人次，年均增长 23%，城乡居民养老和医疗保险参保率稳定在 94% 和 96%，年均征收基金 40 亿元，支付各类社保待遇 27 亿元，服务企业超过 1 万家，全区社会保险已由制度全覆盖实现了人员全覆盖。2015 年，渝北区社保局民意测评满意度为 98%。

渝北区社保局也因此先后荣获全国人力社保系统“优质服务窗口”、重庆市人力社保系统“优质服务”窗口单位、重庆市社保扩面征缴目标考核一等奖、社保业务档案管理一等奖、社保统计工作一等奖等多项荣誉。

真情服务 为民担当

——记四川省达州市通川区就业和社会保障服务中心

通川区就业和社会保障服务中心（挂通川区政务服务中心第二政务大厅牌子）地处达州市通川区西外新区，总面积 2 780 平方米，现有通川区人社局行政审批股、区就业局、区医保局、区机保局（机构改革后已合并到区社保局）、区居保局、区就业训练中心 6 个进驻单位（股室），入驻人员 90 余名。该中心自 2014 年 2 月运行以来，按照转变政府职能、强化社会公共服务的要求，完善管理制度，规范工作流程，优化服务理念，推行便民措施，体现出“务实高效”的为民作风，让人民群众真真切切地感受到就业社保服务窗口便民利民的效果，年均服务群众达 30 余万人次。2016 年 6 月 28 日，省委组织部副部长、省人社厅厅长、省公务员局局长戴允康等省市领导深入该中心调研人社公共服务窗口时，给予充分肯定。

规范宣传，把声音传进千家万户

该中心坚持把就业服务和社会保障工作政策宣传纳入重要议事日程，充分运用广播、电视、报刊、网络、车载广告等传播媒介，大力宣传创业就业、社会保险、人才开发、行政审批等惠民政策，宣传人社系统窗口服务的内容、标准、程序以及

医保局党员服务队和学雷锋小分队

办理流程、纪律要求。采取上门服务、入户调查、专栏专刊、发放宣传手册等多种方式加大社会保障政策与服务内容宣传力度，不断夯实就业社保服务工作基础。以党建工作为引领，深入开展“两学一做”等主题活动，开设学习专栏，张贴“党员精英榜”，打造“党员示范岗”“品牌服务岗”等窗口示范岗位。致力于文化熏陶，建立“法治书屋”“法治专栏”“廉政书屋”“廉政专栏”，通过观看法治和廉政书籍、图片、专栏，努力营造法治廉洁氛围，让依法行政深入人心，并成立“法治宣传服务队”和“党员义务服务队”，全天候为参保群众提供业务咨询和政策宣传，让群众增强对相关政策和服务内容的了解，在知晓政策上达成普遍共识和良好互动。加大典型培树力度，通过评优树模活动对服务好的窗口单位和个人进行表彰宣扬，并利用事迹报告会、演讲会等形式，颂扬先进典型的感人事迹和典型经验。大力曝光反面典型，强化舆论引导，为打造人社服务品牌营造浓厚的舆论氛围。三年来，该中心发放调查表格和政策宣传资料7万余份，接待政策咨询3万余人次，打造“党员示范岗”6个、“青年示范岗”8个、“品牌服务岗”4个。

科技引领，让信息共享四通八达

该中心充分利用现代信息化技术，在大厅置办了排号机、触摸屏等现代科技终端产品，为办事群众提供智能化、场景化的便捷服务，将企业用工需求、城镇居民就业、养老保险、医疗保险等政策信息及时发布到LED显示屏上、登在信息栏上、张贴在宣传板上，通过工作QQ群、短信平台、微博微信等现代通信方式将信息在最短的时间内传递给群众。入驻中心的通川区就业局依托四川省就业服务信息管理系统平台，及时更新信息，建立动态数据，让就业失业居民及时掌握就业信息。建成农村劳动力实名制登记数据库，定期对贫困家庭劳动力进行摸底调查，适时更新农村劳动力实名制登记数据库和贫困家庭劳动力实名制数据，建立健全包括职业培训名单、创业名单、企业吸纳就业名单、转移就业名单、公益性岗位安置名单等信息的“一库五名单”，确保数据动态有效，为打好脱贫攻坚战做好基础工作，成功打造安云乡二龙村、江陵镇香仁坪村、金石镇高兴村3个就业扶贫示范村。对登记入库人员实行跟踪服务，及时消除零就业家庭，确保当年计划脱贫的、有劳动能力的贫困家庭至少有1人实现就业，把城镇登记失业率控制在4.08%以内。2016年完成农村贫困家庭劳动者实名制登记入库6 846户，其中在劳动年龄内14 598人，有劳动能力9 659人，实现转移就业3 400人，入户调查率100%。在职业培训过程中，坚持“没有视频不开班”的原则，利用QQ视频远程监管培训学员参训及教

召开全区就业扶贫工作会

师授课等情况，切实保障培训过程真实有效。建立定点培训机构远程视频监控平台，对培训全过程实行实时动态监控管理，远程视频监控覆盖率 100%。

明确标准，使服务流程入脑入心

该中心工作人员实行统一着装挂牌上岗，使用文明用语，按照“五个一”（一张笑脸相迎、一把椅子让座、一杯热茶暖心、一句问候拉近距离、一个窗口具体受理）标准，为群众办事创造舒心环境。结合职能职责充分优化业务流程，先后制作了城镇居民医保办理、城乡居民养老保险办理等流程图，并设立专门的行政审批服务窗口，让来办事的群众对办理流程一目了然，办事方便程度大为提高。进行人性化服务，设立便民医疗柜，存放降压药、救心丸等十余种常备药品。抓好特殊业务办理，对群体性或特殊人群（老、弱、病、残）的业务，尽可能提供上门服务或代理服务，由“群众找我服务”转变为“我主动上门服务”。同时，根据各入驻单位职能职责，分别建立了辖区劳动年龄内就业人员台账、失业人员台账、零就业家庭结对帮扶台账、用工单位招工信息台账、求职人员台账、技能培训台账、公益性岗位管理台账、异地就医人员报销台账、城乡居民基本医疗财政补助台账、城乡居民养老金发放台账等，使辖区内群众就业社保情况有账可查，政策落实有据可依。为加强管理，中心明确了具体的工作制度、考勤制度、培训学习考核制度、奖惩制度，并实行制度上墙，公开年度预决算工作，通过实施“首问责任制”“限时办结制”“全程代理制”“一次性告知制”“责任追究制”，为群众提供“一窗式受理、一站式审批、一条龙服务”，集中办理相关事宜，并聘请“政风行风监督员”5名，主动接受群众监督，目前，建立台账 12 类 50 余本，集中办理群众申报事项 3 000 余起。其中，通川区医保局开设由保险公司和邮政银行共同参与的“合署办公窗口”，制作便民服务卡，发放“意见征求卡”，公布业务股室电话和投诉电话，

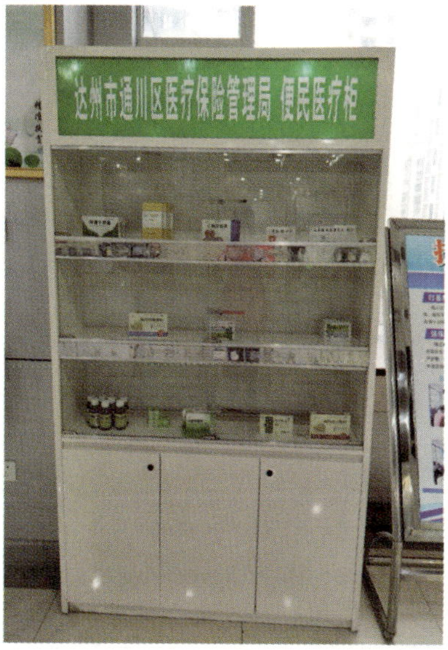

便民医疗柜

减少了群众往返跑路的麻烦，畅通信访举报渠道，已发放便民卡 5 万余张，通过便民电话解决问题 1 000 余次，现场解决问题 24 个。

执行到位，助政策福利落地开花

该中心在全面、及时、准确落实就业社保政策上下功夫，坚持普惠全办、特惠特办、急事先办，不让好政策打折扣、不让惠民政策变调走样，不断提高执行政策的效果。在就业创业方面，组织实施“就业援助月”“春风行动”“民营企业招聘周”“高校毕业生就业服务周”“供给侧结构性改革企业下岗职工专场招聘会”“就业扶贫专场招聘会”等公共就业服务活动，提供基础性岗位 570 多个，达成意向就业 263 人。全年实现城镇新增就业 4 775 人，完成全年目标任务的 113.69%；城镇失业人员再就业 1 056 人，完成全年目标任务的 117.33%，其中帮助 411 名就业困难对象实现了再就业，完成全年目标任务的 137%；对 154 名实现创业的高校毕业生发放创业补贴 154 万元；落实企业稳岗补贴政策，发放小额创业贷款 602 万元。大力开展职业培训，帮助搭建创业孵化培育平台，进行创业培训和创业指导。健全职

省厅领导了解我区大学生就业创业情况

通川区大学生成功创业者 IYB 提升培训

业培训制度，积极推广使用“SYB”“SIYB”等培训项目，已建成省级创业园区 1 个，市级创业园区 2 个，入驻创业园区项目 25 个。全年实现青年劳动力技能培训 1 870 人，创业培训 869 人，品牌培训 408 人。以“五大体系”建设为重点，将创建创业型城市与全民创业紧密结合，自创建工作开展以来，实施创业培训 3 278 人，创建创业园区 3 个，建立信用社区 2 个，征集创业项目 50 个，完成创业贷款 2 360 万元，扶持创业成功 2 421 人，带动 7 263 人实现就业，返乡人员创办企业 253 个，有效推动“省级创业型城市”创建工作。先后制定《通川区贫困家庭技能培训和就业促进 2016 年工作计划》《通川区贫困家庭技能培训和就业促进实施方案》，帮助贫困家庭劳动者提升就业创业能力、拓宽就业增收渠道。在医疗保障方面，全面推行医保异地即时结算和城镇居民大病保险工作，规范城乡居民参保待遇审核管理。全年 837 人享受异地即时结算政策，支付医疗保险费用 29 万元；享受大病保险人数 1 181 人，支付医疗保险费 195 万元，在一定程度上解决了城镇居民因病致贫、因病返贫的问题。组织“党员服务队”联系区红十字医院体检车为行动不便的岳发祥等 100 余名患者上门体检，送健康到家里；到成都为退休人员开通太极大药房刷卡业务，减少异地人员往返跑路的麻烦；向 60 余名驻蓉人员宣传城镇职工基本医疗保险门诊特殊疾病新政策和异地就医政策，发放医保政策宣传单及便民服务卡 200 余张，现场解答医保问题 12 个，征求意见和建议 6 条。在城乡居民社会养老保险方面，按照属地原则，对城乡居民提供分类服务进行生存验证。对身体健康、行动方便的被认证人员携带本人有效身份证、户口簿到村（社区）由乡镇居保工作人员直接认证；对长期卧病在床和行动不便的老人，采取上门入户的方式进行认证；对异地居住人员电话联系，通过网络远程认证或者出具异地认证函方式认证，并将生存认证结果张贴公示，广泛接受群众监督。全年清理领取待遇的死亡人员663人，终止既享受社保待遇又享受居保待遇重复领取待遇人员212人，金额36.78万元。

多措并举，令管理效果常有常新

该中心严格按照局党委的要求，注重加强基金监管，注重加强人员教育，注重加强细节管理，注重加强廉政建设。基金监管中，加强与银行和区民政局、区财政局等部门的协调沟通，及时出盘回盘，落实好参保人员、死亡人员月报和零报告制度，严查重复领取养老金人员，加强重复领取待遇追收工作，防止基金流失，及时做好死亡人员待遇终止工作。人员管理中，进一步加强窗口工作人员宗旨教育和理论教育，不断强化公仆意识和服务意识，不断深化全体工作人员执政为民理念。进一步加强窗口业务培训，要求全体工作人员不仅要熟悉本窗口业务，还要熟悉其他窗口的业务；不仅熟悉本专业系统的政策要求，还要熟悉国家整体的大政方针，做到一专多能，解释政策“一口清”，成为为民服务的多面手。进一步严肃工作纪律，严格上下班制度，不得迟到早退，不得离岗、串岗，因公外出时须履行告知制度，杜绝脱岗“空窗”现象，杜绝“庸懒散浮拖”现象。在规范服务细节中，制定服务清单，按照“八零服务”（服务方式零距离、服务受理零推诿、服务事项零积压、服务结果零差错、服务操作零违规、服务质量零投诉、服务态度零质疑、服务时间零间歇）标准搞好查漏补缺，制定出权力清单、责任清单和岗位清单，用清单规范服务细节，防止和纠正服务态度上的生、冷、硬，服务效率上的等、拖、推，服务理念上的卡、拿、要，用制度规范工作人员的服务行为。在党风廉政建设中，坚持所有行政权力网上公开运行，坚持每天发生事项当天录入，通川区居保局在行政权力平台录入工作方面多次在全区做经验交流发言。精心打造“廉洁文化长廊”，申请创建“廉洁文化示范单位”，自入驻以来，已有2个单位3次被区委评为“先进党支部”，5人被评为“优秀共产党员”，4人被选为党代表，多名窗口工作人员被群众口头表扬或书面表扬，受到群众一致好评。2016年6月下旬的一天，通川区安云乡落花村的李某和曾某夫妇到该中心办理居保业务，因为路途较远，几经周折，两位老人来到中心时已是下午 6 点，工作人员已下班，两位老人此刻非常着急。中心值班领导见状，立即协调区居保局领导，让相关工作人员从达州老城区、北外镇、南外镇等地赶到办事大厅，用最短的时间为两位老人办完相关手续。见两位老人缴费后已身无分文，面露难色，工作人员便主动为老人安排晚饭，然后送到汽车站找了一辆返程车并为老人付了车费。晚上 9 点，两位老人回到家，内心感慨万千，向该中心打来电话表示深深的感谢。7 月 24 日，一位年近七旬的退休老人陈加碧，因患“老年性双眼白内障”，必须手术治疗，可因为户籍在成都、医疗保险在达州有些麻烦，区医保局工作人员谭显江得知此事后，冒着高温为老人办理了异地就医的相关手续，使其顺利地做了白内障手术。重见光明后，老人寄来了感谢信。

服务民生争先 五优五有筑梦

——记四川省德阳市中江县社会保险事业管理局

中江县是四川省丘区百万人口大县，是特级英雄黄继光的故乡。全县辖区面积2 200平方千米，辖45个乡镇、77个社区、760个行政村，总人口141万人。

中江县社会保险事业管理局服务窗口为中江县人社局获得“四川省第五届人民满意优秀公务员集体”，成为全省人社系统党的群众路线教育实践活动标杆、全县“两学一做”示范单位做出了突出贡献。“一机双屏”、业务流程清理、业务下延等探索性工作走在全省前列，成为“中江经验”。

优化理念，服务群众“有高度”

社保工作上连国计，下接民生。面对人口多、工作量大、经济发展相对滞后的难题，中江县社会保险事业管理局（以下简称中江县社保局）弘扬“黄继光精神”，坚持“保障民生、服务发展”工作理念，抓规范、打基础，抓重点、创亮点，抓服务、树形象，抓学习、强素质，抓管理、提效能，全力推进各项工作，让改革成果源源不断惠及千家万户、增强群众“获得感”，将全心全意为人民服务融入“中江经验”，打造中江社保品牌，提升行业高度。

2013 年 7 月 1 日，四川省委书记、省人大常委会主任王东明同志到中江县社保局窗口调研工作时，对社保局“三区一岗”“一板一信”“一机双屏”，简化办理工作流程、提高公开透明度等开创性的便民惠民措施给予了高度评价。2014 年 6 月 11 日，四川省人社厅原厅长王建军到中江县社保局窗口调研时指出：“中江县在改进服务作风，优化服务流程，提高服务效率，服务老百姓‘最后一公里’，提升群众满意度等方面做得很好，很值得总结，值得在全省人社系统推广学习。”

优化环境，服务群众“有温度”

小窗口，大舞台。中江县社保局本着“人人是窗口，事事是形象”的服务意识，以服务方式“零距离”、服务工作“零积压”、服务质量“零差错”、服务事项“零推诿”、服务对象“零投诉”的窗口工作“五个零”为工作目标，在五个方面优化服务环境，为群众提供温馨服务。

加大投入，改善服务环境。触摸式查询系统、大屏幕显示器、饮水机、休息座椅、老花镜等各种服务设施一应俱全，窗口服务大厅环境整洁美观、物品摆放有序，窗口服务标识、工作人员着装、工牌佩戴统一规范，服务环境得到有效改善。大门入口处的 LED 显示屏，是宣传社保政策、投放公示公告的第一张脸，滚动播放社保业务办事指南等内容。社保大厅配置了两台自助查询机，插入社会保障卡或放置二代居民身份证，就可以点击查询并打印本人各项社会保险信息，包括缴费年限、个人账户记录等，也可以查询就业用工信息和关于人力资源、社会保障、劳动保护等方面的相关政策。自助查询系统极大地缓解了群众到窗口排队查询的困难，对不会使用“德阳智慧人社”APP 或“德阳市人力资源和社会保险网”查询的群众也是极大的帮助。特别是年纪偏大的群众纷纷表示，“以前不会在手机上使用 APP，也不会使用人社官网，就只剩下窗口排队，人多的时候，为了简单查询，甚至要排上半天的队。有了自助查询机，不用排队，操作简单易懂，更好的是可以直接打印，省心好多”。

“三区一岗”，提升舒适体验。建立填表区、业务区、等候区和首问责任岗，“三区一岗”功能明确。填表区样表规范，群众一目了然；业务区职责标识清楚，工作人员热情服务；等候区座椅宽敞舒适，无线网络全覆盖，在工作人员实行“一站式服务”时，给群众舒适安心的等候体验；首问责任岗由优秀党员轮流坐岗，确保群

填表区、业务区、等候区、首问责任岗

众不了解政策时有人讲，找不到地方时有人带，残病人员有人扶，提供便民服务。

“一板一信”，促进温情入心。在社保窗口醒目位置制作固定宣传板，公开各部门负责人电话，宣传群众关心的社保、医保、城居保等热点政策，并根据群众需要和政策变化及时更新，为群众提供第一手社保资讯。每年给参保人员寄去一封信，表达慰问，宣传政策，视群众为父母家人，提供温情服务。

政务公开，打造阳光社保。进一步全面推行社会保险法律法规及政策公开、岗位责任公开、办理程序公开、服务承诺公开、纪律公开、社会监督公开等政务“十公开”，提供阳光服务。

一机双屏，社保服务更透明

“一机双屏”，开展透明服务。一台电脑主机匹配两台显示器，群众与工作人员同步查看参保信息和业务处理情况。特别是办理退休的群众对自己的缴费年限、缴费基数、养老待遇组成等项目非常关心，甚至对工作人员的操作不放心，使用“一机双屏”让群众看得清楚，看到透明，感到踏实，获得满意。

优化流程，服务群众“有效率”

平常业务，不平常的效率。中江县社保局把群众的呼声作为第一信号，针对群众办事难的问题，以刮骨疗毒的决心、壮士断腕的勇气，换位体验，主动整改，推进流程再造，提升办事效率。将服务流程进行多次全面清理，对 11 项服务事项的 58 个办理环节进行了梳理、归并、精简、优化，减少了业务环节 18 个，减少证明材料 11 种，使社保服务更贴心。

特别值得记住的是 2014 年 4 月 18 日，县人社局党组书记陪同一位参保人员办理退休手续，为时一天的换位体验，让书记感慨良多。此后的时间里，他多次在会议上指出，参保人员办理退休手续太不容易，迫切需要整改和优化。经自查，以前办理退休业务存在三个难题。一是查找档案麻烦，参保人员的个人档案存放地点不一致，有的在人社局档案管理中心，有的在组织部档案室，有的在原单位，如人武部、经科局、供销社，很多办理退休的人员不清楚自己的档案在哪里，查找档案往往要跑很多冤枉路。二是老百姓办理退休跑的路程、往返窗口多，办理时间长，手续复杂，往往要往返 11 个窗口才能办完退休手续。三是个体参保人员社保费银行代扣时间为 10 日至 22 日，导致 1 日至 10 日办理退休需在柜台核定当月缴费金额，开具缴费通知单到银行代收窗口缴纳现金，再到社保业务窗口打印缴费发票才能办理退休，不方便群众。

痛定思痛，该局对业务进行了有针对性的整改和优化。一是积极建立电子档案，大幅减少提档概率。社保局退管服务股提前将每月达到法定退休年龄的参保人员名单提供给行政审批科和人社局档案管理中心，将这些人的个人档案做成电子档案，老百姓退休时就无须再去查找个人档案，省了很多路程。二是变更代扣时间。经积极向市社保局请示，将个体参保人员社保费银行代扣时间变更为每月 1 日至 10 日，个体参保人员于 10 日之后前来办理退休手续，减少柜台缴费环节。三是整合资源，优化流程。整合社保局、医保局、行政审批股的相关职能和人员，设置“职工基本养老保险退休办理专柜”，将原来的 9 个窗口减少为 5 个，将 13 个办事环节简化为 1 个，退休人员只需提交申请，便可等待领证，整个办理时间由原来的 1 天缩短到 1 个小时以内。省时、省力、省心、省钱的社保办事体验，让很多群众感言：社保干部的“辛苦指数”提升了群众的“幸福指数”。

工作人员指导参保人员在窗口签订社保费委托银行代扣协议

优化抓手，服务群众“有地气”

前进一步，惠民一生。中江县社保局以群众需求和问题为导向，力争让群众“不出村”就能办业务，“不出户”就能享温暖，不断优化“业务下延”和“精准扶贫”两个抓手，提升群众满意度。

服务延伸，业务下沉。中江县南北两端相距 100 多千米，偏远乡镇的群众办事不便，为解决群众办事难的问题，中江县社保局在全县 45 个乡镇和部分社区建立劳动就业和社会保障服务中心，将参保登记、信息查询、退休审批等 8 项社保业务下延到基层，将社保服务的触角延伸到群众家门口。通过集中培训、上门指导，确保业务干得好；以点带面、全面铺开，确保工作更完善；强化调研、巩固成效，确保稳中再提升。

以前，中江县各项社保业务全集中在县政务中心社保窗口办理，边远乡镇群众前来办理社保业务，仅仅耗费在路上的时间就需要大半天。不仅如此，由于前来办理社保业务的人员众多，业务量大，社保经办窗口“事多人少”的矛盾十分突出，几乎每天都会出现“排长队”的现象。再加上部分办事群众由于不了解政策法规，导致证件资料等缺失遗漏的情况，办事群众积怨已久。蒋青华是中江县永丰乡新开村 5 组的农民，到县社保局来办理社保业务是她最头疼的事。记得以前她陪同邻居到社保局办理参保登记，光是坐车来回县城就需要大半天，还不用说到政务中心的排队等候办理所花费的时间。“这就是劳民伤财！坐一上午车到县城你们都下班了，还要等到下午才能办，办完回家天都黑了！”蒋青华想到这里显得忧郁恐惧，因为她也准备办理参保登记，她能预计到等待她的将是一个备受煎熬的过程。

2014 年 6 月，中江县将兴隆、辑庆两个镇作为业务下延工作首批试点镇，经过 2 个月的试点运行，为下延工作的全面推进积累了宝贵的经验，随着各方面条件的日渐成熟和完善，社保业务下延工作于 2014 年 8 月中旬在全县 45 个乡镇全面铺开。2015 年 4 月 2 日，蒋青华在得知社保经办业务已经下延到乡镇以后，抱着试试看的心态将信将疑地来到永丰乡劳动就业和社会保障服务中心，结果只提供了居民身份证复印件就办完了企业职工基本养老保险参保登记的大事，前后还不到十分钟。“现在社保政策好啊，方便群众，我们再也不用为了办社保业务往县城跑了！”说起这话，蒋青华高兴地竖起了大拇指。

精准扶贫，温暖如春。在深入贯彻党和国家精准扶贫战略攻坚的关键时刻，社保局对贫困户的生产生活倾注了深情的目光。结合工作职能，从贫困村群众需求出发，聚焦困难群众“两不愁三保障”，通过深入农家小院宣传政策提高参保意识，解决养老问题；为贫困户送去生产生活必备物资，解决生存问题。

送物资，知冷暖。通过扶贫日募捐为贫困户购买并送去了大米、菜油等生活物资，解决贫困户的燃眉之急；为每一户贫困户送去肥料和鸡苗，帮扶贫困户发展产业致富；帮扶干部自发组织为贫困户送去了衣物、被子等，解决贫困户的冷暖问题。

送政策，知需求。协助组织县内多家企业、县医院到继光镇开展送政策、送岗位、免费义诊活动，全镇免费治疗群众并提供药物 120 余人，累计发放社保政策、就业创业政策、民工维权手册 2 000 余份；接待社保咨询、求职咨询、法律咨询 600 余人；提供就业岗位 200 个，签订意向性求职用工协议 86 人。

送谋划，知出路。近年来，帮扶干部职工 20 余次深入贫困户家里，了解贫困户的生产生活情况和实际需求，为有就业培训意愿的贫困户提供就业培训政策，并积极与就业局联系，争取在合适的时机开一场专题培训会，帮助贫困户实现就业致富；与村干部座谈交流，了解继光镇袁家桥村发展规划，为有意愿打造红辣椒生产合作社的创业人员，提供政策，出谋划策，并委托村委会积极为创业人员土地流转等实际困难提供强有力的支持。

优化机制，服务群众“有保障”

强机制，重保障，中江县社保局坚持把“团结、务实、创新、廉洁”作为队伍建设的总要求，不断推进党建和业务工作两手抓、两不误，提升队伍质量。

强化制度，坚挺服务纪律。作为服务窗口单位，全局干部职工始终坚持以群众的满意度作为工作好坏的评判标准，想群众之所想、急群众之所急、办群众之所需，严格执行一站式服务制、限时办结制、一次性告知制、首问责任制、责任追究制等服务制度。尤其是基于中江县乡镇偏远的现状，一次性清楚告知办事群众所需提供材料，杜绝因干部职工一次性告知落实不到位而导致办事人员来回奔走费时费钱费

一站式服务，工作人员内部传递资料

力的现象出现，群众满意度持续上升。

“四严四守”筑牢基金安全防线。严格实行内控制度，守好制度关；严格规范业务经办，切实做好基金对账日清月结，守好对账关；严格实时全程监管，守好参保人员的养老钱、救命钱；严格遵守社保基金待遇支付程序，守好基金出口，确保基金安全“零事故”。

“三抓三增”确保扩面征缴实效。抓扩面和续保，增加缴费人数；抓申报和稽核，增加缴费基数；抓宣传和舆论，增强缴费积极性，不断扩大社会保险覆盖范围，确保应保尽保、应收尽收，创下了连年超额完成社会保险扩面、征缴任务的佳绩。

每年一次业务考试，打造社保全能岗

“五四三二”促进队伍气正风清。每月组织一次集中学习、每季开展一次讨论整改、每年组织一次演讲比赛、每年进行一次业务考试、每年组织一次警示教育，通过“五个一次”，提升宗旨意识、服务意识、大局意识、廉洁意识“四种意识”；强化艰苦创业、开拓创新、求真务实“三种精神”；营造爱岗敬业、克己奉公“两种环境”；铸造一支政治过硬、业务精湛、人民满意的社保队伍。

站在特级英雄的热土上，传承继光精神是中江县社保局的光荣使命，中江县社保局将怀揣工作上台阶、业绩创一流、特色树品牌的“社保梦”，不忘初心，锲而不舍，驰而不息，努力打造老有所养、病有所医、就业有岗的中江人民的“幸福梦”。

用心擦亮窗口 倾情服务民生

——记贵州省黔西南州人力资源和社会保障局社会保险服务大厅

“看到工作人员为了给我们申领待遇跑上跑下，听到工作人员为了给我们单位退休人员调整待遇加班到深夜，我很感动，我为黔西南州有这样的亮丽窗口而自豪！”正在黔西南州社保局养老保险窗口办理业务的王菊凤，谈起这段时间的经历，感激之情溢于言表。

王菊凤是兴义汽车运输总公司劳动人事科工作人员，该公司职工养老保险参保人员超过 1 400 人。长期以来，黔西南州社保局养老保险窗口服务的工作人员处处为企业职工、退休人员着想，通过努力，保证了公司退休人员退休金的按时发放、死亡人员丧葬费和一次性抚恤费的及时拨付，同时通过遗属生活困难补助这一机制保证了退休死亡人员的家属生活不致陷入困顿。

这样的场景，每天都会在这个大厅里上演。多年来，贵州省黔西南州人力资源和社会保障局社会保险服务大厅以推进标准化、信息化、专业化为抓手，以提高数据质量为核心，夯实基础，稳量求质，改革创新，着眼统筹城乡、坚持改革发展、突出服务至上，全力推进业务建设、基础建设、体系建设、文化建设，全面提升经办工作的水平和质量，用真情一流的服务，为百姓编织了一道坚实的安全网，书写了构建和谐的新篇章。

窗口标准化，提升整体服务质量

黔西南苗族布依族自治州地处珠江上游的黔、滇、桂三省接合部，成立于1982年，是全国30个自治州中最年轻的自治州之一。全州国土总面积16 804平方千米，2015年年末总人口348万人，其中，城镇人口90.46万人，乡村人口190.74万人，城镇化率32%。

在社会保障体系建设上，黔西南州紧紧跟随中央和省级的步伐，逐步建立和实施了各项全国统一性的制度安排。2011年8月，根据中央、省相关文件精神，州人民政府出台了《黔西南州开展城乡居民社会养老保险试点管理暂行办法》，通过试点，总结经验，进一步改进和完善，再向全州进行推广，确保城乡统筹兼顾、协调发展。至此，全州社会养老保险实现了政策全覆盖，在全省率先建立了统筹城乡的社会养老保险制度。全州全面启动时也是两项制度合一，同时对相关工作提出了具体要求，得到了国家、省的肯定，2012年被国务院表彰为“全国新型农村和城镇居民社会养老保险工作先进单位”。

政策宣传

由于工作成绩突出，2015年5月13日，国家标准化委员会下发了《国家标准委办公室关于下达第二批社会管理和公共服务综合标准化试点项目的通知》，明确黔西南州社会保险事业局列入第二批国家级社会管理和公共服务综合标准化试点项目。这一试点项目全国仅有19个，贵州仅此1家。

标准化试点建设，是黔西南州社会保险服务进一步发展的重大机遇。为确保试点工作创建成功，黔西南州制定了《社会保险服务标准化国家级试点工作实施方案》，成立了领导小组，全力创建“流程最简、效率最高、服务最优”的标准化社会保险服务体系。

社保服务标准化建设在黔西南乃至贵州省都是新生事物，可借鉴经验不多。为此，黔西南州社会保险事业局积极与质监部门联系，制定试点申请书和工作方案，聘请标准化建设顾问对社保经办工作人员开展标准化基本理论和标准化专业知识培训，提高管理过程和服务过程标准化意识，并组织人员分赴重庆、昆明和济南参加标准化基础知识、标准化体系建设和试点工作培训。

另外，黔西南州社会保险事业局积极推进州社保大厅“一站式”大厅建设。依托现有的 1 600 余平方米的服务场地，通过软硬件升级改造，建立州本级有示范带头作用的“规范、专业、高效、便民”的社会保险服务平台。依据《社会保险服务总则》（GB/T 27769—2011），建立社保大厅标准化体系，初步建立了服务质量标准化、服务程序标准化和服务管理标准化的社会保险服务体系。

自 2015 年 10 月以来，黔西南州社会保险事业局聘请标准化建设顾问对社保经办工作人员开展标准化基本理论和标准化专业知识培训，提高管理过程和服务过程标准化意识，使全员了解、熟悉并掌握标准要求，增强执行标准的自觉性；通过系统设计，以“走出去、请进来”等多种方式加强对单位内从业人员的培养，通过学习培训，规范服务，提升质量，增强员工从事公共就业人才服务的能力。

当前，标准化体系进入试运行阶段，黔西南州社会保险事业局对标准实施过程中发现的问题，将及时改进和完善，不断实现体系的“PDCA 循环”，以此提升社会保险的整体服务质量。

服务零距离，树立窗口行业标杆

近年来，许多来社会保险服务大厅办事的群众都说，现在办社保让人来回跑的事少了，一趟办结的人多了；发牢骚的人少了，赞扬的人多了，焦虑不安的人少了，高兴办事的人多了。这都是黔西南州人社局社会保险服务大厅窗口建设的显著效果。

社保大厅作为“窗口”单位，工作人员服务态度的好坏、服务质量的高低直接关系到政府的形象。

在黔西南州社保大厅，清晰呈现这样的服务承诺：规范着装，仪容端庄，热情服务；来有迎声，问有答声，去有送声；礼貌耐心，细致周到，文明诚信；首问责任，限时办结，优质高效。这样的承诺不仅仅是挂在墙上，而且是体现在实际业务的办理中。

“工作人员在干什么，我们通过面前的电脑屏幕全部看得清清楚楚。”柜台上正在办理业务的群众纷纷对社保大厅“一机双屏”模式点赞。

过去群众认为社保大厅各窗口经办业务过程中各项政策、流程、待遇等公开力度不够、对工作人员政策解释等工作存在质疑等问题时有发生，时常要求经办人员给予解释，经办人员只能隔着柜台把电脑屏幕转过来给办事群众看，造成了群众不方便看、经办人员工作效率难以提高等问题。针对这些情况，黔西南州社保大厅每个办事窗口均设置双显示屏，一个显示器在柜台内由经办人员操作为群众办理具体业务，另一个显示器面对群众实时显示柜台内职工操作流程，充分体现服务的公开性、透明性。 国家人社部、国家档案局、国家人社部社保中心、省人社厅、社保局领导多批次在社保大厅检查时对该项工作给予高度评价。

用心擦亮窗口　倾情服务民生

这种透明式服务是黔西南州社保大厅以“人性化服务”为出发点开展的“七式”服务之一。

“七式”服务中，“高效式服务”：从为民服务、办事时限、业务流程、工作态度等方面进行了严格的规定，各项业务做到“五个快办”，极大地提高了办事效率和服务质量。“跟踪式服务”：制定了跟踪服务、定期回访制度，对服务对象特别是特殊群体实行了全程式跟踪服务，充分体现服务的延续性。“人本贴心式服务”：坚持以人为本的服务理念，最大限度满足人民群众的需求，想尽一切办法服务群众、方便群众。其中，针对群众反映社保大厅内仅有申报窗口，审核、审批科室都在其他楼层，给群众带来不便等问题，该局专门把所有经办、审核、待遇发放科室全部前移至社保大厅内，经办科长已在社保大厅内上班出来办业务，切实解决了群众“上下楼、跑趟趟”的问题；购买了塑钢椅和饮水机，在服务大厅开设了“便民休息区”；印制了“真情相助”服务联系卡，写明服务内容、服务承诺和服务热线，力争通过这些细微小事来体现为民的真情。“严谨式服务”：坚持国家集体利益与人民群众利益相统一的原则，制定了严格的社保基金发放程序和监督制度，做到既切实维护国家、集体的利益，又全面保障人民群众的利益。“上门式服务”：经常走出机关、深入基层，为企事业单位和职工群众提供上门服务，能现场办公的现场办公，能简化手续的简化手续，能协调解决的协调解决，充分体现服务的主动性。“亲情式服务”：坚持把人民群众的事当成自己的事来办，把人民群众当作亲人一样对待，真心实意地关心、帮助前来办事的人民群众。

上门服务

“我们企业职工养老保险待遇审理科，是社保服务窗口的重要组成部分，服务对象主要是企业和企业退休人员，很多都是老年群体，因此，我们始终坚持‘规范业务经办、方便群众办事’的理念，把平凡的事情经常做，经常做的事情用心做，服务中在工作原则下讲求人情，把群众满意作为工作的出发点和落脚点，方便办事的同时让群众感受到温暖，不断努力提高服务质量、规范服务态度。”企业职工养老保险待遇审理科工作员杨毅诚如是说。

可以说，社会保险是稳定社会的安全网，经济运行的减震器，安全的避风港，健康的守护神。黔西南州社保大厅“七式”服务，紧贴民心，成了黔西南州窗口行业的标杆，让广大黔西南群众感觉更温馨。

那扇窗 时刻为群众擦亮

——记贵州省黔南州社会保险事业局

什么是不简单？时刻将简单的事做好就是不简单。

什么是不平凡？坚持将平凡的事做好就是不平凡。

25个服务窗口，每天1 000余人带着问题来，带着满意走，日复一日，年复一年；31名工作人员，900余平方米大厅，500多天办理各种社会保险业务64 000余笔，群众满意度达98%以上……

一封信，联结一段情

“她们真是达到了高星级的服务……”2015年10月28日，贵州省黔南州社会保险事业局（以下简称黔南州社保局）综合科收到来自黔南州电信公司退休职工赵桂英老人的一封信。

原来，赵桂英老人与爱人退休后，身体一直不好，其女儿便将两人接到贵阳居住。9月初，两位老人到都匀看望亲戚时，赵桂英爱人突然因脚神经受损而无法正常行走，加上医疗关系已在当时随之转出，如何办理住院报销让两位老人焦急万分，后经朋友建议，两位老人来到了黔南州社保局经办窗口，在工作人员刘媛的帮助下，解决了老人异地就医困难的燃眉之急。

这是一个缩影。近年来，黔南州社保局以开展窗口单位作风建设为契机，将增强服务意识、改进工作作风、提高办事效率、严格依法行政、热情服务群众作为党的群众路线教育实践活动、“三严三实”和“两学一做”专题教育的重要内容，找准社会保险经办这个联系群众最直接的桥梁和纽带、服务群众最前沿的窗口与平台，按照“提高队伍素质，提供优质服务，树立品牌形象，实现协调发展”的工作思路，积极为群众提供规范化、精细化、个性化、品质化服务。

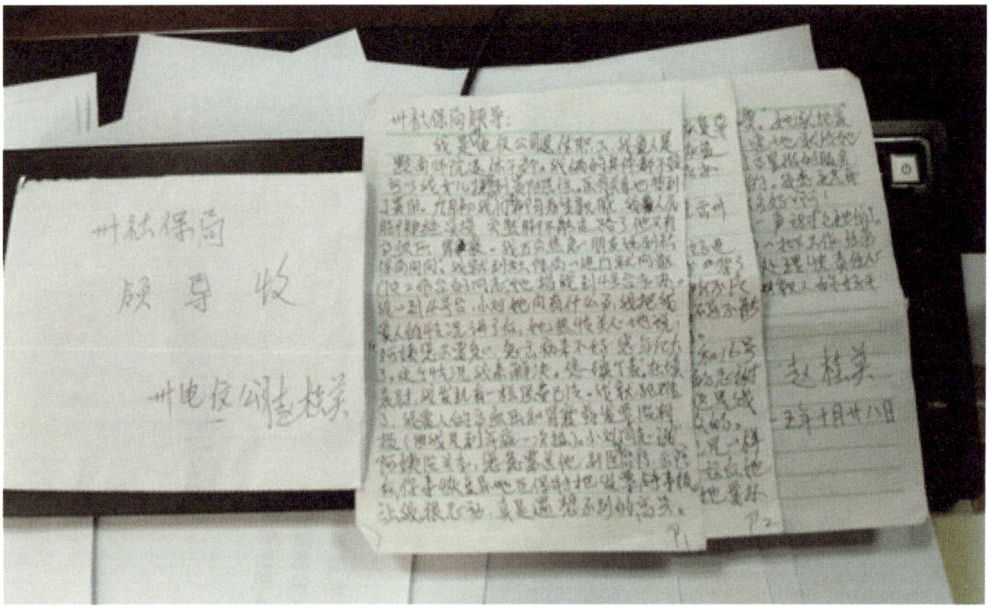

群众寄来的感谢信

“您好，欢迎光临！请问您需要办理什么业务？”走进黔南州社保服务大厅，都会看到一名特殊的引导员，微笑着迎接每一位前来办事的群众。

“如果您方便，请留下您的联系方式，办好了我们第一时间和您联系。”“不用谢，这是我们的工作，是我们应该做的。”一句句温暖的话语不时传来，像阵阵清风弥散着整个大厅。

这名特殊的引导员不是别人，他们是黔南州社保局的中层以上领导干部。

如何真正改进作风，进而提高办事效率，不断提升广大群众获得感？黔南州州直 600 余家机关企事业单位在期盼，州本级 1.2 万余名退休干部在期盼，全州 12 县（市）社保经办机构在期盼，该局 31 名社保经办工作人员更是在期盼。为此，黔南州社保局以中层以上领导干部这个“关键少数”为突破，分别到引导咨询台轮流值班，大力推行服务对象“来有迎声、问有答声、走有送声”，每项业务“受理一次清、答复一口清、告知一次清”，全面提升服务质量。据统计，仅2015年，“引导员”先后引导办理社保业务600余件，上门代办30余件，送件上门20余件(次)。

“我们只有充分站在办事群众的角度思考问题，才能使我们的服务更贴近群众。”提及中层以上领导干部到引导咨询台轮流值班，引导员荣秀兰深有感触。

没有规矩，不成方圆。在引导员的带动下，黔南州社保局《工作人员行为规范和服务规范》《服务承诺制》《限时办结制》等12项规章制度应运而生，各窗口岗位职责、服务规范得到进一步明确，机关干部廉政承诺书、科室主要负责人党风廉政建设责任书纷纷签订，窗口工作人员行为规范条款及文明服务承诺进一步充实完善，“首问负责制”“同岗替代制”得到全面落实，全体窗口工作人员统一着装、挂牌上岗，规范办事流程，接受群众监督，实现了社保“窗口不缺岗、工作无差错”，促进社保服务不断向规范化、优质化轨道迈进。

一扇窗，照亮一方土

“在这里输入身份证号码，就可以查询您的参保信息了。”日前，在黔南州社保局服务大厅，引导员谢国水正帮助参保者查询社保信息。按照谢国水的提示，学会了自助查询社保信息的王先生说：“这个真是太方便了，没想到我这么一个老头也会用这么先进的机器。”

黔南州社保局引导员正在引导办事群众使用社保自助查询终端

除了触摸式自助查询一体机，黔南州社保局密切结合参保群众需求，积极争取州委州政府支持，将社保服务整合进驻州政府政务服务中心并进行升级改造，不但让服务大厅在原 500 平方米的基础上增加了 400 多平方米，还在原 18 个经办服务台的基础上增设了 7 个业务经办窗口及 1 个引导咨询台，实现了社保经办业务全覆盖，全面推进州级政务服务中心规范化建设。

硬件得到配套，软件还需跟进。黔南州社保局着力在软件建设上下功夫，力求硬、软件同步配套、同步升级，更好地服务群众。

将社保业务办理事项纳入敞开式窗口办公，全面实行一站式办结。

在各柜台上方悬挂电子指示牌，台前摆放办事指南及资料架，同时增加智能叫号系统及服务质量评价系统，安装LED显示屏，让群众及时了解社保新政策、新动向。

设置办事流程图，将政策法规、规章制度、办事指南、政务信息、社保信息等内容在公示栏上予以公示，并及时更新，方便服务对象查询。

修建无障碍通道，配置空调、休息座椅、饮水机、老花镜、笔、纸、雨伞等便民设施，并摆放花卉等绿色植物，还免费为办事群众提供复印等，营造了宽敞明亮、设施齐全、方便温馨的办事环境。

黔南州社保局经办人员正在为参保群众办理业务

安装监控设备，直接联通州政府政务中心，同时设立监督意见箱、公布举报电话，全程接受群众及社会监督。

对社保大厅内办公电脑全部进行更换，安装桌面云系统，确保为参保群众提供更高效、更便捷的服务。

与此同时，黔南州社保局还着力在优质服务的深度和广度上做文章，纵深全面推进一站式服务、高效服务、延伸服务落地见效。一是启用全省统一“社会保险信息管理系统”，全面实行养老、医疗、失业、工伤、生育五个险种参保登记、缴费核定、基金征缴、待遇支付和个人账户管理、退管服务等计算机管理，取代了手工处理，提高了工作效率。二是将“领导信箱”“办事指南”“便民服务”“网上咨询”等拓展到“黔南劳动保障网”，定期对内容进行更新，充实扩大信息量，让群众足不出户便能及时了解社保工作动态、咨询业务政策法规、查询个人账户等，同时，定期播出“人力资源社会保障”电视专栏，及时解读宣传社保政策法规及工作动态，进一步丰富服务手段，延伸服务渠道。三是依托“金保工程”，建立“网上社保”“掌上社保”支付及信息发布平台，实现“互联网 + 社保”，取得了州直 60 余家单位支持配合，积极参与网上经办试运行，节省了参保单位办事时间和成本，为大数据在社保领域的运用积累了可贵经验。

一颗心，温暖万家人

“通过了解，她的医疗保险属于保障状态，医疗报销也在我们的政策范围内，除了进行转诊转院后给予的 60% 的报销外，还有刚实施的城镇居民大病保险补偿。希望她能安心治疗。”日前，针对患骨化纤维瘤女孩彭盈面临高额医疗费用带来的困扰，黔南州都匀市社保局相关负责人积极给予回应。

“那边医院说有些费用不可以报销，原来在我们黔南这边可以报销的，这样太好了，非常感谢。”得到医保报销政策支持的彭盈激动地说。

2016 年 6 月 14 日，《贵州都市报》以《患骨化纤维瘤女孩盼社会帮助》一

文明服务岗

文报道了都匀市在外求学女孩彭盈身患重病但因家境并不富裕而陷入困境的消息，黔南州人力资源和社会保障局主要领导在致电慰问的同时，立即责成都匀市社保局，认真核实情况，严格按照医疗保险相关政策，积极给予救助。同时还争取各部门支持，为其开展了爱心募捐，极大减轻了彭盈及其家庭的经济负担。

没有金刚钻，怎揽瓷器活？黔南州社保局在不断拓展深化党的群众路线教育实践活动、“三严三实”专题教育成果的同时，密切结合工作实际，充分发挥党员干部的示范带动作用，在各经办窗口积极推行“党员示范岗”“文明服务岗”等创建活动，并通过无记名投票评价方式，辐射带动全局干部职工学在深处、干在实处，不断增强服务群众宗旨意识，切实提升服务群众本领和水平，纵深推进“两学一做”学习教育向前发展。

坚持每周政治和业务学习制度，不定期举办业务知识培训，增强了学习自觉，提升了业务技能，激发了工作热情。

分期分批组织业务骨干外出考察学习，不断开阔视野，增强干部职工服务群众、服务民生、服务发展的事业心、责任感和凝聚力。

创新建立晨会制度，在每天上班前 10 分钟组织学习政策法规，安排部署当天主要工作任务，促进总结，启迪未来，增强求真务实自觉性，提高为民服务主动性。

黔南州社保局工作日晨会

该局还着力在服务群众“深、实、细”上下功夫，结合社保经办窗口女职工人数占74%的实际情况采取刚性指派与柔性引导相结合的方式，让女性特有的细心与温情在服务群众中发挥独特作用，进一步激励全局干部更好“为经济发展服务、为社会进步服务、为群众生活服务”，取得了“全省社会保险经办管理工作考核先进单位”“全国2011—2013年度优质服务窗口”“全省社会保险业务档案管理一级标准单位”“省级会计、预算报表质量考核第二名”“全州敬老文明号”“黔南州三八红旗集体”等殊荣。

同时，该局严格按照“人人享有社会保障”的工作方针，积极采取措施，不断扩大社会保险覆盖范围，扎实推进社保体系建设。一是将社保征缴扩面任务列入州、县（市）两级政府工作目标，层层签订责任状，争取了社保征缴工作的顶层支持。二是实施“领导包片和重点工作联系制”，进一步加大社保征缴监督指导力度。三是积极推行“五险合一、统一征缴”管理机制，有力推动社保工作均衡发展，全面实现社保州级统筹管理，进一步规范统一社保缴费基数、缴费比例及待遇水平，促进全州社会保障水平不断提高。

目前，全州企业退休人员基本养老金已实现12连调，人均养老金从2005年的549元增加到2016年的1 932元。截至2016年11月，全州基本养老、医疗、失业、工伤、生育保险参保人数分别达35.45万人、57.86万人、16.13万人、20.21万人、15.66万人，分别完成省厅下达全年任务的103.23%、101.6%、102.1%、113.9%、104.2%；基金征缴收入分别为118 657万元、88 016万元、8 636万元、6 309万元、4 140万元，分别完成省下达任务的104.09%、111.27 %、100.9%、114.7%、125.5%。

“社会保障就是要保障人民群众的幸福生活。做好社会保障工作，上为政府分忧，下为百姓解愁。我们将继续以实现好、维护好、发展好人民群众的最根本利益作为出发点和落脚点，不断融入人性化服务，在服务质量上再提升、在办事流程上再优化、在办事效率上再提高，忠诚履职尽责，真正托起广大群众的幸福梦。”这是黔南州人力资源和社会保障局党组书记、局长严文敏代表全州人社干部做出的庄严承诺。

打造优质窗口　倾情服务民生

——记云南省楚雄州武定县人力资源和社会保障局综合服务窗口

素有“省会之藩篱，滇西之右臂”之称的云南省武定县，全县人口 27.8 万人，面积 3 322 平方千米，其中 97% 的面积都是山区，文人常用“乌蒙磅礴”“金沙水拍”“驿马栈道”等词语来形容武定奇美而又充满古韵的自然风光，殊不知，更道出了武定山高路险沟深的人居环境现实。就拿金沙水岸的己衣镇和万德镇，与四川凉山山水相依的东坡乡和环州乡来说，距离县城都是上百千米，现实的地域问题给武定人社工作带来了重重挑战。

2014 年 6 月 28 日，武定县己衣镇汤德古村委会岩子头村的李大爷天还没亮就已经起床了，准备早饭，除了偶尔赶乡街子（赶集），平日里他几乎没有这么早起过，这一天有些不同，他要出一趟远门。李大爷 60 岁了，按照规定，年满 60 周岁每月就可以领到养老金，但要拿着村委会的证明到镇社会保障服务中心进行生存认证。老人家能赶上国家的这个好政策，别提有多高兴了，全家人都把这件事当成了大事。早晨 7:30，李大爷牵着陪伴自己 20 多年的骡子出发了，骡子是村里唯一的交通工具，家中的小儿子不放心老人，放下地里的活，决定陪老父亲走一段，送到安全点的地方再返回，虽说牵了骡子，老人家也只能偶尔骑一下，岩子头村在陡坡悬崖间，外出的路是一条羊肠小道，“己衣大裂谷，地球最美丽的伤疤”，一不小心就会跌落谷底。李大爷和小儿子用 2 小时走了 8 千米，终于到达村委会，还算顺利，找到了人，开好了证明，盖上了公章。从村委会到镇上的距离有 13 千米，路稍微好走了些，小儿子也就牵着骡子返家了。剩下的路就李大爷一个人走了。李大爷走走停停，正午 13:30，李大爷终于赶到了镇政府，拖着疲惫的脚步走进了社会保障经办室，顺利地办理了养老金领取生存认证手续。从早晨 7:30 到正午 13:30，李大爷足足走了 6 个多小时，返家的时候还要再走 6 小时，就为办理一件这样的小事。这只是在下乡调研中遇到的一件普通事，但它真不是小事，它折射出了山区群众办事的艰难历程。

究竟如何才能将国家的惠民政策及时送到群众手中，让人民共享社会发展成果？如何才能让群众最大限度地节省办事成本，不再来来回回路上跑？这些问题成为武定县人社部门提升窗口服务水平的重要突破口和着力点。局领导积极向上协调，科学谋划，从窗口的体系建设、人员、经费和制度保障上下了大功夫。全县设一个县级人力资源社会保障服务中心，11 个乡镇社会保障服务中心，133 个村委会（社区）人社基层服务站；人员上，为 133 个村委会（社区）各配备了一名为民服务平台操作员，126 个村委会各配备了一名城乡居民养老保险协办员，县城 7 个社区各聘用了一名专职的企业退休人员管理员。县财政落实为民服务平台操作员每人每月

狮山村委会为民服务站

1 200 元；城乡居民养老保险协办员每人每月 450 元；企业退休人员管理员每人每月 1 250 元的工资待遇。为全县 11 个乡（镇）、133 个村委会（社区）都接通了网线，配备了办公电脑、打印扫描一体机、电视机等办公设备，统一印制发放了人社各类宣传册，制作了宣传展板。制定了人社窗口服务工作考核办法，定期开展督查，按季通报进度。在“互联网 +”时代大背景下，运用“互联网 + 人社”的服务方式，下沉了城乡居民社会保险参保登记、注销登记、变更登记、保险关系转入申请、中断补缴及一次性补缴、城乡居保与失地农民保险生存认证、创业失业证、求职登记、人力资源和社会保障服务咨询等人社业务 10 项，将村级人社服务站作为最基层窗口，让“数据网上跑”替代“群众路上跑”，群众不出村就能办理人社业务和进行人社政策咨询，让老百姓真真正正体验看得见、查得着、办得了的人社服务，打通了人社服务群众“最后一公里”。现在，“李大爷办事来回跑”的情况已不复存在。在与乡镇办事同志聊天时，他们也高兴地说：“有了县乡村三级网络办事窗口，我们终于可以静下心来工作了。”是啊，从乡镇到县城交材料、交报表，来回最少也要花费三天时间，带着路上来回的疲惫，哪能静得下心来工作。

星级职工评比促窗口服务

在云南人社“对标一流、争先进位”活动中，武定人社不负使命，着力打造基层服务窗口示范点。走进武定县人社局窗口服务大厅，会让群众感受到阵阵温暖和浓厚的人社文化气息。一进门，首先映入眼帘的是“为人民服务”的醒目大字，它高度概括了窗口服务的根本宗旨。在“为人民服务”的大屏风前，18个服务窗口连成一线，实行就业、社保、养老、工伤、生育、医疗、失业保险“一站式”“一条龙”服务。42岁的王先生是人社局的常客了，这次来办理社保缴费，已经是第八个年头了，全部手续办完只用了十来分钟，他激动地说：“几年前，人社局办公地点在县城三个地方的时候，来来回回得跑好几趟才能把费缴了，现在好了，省时又好办，你们人社局真会为群众考虑，谢谢你们了。”窗口服务部门就是要处处为群众着想，王先生朴实而又深情的话语就是给予人社人最好的回报。在服务窗口前设有两个功能区，一个是休息区，另一个是填表区。休息区里，有桌有椅，人们喝着热茶，有等待办事的，也有办好了事稍作休息的，大伙都显得悠闲自在，如同在家一般；填表区里，设有办事流程和填写样表，还设有一名大堂服务人员，帮助老年及不识字的群众填写表单，为办事群众作导引。在服务大厅的四角，还分别设置了四块引人注目的大型板块，一块是全局工作人员公示栏，用于窗口服务监督；一块是电视集成屏，用于人社政策宣传和就业招聘信息发布；填表区和休息区前的两块主题墙用于文化展示，一块展示人社16字服务理念，另一块展示党建文化。为了更好地营造窗口服务单位文化氛围，专门打造了两块主题墙所对应的两条走廊，一条是人社文化走廊，另一条是党建文化长廊，两条走廊各设置40个文化板块。与此同时，在三楼布置了“职工文化”，四楼布置了“武定风光”，五楼布置了“民族文化”，六楼布置了“党建、党风廉政文化”，重点打造了党组会议室、党支部活动室、工青妇活动室、道德讲堂。窗口服务单位的建设，就是要让干部职工静得下心来服务，让人民群众对办事单位有更好的口碑。“阿姨，您这里取票，然后到那里等候，我给您倒杯水。”这是办事大厅窗口服务人员说得最

就业招聘服务

知识竞赛

多的一句话。为了让群众有序地办事，武定县人社局在办事大厅设置了两台窗口叫号服务机，按照取号、叫号、服务、评价的顺序进行服务，服务结束后办事群众的评价尤为重要，评价结果会计入职工考核，提升了服务的成效。同时，还在窗口叫号服务系统中加载了人社工作法律法规 24 个、业务及办事流程 21 个、办事指南 12 个，让前来办事的群众对办事流程和民生政策一点即知、一看尽知、一查便知。

在武定人社服务窗口，总会看到一幅幅亲人般的画面。2016 年 9 月 12 日一早，一位七十来岁的老人来到医保窗口，老人家说起话来有气无力，听力和记性也不大好。他向窗口工作人员咨询居民参保政策，工作人员很多话都加大音量重复说了两三次，他才听清楚。可过一会儿，他又忘了。看着他满是疑惑的眼神，工作人员不厌其烦地又重新解释了一遍。考虑到老人年纪大容易忘事，工作人员把参保所需要准备的材料全部详细记录在了一张纸上，递给了他，他颤抖着双手接过了纸片。临走前，还不断地说着“人老了就是容易忘事，耳朵也听不见，麻烦你半天了，谢谢”之类的话。在工作人员眼里，他不仅是一个办事的群众，更是我们的爷爷，我们的亲人，正是人社服务窗口用心用情的服务，才换得了社会的温暖、和谐。

“为了全县人民的养老问题，苦点累点算得了什么。”这是农保服务窗口中心主任常挂嘴边的一句话。面对全县 164 701 人的参保档案和信息数据，所有的工作人员都恨不得有三头六臂，每天提前上班，延后下班，主动放弃节假日和双休日，繁忙时往往能喝上一口水都是一种幸福，把腿伸一伸都是一种享受。查阅档案、审核资料、签名盖章，每天都在重复大量枯燥的工作。没有午休，也没有周末，“五加二、白加黑”，每天晚上不到十点半，办公室的灯从未熄过。可是没有一个人叫苦，也没有一个人退缩。当最后一笔保险费终于扣缴完成，当我们看到档案材料堆满整个办公室，一个 U 盘都快装不下全部信息数据的时候，所有人疲惫的脸上都露出一丝难以置信的眼神，“工作都完成了吗？这是我们做的吗？”大家心中突然涌出无比的兴奋和快乐。正是有了这么一群不惧辛劳、甘于奉献的人，“老有所养、病有所医”才不是空话。

走出机关，人社服务窗口依然温暖如春。2014 年 11 月 8 日，劳动监察大队窗口陆续接到了 180 余名农民工投诉，他们反映罗婺家园二标段已停工，并拖欠他们工资 400 多万元。劳动监察大队在立案后立即展开了调查，由于一开始开发商的不出面配合，给取证工作造成了许多困难和障碍。而这个时候焦急等待结果的工人们却开始怀疑和猜忌，认为一直没有结果是因为执法人员和开发商、施工方串通起来，没有秉公处理。面对他们的怀疑和猜忌，执法人员没有退缩，一面向投诉人解释办案的程序，通报调查进展的情况；一面不厌其烦地宣传政策法规，做思想工作，并且一次又一次地深入工地采集证据，当大家的努力初见成效时，又发生了一个突如其来的变故，之前开发商和施工方已经达成一致，由合同双方进行筹资款项，并约定于 2 月 9 日支付农民工工资，但合同双方都没有按约定进行，等待了多日，情绪刚平复的农民工突然又激动起来，并拉着横幅准备到县政府大门口请愿。鉴于问题的严重性，收到情况后，分管副局长立即带领工作人员去做疏导工作，经过 22 小时的协商和努力，终于在次日上午 7 时许协商成功并确定款项，开发商和施工方将工资一一发放到农民工手中。2015 年春节前，华灯初上，正是全家团圆的时候，不少人家已是高朋满座、举杯畅饮，而狮山大道 D 地块 50 幢项目开发商的办公室里，却还有几十名衣衫褴褛、皮肤黝黑的讨薪农民工在焦急地等待着发工资，他们急着回家过年，并叫嚷着要去堵路。欠薪的建筑企业负责人以种种借口在拖延时间，他们盘算着：“咱就耗着，反正我兜里没钱，等你们劳动监察人员不耐烦了，也就不了了之了。”但他们打错了算盘，劳动监察窗口工作人员仍然一遍又一遍耐心地向他们做工作，进行说服教育。最终，在劳动监察工作人员的督促协调下，开发商补

劳动监察窗口帮助协调农民工工资

发了拖欠的工资，临行前农民工兄弟说："要不是你们出面解决，我们这个年可怎么过呀，家里的老老小小全指望这点血汗钱呢！" 劳动保障监察窗口的工作，没有昼夜之分，哪怕是逢年过节，半夜三更，只要有险情，肯定就有劳动保障监察员的身影。当看到一个个劳动者拿到被拖欠好久的血汗钱而发自内心深处的微笑时；当看到一个个农民工兄弟向劳动保障监察员竖起大拇指时，劳动监察窗口的工作人员深深体会到了辛苦而又幸福快乐的滋味。

"春风化雨，润物无声"，人社窗口承接着人社部门与群众的互通交流，承载着全县人民群众的希冀，武定人社窗口服务永远只是起点，提升窗口服务永远在路上。

工作创一流 业务争位次 服务上水平
优质服务窗口的丽江路径

——记云南省丽江市就业和社会保障公共服务中心

“我们的人民热爱生活，期盼有更好的教育、更稳定的工作、更满意的收入、更可靠的社会保障、更高水平的医疗卫生服务、更舒适的居住条件、更优美的环境，期盼孩子们能成长得更好、工作得更好、生活得更好。人民对美好生活的向往，就是我们的奋斗目标。”2012 年 11 月 15 日，习近平总书记在第十八届中央政治局常委同中外记者见面时这段朴实亲切、饱含深情的讲话，温暖和感动了亿万中国人的心。

党的十八大以来，党中央坚持以民为本、以人为本执政理念，把民生工作和社会治理工作作为社会建设的两大根本任务，高度重视、大力推进，改革发展成果正更多更公平惠及全体人民。“衙斋卧听萧萧竹，疑是民间疾苦声。些小吾曹州县吏，一枝一叶总关情。”党和政府始终对人民群众的疾苦有着这样的情怀。

位于祖国西南边陲的云南省丽江市，改革开放以来，沐浴在党的民族政策光辉下的玉璧金川大地，经济社会发展取得了世人瞩目的成就。拥有世界文化、自然、记忆三遗产的丽江市，积极探索世界文化遗产保护与开发利用良性互动双赢之路，走出了一条文化与旅游结合带动全面发展之路。

“民惟邦本，本固邦宁。”关注民生、重视民生、保障民生、改善民生，是党和政府的神圣职责。在上级党委、政府的高度重视和关心下，地处边疆少数民族地区的丽江市正在保障、改善民生之路上不断探索。近年来，丽江市各级人社部门大力加强窗口服务建设，不断提升管理水平，优化办事流程，改进服务方式，群众满意度不断提高，涌现出了很多优质服务的先进典型，丽江市就业和社会保障公共服务中心正是其中的代表。

高起点规划　着力实现中心建设标准化

走进丽江市就业和社会保障公共服务中心，迎面而来的是简洁舒适的环境：优美的绿化树、卫生整洁的地面，各种标识标牌规范有序，工作人员精神饱满，服务窗口忙而不乱。

丽江市就业和社会保障公共服务中心作为全市政务服务分中心，素有“政府第二办事大厅”之称。正如该中心一位负责人所说：让群众办理业务在中心、诉求帮困在中心、解疑释惑在中心，变政务为服务、事务为业务，方便城乡群众，以打造优质服务窗口为目标，走好为民服务“最后一公里”。

目前，从软、硬件等方面综合来看，丽江市就业和社会保障公共服务中心已走

积极创建优质服务窗口

在云南省人力资源和社会保障系统公共服务的前列，被评为市级文明单位、全市基层服务型党组织建设示范点、全市机关廉政文化建设示范点、先进基层党组织，医保服务大厅被列为省级服务业标准化试点。

服务中心党员活动室

而在丽江市人力资源和社会保障公共服务中心建成之前，丽江市社保、医保、就业、人力资源市场等服务场所分散在城区各个角落，五零四散、各自为政，服务功能不齐、管理难度大、群众办事不方便的问题十分突出。

2011 年，在省人社厅和丽江市委、市政府的重视关心和支持下，丽江市人力资源和社会保障公共服务中心作为全省州市一级公共服务场所先行试点，于 2013 年 10 月正式建成投入使用，占地 10 亩，总投资 3 500 余万元，建筑面积 9 023.21 平方米。

该中心集公共就业服务、人才服务、社会保险、职业介绍、人力资源开发、劳动保障事务代理、劳动保障监察、人事考试、劳动人事争议仲裁、人力资源和社会保障培训、创业园区、信息网络数据处理等于一体，12 个窗口单位（科室）集中到公共服务中心办公，实行“一个中心对外、一个窗口受理、一体化办公、一条龙服务、一站式办结”的“五个一”运行机制，逐步将分设的专业窗口整合为综合窗口，变“多头受理”为“一窗口受理”。目前，公共服务中心共有工作人员 73 名，集中了丽江市人社局 65% 的人员力量，日均接待办事人员量在 560 人次以上。

高标准运行　着力实现日常管理精细化

公共服务中心作为党委、政府为民服务的公益事业和民生工程，也是政务服务的重要窗口，因此该中心自成立以来，将规范化、精细化管理作为核心和关键，树立民生无小事的理念，特别注重细节，始终做到换位思考、将心比心。在大厅管理上实行“八个统一”，即统一人员着装、统一业务胸牌、统一公示内容、统一文明用语、统一服务指南、统一服务设施、统一管理制度、统一考核标准。

在中心工作人员服务行为上明确“六个规范”，即必须统一着装、挂牌上岗；必须按时上下班，不得出现“空窗”现象；上班时间不得上网聊天、玩游戏等与工作无关的事项；不得将各种食品带入窗口，工作期间不得带与工作无关人员进入窗口区域；使用普通话，用文明语言与服务对象交流；不得利用工作之便索拿卡要，不得接受吃请和馈赠。

医保工作社会关注度高。医保大厅以省级服务业标准化试点为契机，科学制定服务项目、运行模式、窗口办事规范、窗口日常管理、亲切服务、服务质量评价和服务信息化等标准，力争标准覆盖率和实施率分别达到 90% 和 95% 以上，并将标准化建设与改进工作作风、开展“人社工作创新年”活动、强化内控管理、加快“信息化人社”建设等相结合，力争将标准化体系建设成为丽江市的地方性规范和行业标准，将医保大厅建成人民群众满意的标准化示范窗口，打造成全市的医保服务品牌，创建成人社部门的服务标杆。

2016 年，就业服务大厅办理新增就业服务 1.14 万人，就业补贴服务 7 870 人次；创业园区孵化成功出园 13 个大学生创业团队；人力资源市场开展“就业援助月”“就业服务进学校进企业”“春风行动”等专场招聘会及每周二定期招聘活动 132 场次，累计提供就业岗位 4.19 万个，推荐 2.35 万各类人员初步达成就业意向；社保服务大厅办理社会基本养老保险业务 73.74 万人，失业保险业务 3.47 万人，工伤保险业务 8.6 万人，生育保险业务 8.02 万人；医保服务大厅办理城镇职工和居民基本医疗保险业务 19.21 万人。

就业服务大厅和社保服务大厅

在创建优质服务窗口上，设立党员示范窗口和党员先锋岗，定期开展服务窗口优秀人员评选活动，推动对标一流、争先进位常态化、动态化，形成具有行业特色、窗口特点、人社特征的全市基层服务型党组织建设示范点。

人社工作涉及面广，热点难点问题突出，虽然各个服务窗口接待人数多、业务量大、工作任务繁重、工作压力大，但该中心通过做耐心细致的工作，及时化解热点难点问题，多年来没有发生一起群众投诉，真正做到让群众信赖人社工作、信任人社部门。

高层次推进　着力实现便民利民人性化

出台便民利民措施，优化服务环境。在公共服务大厅配置了电子监控系统、电子查询系统、电子叫号系统、LED 显示屏系统、电子信息港五大电子系统；在办事大厅设置等候区，在每个楼层设置楼层示意图、窗口区位标识，在社保、医保、就业、人力资源服务大厅统一装配指示牌、吊牌、座牌，配制报架、资料架、伞架、饮水设备、药箱、老花镜，安装意见箱；设置服务大厅导询台，配备专职导询员，提供咨询、引导服务，让群众办事少跑一趟路、少排一次队、少等一分钟、少问一个人。

服务中心咨询处

对标一流，争先进位。深入开展人社系统窗口单位改进作风专项行动，深化“业务流程规范化、目标任务项目化、服务群众人性化、人员管理科学化、办事环境优美化”的“五化建设”，推行阳光政务、阳光服务、阳光监督，实施首问责任制、全程代理制、一次性告知制、限时办结制、责任追究制的“五项制度”，亮明身份、亮明岗位、亮明承诺、亮明职责，推行政策依据、办事程序、责任时限、办理结果的“四个公开”。就业服务大厅对前来办理业务的群众，采取一次性告知需准备的资料，并在办事大厅显眼位置摆放群众办事查询电脑、设置大屏幕办事指南等方法，让群众一看就懂、一问就会、一说就办。

开展“五心”服务。坚持接待服务“热心”、听取反映“细心”、提供帮助“诚心”、解答问题“耐心”、办理业务“专心”，做到服务受理“零推脱”、服务方式“零距离”、服务事项“零积压”、服务质量“零差错”、服务标准“零投诉”。比如针对群众提出“养老保险生存调查中，老年人行动不便”的问题，社保大厅及时修改调查方式，将以往需由本人亲自办理改为电话调查、入户调查、亲属代办等多种方式，完成企业离退休人员基本养老金资格认证 1.63 万人，管理服务率达 72.5%。

服务态度决定服务结果。社保大厅相关负责人举了一个例子：丽江某企业的一位退休困难职工，因长期患病，导致精神不太正常。她总是担心她的工资无法正常发放，因此成为社保大厅的“常客”，有几次在大厅中发病，给经办人员工作造成了压力，但是中心经办人员没有退缩，而是像对待父母一样，用心用情服务，最终使该退休人员消除了顾虑。像这样的例子，在服务中心还有很多。

“只要有人办理业务，就没有下班。工作中受委屈是常有的事，中心经办人员团结协作的精神让我感触很深。”社保大厅的一位负责人对中心工作人员的敬业很是感慨。

为切实解决广大市民请工难、劳务人员找工难问题，人力资源市场以古城区金山劳务信息网为雏形建立劳务信息门户网站，形成以“帮您找到好工作，为您请到好师傅”为宗旨的免费信息平台，并将此“互联网 + 人社”的信息化平台创建成为全市“人社服务群众最后一公里”示范点。

坚持高效率服务　着力实现业务工作精准化

全面梳理基本公共服务事项目录，编制和公开基本公共服务指南，清理规范职能范围内的办事项目，对梳理出的所有面向群众的基本公共服务事项逐项编制办事指南，细化到每个环节。就业大厅、社保大厅、医保大厅对每个项目名称、政策依据、经办程序、限时承诺以及工作责任进行重新认定和明确，解决了过去一个项目多头办理、一个项目多人经办的问题，着力打造快捷人社、效率人社、方便人社。

精简办事流程，创新公共服务方式，减少审批环节。坚决砍掉各类无谓的证明和烦琐的手续，简化优化公共服务流程，凡没有法律法规或规章依据的证明和盖章环节原则上予以取消，可通过办理单位内部、系统内部或与其他部门信息共享获取相关信息的，不再要求申请人提供证明材料，从源头上避免各类“奇葩证明”“循环证明”等现象。医保大厅针对居民参保经办手续烦琐、效率低下的问题，统筹调整发票出具等财务、登记、审核制度，辅之以移动终端缴费等信息平台开发利用，简化参保手续，为广大城乡居民提供一套自助式与上门服务相结合的缴费流程。

坚持项目下窗口、权力下窗口、责任下窗口。所有经办项目一律下窗口集中办理，并将重要的经办项目绘制成流程图悬挂于服务大厅公开，让群众“明白办事”，切实解决“楼上楼下跑”的现象。社保大厅列明服务对象、办理依据、受理单位、办理地点、基本流程、申请材料、示范文本、收费依据及标准、办理时限、咨询方式、表格下载（包含示范文本及常见错误示例）、办公时间和地址、交通路线、办理状态查询、监督投诉方式等内容，并重点对需要领导审批的项目进行整改，对原来一些需要经办人员、经办单位分管领导、经办单位领导、分管局领导都要审签的项目进行了简化。

加强公共服务信息化建设。全面提升公共就业、人才服务、社保经办等数字化、信息化水平，变“网下跑”为“网上办”。多渠道筹集资金建成集业务专网和互联网于一体的数据中心，建设集人力资源市场、社保业务专网、医保业务专网、就业业务专网、电子政务专网及局域网于一体的人社业务网上办事大厅；不断改版优化丽江市人力资源和社会保障局门户网站，累计发布2万多条信息，网站访问量达到近300万人次，成为全市各部门中信息量最丰富、访问量最大的网站，将人社政务宣传信息“一网打尽”；劳动监察“两网化”建设实现市、县两级全覆盖，2016年完成938家单位网上申报工作，并对辖区内各类用人单位签订劳动合同、参加社会保险等情况进行动态监控、全面监管。

实行领导坐班制度。就业局、社保局、医保局、人力资源市场的领导班子成员轮流到对应的大厅值班，从具体事抓起，从身边事做起，带头办业务、抓协调、明纪律，不断提高经办服务质量和群众满意度。

民生无小事，枝叶总关情。“我们党和政府做一切工作的出发点、落脚点都是让人民过上好日子。”不断改善民生，是实现以国家富强、民族振兴、人民幸福为主要内容的“中国梦”的最终理想。在“五位一体”总体布局、协调推进“四个全面”战略布局的精神指引下，丽江市人力资源和社会保障部门正在保障和改善民生，建设优质服务窗口的征途中，不忘初心、继续前进，一路踏实走来……

坚守职责 勇于创新 撑起民生一片天

——记西藏自治区公务员局职位管理与考试录用处

2011年以来，在自治区党委、政府的正确领导下，在国家公务员局考试录用司的关怀指导下，自治区公务员局职位管理与考试录用处全体工作人员坚持“民生为本、人才优先”的工作主线，以为人民服务的真挚情感，发扬拼搏争一流的精神，满腔热忱地投入各项工作之中，攻坚克难，勇于创新，为西藏基层选拔了一批又一批高素质人才，充实了基层干部队伍，加强了基层工作力量，得到社会各界的一致好评。2012年7月，自治区公务员局职位管理与考试录用处荣获国务院“全国就业先进工作单位”称号。2012年12月，荣获西藏自治区“2012年度全区促进高校毕业生就业先进集体”称号。

荣获“全国就业先进工作单位”称号

科学施策，依法考录，全力促进高校毕业生等群体实现充分就业

始终把公职岗位当作西藏就业工作全局的命脉和关键，坚持“凡进必考”和公开、平等、竞争、择优原则，为加强西藏维护社会稳定、民族团结、基层政权建设、优化干部队伍结构等方面做出了重要贡献。

一是促进了西藏高校毕业生等群体实现充分就业。2011 年以来，职位管理与考试录用处共组织各类公开考录 30 余场次，参考人数达 15 万余人次，促进了 73 642 名西藏籍高校毕业生、驻藏部队退役士兵等群体实现就业。其中，高校毕业生就业率达到 99%，成效显著。

二是为加强西藏基层政权建设提供了有力的人才保障。根据区党委、政府决策部署，5 年累计录用派遣 61 862 名公务员、事业单位工作人员和专业技术人员、公安机关人民警察到县、乡一级工作，占总录用人数的 84%，进一步充实了基层

职位管理与考试录用处工作人员认真开展 2016 年西藏自治区高校毕业生第一批公开考录报名和资格初审

干部队伍，强化了基层维稳工作力量。

三是进一步优化了西藏干部队伍的民族结构。始终注重优化干部队伍的民族结构，形成了各民族团结奋斗的干部队伍。5年累计录用的73 642名公务员(工作人员)中，汉族22 096人，占30.01%，藏族49 468人，占67.17%，其他少数民族2 078人，占2.82%。

创新思路，完善制度，切实提升考录工作质量和水平

为推动公开考录更加“公开、公平、公正”，建立科学有效的选人用人机制，结合西藏实际，制定了一系列公开考录的制度性、规范性政策文件，初步形成了具有西藏特色的公开考录制度体系。

一是全面深化改革，有效解决公开考录热点难点问题。为解决公开考录工作中面临的热点难点问题，在广泛调研、深入研究的基础上，制定了有针对性的政策措施，有效解决了专业技术人才流失、人岗不适等问题。第一，将高校毕业生基层公务员招考与事业单位工作人员和专业技术人员招考时间进行了调整，避免了高校毕业生扎堆报考基层公务员的现象。第二，对教育类、医护类考生进行专业职位限报，有效避免专业技术人才流失，努力做到人尽其才、才尽其用。第三，对教育、医护及农牧类专业技术岗位实行专业知识测试，分别增加临床医学、教育综合基础知识、农学等40多门专业知识测试试题，还为藏医、藏药、藏医护理等职位单独命制藏文试卷。第四，将公开考录的考务工作交由各地市负责组织实施，不仅提高了公开考录的工作效率，也节约了考试成本，降低了考试风险。

二是科学制定政策，全力促进高校毕业生等重点群体充分就业。在具体工作中，不断创新工作思路，综合施策，结合西藏特殊区情，采取有效措施，有力地促进了高校毕业生等群体实现充分就业。一方面，对高校毕业生、驻藏部队拟退役士兵采取不限专业、降低学历要求、不设开考比例等措施，对服务期满“三支一扶”等特殊群体，采取单独设置招考职位、单独划定合格分数线等措施，降低进入门槛；另一方面，研究出台关于进一步加强和改进全区公安机关人民警察考录工作的意见，明确了公安机关人民警察招录工作的总体要求、基本原则和招录方式等。同时，每年报请自治区党委、政府出台普通高校毕业生就业工作意见、从驻藏部队拟退役士

兵中考录乡镇公务员等有关政策，促进了高校毕业生等重点群体实现充分就业。

三是加强预防监督，切实有效做好考录安全工作。首先，严格工作程序和监督措施，进一步完善考录安全管理制度，从试卷管理、命题、阅卷、登分等方面着手，建立健全了内部管理和考录工作两个方面共 16 项制度，并汇编成册，从制度上确保了考录安全。其次，加强考录工作人员思想建设，按照人社部、国家公务员局统一部署，积极开展警示教育，引导全体工作人员强化责任意识，筑牢思想防线，守住安全底线。再次，积极协调公安、工信等部门，建立考录工作协调联动机制，加大团伙作弊和高科技作弊的防范和打击力度，净化考录安全环境。最后，建立公开考录风险评估机制，制定《西藏自治区高校毕业生公开考录群体性上访应急预案》，全面查找决策可能引发的社会稳定风险，并有针对性地采取应急措施，加强解释引导，以预防和化解社会矛盾。

职位管理与考试录用处工作人员认真解释考录政策

四是不断探索总结，逐步建立了符合西藏实际的人才选拔机制。2011 年以来，通过 3 次自治区直属机关事业单位公开考录（遴选）公务员（工作人员）工作，共考录（遴选）780 名基层公务员（工作人员）到区直机关事业单位工作。此项工作的实施，为区直各单位选拔了一批政治合格、综合素质较高、具有基层工作经历的优秀人才，逐步建立了符合西藏实际的人才流动长效机制和来自基层一线的人才培养选拔链，促进了人才合理流动。

以人为本，维护民生，用心提供优质高效服务

注重抓好公开考录信息公开工作，为公开考录和高校毕业生就业营造良好的社会氛围，形成了各级领导重视支持、用人单位欢迎、考生服气、社会各界积极参与的良好外部环境。

一是抓好信息公开，确保考生及时、准确获取各项考录信息。充分利用《西藏日报》、西藏电视台、西藏人民广播电台以及西藏自治区人力资源和社会保障信息网，及时将公开考录有关政策规定、报考条件、招考职位、实施步骤等情况向社会发布。在考录实施过程中，及时将笔试、面试成绩及考试合格分数线，进入面试、体检、考察政审人员名单等情况在网上公布，确保了考生和家长及时、准确获取各项考录信息。

二是实行“阳光考录”，将考录工作置于社会监督之下。在通过新闻媒体向社会公开发布考录信息的基础上，每年邀请自治区人大代表、政协委员和新闻媒体记者观摩公开考录考试评卷现场。同时，在各类考录工作中，邀请纪检监察部门工作人员对考录工作进行全程监督，如笔试试卷命题、印制、装袋时实行全封闭和全过程监督。成立考试监督小组，在笔试考场设立流动监督站，在面试考场设置监督席，以保证考试结果的客观公正，确保了各类考录公开、公平、公正以及透明。

三是发挥服务职能，切实为广大考生和家长、用人单位做好服务工作。始终把考生利益放在第一位，事事从广大考生角度考虑。在考录工作中，急考生之所急，想考生之所想，想方设法满足考生需要。为方便考生应考，在高校毕业生公开考录时，分别在区内外设置考点，考生可就近选择考试地点，极大地降低了考生的考试成本。认真做好用人单位指导、服务、协调和监督工作，切实维护用人单位和考生的权益，努力做到用人单位、考生和社会“三满意”。同时，按照“热情接待、坚持原则”的要求，对前来咨询和办事的每一位考生、家长和其他同志，做到一张笑脸、一杯热茶、一把凳子，耐心详细地解答有关政策措施。

职位管理与考试录用处工作人员认真核对考生信息

近年来，区公务员局职位管理与考试录用处在人员少、工作力量薄弱、工作任务重的情况下，克服重重困难，坚定信念，坚守原则，坚持高标准、严要求，确保了各项考录工作圆满完成。全体工作人员以高度的责任感和使命感全身心投入工作，从不计较个人得失，努力工作，默默奉献。西藏考录工作从未出现任何重大问题，得到了自治区党委、政府以及主要领导的充分肯定，公开考录工作的社会影响力和公信度进一步提高，考试录用工作赢得社会各界的广泛赞誉，取得了良好的社会效益。

以先进典型为镜 擦亮服务窗口

——记西藏自治区那曲地区聂荣县“一站式”便民服务大厅

聂荣县“一站式”便民服务大厅（以下简称聂荣便民服务大厅）自成立以来，在区、地两级政府的指导下，在县委、县政府的正确领导下，负重奋起，锐意争先，求真务实，再攀新高。各项工作取得了重大成绩，受到了县委、县政府，参保职工及社会各界的一致好评。

树良好经办新风　创医保优质服务窗口

聂荣便民服务大厅医保服务窗口多年来一贯坚持以人为本、“经办就是服务”的理念，不断端正服务态度、增强服务意识、改进服务作风、提升服务能力，以扎实的业务工作和良好的服务形象赢得了全县人民的好评。

为进一步提高服务质量，聂荣便民服务大厅采取了很多措施。一是对服务大厅进行改造，美化办事环境。服务大厅内部设有咨询导服区、业务办理等区域。整个大厅宽敞洁净、秩序井然，令人赏心悦目。二是科学设置窗口，方便办事群众。低柜台、敞开式、面对面的窗口设置和“一站式”的服务模式方便了办事群众。服务大厅内休息座椅、饮水机、便民服务卡等各种设施一应俱全，从细微处着手努力为参保对象提供舒心、贴心的优质服务。三是开展宣传活动，实现创优形式多样化。深入开展“讲正气、树新风”“积参保、得实惠”的主题宣传活动，把此项活动融入创建工作中，同布置、同安排，进一步坚定理想信念、净化思想观念、提高思想觉悟，进一步扩大医疗保险政策的覆盖面和受惠群众数量。四是采取多种措施，实现群众利益最大化。为进一步减轻牧民群众负担、最大限度地让人民群众享受创优成果，便民服务大厅医保服务窗口在创优活动中重点做了两件实事：其一是搞好调查研究，敦促应保尽保。开展专项调查，摸清全县未参加基本医疗保险的城镇职工情况、分析原因并积极呼吁，为县委、县政府早日解决困难群体的医保问题提供了有益的参考和依据。其二是推动城镇居民早日参保。重点加强对各乡镇医疗保险工作的业务指导，确保其开好头、起好步、领好路、出真经，以此推动全县城镇居民的参保工作。2014 年至今共核定 17 家单位、1 738 名干部职工的医疗保险金 4 325 万元，征缴率达 100%。核定 2 014 人的城镇居民医疗保险金 384 万元。

工作人员为牧民群众讲解各项社保政策

强力推动参保　打造全覆盖社保体系

聂荣便民服务大厅社保服务窗口成立以来，始终牢记服务宗旨，做到“以人为本，服务至上”，全体工作人员勤勤恳恳、认认真真，积极创造高效优质的服务环境，尽心尽力为参保单位服务，为广大群众服务，实现了服务态度零投诉和服务质量零差错。

注重学习培训，构造精细素质。社保服务窗口是一个全新的优质窗口，涉及参保单位多、服务内容广。为迅速适应新的工作环境和要求，聂荣便民服务大厅要求大厅社保全体员工全面掌握社保知识，学习坚持理论学习和业务学习并重，学习与实践培训有机结合。

优化服务环境，营造温馨空间。为更好地服务群众，聂荣便民服务大厅努力营造温馨、舒适、宽畅的办事环境。大厅内摆放五大社会保险业务服务宣传手册、参保人员的社保增减花名册，书写笔纸等用具，提供饮水器、配备高脚椅等。保持大厅内外环境干净整洁，各类物品摆放整齐有序，使服务对象感受到温和、馨香，宾至如归。

突出高效服务，打造便民窗口。建立首问责任制、一次性告知制、限时办结制三项制度，聂荣便民服务大厅通过落实该三项服务制度，使工作人员在思想上树立服务理念，坚持高效率的办事原则，质量与效率相结合，并落实在具体行动中，接受服务对象询问，经办人员必须做到有问必答、有效引导、快速办理。简化办事程序，优化工作流程，规定办结时限，对手续齐全的服务对象采用快速办理，如有急

举办民族手工编织培训并发放结业证书

需，实行加班办理。对手续不全的一次性告知所需办理业务的依据、时限、程序和所需全部资料，并耐心做好政策解释工作。

办事公开透明，筑造阳光大厅。 大厅做到办事公开透明，并通过本单位及其他单位组织的宣传活动，将区、地、县的有关政策、法规及时宣传到各单位和牧民群众当中，在大厅内张贴政策知识、办事流程，让办事群众一目了然，实行规章制度公开上墙，设立意见征求箱。积极征求群众意见，畅通各种反馈渠道，公布投诉电话，接受公众监督，大厅设立以来，无一例投诉。

工作人员到工地为农民工群众讲解《劳动合同法》并检查劳动合同签订情况

抓好工作作风，塑造清凉干事。 确立了“细微之处见真情，服务之中树形象”的理念。要求全体工作人员对仪容仪表、服务用语、服务环境及个人服务能力等每一个细节都把好关。工作中难免会碰到个别情绪激动又不太讲理的服务对象，尽管工作没失误，仍然得不到对方的理解，本着“以人为本，服务至上”的服务宗旨，对这些异常事件窗口工作人员第一步要做到倒杯茶、端把椅，主动、耐心、细致地做好解释工作。如果服务对象仍不满意的，报分管局长做好协调工作，确保服务对象满意而归。

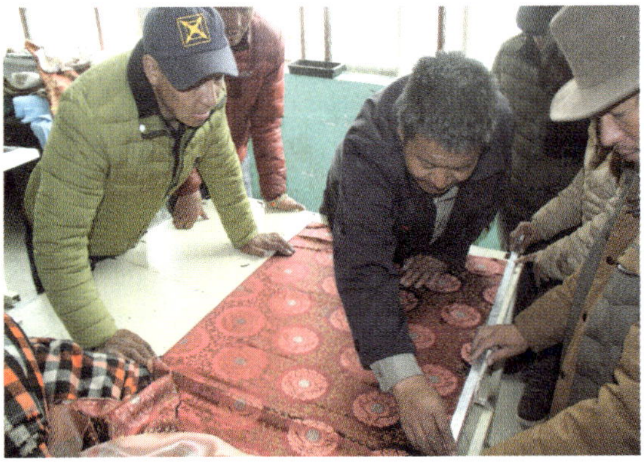

举办民族服装设计及裁缝培训

2014 年至今共核定 263 人的养老保险金 646 万元；核定 882 人的全年失业保险金 303 万元；核定 1 529 人的全年工伤保险金 120.7 万元；核定 1 466 人的全年生育保险金 103.9 万元。新农保参保人数 17 832 人，其中 60 岁以上 2 643 人，参保率达 98%，16 ~ 59 岁参保人数 15 180 人，征缴金额 242 万元，发放基础养老金 1 182 万元，发放率达 100%。城镇居民养老保险参保人数 442 人，其中 60 岁以上 116 人，参保率达 92%，16 ~ 59 岁参保人数 324 人，征缴金额 5.6 万元，发放基础养老金 48.8 万元，发放率达 100%。寺庙僧尼参加养老保险人数 272 人，其中 60 岁以上 20 人，参保率达 100%，发放基础养老保险金 6.8 万元，发放率达 100%，16 ~ 59 岁参保人数 252 人，征缴金额 3.7 万元。

开展就业“春风行动”

聂荣便民服务大厅以“两学一做”为契机，不断完善服务功能和举措，建立健全长效机制，切实转变作风，充分利用服务平台为群众办好事、办实事、解难事。今后，聂荣便民服务大厅在上级部门的领导下，将更进一步解放思想、与时俱进，求真务实、顽强拼搏，以一流的作风，创一流的业绩，树一流的品牌，为创建群众满意服务站所做出应有的贡献！

一枝一叶总关情 无怨无悔暖民心

——记陕西省西安市碑林区社会保险基金管理中心

地处西安市核心城区的碑林区，是西安市面积最小、人口密度最大的城区。繁华的城市生活不仅带来了人气和商气，也带来了工作任务重、工作难度大、工作强度高等复杂问题。整体经济下行压力持续加大和碑林区经济转型升级不断加快，对推动中心城区社会保险工作健康发展和提高社保窗口服务水平提出了新要求。近年来，碑林区社会保险基金管理中心坚持“深化改革、优化服务、强化落实、补齐短板”工作思路，以开展人社系统窗口单位作风建设为契机，整合窗口职能、优化服务环境、提高办事效率，积极推行综合柜员制标准化、规范化、人性化建设，在优化服务上下功夫，着力打造群众满意的优质服务窗口，有力促进了全区社会保险事业又好又快发展，先后获得陕西省人社系统优质服务窗口先进单位、陕西省为民服务创先争优先进单位、西安市失业保险扩面先进单位、西安市年度医疗保险联网实时结算先进单位、碑林区政府人民群众满意基层站所等数十项荣誉。

整齐有序的办理环境

健全机制体制，夯实制度基础

碑林区社会保险基金管理中心（以下简称中心）主要负责辖区城镇职工医疗保险、城镇居民医疗保险、生育保险、工伤保险、失业保险等险种的征缴和支付以及43家二级以下定点医疗机构挂账和门诊结算等工作。要打造群众满意的优质服务窗口，首先要靠制度先行。中心先后制定了《社保中心工作人员岗位职责》《社会保险业务流程》和《社会保险基金内部控制制度》《服务承诺制》《首问负责制》《一次性告知制》《限时办结制》《考核评议制》《投诉追究制》《业务经办学习制度》等15项管理制度，明确各窗口单位职责和服务规范，并签订层层责任书。同时，狠抓硬件，完善设施，优化环境。整个服务大厅，建筑面积1 000平方米，设立前后台服务窗口共41个（前台11个，后台30个）。大厅11个对外经办窗口呈U形集中办公，柜台前摆放各项业务的办事指南和政策宣传资料，大厅内设有大屏触摸查询一体机、抽号机、个人自助缴费机、服务评价系统、饮水机、标识牌、业务经办流程图、公共Wi-Fi、母婴室等便民设施。大厅中央设置可容纳100人的休息座椅，大厅和走廊摆设花木，营造了温馨优雅的服务环境。中心制作了社保政策动漫宣传片，在大厅实时滚动播放，提高了群众知晓率。实行大厅值班长制度，负责大厅内业务引导、咨询解释、统筹协调、监督管理，值班情况每日记录，督查组负责统计汇总，并定期通报相关情况，保障了大厅的正常上班秩序。积极探索引入第三方监督机制，由定点医疗机构和参保企业组成检查工作小组，目前已实地检查百余次，

使用便利的缴费终端设备，极大地缓解了窗口压力，提高了办事效率和服务质量

通过设置引导台的方式，为办事群众答疑解惑

电话回访千余次，并定期通报相关情况。

搭建网络平台，服务群众“零距离”

打造互联网平台，推进“互联网＋人社”，提升服务效率，是社会保障服务的新模式和新趋势。为了优化中心服务流程，创新服务方式，推进数据共享，打通信息孤岛，推行公开透明服务，降低制度性交易成本，最大限度地利企便民，让企业和群众少跑腿、好办事、不添堵，共享“互联网＋人社”发展成果，中心于 2013 年创建了“碑林区社会保障网”，主要设置“新闻公告、政务公开、网上服务大厅、公众参与”等模块。特别是“在线咨询”模块上线以来，通过解答疑难疑问、接受投诉建议，及时反映民意诉求，实现了政府与民众“面对面”交流。2014 年至今，已收到在线咨询 396 条，答复 396 条，其中，公开答复 247 条、非公开答复 149 条，回复满意率 100%，并切实解决了群众的一些疑问和难题。

快捷便利的在线查询设备，可方便办事群众更加直观地了解社保政策

2016 年 6 月，王先生的母亲退休后从新疆来到西安随子女居住，在办理异地居住退休人员领取养老金手续时，原住地社保部门要求填写《异地居住退休人员领取养老金资格协助认证表》，协助认证机构为碑林区社会保险基金管理中心。王先生当时正和母亲在新疆，不方便直接来中心进行咨询和办理，于是通过“碑林区社

会保障网”对办理资格认证的程序、流程、是否可代办等问题进行了在线咨询。由于不确定老人参保类型属于城镇居民还是属于城镇职工，工作人员对中心办理城镇居民异地居住退休人员领取养老金资格协助认证流程进行了详细介绍，并告知城镇职工异地居住退休人员养老金认证职能不在中心，由现居住地辖区养老经办中心办理。工作人员说明了碑林区养老经办中心详细地址，建议王先生提前电话咨询，同时提醒老人如果行动不便，可由子女代办。在后期的电话回访中，王先生对中心的工作效率高度赞扬，对中心提供的咨询回复也十分满意，并告知他母亲已来到西安居住，并顺利领取到养老金。

2016 年 10 月，王先生家喜迎新生儿，但是对新生儿零星医疗费用报销程序却不清楚，于 11 月 21 日通过“碑林区社会保障网”对零星医疗费用报销程序进行了在线咨询。中心工作人员第一时间对王先生的疑问进行了答复，就零星医疗费用报销的手续材料进行了说明。在 12 月初的电话回访中，王先生表示非常感谢中心提供的“在线咨询”服务，让他足不出户就能获得大量有效信息，解决了这个困扰他生活的烦心事儿，并夸赞“在线咨询”回复迅速及时。目前，他已将准备好的新生儿零星医疗报销所需的所有手续材料提交给他所居住的社区。另外，王先生还就预计拿到报销费用的时间等问题进行提问，回访人员也一一做了耐心解答。

2016 年 9 月，朱女士在递交生育保险手续后一直未收到生育保险金，公司财务人员说没到账，她自己查询也未查到，于是她在“碑林区社会保障网”对生育保险到账时间和查询方法进行在线咨询。中心工作人员在接到咨询信息后，首先将办理生育保险的相关手续和材料进行了详细叙述，然后，根据朱女士的特殊情况，建议她可以咨询单位经办人是否领取了生育保险单，或者前往参保单位属地的社保中心前台咨询、查看具体到账情况。在 2016 年 10 月的电话回访中，朱女士表示生育保险金已经到账，并对中心的“在线咨询”服务表示感谢和赞赏。

延伸服务触角，提升服务效能

中心坚持以群众需求为导向，注重推动服务延伸，着力在提升服务深度和广度上做文章，努力把竭诚服务群众作为全部工作的出发点和落脚点。在窗口建设和服务中，中心不忘初心，坚持以人为本，不断改革创新，注重服务空间上的延伸，结合中心城区人口密度大的特点，先后在钟楼广场、万达广场等人员密集场所开展社保政策宣传，共宣讲活动60余次、发放宣传资料15万余份；同时注重服务时间上的延伸，在企业年审、居民医保缴费等业务量大的时期，通过抽调人员临时开设接待口，增加业务咨询员，窗口人员加班加点，中午安排值班等措施，确保各项业务按时办结，不拖延、不积压，提高服务效率，最大限度地满足群众需求。

耐心细致地讲解政策、说明办事流程，快速高效地办理社保业务

2016年11月，患者李先生的家属携带资料前来大病服务窗口咨询，工作人员第一时间受理提供的资料，查阅后发现资料为2015年度报销资料，工作人员对资料详细审阅后，发现患者所患为“肝硬化失代偿期”病，总花费金额为369 226.79元，符合城镇居民医保大病二次报销标准，合规个人自付（承担）部分金额为50 189.45元，将患者资料收集整理，并告知患者会第一时间通知其审核结果。根据有关规定，西安市居民医保大病保险赔付起付线为1.5万元，城镇居民自付超过1.5万元（不含）至5万元（含）部分按照50%予以补助；自付超过5万元（不含）至10万元（含）部分按照60%予以补助；自付超过10万元（不含）以上部分按照80%予以补助，限额不设封顶线。11月12日正值星期六，中心工作人员秉承“成己为人，成人达己”的服务理念，加班加点将所有资料核算完成，并告知患者受理情况，将于15日内将报销款转入患者账户中，合计报销金额为30 113.67元。

患者在收到报销款后第一时间电话告知工作人员，并在电话中强调要送锦旗以表达感谢，工作人员一再告知患者：“这是我们应尽的责任与义务，一切从为民出发。”一周后患者在临下班时来到服务大厅，持送给中心和工作人员的两面锦旗表示感谢，患者双手向中心工作人员递过锦旗深深地鞠了一躬，不停地感谢政府出台的政策，解决了自己看病难、看病贵的困境。锦旗上分别印着“大病无情人有情，医保服务暖人心”和“心系群众，为民解困”的字样，当工作人员看到这几个字的时候感觉到心里沉甸甸的。

为民解困，心系群众，获得群众的广泛赞誉

李师傅原本是在企业中工作的一名普通职工，由于家庭原因不得不从单位离职，正当年的他一下子失去了生活收入来源，而他的社保关系因为离职已被工作单位做了减员，正值此时自己却生病住院了，住院看病产生了一笔不小的开销，然而由于他的职工医保因为劳动关系的解除被单位减员，他的城镇职工医保的享受期业已到期，这时朋友无意间的一句话提醒了他——“职工医保停了不是还有居民医保吗？”此时他方才想起，多年以前在自己户口所在地社区参加过居民医保，然而，时间过了太久，不但医保本丢失，而且更大的问题是，无论职工医保还是居民医保，作为医疗保险个人只能参加一个，工作多年，自己参加了职工医保，所以居民医保一直是处于暂停状态的，他担心，如果中间空了这么多年，一是要补缴这期间的“空档”费用；二是自己的居民医保本依然丢失，如果去补办，害怕手续麻烦且费时费力。但是这笔高昂的就医费用就摆在眼前，于是自己只能抱着看运气的态度去试试。他先是找到了自己户口所在地社区，社区的工作同志热心接待了他，待他说明了自身情况之后，社区工作人员进入了居民医保的电脑管理系统，经过查询，发现在系统中直接查询到了他在此前工作单位中缴纳城镇职工医保的缴费信息，工作人员告诉他，不需要再去补缴此前在缴纳城镇职工医保期间居民医保的“空档”费用，只需要从他居民医保的享受期停止的当年开始续起即可，这一番解释让李师傅心放下了大半。可是时间过了太久，自己的居民医保本实在是找不到了，依照工作程序，他应该在社区填表提交个人身份资料以及照片，再由社区工作同志连同多人资料一同送到区社保中心进行补办。可是现在住院期间，如果拖后一天，到时出院之后就少报销一天的费用，作为现在已经没有工作收入的李师傅来说也是很麻烦的一件事，于是经过协商，由李师傅自己写下情况说明，带着自己的身份资料和照片，在中午之前赶到中心，中心居民医保业务工作人员了解李师傅的情况之后，很快为其做了续保处理，并且补办了医保本，李师傅在当天就将医保本带去医院办理了挂账手续，后来出院时顺利报销了此前在医院住院期间的报销费用。

通过广泛深入开展优质服务窗口创建活动，中心工作作风进一步转变，办事效率进一步提高，服务质量进一步改进，各项工作得到全面快速发展。下一步，中心将总结经验，加大力度，进一步提升窗口服务水平，推动全区人力资源和社会保障事业又好又快发展，努力为建设现代化美丽城区做出新的更大的贡献！

强化管理树一流形象 立足服务创一流业绩

——记陕西省商洛市商南县就业和社会保障服务中心

商南县位于秦岭东南麓、陕豫鄂三省八县接合部，全县辖9镇1办，124个村（社区），总面积2 307平方千米，总人口24.6万人，各乡镇居住分散，城乡之间最远的还需3个多小时车程，在这经济欠发达的山区小县，为进一步提升服务质量，近年来，商南县就业和社会保障服务中心（以下简称服务中心）认真贯彻落实党的十八大和十八届五中全会精神，践行群众路线和“两学一做”教育活动要求，以创建全国优质服务窗口为目标，以“一心为民，服务至上”为宗旨，以“就业无障碍，保障无缝隙，服务无止境”为理念，坚持“人人是窗口，处处是窗口”原则，进一步转变工作作风，创新服务机制，改进服务方式，提升服务效能，打造优质服务窗口。

建平台，营造一流服务环境

2012年，商南县积极争取和筹集资金1 700多万元，在全市率先建成集就业服务、社保经办、人才交流、调解仲裁、劳资纠纷受理和人力资源市场招聘等功能于一体的就业和社会保障服务中心。服务中心共9层，建筑面积4 500平方米。服务中心一至二层为开放式、低柜台办事大厅，每个大厅都统一设立“一台五区”，即咨询服务台和业务办理区、政务公开区、信息发布区、等候休息区、自助服务区。咨询服务台由大厅当班领导值守，提供全方位业务咨询和引导服务。业务办理区按工作流程设立窗口，为群众提供“一条龙、一站式”服务。政务公开区设立办事指南、工作流程等公示公开栏和 LED 电子显示屏，全面公开各项政策法规、办理信息和服务承诺。在休息区设立了座椅、饮水机等服务设施，为办事群众提供人性化、亲情式服务。在自助服务区提供了一台电脑和复印机，延伸服务，安排一名专人负责打印复印业务办理，来这里办事的群众，如需要打印复印服务，只需要登记签字，就可得到免费服务，这一人性化服务得到了办事群众的高度赞誉。服务中心在抓好硬件环境建设的同时，非常注重软件建设，对环境卫生、统一着装、文明用语等都有明确要求，并且有专人每天负责检查。凡是来过商南县就业和社会保障服务中心的群众，第一感觉就是环境优美、干净卫生、温馨舒适；在办理业务时，就会体会到人性化、亲情式的服务；办理完业务后，一定能体会到这是一个团结、和谐、温馨的大家庭。服务中心的工作人员在这里工作着并快乐着，来这里办事的群众也能快捷愉悦地完成业务办理。目前，大厅服务窗口日接待办事群众 150 余人次，已真正成为人社系统服务群众、提升形象的优质服务窗口。

抓管理，塑造一流服务形象

服务中心通过建立健全各项规章制度，推行办事公开，形成了长效的管理机制。建立推行便民服务公示制、承办事项办结制、服务对象评价制、例会汇报通报制、工作定期考核制“五项制度”，修订完善党员学习制度、党总支工作职责、发展党员制度、民主评议党员制度以及考勤、信访、廉政建设、财务管理、基金内审工作等制度。同时，建立了服务评价和投诉反馈机制，在窗口单位统一安装服务对象评价器，将工作人员的服务态度、服务水平、办事效率纳入服务对象的评议，现场接受办事群众评价监督，对服务评价较差的窗口由纪检组进行约谈问责。这些制度的建立和完善，有力地促进了各项工作朝制度化、规范化方向发展，领导班子率先垂范，自觉遵守制度，抓制度落实，促进了干部管理长效机制。

在抓管理的同时服务中心以建设学习型干部、学习型机关为切入点，以“突出服务大局、立足事业发展、提高服务能力”为重点，把学习活动主动融入保障和改善民生工作之中，切实增强服务意识和工作本领，不断提高服务基层、服务群众的

服务中心纪律教育

能力和水平。聘请专家对全系统干部职工进行文明礼仪培训2次，组织干部参加省市各类培训300人次。开办人社业务大讲堂，各股室轮流组织，对《劳动法》《公务员法》《社会保险法》《劳动合同法》《劳动人事争议调解仲裁法》等涉及人社部门的法律及省、市出台的地方性政策法规、文件进行系统学习。同时在服务窗口开展“三亮三比三争创”活动，不断掀起窗口单位创先进、党员争优秀的热潮。创造性地开展了学习竞赛、技能竞赛和工作竞赛三项竞赛活动，开展各种形式的岗位练兵和技能比赛活动，涌现出了一批岗位明星、服务标兵，通过示范带动，干部服务水平和办事效率明显提高。

2016年6月22日下午3时许，服务中心二楼劳动保障监察接待窗口来了肖某某、邓某某等8名民工，反映商南县湘河镇汪家店移民工程拖欠其劳务费34万余元，当窗口接待人员在履行正常投诉登记程序时听到有农民工小声说“有人要跳楼”，原来在进行投诉登记的同时，3名农民工受肖某某指使（后经公安机

服务中心公务员礼仪培训

关证实）翻过县就业和社会保障服务中心九楼南侧窗户蹲坐在外墙雨檐处要求解决拖欠工资问题。窗口工作人员迅速对这一消息进行了核实，并兵分三路做出快速应对，第一路第一时间逐级上报，随即启动了突发事件应急预案；第二路第一时间赶到现场稳定工人情绪及现场秩；第三路迅速拨打了报警电话，并联系了用人单位负责人及工地现场管理人员，通知其到现场配合调查。在县委、县政府及人社部门领导的指挥下，窗口工作人员处置得当，并通过耐心细致的说服，晓之以理、动之以情，3 名农民工于下午 4 时 50 分左右从雨檐处回到楼梯转台，围观的群众评价道："这里的干部反应速度真快、处理危急真果断、工作真细致，要不然，后果不堪设想。"这一突发事件的妥善解决，就是服务中心抓管理、转作风、强素质、提能力的成效之一。

建机制，打造一流服务水平

服务中心通过建立健全各项工作机制，严格办事流程，逐步形成服务窗口的长效机制，使服务中心的优质服务可持续、更长远。

简化办事程序，建立效率提高机制。全面梳理并推行服务清单制度，服务中心将承担的各类公共服务事项名称、实施依据、行使主体、运行流程、办理时限、服务承诺等内容，按照就业创业、社会保障、人事工作、人才工作、收入分配、劳动关系和综合工作七大任务板块，以目录和办事指南等方式，通过政府门户网站、宣传手册等渠道向社会公开，自觉接受社会监督，最终实现网上集中受理和网上办理，使服务更加高效透明。

规范和简化公共服务流程、证明材料和手续。服务中心对办理公共服务事项所需证明材料和手续进行了全面清理，确需申请人提供的证明材料，做出明确规定；获取相关信息，可通过部门内部、系统内部或与其他部门信息共享，不要求申请人提供证明材料；可通过社会保障卡获取基础信息的，不要求申请人提供相关证明或填写有关表格；在各窗口施行"告知 + 承诺"的办理模式。

探索创新公共服务方式。在服务中心推行"一站式"服务，将分设的专业窗口整合为综合窗口，变"多头受理"为"一口受理"。积极推行网上预审、自助办理、委托代办等服务，建立并畅通公共服务"绿色通道"，为特殊人群推行预约服务、上门服务、应急服务等便民措施，面向重点企业、学校、乡镇、社区等服务对象聚集区主动开展延伸服务，提升公共服务的可及性和便捷性。

服务中心组织召开返乡创业人士暨驻商重点企业家座谈会

“姑娘，今年的年检手续咋这么简单？既没照相，也没按指纹，你只看了我的身份证，我自己签了名手续就办好了。姑娘，你还记得我吗？以前年检时，我的手指头你用酒精棉签反复给我擦，我的指纹怎么按也不中，后面排队的人多有怨言，而我心里是又急又气，只怪我这双手不争气，现在好了，这多省事，来了不到半分钟就办好了。”这是一位来服务中心办理退休年检手续老人的感叹，这位老人是商南县电影公司退休职工王某，每年中心集中对企业离退休人员进行养老金资格认证及指纹比对时，她的指纹因年轻时经常下乡放电影，指纹磨损大，满手都是裂纹，每到指纹比对时就是“不通过”。针对养老金资格认证出现的一系列问题，尤其是针对居住在乡镇或外地的退休人员、行动不便的退休人员，让他们少跑路，在家门口或家里就能办理养老金资格认证手续，服务中心在服务企业退休职工上下狠功夫，从改进养老金资格认证程序和方式上着手，除在服务大厅集中认证外，创新推出了委托各镇人社所和社区认证、参保单位协助认证、异地居住协查认证、照片认证、QQ 视频认证、经办机构网上认证、主动上门认证等自选认证方式，为有需要的退休职工提供一对一自选服务。现在好了，改变资格认证方式后，他们轻松，工作人员的认证效率也提高了。

过去，商南县个体人员、灵活就业人员缴纳保险费，要在社保局、银行、地税局三个部门、多个办公地点往返，给缴费人员带来了很多麻烦，服务中心协调各方，在服务中心大厅设立地税征收窗口，并安装了银行POS机，在全市率先推行了养老、地税、农行联合办公、一站式征收养老保险费的征缴服务模式，同时，在服务大厅每个窗口安装了服务评价器，现场接受办事群众评议，彻底解决了群众参保缴费“跑路多、耗时长、脸难看”的老大难问题，使服务对象不出中心即可舒心完成查询、缴费等业务，打通了服务群众的“最后一公里”，获得了省社保局、地税局及市养老经办处的充分肯定。服务中心还积极延伸服务触角，与县农行协调，在全市率先将养老保险代发点延伸到村，在村一级增设银行网点和安装POS机，在金丝峡镇率先实现了群众足不出村，在家门口领取养老金，切实方便了群众。

强服务，创造一流服务业绩

服务中心坚持“民生为本、服务群众”，树立服务理念，增强服务意识，提升服务能力，以创建全国人社系统优质服务窗口活动为抓手，立足本职工作，不断优化各项服务标准和服务规范，创一流的工作业绩。

一是服务发展，创业就业谱新篇。服务中心以创业型城市创建为目标，以创业孵化基地建设为抓手，创新了“四加四动”模式，以创业带动就业。近年来，全县实现成功创业200余人，创办企业80余家，带动就业2万人。围绕园区建设、城镇化建设，积极创造就业机会，增加就业岗位，着力打好公共服务、政策扶持、就业培训、劳动力转移、大众创业组合拳。近五年，累计完成农村劳动力转移37万人次，创劳务经济收入38亿元；城镇新增就业人员10 273人，失业人员实现再就业3 771人，就业困难人员实现再就业1 174人，发放就业创业证5 238本，审核认定社保补贴4 041人，公益性岗位补贴1 696人，发放社保补贴2 125.1万元，公益性岗位补贴868.1万元；举办创业培训班77期，培训学员1 902人；累计发放创业促就业小额担保贷款2 976笔，贷款金额为2.8亿元（其中申报劳动密集型企业贴息36家，贷款金额为7 200万元）。

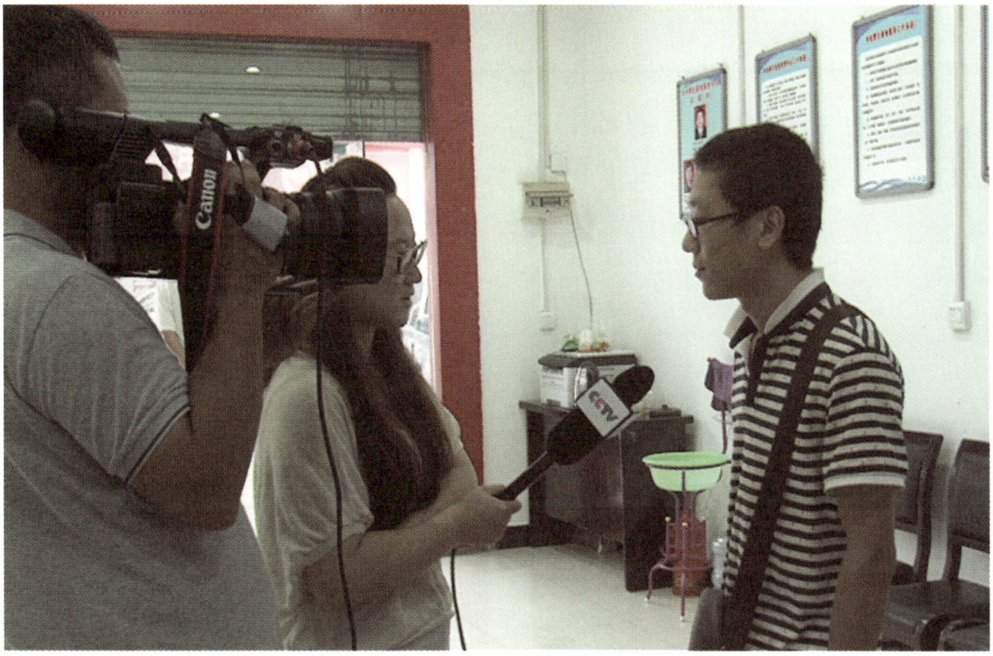

2015 年商南县服务创业就业工作接受央视采访

二是服务民生，社会保障全覆盖。服务中心坚持“全覆盖、保基本、多层次、可持续”的基本方针，建立完善了养老、失业、医疗、工伤和生育五项社会保险制度，启动了机关事业单位养老保险制度改革，社会保障体系框架基本形成，实现了社会保险全覆盖目标。目前，全县养老保险参保人数为 15.9 万人（其中，城乡居民基本养老保险 13.8 万人），职工医疗保险参保人数为 1.21 万人，失业保险参保人数为 9 882 人，工伤保险参保人数为 13 004 人，生育保险参保人数为 7 520 人，城镇居民医疗保险覆盖率达 98%。

三是服务人才，人才工作创举措。服务中心创新工作举措，鼓励引导高校毕业生到企业就业，于 2012 年 4 月出台了鼓励高校毕业生到企业就业的奖励办法，每年公开选聘 20 名商南籍高校毕业生到企业就业，累计为企业公开选聘了 80 名优秀高校毕业生，带动了 500 余名高校毕业生到企业工作，为县内企业补充了一大批优秀人才。开展免费师范生、医学类本科毕业生、基层人才队伍振兴计划，从医从教助学金计划，特岗教师、基层事业单位公开招聘，硕士研究生招聘等活动，累计引进各类人才 723 名，其中引进研究生 10 名，考试录用公务员 51 名。

四是服务大局，严格执法保稳定。服务中心规范劳务派遣行为取得初步成效，劳动用工合同制度普遍实行。全县各类企业全部实行了劳动合同制度，劳动合同签订率、用工备案率均达 90% 以上，建筑领域农民工工资保证金制度稳步推进，劳动用工管理规范化水平有了新的提高。劳动人事争议仲裁院依法、公正、及时受理劳动争议案件，近五年来，共受理各类劳动争议案件 183 起，结案 183 起，结案率 100%，涉及劳动者 183 人，涉案金额 1 000 余万元。

亲民为民　务实高效　打造一流的服务窗口

——记甘肃省酒泉市社会保险局

“原先半个月才能报销的医药费，这次当天就给我报销了，酒泉社保的办事效率比以前快多了呀！”家住肃州区南环西路的退休职工张霞在酒泉市社保服务大厅深有感触地说，“这样的社保，才是真正为咱们老百姓服务的社保。”

社保窗口小天地，为民服务大舞台。近年来，酒泉市社会保险局牢固树立“服务无止境、服务促发展”的理念，全面践行“始于参保人需要，终于参保人满意”的服务宗旨，依托社会保险服务大厅“小窗口”，积极创新管理，规范服务流程，改进服务作风，全力打造亲民为民服务窗口，实现了保障民生“大效应”，得到了党委、政府的充分肯定和老百姓的广泛好评。

完善服务机制　提高办事效率

社保服务窗口是直接为广大人民群众服务的前沿阵地，是党和政府联系群众的桥梁和纽带。如今，走进酒泉市社保服务大厅，“方便、快捷、优质、高效”8个大字分外醒目，大屏滚动字幕、现代化触摸屏、办事指南和群众脸上满意的表情……这都是开展亲民为民优质服务窗口创建活动带来的喜人景象。

“社保服务大厅的‘一站式服务’就是好，以前办理社保缴费业务，要在社保、地税和银行之间跑好几个来回才能办好，现在方便多了，从参保登记到基数核定再到缴费，在服务大厅一次就可以办完，大大节省了我办事的时间。”烟草公司酒泉分公司的方淑云如是说。

办事效率的提高，来自健全完善的服务机制。多年来，酒泉市社会保险局坚持以“群众满意”为标准，积极探索，大胆实践，通过创新服务机制促进办事效率提高。推行“一站式服务”，这只是酒泉市社会保险局提高老百姓办事效率的第一招。为进一步方便群众办事，酒泉市社会保险局还建立实行了“五险合一”统一征缴机制，使老百姓参保缴费更加方便快捷。酒泉市职业技术学院餐饮部的魏彬说：“如今的社保为我们老百姓想得越来越多、越来越到位了，前几年我为餐厅员工缴社保，五项保险要在四五个窗口办理，现在省事多了，在一个窗口就可以全部办理完毕，我可以把更多的时间用在餐厅管理和提高菜品质量上了。”

致力于形成用制度管人、靠制度办事的窗口管理服务格局，酒泉市社会保险局建立并落实了首问负责制、限时办结制、一次性告知制等8项工作制度，为方便参保群众办事提供了可靠保障。

“只要真心为民，提高办事效率就永无止境。”社保服务大厅医疗保险窗口的工作人员赵媛媛说，“把老百姓的事办得再快一点，需要我们努力的还有很多。”赵媛媛是酒泉市社会保险局的一名年轻同志，她爱岗敬业，视参保群众为亲人，每天上班都严格执行窗口工作人员提前检查设备、提前业务准备、提前进入工作状态的“三提前”工作制度，正是由于她提前到岗做足了工作准备，参保群众在她手里所办的事总能在第一时间得到办理，参保群众都亲切地称她为“社保小精灵”。

简化办事流程　缩短办结时限

“没想到还不到一个月时间，我与社保局的医疗保险服务协议就签了，窗口工作人员还为我们医院的所有职工办理了各项保险！”酒泉市现代康复医院的王文平指着桌子上的“医疗保险服务协议”高兴地说。过去，听朋友说，这个协议不好办，手续多、时间长，抱着试一试的想法，王文平来到酒泉市社保服务大厅，让她没想到的是，窗口人员对于她的咨询，不仅耐心细致地一一解答，还为她办证提供了热

酒泉市社会保险服务大厅医疗保险窗口工作人员为参保群众讲解医疗保险业务经办流程

心的指导，使她不到一周时间就办理完了所有事情。

王文平之所以享受到这样高效快捷的服务，主要得益于医疗保险服务机构资格认定方式的改革。过去，医院、个体门诊、零售药店申请医疗保险服务定点资格，先要经过社保经办机构审核，再报医疗保险行政主管部门审批，审批通过后才能最终确定，现在只需要通过社保经办机构的评估就可确认了，认定流程简化了，办事效率提高了，审批时限自然就缩短了。

老百姓到社保服务大厅来办事，最怕的就是办事环节繁、等候时间长、来回跑趟多。为了改变这一状况，打消参保群众顾虑，让老百姓不怕来社保服务大厅办事，酒泉市社会保险局大力倡导“流程最简、办结最快、服务最优”的工作理念，对各项经办流程进行了优化，梳理剔除了一些不必让老百姓提供的资料，使社保大厅服务事项步入了快速办理的“快车道”。

“现在填写养老保险缴费手册个人账户信息真是快多了，我们单位近 300 名参保职工，以前填写得一周时间，现在只需要半天就填好了。”国电电力酒泉发电公司的王惠琴高兴地说，“大厅窗口工作人员为我们想得真周到，真是我们参保单位的贴心人。”酒泉市社会保险局职工养老保险服务窗口管理市直 427 个参保单位的 13 400 多名参保职工，每年为参保职工核对、填写个人账户缴费记录时，不但窗口工作人员需要花费很多时间和精力，而且需要参保单位业务经办人员长时间的等待。为了最大限度缩短办理时间，让参保人员少等一分钟、少排一次队、少走一次冤枉路，职工养老保险窗口工作人员认真梳理简化经办流程，对各单位参保职工个人账户信息进行提前审核，并按单位将参保职工个人账户缴费信息打印好。参保单位在办理此项业务时，只需核对记录单上的缴费信息，如准确无误则直接粘贴在缴费手册相应位置即可，既大大节约了时间，又为参保单位提供了方便。

酒泉市社会保险服务大厅工作人员指导参保群众填写业务经办表册

“作为社保人，不断简化工作流程，为老百姓提供最方便快捷的服务，是我们每一位窗口工作人员应尽的职责，也是我们工作始终追求的目标。”职工养老保险服务窗口的刘纹璐面对群众的称赞声总是这样谦虚地说，“老百姓的事办好了，我们的工作也就做好了。”

像这样简化经办流程，缩短办结时限的事，在酒泉市社会保险局服务大厅还有很多：医疗保险服务窗口通过制作报销资料清单、加快报销审核和实行集中支付等措施，患者异地住院费用的报销时间由 15 个工作日缩短为 10 个工作日；职工养老保险通过加强与财政和银行部门的衔接沟通，退休人员养老金发放由每月 20 日提前到每月 10 日；工伤保险医疗费和生育保险津贴报销时间也比以前分别缩短了 5 个工作日和 10 个工作日。这些实实在在的措施，让老百姓切实感受到了经办流程简化带来的新气象、新变化。

注重“三化”建设　提升服务效能

“社会保障‘一卡通’用起来真方便，不但能缴费，而且还可以当银行卡使用，将来还能取养老金，只要有了这个卡，以后缴费领取养老金都不愁了。”家住金塔县航天镇航天村的常吉林，每当家里来了亲戚，他总是要把这个卡拿出来炫耀一番。这是酒泉市社会保险局立足社会保险信息化建设提升服务水平的一个缩影。

近年来，酒泉市社会保险局高度重视社会保险信息化建设工作，目前已建成了市、县、乡三级联网的城乡居民养老保险信息系统，城镇职工医疗保险卡实现了全市“一卡通”。信息化建设工作的不断推进，为提升社保服务质量装上了“引擎”。

“医保卡实现全市‘一卡通’后，我们支付医药费用再不用掏现金了，直接刷卡就行了。” 2016 年 6 月的一天，在金塔县财政局工作的王立斌对酒泉市肃州区民众大药房的收银员说，“以前职工医疗保险卡仅限于在本县医药机构使用，医保卡全市联网后，在酒泉市的任何一家定点医药机构都可以刷卡看病了。”

酒泉市社会保险局工作人员采集个体工商户参保登记信息

为进一步提升社会保险信息化建设水平，酒泉市社会保险局从 2016 年开始启动实施了“五险合一”社会保险信息系统建设工程，目前已完成参保单位和参保个人基础数据采集任务，预计 2017 年年初信息系统可以实现上线试运行。系统建成后，社保缴费、信息查询、领取资格认证等好多社保业务都可在网上办理，真正实现社保服务与参保群众的“零距离”。2015 年，酒泉市社会保险局还借助行政效能电子监察系统，在服务大厅统一安装了摄像头、拾音器、评价器、查询机等硬件设施，对所有窗口办理的服务事项进行全程监督，采用时限倒逼的方式，保障了服务事项的正常办理。为了方便参保群众了解社保政策，依托广电网络“最酒泉”手机台建成了“社保直通车”信息服务平台，设立法规速递、政策问答等 8 个栏目，累计挂载政策法规 165 件，政策问答 70 条，工作流程 14 个，有效拓宽了服务群众的新途径。

服务不但要方便群众，而且还要优化服务环境，在服务中更多体现人文关怀。为此，酒泉市社会保险局认真贯彻落实《社会保险服务总则》《社会保障服务中心设施设备要求》等国家标准，积极创造条件，加大资金投入，大力推进社保服务标准化、规范化建设，有效提升了经办服务“硬实力”。投资 200 万元，建成 800 平方米的社会保险经办服务大厅，合理设置功能区，悬挂了窗口标识，张贴了业务经办流程，大厅购置了新鲜花卉，配备了群众休息座椅、饮水机等便民设施，基本实现了环境优美、设施完善、制度健全、流程规范的标准化建设目标，服务大厅优质服务能力明显增强，得到了参保群众的广泛赞誉。2016 年，酒泉市社保服务大厅累计受理各类办件 12.6 万多件，办结率达 100%，比上年增加 0.3 万件，群众满意率始终巩固在 99% 以上。

“社保局的档案保管得真好，我不小心把解除劳动合同协议书和缴费手册丢失了，无法续缴养老保险，抱着一丝希望来到社保局查询，没想到我的所有社保档案在这里全都有。”石油公司酒泉分公司下岗职工石生有从社保大厅出来后逢人便说，“我不但顺利缴了费，还重新填写了《养老保险手册》，社保局就是咱们群众的‘管家婆’。”

酒泉市社会保险局档案管理人员指导参保群众查阅档案资料

为参保群众“记录一生”，是每一个社保人的神圣职责。为了实现这一庄严承诺，酒泉市社会保险局按照《社会保险业务档案管理规范》，全面推进社保档案规范化建设，截至目前，市本级和所辖7个县市区共12个社保经办机构，全部达到“档案工作规范化省一级”标准，其中9个社保经办机构被评为“档案工作规范化省特级”单位。与此同时，扎实推进参保登记、基金征缴、待遇支付和稽核监管等规范化建设，有效促进了社会保险信息化、标准化、规范化“三化”建设整体水平的不断提高。

持续改进作风　真心为民服务

“从进门后工作人员就笑脸相迎，业务办理细致认真且效率高。”敦煌种业股份有限公司的业务经办人员朱晓芳办完参保缴费手续后笑着说，“对于社保服务大厅窗口人员给我们提供这样的服务，我感到非常满意。”

坚持一切为了群众、一切方便群众，让参保群众高兴而来、满意而归，这是酒泉市社会保险局持续改进作风和开展优质服务窗口创建的基本标准和要求。多年来，酒泉市社会保险局积极倡导亲民爱民的服务理念，始终把参保群众当亲人，将爱心融入服务之中，用微笑拉近与群众的距离，窗口工作人员在经办服务中坚持做到“四个一样、五个多一点”，即“干部与群众一样尊重、生人与熟人一样热情、忙时与闲时一样耐心、领导在与不在一样标准；微笑多一点、话语亲一点、肚量大一点、办事勤一点、效率高一点”，真正实现了让群众少排一次队、少等一分钟、少跑一趟腿。

“真是设身处地为办事群众着想的一个单位，这里的工作人员个个都是好样的。”刚刚拿到养老保险参保和退休待遇领取证明的韩先生等20多人向肃州区房管局的工作人员说，“真亏了市社保局的亲人们，不是他们加班加点工作，这辈子我们也许就与保障房无缘了。” 2014年11月，根据酒泉市肃州区政府保障性住房分配工作会议精神，要求酒泉市社会保险局对申请保障性住房家庭成员的参保信息进行审核，审核通过的要为其开具养老保险参保和退休待遇领取相关证明。此项工作已于当月21日结束。第二天，当得知还有20多人因多种原因影响未能及时开上证明而在社保服务大厅门口焦急等待时，养老保险窗口的全部工作人员放弃周末休息，及时为他们审核开具了证明。当开完最后一份证明时，已是晚上八点多钟。“虽然我们没有休息，但能为这么多人的住房问题贡献一分力量，我们也是蛮有成就感的。”职工养老保险窗口的闫清琼在面对这些办事群众的感谢时是这么说的。

群众利益无小事，把小事做成精品，把细节做到极致，这是酒泉市社会保险局精细化和人性化管理的要求和体现。为了把务实为民的作风体现到服务的每一环节，酒泉市社会保险局在服务大厅设立了服务咨询台，配备了专职引导员，积极主动为年老体弱或行动不便的群众提供“全程代办”服务，还为办事群众提供免费复印，让办事群众在社保服务大厅享受到“家”的感觉。

2016年9月的一天，一位70多岁的老大爷，拄着拐杖步履蹒跚地走进社保大厅，一进门，服务大厅的专职引导员就满脸微笑地迎了上去，耐心询问老人家要办什么事。当了解到老人家没有进行领取资格认证而影响了养老金发放的情况后，工作人员热心地对他说：“您行动不方便，以后我们上门去认证，您在家等着就行了。”当听到这些话时，老人家伸出颤抖的手握住引导员的手，激动地说：“闺女，谢谢你，你们的服务很贴心，让人感觉有一种亲人般的温暖。”

务实为民的作风、高效快捷的经办、热心优质的服务，如今已成为酒泉市社保服务大厅一道亮丽的风景，而这些成绩的取得主要得益于酒泉社保有一个亲民务实的领导班子。在加快务实高效一流服务窗口创建过程中，领导班子进一步明确分工，确定一名分管领导主抓创建工作，定期督查大厅运行情况，倾听群众意见建议，切实改进工作不足。建立了领导大厅坐班制度，班子成员带头改作风、进大厅，带头查实情、解难题，既加快了受理事项的办结速度，又为大厅工作人员起到了示范表率作用，得到了参保群众的交口称赞。

“八项规定就是好，现在的领导摆官架子的没有了，扑下身子为老百姓解难事的多了，这样的领导才是真正的人民公仆。”刚从局长办公室出来的任淑香满怀喜悦地说。任淑香是酒泉市原医药公司的一名下岗职工，最近因为退休的事一直闷闷不乐。2016年11月23日上午一上班，她直接找到了局长办公室，局长热心接待了她，并认真听她要解决的事。当得知是退休的事后，局长亲自把她领到了分管领导办公室，并要求分管领导和经办科室尽快查明情况，对任淑香反映的事项做出书面答复。在局领导和养老保险科工作人员的共同努力下，任淑香终于得到了一个满意的答复，她的退休问题也会很快得到解决。同样的事情还有很多，不论是养老、医疗还是其他的社保问题，只要是老百姓找上门来的事，领导班子成员总是热情接待、认真倾听，对符合政策的就立即安排相关科室办理，不符合政策的则对其进行耐心细致的解释，直至本人满意。

在班子成员的示范带动下，酒泉社保服务大厅的工作人员个个争当服务的先锋、人人争做为民模范，亲民爱民、争先创优在每个服务窗口蔚然成风。为了让服务更到位，让窗口更亮丽，让群众更满意，酒泉市社会保险局还积极推行预约服务、上门服务和跟踪服务，真正让群众的埋怨声在优质服务中少下去，让群众的赞叹声在优质服务中多起来。如今的社保服务大厅，来时窗口笑脸相迎，走时群众赞不绝口，微笑服务、亲民便民，已经成为酒泉市社会保险局的优质服务的一大特色品牌。

“优质服务如春雨，涓涓细流暖民心。”面对社会保险工作发展的新形势、新任务，酒泉市社会保险局将以更加务实的工作作风、更加高效的服务质量，春风化雨，情暖民心，为促进全市经济社会发展、建设活力小康生态魅力幸福酒泉做出新的更大的贡献！

大山深处的笑声

——记甘肃省陇南市社会保险局

陇南市位于甘肃省东南部，地处秦巴山区，东接陕西，南通四川，辖9县区，总人口280多万人，是甘肃乃至全国典型的连片特困区，整体经济水平落后。随着全民参保、医保整合工作的推进，社保服务对象已经逐步覆盖城乡所有人口。由于山大沟深，交通不便，参保人员办理社保业务有诸多不便，传统的见面办事方式已经变得不现实，打造陇南电子社保“一站式”服务平台，实现社保业务经办管理网络化、信息化迫在眉睫。

近年来，陇南市社保局始终以为参保群众提供“便民、快捷、高效”的优质服务为己任，不断简化、细化经办流程，亮化、美化服务环境，优化、强化服务质量，加快实现经办服务全程信息化，创建集网上申报、网上缴费、网上查询、网上认证、网上支付、网上管理于一体的“网厅一体化”服务模式，完善社保信息服务功能，积极推进医保智能审核与监控管理系统建设，健全内控稽核信息系统，

陇南市基本医疗保险智能审核系统业务培训会

创新信息化便民服务措施，使全体社保干部赢得了广大参保对象的一次次肯定，也听到了街头巷尾群众一次次赞美的笑声！

创建人脸识别系统　提升窗口服务形象

“您好！您是首次前来建模登记吗？”

“是！采集信息后是不是就可以网上认证了？”

“是的，建模成功后，您以后就可以在家完成养老金领取资格认证了，非常方便！您请坐好，保持微笑，我为你登记建模……”

“好了，以后你在家就能完成待遇领取资格认证。您先喝杯水，网络认证流程是这样的……”

“小李，谢谢你！麻烦你了！现在真是好多了，也先进了，解决了我腿脚不便的难题，现在社保工作越来越人性化，越来越便民了……”

家住武都区旧城山上 81 岁高龄的王大爷听说退休职工可以在网上认证了，他在孙子的搀扶下，一早就来到经办大厅找他熟悉的小李进行信息采集和人脸识别建模。不到五分钟，一杯水还没有喝完，就完成了咨询、建模到首次认证的全部流程，他开心得像孩子一样笑了起来……

陇南市社保局为了把社保服务向“最后一公里”延伸，突破传统经办模式效率低、耗费人力等瓶颈，迅速动员组织下基层走访，与基层参保群众、一线社保干部座谈交流，积极征求意见；听上级领导意见，超前谋划、掌握社保工作发展方向；到周边省市学习，借鉴经办服务工作水平较高的省市经验，结合自身实际，主动寻求提升经办服务效率和水平的好办法。经多方考察学习，积极争取资金，广泛比对优劣、总结经验，最终与北京智慧眼生物识别有限公司合作，在全省率先开发上线了养老保险待遇领取人脸识别系统，极大地方便了退休老同志进行异地领取资格认证，也显著提高了养老金发放效率。

人脸识别系统建立运行初期，先在市本级经办大厅试点，后来经进一步调研论证，完善优化系统升级程序，迅速将养老金领取资格人脸识别系统推广至各县区使用。在推广过程中，积极争取合作单位指派系统运行维护工作的员工配合指导、帮助县区安装使用，系统良好的便民效应和较高的经办效率，坚定了陇南市社保局应用信息化提升业务经办效率的信心。截至目前，该系统为全市离退休人员提供养老金领取资格认证服务，市县养老金发放由人工复核、筛选到目前一键识别，发放周期缩短至原来的一半，准确率 100%。时至今日，网上认证已经逐步推广至手机 APP 等移动客户端使用，使用更加广泛、更加方便。

2013 年，省市人社部门提出社会保险“三化”建设总体要求。陇南市社保局进一步加大了社保信息化建设工作力度，不断优化服务环境，提高经办服务质量，按照统一名称标识、统一硬件设施、统一制度标准、统一工作流程的总体思路，加快了规范化、标准化、信息化建设步伐，努力提升窗口服务形象，要求员工切实做到“四个一”服务标准，即一张笑脸相迎、一杯热水待客、一把椅子让座、一颗诚心办事，坚决杜绝“门难进、脸难看、事难办”的衙门作风，深入落实首问负责制、限时办结制度，让办事群众前来社保窗口感到暖心、省心、舒心和放心。多年来，面临参保人数不断增长、经办力量依然薄弱，工作效率亟待提高、群众办事思维仍然传统的矛盾，班子成员齐心协力，全体经办人员紧密配合，踏实圆满地为每一位参保群众热忱服务，经办大厅环境不断改善，工作任务不断加大，但是经办效率越来越高，群众笑声越来越多，因为社保窗口的服务越来越好！

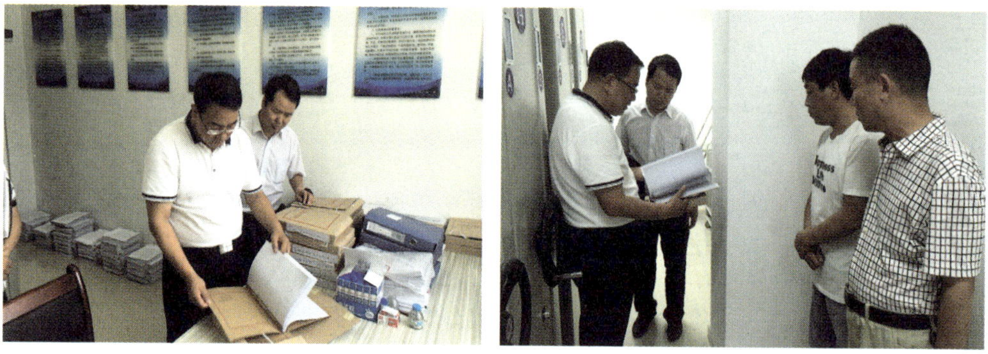

省社保局领导检查指导标准化业务档案室建设工作

推进数字化社保服务　运用 APP 解决群众问题

2016 年 5 月 28 日清晨，宽敞的陇南市政广场欢声笑语，100 多人集聚在此，庆祝陇南“智慧社保通”APP 正式上线，市直人社系统干部职工同平安公司员工一道，迎来了全市电子社保工作启动以来首个便民服务 APP 上线揭牌仪式。大家对

全省首个“智慧社保通”APP 上线启动仪式

智能 APP 的出色功能和便捷效果赞不绝口，笑声一时间传遍广场的每个角落！

“我在微信上关注下载的这个手机 APP 怎么今天突然用不了呢？”

“你好！不好意思，因为系统上次升级没有考虑覆盖问题，导致升级后需要重新安装一次，以后升级不会存在这个问题了。你放心使用，现在可以查看社保卡余额、社保政策和定点医药机构等信息，后续会不断增加和完善服务功能，非常方便，还会有惊喜哦！”

闻声看去，原来是移动公司的小张正在向窗口人员咨询“智慧社保通”APP 应用问题。像小张这样近期关注“陇南社保”微信公众号的人越来越多了，原因是近期市县都在流传一句话：“走路也能赚话费哦！”这不是传言，是市社保局利用前期推广上线的掌上服务 APP“智慧社保通”，与运营商合作推出的一个商务活动。用户只要关注“智慧社保通”APP，参与签到走路活动，达到一定里程就可以领取奖励话费，前面提到的广场启动仪式就是因为它的诞生。2016 年，陇南市社保局在调研、论证的基础上，积极与软件商和平安公司合作，历时 3 个多月的紧张筹备，于 5 月中旬上线了全省首个社保服务掌上 APP。陇南市社保局顺应信息化发展和社保经办工作需要，以移动互联网为支撑，以寻求合作为突破口，积极争取，不断提升社保经办信息化水平，开展个性化便民服务，加强信息化经办服务建设。在充分实践和总结养老金领取资格人脸识别认证系统的成功经验基础上，先后与平安保险公司、西安郎智软件公司等合作，开发推广了“智慧社保通”手机 APP、医保智能审核系统、智能监控系统等信息化软件系统，开通了“陇南社保”微信微博和公众服务平台，在经办大厅设置了 LED 显示屏，布置了便民服务区、书写台和休息区、自助查询区，全市“两定”机构（定点医院和定点药店）实现了直接结算、智能监控和联网刷卡“一卡通”，群众办事效率不断提高，窗口经办人员个个朝气蓬勃、和颜悦色，成为政务服务窗口的一道风景。社保窗口业务经办和线上经办有机集合，极大地减轻了窗口工作人员压力，把更多的时间用在钻研业务、帮助群众解答疑难问题上。更多的群众通过电脑、手机学习了解社保政策、查询认定结果等，新媒体工具和经办软件的信息化使用，极大地提高了陇南市社会保险经办服务水平和效率，有效解决了社保服务在空间和时间上的局限，方便了办事群众。

2016 年刚刚退休的王阿姨因为患有高血压并发症，她常年服用降压药和保护心脑血管方面的药物，虽然已经按照政策申报并享受了特殊慢性病补助。但是节俭的老年人还是尽量用医保卡去买药，因为年龄大加上经常使用，这次她怕卡上金额不够白跑一趟，还在想哪家定点药店可以开发票？带着这些疑问，老人家刚在医保窗口交完住院报销资料后，就坐在休息区开始琢磨……

“阿姨，再喝杯水吧？”

“最近咱们的医保卡上什么时候充值？我怕今天……”

王阿姨给大厅值班干部小赵讲着自己的疑问。耐心听完她的话之后，小赵说：“阿姨，把你的手机给我，我给你安装一个 APP，你在这里就可以看你的医保卡上还有多少余额，最近的定点药店在哪里。”王阿姨将信将疑，小赵将王阿姨领到经办大厅接待室，给她添满茶水，几分钟后就安装、注册了“智慧社保通”APP，边讲政策边给她讲解 APP 操作，当看到医保卡上还有 500 多元时，她说：“这个也太方便了吧？”洪亮的笑声瞬间传到了大厅里。小赵说：“这 3 个药店都在东江，都是市直定点药店，你去这里看看吧。”

“好的，我顺便去刷卡买点洗衣液。”

“阿姨，你到这个药店去，品种齐全，你需要的药在这里基本都可以买到，但是洗衣液你不能刷医保卡买哦！只能付现金。”

“这是为什么？”

看着王阿姨一脸疑惑，小赵一一给她讲解医保卡的使用范围和注意事项。再次听完小赵的讲解后，她又笑了……原来2016年，针对定点医药机构监管难题，市社保局及时召开了定点医药机构管理座谈会，经过宣传、动员，在所有的定点医药机构安装使用了智能监控系统，实时监控医药机构售药刷卡行为（其中就禁止刷卡购买生活用品），其实是在维护职工权益和医保基金安全。听完小赵的话，王阿姨连声说道："谢谢，谢谢！这下明白了。我以前以为刷卡购物省钱还方便，不用白不用，这样看来其实很不划算呀！"爽朗的笑声之中看得出来王阿姨很高兴，同时也明白了医保卡该怎么用。近年来，陇南市社保经办窗口工作人员细致耐心的经办工作不只是在窗口里面，在大厅的每个角落，在微信留言中、在休息服务区都可以看到他们繁忙的身影，听到他们专业的术语，与此同时，时时听到的还有办事群众朗朗的笑声，仿佛大山深处不止的清泉在流淌……

随着陇南市委、市政府"互联网+"计划和大数据战略的实施以及智慧城市建设不断向前推进，全市社保信息化建设工作也紧跟时代步伐，各类信息化系统、软件的不断上线、使用，使陇南市社会保险经办服务工作不断开创了新局面、迈上了新台阶，人民群众对社保工作的满意度不断提升，大山深处的笑声将会不断传到每一位参保群众耳边。

人社服务落地有声 惠民政策遍地开花

——记青海省西宁市城西区人力资源社会保障服务中心

人社服务大厅工作风貌

城西区人力资源社会保障服务中心（以下简称中心）于2012年建成运行，大厅设置27个前台服务窗口，为辖区企业和群众提供就业创业、社会保险、劳动监察仲裁以及人事人才“一站式”服务。近年来，中心紧紧围绕保障和改善民生这一主线，持续深化作风建设，着力在打通联系群众服务“最后一公里”上下功夫，初步构建起“公开化、专业化、信息化、精准化”四位一体服务新模式，人社系统优质服务窗口创建工作走在全市前列，赢得群众广泛点赞。

精准服务解民忧

“哎呀，政府还能借款让我们缴纳养老保险，这到底是不是真的？”在工作人员入户宣讲《城西区爱心助保实施办法》时，许多群众提出了这样的疑问。的确，省市还没有出台这样的政策，城西区成了“第一个吃螃蟹的人”，难怪群众会有疑虑。脱贫攻坚战打响后，中心聚焦就业“特困人员”，在广泛调研、充分论证、反复修改的基础上，率先在全省启动爱心助保工程，实实在在为困难群众办了好事。辖区居民王贵已经 52 岁了，原来在西宁酒厂工作，2010 年因单位效益不佳下岗，而妻子又长年患病没工作，他一下岗家里的经济越发困难，加之年龄偏大，此后一直靠打零工来维持家用。孩子上大学后，收入主要供孩子读书，使他再也没有能力缴纳社保，一直中断了 3 年。当他了解到这一政策后，第一个到中心咨询，他说：“眼看着自己快到退休年龄了，每当想起欠费会影响养老待遇，就很难受，可自己又实在没有别的办法。这下好了，心里的一块石头终于落地了。”如今，像王贵一样享受助保政策的有 20 人。正如受助人安韶华所说：“爱心助保真是雪中送炭，既减轻了生活压力，又解除了后顾之忧，党和政府用行动兑现了不会让一个困难群众在小康路上掉队的承诺，我们感到明天的生活会越来越美好、越来越幸福。”

中心与爱心助保受助人签订协议

专业服务惠民生

省上出台被征地农民社会养老保险实施办法后，区上安排资金 8 500 万元，于 2014 年率先在全省开展了此项工作。这对城西区近万名被征地农民来说，是一个好消息、一件大好事。可在宣传落实的过程中，出现了一些新情况、新问题。有些群众讲“今儿的肝肝比明天的肉香，谁知道我能不能享受”，有些群众反映“村上没有银行，离城区又比较远，缴费不方便”，有些群众抱怨“手里的土地补偿款都花得差不多了，没钱参保”。针对群众形形色色的问题，中心分门别类地制定完善针对不同家庭、不同年龄人员的宣传动员方案，坚持用“西宁话”为群众讲政策、解疑惑，并在各村设置了 POS 机，群众的参保积极性得到有效提升。当 66 岁的于家虎老两口拿到养老金存折时，满心欢喜地说：“当了一辈子农民，没想到老了老了，还成了‘领工资’的城里人，这个政策真好，以后我们老两口的日子更有个过头了，儿女的负担也轻了，共产党对老百姓实话当人。”现在，像于家虎一样享受待遇的已经达到 1 159 人。这项惠民政策真正落地生根，也为全省推进被征地农民社会养老保险工作积累了试点经验。

中心领导为被征地农民讲解养老保险政策

工作人员为被征地农民办理业务

创业服务助腾飞

34 岁的辛荫庭是一名普通的创业者，2005 年青海大学毕业之后，只身去珠海发展，开始创业之路。2012 年年初，在回乡探亲时看到家乡日新月异的变化，就毅然决定返乡创业。创业之路注定不会一帆风顺，在回到青海后，他也遇到了很多困难，但其创办的青海环宇文化传播有限公司自入孵城西区创业孵化服务中心以来，中心提供的政策扶持、专家导师服务，帮助他解决了场地、资金、经营等多个方面的问题。经过三年多的发展，营业额从最初的 20 多万元提高到目前的 200 多万元，并逐渐发展成为致力于为旅游局和景区提供智慧旅游线上线下一体化解决方案的专业公司。其公司策划、开发的《大美青海智慧旅游云服务平台的开发及应用》项目，在 2016 年城西区“科创杯”创新创业大赛中荣获一等奖。面对成就，他的感恩之情溢于言表，“正是因为从初创时期就得到了创业孵化中心的一路陪伴、一路扶持、一路指引，公司才取得了现在的成绩，这证明我回来发展是对的”。中心运行以来，已成功孵化小微企业 88 家。如今，更多如辛荫庭般怀揣创业梦想的青年人涌向这只摇篮，积蓄力量，期待腾飞。

青海省西宁市及四区三县的领导到城西区
大学生创业孵化服务中心视察

依法服务促和谐

中心工作人员为上访农民工解决拖欠工资问题

2014 年 5 月，在海湖绿地集团某工地工作的 50 多名农民工集体到监察办投诉，称该企业拖欠 500 余人 3 个月的工资，情绪比较激动。鉴于情况重大，中心劳动保障监察窗口工作人员连续两天到该企业进行调查，详细了解整个事情的前因后果，逐项核实疑难点，为妥善解决这一问题提供了全面准确的调查资料。通过政法、人社、信访、公安等部门联合工作组 4 天的综合协调，该企业将 490 万元的欠款在 2 日内结清，及时化解了可能引发的群体性事件。每到岁末年初，这样的情景已是劳动保障监察窗口的常态，群众中有谩骂的、有威胁的、有恐吓的，面对群众的不理解，工作人员始终做到忍受委屈、依法接待、主动联系、积极协调。2013 年以来，处理的 50 人以上农民工讨薪案件累计 100 余起，金额达到 2 400 余万元，使来自四川、河南、青海等地的农民工都能在节前拿到全部或部分工资返乡和家人团聚，有效维护了群众的合法权益和社会稳定。

打造优质窗口 用“心”为民服务

——记青海省西宁市城北区就业社保服务大厅

城北区位于西宁市西北部，总面积 137.7 平方千米，下辖二十里铺、大堡子 2 个镇，小桥、朝阳、马坊、火车西站 4 个街道办事处，38 个行政村、26 个社区，总人口 31.8 万人，其中农村人口 62 654 人。区内有各类企业 4 000 多家。长期以来，城北区就业社保服务大厅把优化服务环境、提升服务质量作为追求目标，不断探索“六不”“六办”“三零”和“用心”服务模式，时刻用精心、耐心、真心、贴心、热心、暖心、全心为民提供优质精细高效服务，努力打造全国优质服务窗口。

改善环境、优化流程，“精心”为民服务。原来的城北区就业社保服务大厅位于朝阳公园后门绿色启成家园 2 号楼一楼，总面积约 300 平方米，交通不便、办公场地狭小、部分业务工作开展难度大。为了改善服务环境，2015 年，城北区借助省人社厅加强基层就业社保服务平台建设项目的机遇，在省人社厅和区委、区政府的大力支持下，争取专项资金 900 万元，在城北区中心地带的宁张路 42 号区行政服务中心购建了总面积约为 3 100 平方米的办公区域改善就业社保服务环境，仅用于就业社保服务大厅的面积就达 750 平方米。该地段地处城北区的中心，交通便利。2016 年 1 月，区就业服务大厅正式启用。

新的服务大厅设计之初就以为服务对象提供一站式方便快捷的服务为出发点，U 形服务区域内设有就业、失业保险、城镇职工养老保险、城乡居民养老保险、城乡居民医疗保险、城镇职工医疗保险等 23 个服务窗口，配有 40 余名工作人员。大厅内可以现场办理求职登记、职业介绍、劳务输出、创业培训及失业、养老、医疗、工伤、生育保险等各类社会保险业务，极大地方便了办事群众。同时，为了方便办事，专门设置了等候区，配置了沙发、饮水机、纸杯、抽纸、自动售卖机，营造了舒适、温馨的优质服务环境。

新就业社保服务大厅

拓宽建设、延伸平台，“倾心”为民服务。为更加方便老百姓办事，城北区就业社保服务大厅将服务延伸到农村、社区，在规范完善社区就业社保服务的同时，2014 年率先在西宁市建成了 38 个村级就业社保服务站，配备了专门的办公设备、经费和人员，并每年投入 36.48 万元的人员经费确保服务平台的正常运转。自此，就业、社保服务平台就实现了区有窗口、镇（街道）办有站所、村（社区）有专人的三级网络服务格局，村（居）民在家门口就能享受到全方位、便捷的就业创业、劳动保障和社会保险服务。城北区人社局门户网站的建成，微信公众平台、公众微博的开通，使企业职工、村（居）民足不出户就可以了解到城北区就业创业、社会保险工作动态、办事流程、政策法规等政策信息，查询到服务电话进行电话咨询，同时还可通过局长信箱反映情况、提出建议、进行投诉。

办事群众正在使用叫号服务系统

建章立制、正风肃纪，“耐心”为民服务。服务大厅每天接待咨询和办事群众在 1 700 人次以上，平均每月办件量为 37 366 件。当办事群众咨询办理业务事项时，工作人员就会耐心细致地讲解，一次性告知注意事项和办理所需资料，对于职责范围外不清楚的事情也会转告到相应的柜台办理，让办事群众高兴而来、满意而归。热情、文明、优质的服务面貌得益于服务大厅在政务公开、服务制度建设、服务标准、作风建设上下大力气。办事依据、办事程序、办理时限、责任人员、联系电话全面公开，实现了“零利益”办事。叫号服务系统的购置安装防止了插队加塞现象，让服务井然有序，实现了“零关系”办事。一次性告知、首问责任制、服务承诺、限时办结、“三零”服务（零关系办事、零利益服务、零差错服务）和“六不”“六办”（工作不因我导致被动、不因我发生拖延、不因我出现差错、不因我出现失误、不因我遭受批评、不因我造成损失；能办的事立即办，难办的事想法办，分内的事提前办，分外的事协助办，一时办不了的事创造条件办，不能办的事坚决不办）等工作制度和要求的全面推行和落实，严明了工作纪律和规矩。脸部识别考勤机和工作服务满意度评价器的引进，严格对工作人员的考勤和服务监督，并将考勤情况和满意度与年度考核挂钩，减少了迟到、早退、缺勤情况，杜绝了不良服务行为的发生。认真贯彻落实人力资源和社会保障部《关于开展窗口单位改进作风专项行动的通知》精神，结合区纪委“严肃工作纪律、提高执行能力”和整治“庸懒散奢”专项活动的开展，结合公布举报投诉电话，对于收到的举报投诉立即查核、受理答复，工作人员思想作风不实、工作纪律不严等问题得到有效整治。经常性的学习培训让服务更加高效，严格的监督让工作作风更加务实，科学、严格的管理让服务更加规范，优质高效的服务树立了服务大厅的良好形象，得到了群众的肯定。

扶持创业、助推梦想，“真心”为民服务。就业是民生之本，创业成功可以带动更多人实现就业。城北区就业社保服务从创业者的需求出发，提供创业资金扶持、创业培训、专家指导等全方位的服务，助推创业者实现创业梦想，壮大创业成果。

薛奎，1991 年生于城北区二十铺镇小寨村，2013 年 6 月毕业于山东科技职业技术学院建筑工程技术专业，大学期间创业卖烧烤时烧烤摊被一些不法分子给砸了，赔了 3 410 元。第一次创业失败让他尝到了创业的辛酸，但未磨灭他的创业梦想。2014 年 9 月，他创办了西宁龙狮喜庆服务有限公司，最初工作人员连同自己才 4 人，业务内容仅限于单纯的婚礼现场舞狮表演，业务量也是少得可怜，每月三四场，淡季时甚至为零。就在公司面临存亡之际，城北区就业部门为他送去了橄榄枝，邀请他的公司入驻城北区大学生创业励志孵化基地，提供免费的办公场地。2016 年 11 月，邀请他参加城北区组织的 SYB 创业培训，在创业指导老师的指导和诊断下，

薛奎和他的舞狮团队

他对公司的发展有了新的想法，在青海大学发动热爱舞狮表演的大学生成立了首个舞狮协会。2015 年，城北区就业部门工作人员为公司申请了 10 000 元的高校毕业生创业奖励。2016 年，城北区就业部门与他的团队多次合作，举办各类就业援助系列服务活动。如今，他的公司不断发展壮大，工作人员从 4 人发展到了专职 8 人、兼职 16 人；业务内容也从单纯的婚礼现场舞狮表演拓展到庆典礼仪、婚礼一站式服务、会议会展、企业形象策划、微电影制作、广告制作与发布等内容；业务量从最初的一个月零场或三四场舞狮表演增加到现在的每月 11 场。

邹鑫荣，是城北区扶持成功的另一个 90 后创业典型。出生在城北区大堡子镇宋家寨村一户普通农民家庭中的他，2013 年毕业于烟台大学生物工程专业，当年 8 月创办了西宁森润种植有限公司，主要从事食用菌生产销售。作为一名大学生创业者，他的勇气和能力受到了城北区就业部门的关注。工作人员主动与他联系，实地考察创业情况，上门宣传各项创业扶持政策，动员他参加创业培训、创业大赛，积极指导企业发展，落实创业贷款 10 万元和一次性创业奖励 1 万元，鼓励其扩大规模和销售范围，改善经营模式。如今他租赁的日光温室大棚从 2014 年的 4 亩扩大到 10 亩，产品和产量从仅香菇代料栽培 2.5 万袋增加到香菇 15 万袋和平菇 3 万多袋，预计产值从 21 万元增加至 120 万元，实现纯收入 50 万元以上，带动被征地农民就业 16 人。2015 年，他的公司荣获“全省发展和培育市场主体创业奖”。

薛奎和邹鑫荣只是城北区扶持成功创业的典型个例，2016 年全年共扶持创业人数 421 人，带动就业 1 566 人；开展创业培训 300 人，发放了创业担保贷款 1 567 万元。

扶残助困、送金上门，“贴心”为民服务。2015 年 1 月 5 日，得知一家为 186 名残疾人提供了就业岗位的残疾人福利企业——青海宏泽矿业有限公司厂区被政府规划征用，有 144 名残疾人将与公司全员解除合同关系，考虑到多数残疾员工行动不便的实际困难，1 月 19 日，失业保险办公室工作组一行 3 人主动前往宏泽

工作人员上门办理失业保险

矿业有限公司进行现场办公，为解除合同关系的残疾人办理失业保险金的申领手续。在宏泽矿业有限公司的密切配合和每一位工作人员的精心努力下，圆满完成了该企业 144 份个人档案的审核交接、失业保险缴费记录的审核、《就业失业登记证》的填写及失业保险金享受期的录入等一系列失业保险金申领前期工作。截至 2015 年 2 月 25 日失业保险金全部进入发放，确保了他们在失业期间的基本生活保障。

西宁远翔工贸有限公司也是城北区所属的一家残疾人福利企业，共为 240 名残疾人提供了就业岗位。2015 年年初受市场影响导致资金链断裂、企业停产，为解决其面临的经济困难，原单位现有 219 名残疾人与公司全员解除合同关系。2015 年 3 月 10 日，失业保险办工作室一行 3 人主动前往远翔工贸有限公司进行现场办公，为解除合同关系的残疾人办理失业保险金的申领手续，圆满完成了该企业 219 人的失业保险金申领前期工作，截至当年 3 月 25 日全部进行发放。

服务大厅工作人员怀着对工作的极大热情和对残疾服务对象的深切关怀，主动上门办理失业保险，将党的惠民政策送到身边，不仅赢得了两家公司失业残疾人发自内心的夸赞，他们和工作人员聊家长、说心里话，分享日常生活中的喜怒哀乐，最终和上门服务的工作人员成为朋友，他们发自内心的笑容成为工作人员的勋章。

转变方式、积极协调，“热心”为民服务。新型农村社会养老保险政策自 2011 年实施到 2014 年与城镇居民养老保险合并为城乡居民养老保险以来，随着政策宣传力度加大和居民参保意识的增强，参保人数逐年增多，从 2011 年的 21 721 人增加到 2016 年的 32 437 人，缴费金额也不断增大，到 2016 年共征收城乡居民养老保险费 1 208 万元。然而，村民参保缴费一直沿用现金缴费的方式，存在缴费时间长、经办人员工作业务量大等缺点，无论是防范保险基金风险，还是工作流程上的弊端日益显现，都给城乡居民养老保险基金造成了较大的安全隐患。为克服现金征缴方式的这些弊端和缺点，方便村民缴费，城北

邮储银行流动服务车为村民办理代扣代缴

区通过调研探讨，并与各大银行协调联系，率先于2015年在城北区小桥街道办事处北杏园村、二十里铺镇二十里铺村进行了城乡居民养老保险银行代扣代缴试点工作。银行代扣代缴工作的启动改变了传统的柜台缴费服务模式，不仅减轻了经办机构的工作量，降低了手工操作风险，减少了重复业务和工作失误，而且实现了参保人员不出户就能缴费，提高了业务经办效率。为给个别银行缴费不便的远郊村民提供缴纳养老保险基金的便利，又与邮储银行取得联系，由邮储银行申请上级安排流动服务车到吧浪、吴仲、大堡子、孙家寨等较偏远的各村现场办理业务。2016年5月23日，邮储银行开通的流动服务车来到城北区大堡子镇吧浪村委会大院前，该村村民排成长长的两队有序办理代扣代缴业务，邮储银行、城北区社保局和大堡子镇城乡居民养老保险工作人员在活动现场发放宣传单，帮助村民填写表格，活动当天，共与230余名村民签订了代扣代缴协议，收缴城乡居民养老保险金5万元。这种上门服务的办法受到了参保缴费群众的欢迎，极大地提高了村民参保续费积极性。事后有位老人向工作人员竖起大拇指，高兴地说：“我们再也不用转好几趟车颠簸去缴费了！”

实地走访、拉近距离，“暖心”为民服务。城北区现有企业及灵活就业离退休人员12 987名，其中省外异地居住的离退休人员有1 000余人，分布在全国22个省市，离退休人员居住地分散，养老金实行社会化发放后，领取养老金资格认证面临诸多困难，冒领情况时有发生。不仅如此，退休人员被纳入社区管理后，在异地居住的离退休人员无法享受退管机构提供的各种服务。针对种种情况，城北区就业社保服务大厅每年分批对异地居住的企业离退休人员进行实地走访慰问，让身在异地的离退休人员也感受到“娘家人”的温暖。近年来，先后前往北京、上海、河南、四川、江苏、浙江6个省市，走访慰问28人。受到慰问的离退休老人特别激动和热情地说：“见到家乡人，特别地亲切，虽身在异地，但时刻关注家乡的发展，你们来看望我们，我们非常高兴。”通过开展走访慰问，带去了家乡人的问候，使大厅的服务更加人性化，同时也加大了对异地离退休人员领取养老金资格审核力度，确保了社保基金的安全和完整，防止和杜绝了危及社保基金安全的行为发生。

轻声细语、润物无声，“全心”为民服务。2016年2月14日上午9点，和往常一样，从AX001号叫号办事居民起开始了紧张的业务办理工作，叫号系统传来轻柔的女声：“请AX026号到21号窗口办理……”

工作人员：“先生，您好！您需要办理什么业务？”

AX026号居民："你好！姑娘，你快帮我看看，医院不让我住院。"

工作人员："您先别着急，请出示您的身份证或者户口本，我帮您在系统查询原因。我的系统显示您存在两个医保，您是单位在职员工吗？"

AX026号居民："是的，我2008年参的是社区的那个医保，完了以后，我在厂里参的省保，现在我又在一个私人公司打工，厂里说他们没有卡，公司也说没卡，医院又非要卡才能住院，就是这么回事。"

工作人员："您现在要用市医保去住院，对吗？"

AX026号居民："对。"

工作人员："首先，您的居民医保和市职工医保存在重复，所以无法使用，您先在我这儿把居民医保退了。然后去23号窗口查您的社保卡在什么地点领卡。最后去省医保局退了之前参加的省医保，因为我的系统查不到也办不了省医保，再去医院激活新社保卡，可以住院使用。"

AX026号居民："好的，好的，谢谢姑娘！"

这是几乎每一天城北区就业社保服务大厅日常工作的真实写照，本着"一张笑脸相迎、一声问候相称、一张椅子相候"的精神，工作人员穿着整齐的服装，佩戴着统一的胸牌，热情的服务态度，贴心、文明的用语让办事群众感受到家一般的温暖，群众自发送来的锦旗鲜红耀眼，不仅是对服务的肯定，更是对今后工作的殷切希冀，工作人员经常说"只要老百姓满意，我们的工作就值了"，一句简单质朴的话语道出了服务工作的实质——老百姓的夸赞就是对城北区就业社保人最大的褒奖！

办事群众赠送的锦旗

春风化雨，润物无声，城北区就业社保服务大厅以优质高效的服务，不仅得到了市、区政府部门的肯定，更赢得了老百姓的夸奖。2014年以来，城北区人力资源和社会保障局先后被区委、区政府评为"城北区消防工作先进单位""2013—2014年度区级文明单位""'三基'建设工作突出单位""城北区人大代表建议先进承办单位""城北区政协委员提案先进承办单位"。2013年、2014年、2015

年连续 3 年被区委、区政府评为城北区政法综治工作先进单位。自区人社局组建以来，2010—2015 年连续 6 年被区委、区政府评为“目标考核实绩优秀单位”。2016 年 6 月，被西宁市委、市政府授予“2014—2015 年度市级文明单位”称号；“七一”前夕，被西宁市委授予“全市‘三基’建设先进集体”称号。

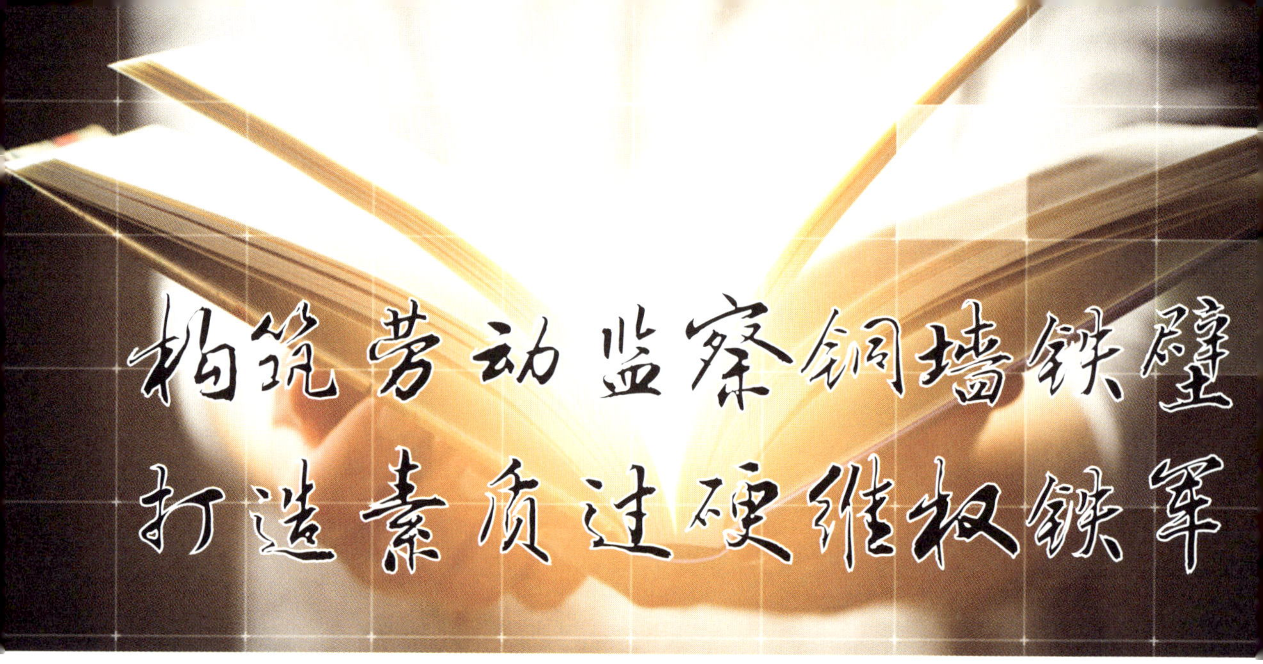

构筑劳动监察铜墙铁壁 打造素质过硬维权铁军

——记宁夏回族自治区银川市兴庆区劳动保障监察大队

奔赴千里，跨省追回被拖欠的农民工工资；走街串巷，在各个建筑工地建立农民工工资银行卡支付制度；精诚合作，多部门联合执法让 21 名农民工在春节前拿到劳动报酬回家过年……

近年来，银川市兴庆区劳动保障监察大队以维护劳动者合法权益为中心，加大农民工工资清欠工作力度，逐步建立完善预防和解决拖欠农民工工资工作长效机制，构筑起劳动监察的“铜墙铁壁”，打造了一支素质过硬的维权铁军，受到广大劳动者和社会各界的一致好评。2014 年 7 月，荣获人社部“全国清理整顿人力资源市场秩序专项行动取得突出成绩单位”称号；2015 年 8 月，荣获银川市政府“银川市农民工权益保障工作先进集体”，2 名干部荣获“银川市农民工权益保障工作先进个人”；2016 年 3 月，因清欠农民工工资工作成绩突出，被兴庆区政府通令嘉奖。

跨省讨薪，让 200 多名农民工过好团圆年

时间回到 2014 年 11 月 17 日上午，银川市兴庆区劳动保障监察大队里来了

200 多名情绪激动的群众，狭小的楼道里瞬时人声鼎沸，原来是 200 多名农民工来这里寻求帮助。当时，兴庆区劳动保障监察大队队长陆涛接待了这些群众。“我把他们请进了会议室，大家你一言我一语，纷纷表达着工资被拖欠的无奈和愤慨。最后，农民工代表告诉我，由宁夏华尊立达房地产开发集团有限公司开发、甘肃省建设投资（控股）集团总公司承建的立达国际建材、五金、家居博览城五标段拖欠他们工资 1 300 万元。长期从事劳动监察工作的职业敏锐性告诉我，如果这个问题处理不好，将引发重大群体性上访事件，造成极大不稳定因素，我一边安抚上访群众，一边和上级部门联系，一边考虑着解决措施……”了解到这些群众的诉求后，大队第一时间与甘肃省建设投资（控股）集团总公司进行交涉，经多次交涉，该公司均以资金紧张为由，拒不支付农民工工资。随后，大队专题向宁夏人力资源和社会保障厅报告案件情况，并将有关情况通报至自治区住建厅，请其致函甘肃省住建厅，请求帮助督促企业协调解决欠薪事宜。虽经多方协调，但拖欠工资一事仍无实质进展。

陆涛回忆道：“在那种情况下，我们当机立断向上级部门请示，随后奔赴甘肃兰州解决此事。” 2014 年 12 月 14 日，年关临近，兴庆区劳动保障监察大队队长陆涛带领监察员缪龙，会同宁夏华尊立达房地产开发集团有限公司副总经理蒋勇前往兰州市处理拖欠农民工工资一案。他们的行动打动了甘肃省相关部门，最终在甘肃省人力资源和社会保障厅劳动保障监察局的大力帮助下，兴庆区劳动保障监察大队三人清欠小组与宁夏华尊立达房地产开发集团有限公司及甘肃省建设投资（控股）集团总公司共同协商达成协议，由甘肃省建设投资（控股）集团总公司分两批将 400 万元现金打入大队指定的农民工工资专用账户（2014 年 12 月 19 日前将 200 万元打入，12 月 24 日前再打入 200 万元），用于发放农民工工资，兰州之行取得重要战果。同时，银川市也传来好消息，宁夏华尊立达房地产开发集团有限公司承诺将打入 300 万元用于解决农民工工资。最终，这 200 多名农民工在年前顺利拿到了工钱。

此次兰州之行解决拖欠工资案件，是兴庆区劳动保障监察大队自成立以来首次跨省处理拖欠案件，打破了以往劳动监察办案惯例，主动出击，多点突破，为农民工早日拿到工资返乡过年争取了时间。这样的办案方式将会在日后的工作中继续尝试，切实维护农民工的合法权益。

建立银行卡支付制度，杜绝“包工头”携款逃匿

2015 年 7 月初，盛夏的银川酷热难耐，但兴庆区辖区内的建筑工人却丝毫不以为意，因为又到了建筑工地发放工资的日子。从 7 月 11 日开始，辖区内 2 891 名农民工首次通过银行直接支付工资形式，用自己的银行卡领到了 6 月的工资。当年，按照宁夏人力资源和社会保障厅的安排部署，兴庆区在全自治区率先施行农民工工资银行直接支付制度，这一举措有效规范了建筑领域农民工工资支付行为，在预防和解决建筑企业拖欠、克扣、冒领、挪用农民工工资问题上，建立了长效机制，打出了有力拳头。

兴庆区是宁夏银川市核心区，经济相对活跃，工程建设类项目较多。2015 年 4 月，大队克服人员少、任务重的不利因素，开始对辖区内 15 个政府投资项目、48 个社会投资项目农民工工资银行直接支付制度进行全方位的宣传、指导、推广和督查，要求各施工企业每月都要在工地告示牌上公示农民工月工资支付情况，并

劳资专管员在项目单位核查用工档案和农民工工资发放情况

保存以备检查。同时，建设施工企业还要采集农民工姓名、身份证号、户口所在地、现住址、联系电话等个人信息，汇总后形成用工档案，根据当月工程完成量及工资表，足额向“农民工工资支付专用账户”汇款。实际操作中，受委托银行根据建设（开发）单位或施工承包企业提供的工资表代发工资，将工资款直接划拨到个人工资银行账户。兴庆区劳动保障监察大队则派专人对这些账户与用工档案一一对照，逐项核查并进行不定期检查。

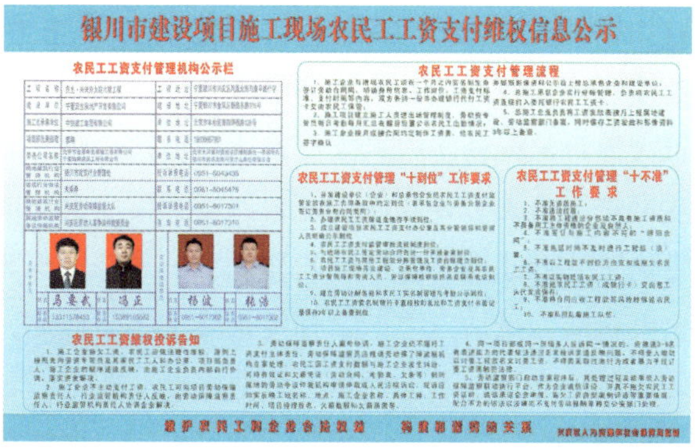

项目工地农民工维权公示栏

制度贵在执行、重在落实。为确保农民工工资银行卡支付制度落地生根，兴庆区劳动保障监察大队要求全部建设工程项目场所设置“兴庆区建筑领域农民工工资支付公示栏”，对劳动保障监察大队区域负责人、劳资专管员信息以及投诉举报电话、农民工实名制登记表和当月农民工工资发放表进行公示，并于每月初按时将公示的相关资料上报兴庆区劳动保障监察大队备案。企业须对入场人员逐月进行考勤登记，公示的考勤表或农民工工资发放表经三方（甲方、乙方劳资专管员、农民工代表）审核后进行公示。同时，强化落实奖惩激励措施，凡未执行农民工工资银行卡支付制度或执行不到位的企业，出现拖欠农民工工资问题，经查证属实，记入企业不诚信档案，上报银川市住房和城乡建设局取消该企业在兴庆区招投标资格。对于表现良好的企业，将其列入诚信企业，给予政策上的优惠。对未开户的建筑企业下发了《关于限期办理农民工工资银行卡直接支付相关事宜的通知》，限期停工整改。截至目前，43个建筑工地开设了农民工工资发放专用账户，23个建筑工地设立了“兴庆区建筑领域农民工工资支付公

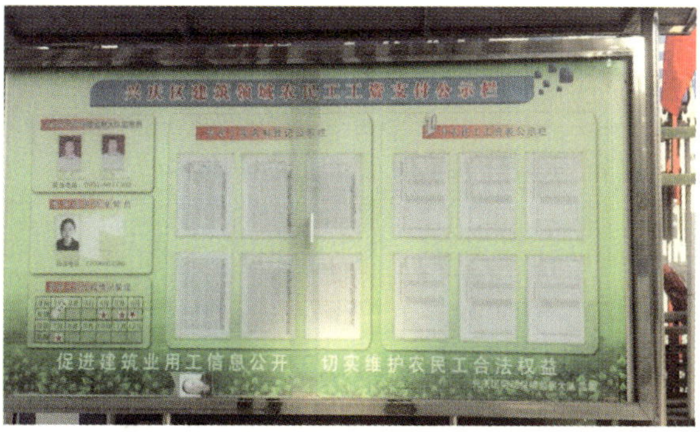

每个工地都设有这样的公示栏，
对农民工考勤表或农民工工资发放表进行公示

示栏”，开卡 7 598 张，发放工资 2.7 亿元。

通过“两法衔接”，为 21 名员工讨回劳动报酬

2015 年 6 月 30 日，兴庆区劳动保障监察大队接到雷婷婷等 21 人的投诉，称银川市兴庆区金世豪娱乐会所拖欠 21 名员工工资 74 780 元，多方求助无果，希望兴庆区劳动保障监察大队能够给他们提供帮助。监察大队接案后于次日立案并对投诉人逐一笔录核实，多次联系该公司法人陈志军，但其均称身处外地，不能前来接受调查，也未委托其他人配合调查。兴庆区劳动保障监察大队依程序依次向该单位下达了《劳动保障监察询问通知书》《劳动保障监察限期整改指令书》《劳动保障监察行政处理决定书》。相关法律文书下达后，该单位法人不但不接受调查，还采取逃匿的方法逃避支付员工劳动报酬。2015 年 9 月 14 日，兴庆区劳动保障监察大队与兴庆区人民检察院积极沟通，通过“两法衔接”平台将此案移交至兴庆区人民检察院立案监督，2015 年 9 月 18 日将该案移送至兴庆区公安分局法制科，2015 年 11 月 27 日兴庆区公安分局中山南街派出所正式立案进行处理，21 名劳动者在

兴庆区劳动保障监察大队深入企业开展劳动保障法律法规宣传

春节前终于拿到劳动报酬回家过年。

大部分劳动维权案件情况复杂，处理棘手，仅靠劳动监察一家单位必定势单力薄。近年来，大队深入推进“两法衔接”工作，制定案件移送详细操作规程，不断加强与检察院、法院、公安局、建设交通局、司法局、工商局等相关职能部门上下沟通，左右协作，对涉嫌拒不支付劳动报酬、恶意欠薪和欠薪逃逸的案件，及时移送司法机关，坚决予以打击。

维护法律权威，捍卫自身利益，更重要的是群众能够学法、知法、用法。为进一步拉近外来务工人员和监察维权工作的距离，兴庆区劳动保障监察大队深入建筑工地，在招用农民工较多的用人单位、工地开展劳动保障法律法规宣传，向社会公布劳动者维权投诉举报电话，有效地增强了农民工的法律意识和维权意识。2014年以来，累计开展各类宣传活动 90 余场，接待政策咨询 8 680 余人次，发放各种宣传材料 46 000 余份。

创新工作方法，做劳动者的贴心人

2016 年，兴庆区劳动保障监察大队制定印发了《兴庆区劳动保障监察网格化网络化管理工作实施方案》，聘用 20 名劳动保障监察协管员，开展“两网化”入户检查工作培训，对辖区内企业用工情况进行登记录入，累计采集信息 10 892 条，录入信息 8 714 条，充分运用“网格化”“网络化”监管手段，实时监督职业介绍机构和用人单位行为。辖区人力资源市场秩序得到进一步规范，劳动者自我维权意识不断增强。

对涉及拖欠农民工工资案件实行专人专案，在首问责任制的基础上建立当日立案制度，只要投诉举报文书规范、材料齐备，保证当日立案，确保农民工案件在第一时间按规定办理，有效提高了办案效率。2015 年 11 月 6 日，兴庆区劳动保障监察大队接到来信办理通知单，来信人称其父於某自重庆来银务工，在银川市滨河黄河大桥工程工地干完活至今未拿到工资，兴庆区劳动保障监察大队立即对来信的内容进行了调查核实。

经调查，於某为河南恒通建设集团有限公司劳务人员，在该公司负责建设的银川市滨河新区黄河大桥项目工地务工，在退场时，於某曾要求河南恒通建设集团有限公司结清其工资，但该公司未进行发放。调查中发现，该公司另一位务工人员彭某的工资也未发放到位，该工程项目承建方中铁大桥局集团第一工程有限公司反映，於某、彭某离场后曾口头委托其工友王某代领工资，中铁大桥局第一工程有限公司也于 2015 年 9 月向王某支付了工资，而於某称未领到工资。中铁大桥局第一工程有限公司与河南恒通建设集团有限公司在未见到於某、彭某委托手续的情况下，向王某支付了工资，最终导致於某、彭某未领到工资。

兴庆区劳动保障监察大队工作人员在调查处理案件

据此，兴庆区劳动保障监察大队对河南恒通建设集团有限公司下达了《劳动保障监察限期整改指令书》，要求该公司在 2015 年 11 月 27 日前足额支付於某、彭某二人工资共计 38 010 元。后该公司将二人工资款支付至兴庆区人民政府农民工工资专户，兴庆区劳动保障监察大队于 2015 年 12 月 3 日给於某、彭某发放了工资，於某已足额领到其工资 23 830 元，彭某也足额领到其工资 14 180 元。通过兴庆区劳动保障监察大队认真细致的工作，该起劳动纠纷案件最终得到成功解决。

2014 年以来，兴庆区劳动保障监察大队累计受理投诉举报案件 665 起，结案 653 起，协调解决职工（农民工）工资 3.62 亿元。其中，建筑领域农民工工资案件 156 起，涉及 7 059 人，金额 3.51 亿元。办理信访案件 169 起，办结 168 起，协调处理金额 1 663.88 万元。通过“两法衔接”平台，移送涉嫌拒不支付劳动报酬罪案件 2 起。同时，对恶意欠薪和无故克扣农民工工资数额大、时间长、性质恶劣的企业依法从重处罚，并在新闻媒体上公开曝光。

打铁还需自身硬。为提高工作人员业务能力，兴庆区劳动保障监察大队围绕“机构标准化、队伍职业化、执法专业化”目标，强化执法人员业务理论学习，所有执法人员均考试取得了劳动监察员证和行政执法证，持双证执法。同时，加强制度建设，以执法关键环节和重要岗位为重点，先后制定实施了《劳动保障监察程序规则》《行政执法案卷管理办法》《监察员岗位责任制》等制度规范，严格执法办案程序，规范执法行为。加强装备建设，为办案人员配备了执法记录仪等办案装备，推进阳光执法。近年来，大队立案结案率 100%，无一执法错案和行政复议。

此外，兴庆区劳动保障监察大队还创新违法案件调处工作，严格落实农民工工资政府应急周转金制度和企业缴纳农民工工资保证金制度。对企业暂时无力支付拖欠农民工工资的疑难案件，动用“政府基金”或农民工工资保证金先行垫付，防止发生大规模的农民工群体上访和极端事件。

坚持把解决涉及劳动者权益，特别是农民工切身利益问题作为监察工作的重中之重，切实做到拖欠农民工工资案件发现一起、查处一起、解决一起，当人民群众的贴心人，做劳动权益的保护者，这是兴庆区劳动保障监察大队的期待，也是广大群众共同的期待。

点滴民生事 件件皆深情

——记宁夏回族自治区固原市政务服务中心人力资源社会保障分中心

走进固原市人社服务大厅，办公区、便民服务区、自助信息查询区干净整洁，人力资源、社会保险、税务金融、人社综合等16个业务窗口标示清晰、一字排开。办事群众在引导员的指引帮助下，方便快捷地办理自己所需事项。

固原市人社服务大厅建于2006年，使用面积800平方米，年均服务总量达到25万人次，日均办理、受理业务900多件，2010年被固原市人民政府命名为固原市政务服务中心人力资源社会保障分中心。十多年来，中心始终坚持“高效、便民、规范、廉洁”的服务宗旨，践行“2231”工作法，即营造“两优”（在西部最优、比东部更优）发展环境，实现两个“满意”（让群众满意、让企业满意），推行“三化”（前台服务微机化、市场信息网络化、就业服务便捷化）建设，建好“一个平台”（阳光政务平台），全力打造人力资源和社会保障便民服务“升级版”。

转变职能，扩大服务范围

人力资源社会保障服务综合大厅处于直接面对群众、联系群众、服务群众的第一线，服务质量、服务效率、服务态度的好坏直接影响党和国家政策的有效落实，直接影响人民群众对党和政府的评价和信任。为推进政务服务改革，固原市人社局专门派人到外地学习大厅建设方面的先进经验和成功做法，既修硬件先进、环境舒适的“面子”，更做机制健全、服务高效的“里子”，做到“内外兼修”。在硬件建设方面，严格按照“九统一”标准，从门牌设置、内部装修、功能布局、设施配置、柜台安装、指引标识、色彩搭配、环境优化等方面，实行统一设计、统一规划、统一建设。在制度建设方面，梳理编制了《市人社局权责清单》，并向社会公布，接受社会监督。积极主动推进公共服务事项和行政审批事项向服务大厅集中，2014年以来，先后3次向人社服务大厅下沉17项业务，使群众在大厅直接办理的事项达到了50项，涉及社保五险经办、人力资源服务、行政审批、劳动监察受理等内容。2016年又组建了市人力资源市场，设置了求职登记、企业用工登记、失业动态监测、就业政策咨询、创业指导、创业小额担保贷款受理等窗口。通过职能转变和业务下沉，进一步充实了服务内容，扩大了服务范围，避免了办事群众“多跑路”现象。

2016年新组建的固原市人力资源市场

“将面向群众办理的审批事项和公共服务事项下放到服务大厅办理，就是为了扩大服务范围，避免或减少办事群众多跑冤枉路。”固原市人社局局长杨志荣说，“按照行政审批要求，下放相关权限，将审批服务事项向服务大厅集中，审批办理权限向一线经办人员集中，简化了审批流程，减少了承办时限，提高了行政办事效能。”

行政办事效能提高，群众是最大的受益者。

前来办理创业担保贷款的安宁，不到20分钟就在窗口办妥了10万元贷款手续。“这么快？”以前办理创业担保贷款，需要楼上楼下跑几个科室，有时一整天还审核不了所有手续，现在这样的高效率让他有些惊讶。

为职工办理“五险”，曾是很多单位财务人员头疼的事情，医疗保险、工伤保险、生育保险需要前往医保中心各科室，养老保险、失业保险同样需要跑社保局相关科室。现在，人社服务大厅推行“五险合一”服务，并邀请税务、金融、人保财险等部门入驻大厅，实现了“五险”征缴审核、打票、收款“一站式”办结。“不到半个小时就办完了35名职工的保险，这个效率实在太高了。”为企业新增人员办理保险业务的市建筑工程有限公司财务人员赵佩对人社大厅的服务十分满意。

人社服务大厅实行“前台受理、后台办理、限时办结制，首席代表制，会议研究决定制”三项工作运行机制，办事的群众一进入大厅，就能感受到“马上就办，办就办好”的服务效率。“现在，对于符合政策规定、申报材料齐全的即办件，我们由前台受理后立即交后台审批并当场办结；对于情况较复杂的事项，由大厅首席代表协调解决，并承诺在5个工作日办结；对于重大事项，上报人社局党组会或局务会研究决定，按法定时限办结。”人社服务大厅负责人马宝龙说。

优化功能，提升服务水平

走进固原市政务服务中心人力资源社会保障分中心，沿着服务窗口一路走过，物品放置统一规范，“您好”“请”“谢谢”等这样的文明用语随处可闻，令人感到温暖而舒心。

2014年以来，固原市人社局把创建优质高效服务大厅列为深入开展党的群众路线教育实践活动和落实市委、市政府“创优发展环境”的重要举措，提上重要议事日程，多次召开专题会议研究部署，确定了“便民、利民、优质、高效”的创建标准，明确了“提升功能、优化环境、完善制度、规范管理”的创建思路。

按照这样的标准要求，大厅硬件重新提升布设，电子墙、询导台、写字台等便民设备投入使用，极大地方便了群众。邀请税务、金融服务进驻中心，设置了社会保险信息查询自助服务区，安装了4台自助终端查询机和金融自助服务机，形成了

设施齐全、环境舒适的综合服务大厅

“五险”查询、登记、缴费的“一条龙、一站式”服务。同时，结合党建主题活动的深入开展，大力推行规范服务、微笑服务、主动服务、超前服务，深入推进服务品牌创建活动。通过建立门户网站、QQ 服务群、微博等信息服务平台，向服务对象提供网上预约、网上咨询等信息服务业务，加强与服务群众的联系。对大厅窗口工作人员的语言、行为、仪表、窗口物品放置等进行统一规范，窗口人员工作时间统一着工作服。半年开展一次“红旗窗口”“服务之星”的评选和表彰奖励活动，2014 年以来，表彰“服务之星”60 人次，表彰“红旗窗口”11 次，有 3 名经办人员评为全市经办服务标兵。分批轮训业务人员 120 人次，组织参加区、市业务培训 30 人次。

大厅工作人员蔡兰深有感触地说：“硬件设施的完善提升了服务档次，工作人员业务素质的提升提高了办事效率。”

建规立制，加强服务管理

侯小娜是小额担保贷款审核窗口工作人员，她每天的主要工作是为申请贷款群众解答贷款政策和申请流程，日受理业务 40 ~ 50 件。“业务有规程，服务有要求，每项工作都要按制度办事。只要你带齐贷款申请手续，到我们大厅基本上一次就能办好申请手续。规章制度不仅是高效率的保障，也是对办事人员的纪律约束。”侯小娜说。

像侯小娜这样的工作人员，固原市政务服务中心人力资源社会保障分中心现在共有 54 名。

组织窗口人员开展业务学习

没有规矩，不成方圆。建规立制成为加强管理的重要举措，按照《人力资源社会保障窗口服务规范（试行）》和《人力资源社会保障窗口单位纪律要求》，全面实行“五制”“四公开”“三亮明”，加强窗口标准化建设；制定《窗口服务文明公约》《人社经办服务规范用语》及《服务大厅日常管理办法》等管理制度，实施首问责任制、一次性告知制、AB 岗工作制，形成用制度管人管事、用制度规范服务、用制度激励约束的管理机制；明确服务流程，删减不必要的环节，严格执行服务项目、人员配备、窗口授权三个到位；制定了统一规范的办事指南、格式文本、一次性告知等审批单据，50 项经办服务事项均实行“一事一册”告知，做到“八公开”；压减办理时限，即办件当天办结，承诺件 5 个工作日内办结，上报件按法定时限办结，50 项经办事项中即办事项达到 47 项，限期办理事项 3 项。

完善机制，强化跟踪问效

督促、检查、指导、调整，发现问题及时纠正，保证工作质量。一追到底、一问到底，促进工作落实。在固原市政务服务中心人力资源社会保障分中心，跟踪问效不走过场，通过群众监督和自我监督“两只手”，对问责“穷追不舍”。

固原市人社局副局长廖传海介绍，好不好，群众最有评判权。为此，固原市政务服务中心人力资源社会保障分中心建立完善民主评议服务窗口和群众监督机制，各业务窗口实行“亮职责、亮身份、亮姓名”，主动接受群众监督和评议。邀请15名政风行风评议员，每年组织对全市人社窗口单位进行检查，提出整改措施。

群众有反映，就要有回应。为此，固原市政务服务中心人力资源社会保障分中心设立投诉室，每个窗口设有意见反馈表，由窗口负责人负责整理，及时向局党组反馈。认真开展经办业务现场检查，对出现的超期未办件、待办件、取件情况进行监督，督促窗口经办员及时办理。设立人社局咨询服务窗口，选派年青优秀干部轮流坐班，解答群众业务咨询，帮助老人、妇女、残疾人等弱势群体办理业务。增设了人社咨询窗口，由科级以上干部轮流担任值班主任，开展政策咨询、服务引导和日常工作监管，及时处理群众来信和投诉；建立了经办窗口与协议医疗机构、乡镇民生服务中心、乡镇卫生院、社区民生服务中心（站）和金融机构网络互通、信息共享的网络服务体系，医保监控中心实时开展基金监管，未发生过基金安全责任事故。

惠泽于民，增强服务效果

固原市政务服务中心人力资源社会保障分中心不仅是为民服务的平台，而且是人社部门倾听百姓心声，改进党群、干群关系的“连心桥”。

搭建政务服务“绿色通道”，特事特办、急事急办，坚持在群众“盼”上求创新，在“急”上下功夫，在“怨”上改作风，以真心换民心。2016年10月18日，中心大厅仲裁立案接待窗口前来了一名不是当事人的特殊人员曹某，当时曹某情绪特别激动，拿出其父《工伤认定决定书》及《劳动能力鉴定委员会伤残鉴定结论书》，说其父属于五级伤残，要求仲裁委立刻立案处理。接待人员耐心讲解了仲裁立案及处理的整个程序。曹某说：“我不管你们什么程序不程序的，我就替我父亲要钱生活，你们要是现在不处理，我就将我父亲背到你们单位，反正父亲现在没有办法生活，用人单位不管不问。”接待人员对整个案件进行了了解，发现受伤害人属于农民工，且是在下班途中受到的交通事故伤害，用人单位未给受伤害人缴纳工伤保险，而是缴纳的意外伤害险。案件受理后，仲裁员遵循合法、公正、及时着重调解的原则，通过各种渠道给用人单位做工作，希望用人单位能调解处理此案，但是用人单位态度特别恶劣，认为曹父出交通事故跟其单位没有关系，让曹某到保险公司做意外伤害险理赔。为尽快解决此案，仲裁委立即启动“绿色通道”对该案进行了裁决，最后通过法院强制执行曹父拿到赔偿款。

金杯银杯，不如老百姓的口碑。在群众评议机关活动中，固原市政务服务中心人力资源社会保障分中心连续三年蝉联固原市政务服务系统第一名。此外，还创造了多个“第一”的工作佳绩。

发挥医保市级统筹优势，用足用活倾斜政策，全市职工和城乡居民医保住院费用平均报销比例分别达到 78.5% 和 63.2%，两项医保住院费用平均报销比例均位居全区前列。

在全区率先启动实施城乡居民大病保险制度，大病保险起付标准全区最低，启动以来累计报销大病患者 17 299 人次 8 225.5 万元，使大病患者在基本医疗保险平均保险 50.9% 的比例基础上再报销了 15.7%。

在全区率先开通养老金资格认证微信公众服务平台，进行领取、信息查询、政策宣传服务，1.1 万名企业退休人员参与微信认证。

在全市范围内率先开展社会保障卡综合应用试点，整合完善医保网络系统，实现市、县、乡、村医疗机构联网即时结算和就医“一卡通”，累计发放社会保障卡 147.5 万张。

实现了与宁夏首府银川 9 家医疗机构和 18 家药店的联网即时结算，使全市每年近 1 万名患者在银川部分医疗机构就医无须垫资和跑腿。

发挥人力资源窗口平台作用，推动劳动力转移就业转型升级， 2015 年转移就业 30.88 万人，实现工资性收入 46.2 亿元，占农民人均可支配收入的 40.2%。

不断创新发展的固原市政务服务中心人力资源社会保障分中心，实现了零差错、零投诉，得到社会各界和服务对象的一致好评。2014 年 6 月 20 日人社部副部长胡晓义，2016 年 5 月 6 日前人社部副部长、公务员局局长信长星先后调研考察了人力资源社会保障分中心发展情况，对其工作给予了充分肯定。2013 年，固原市政务服务中心人力资源社会保障分中心医疗保险窗口被人社部授予 2011—2013 年全国优质服务窗口。2014 年，被固原市人民政府评为全市年度优质服务分中心。下一步，固原市政务服务中心人力资源社会保障分中心将始终以争创一流服务为目标，内强素质、外树形象，不断改进工作作风、规范业务经办、强化窗口服务，为干部群众提供方便、快捷、优质的服务。

春风化雨天山秀 一颗丹心保民生

——记新疆维吾尔自治区乌鲁木齐市社会保险管理局天山区分局

乌鲁木齐位于天山北麓，准噶尔盆地南端，环山带水，沃野广袤，自古便有“开天辟地门户”之称，是连接天山南北、沟通新疆与内地的交通枢纽，现已成为我国扩大向西开放的重要门户和对外经济文化交流的窗口。在这个美丽的城市中有一支特殊的队伍，他们默默无闻、无私奉献，他们是社会保障事业的忠实践行者，用一颗丹心诠释着“服务一生、记录一生、保障一生”的承诺，他们就是乌鲁木齐市社会保险管理局天山区分局（以下简称天山区社保分局）的社保人，让我们一起走进天山区社保分局，亲身领略塞外大漠社保人的风采，了解边疆的社保工作。天山区社保分局作为政府服务民生窗口单位，近年来紧紧围绕“保障民生、服务发展”这一主题，将“群众满意”作为工作最高标准，不断改进工作作风，提升经办服务水平和服务质量，形成了抓服务促工作、抓工作强服务的良性循环机制，通过深入推进窗口服务建设，正以扎实的工作努力推进乌鲁木齐市社会保险经办工作走上新台阶。

夯实基础　勇于创新——着力提升服务效率

天山区社保分局地处乌鲁木齐市人民路2号乌鲁木齐大厦，实有干部39名，其中党员干部 22 名、少数民族干部 14 名，承担着天山区及达坂城区近 9 000 家单位和 69.97 万名参保人员的养老、医疗、失业、工伤、生育保险基金及城镇居民医疗的征缴工作，业务量占乌鲁木齐市业务总量的 1/4。进入大厅首先映入眼帘的是一张椭圆形咨询台上整齐地码放着各类宣传材料和表单，工作人员身着“社保蓝”T恤衫，佩戴统一工牌，微笑接待每一位参保群众。醒目的“社保蓝”主题色和统一的LOGO标识既体现出明亮、清新、纯洁的气息，更让人感受到乌鲁木齐社保人“社会保险进万家，真情服务你我他”为民服务的庄重承诺和他们始终不忘初心的大胆实践。天山区社保分局始终把窗口服务建设作为立局之本，作为提高经办能力建设的总抓手，努力建设一支政治过硬、业务熟练、服务优良、廉洁高效的经办队伍。始终牢记“以人为本、关注民生、热情服务”这个宗旨，在维护群众社会保险权益上想办法，在“社保对象就是目标任务”上做文章，从而推动社保工作上档次、上水平。

（一）以群众需求为导向，让参保群众更“明”

一是积极完善“四级网络”，打造电子社保新模式，在全疆率先实行网上经办模式的基础上，推动市、区（县）、街道和社区四级社保网络平台建设，全力打造“零距离服务和数字化网上经办”，全区企事业单位实现了业务征缴的网上办理，逐步扩大网上经办业务种类，目前，全区参保单位网上经办率达 93%。群众可通过街道社区基层信息平台、手机短信息、189 电子邮件、云电视客户终端等多种方式查询了解个人社保信息。二是实现“足不出社区”办理社保，社保业务办理更加贴近群众。目前，16 项社保业务可以在全区近 195 个社区办理，极大方便了参保群众的业务办理，减轻了天山区社保分局服务窗口的经办压力。三是采取“银社直联”方式，实现单位和灵活就业人员缴费支付“一体化”，实现“事在网上办、钱从银行走”的人性化服务，达到“工作效率和基金安全”双提升效果。截至目前，签订三方协议的参保单位近 7 000 家，并实现了网上批量扣缴，成功率达 95.4%。

（二）以公开承诺为抓手，让服务质量更“优”

一是服务窗口工作人员主动“亮出身份、做出样子”，坚持把“社会保险进万家，真情服务你我他”的社保服务理念作为共性承诺，工作人员切实做到“服务为本”。尤其是 2016 年，率先在经办服务大厅设立“错峰服务志愿岗”，每日提前 1 小时上岗为参保群众办理业务，不仅满足了参保群众的需求，还提高了工作效率。目前，错峰上岗已在乌鲁木齐市其他 5 个分局经办服务大厅进行了推广。二是服务窗口贯彻执行“八项承诺制”，有效防止窗口工作人员推诿、拖拉现象；使用维汉双语的《社保业务一次性告知单》，避免参保群众“来回跑趟”；不定期进行服务对象满意度现场测评，对办事流程或服务态度方面存在的问题及时加以纠正；完善办事公开栏，清楚列出每个窗口办理的各项业务类型，办理流程及所需资料，设置了填单书桌椅、休息座椅、笔、老花镜等系列便民设施，真正让广大老百姓感受到作风转变带来的变化。三是创新宣传手段，拓宽宣传途径，充分利用网络、广播电台、电视台、报刊等主流媒体及时将社保缴费、基数调整等社会保险法规政策、业务办理流程、经办服务项目、社保文化理念等定期对外进行告知，为群众提供全方位、多角度的咨询解答服务，形成了消除疑惑、解决问题、提高服务、增进共识的局面。在新浪网、腾讯网开通政务微博、微信平台，及时发布社保相关信息，答复网友提问，使社保经办机构与参保单位、群众间的沟通交流更加便捷顺畅，更多更方便问政途径的开放使群众办事效率得到提高，群众满意度和社会形象不断优化。

工作人员在街道、巷口现场宣传社保政策，发放宣传单

（三）以优化流程为重点，让办事效率更“高”

一是整合业务资源，调整经办工作流程，对窗口进行合并，“全能”窗口进一步优化了岗位职位和经办流程，实现了信息共享和业务的协同办理，同时实现了“一厅式”办公、“一站式”服务。二是通过优化工作流程、推进标准化建设，实现业务经办规范化和精细化管理。在部门目标任务考核的基础上，采用岗位绩效考核新方式，充分调动工作人员积极性，自觉改进工作作风，不断提高工作效率。三是科学设置经办服务大厅布局，完善“一站式”标准大厅建设，设置咨询、等候、业务经办（分前后台经办区）三大服务区，配备了电子显示屏、查询触摸屏、叫号服务机、表格填涂台等服务设施，为参保群众提供便捷的人性化服务。

（四）以提升素质为基础，让服务形象更“好”

一是严格落实《工作人员服务标准》和电子考勤系统和服务评价系统要求，进一步加强了纪律要求和规范了服务标准。截至目前，天山区社保分局累计服务评价7万余条，满意率达到99%。二是加大监督检查力度。通过设置信访接待室、开通投诉举报电话、设置意见箱、召开座谈会、聘请监督员、参与行风热线等形式，积极拓宽监督领域和监督渠道，最大限度地发挥组织、群众、社会和舆论监督作用，提高权力运行的公正性和透明度。三是建立天山区社保分局领导一线带班制度。领导干部轮流每日在经办服务大厅进行业务引导、咨询解释、统筹协调、监督管理，切实提高党员干部换位思考、设身处地服务群众的能力。

办事大厅环境干净整洁，办公井然有序，工作人员热情接待

（五）以完善制度为中心，让窗口建设更“牢”

天山区社保分局逐步修订完善细化了《经办大厅规范化管理规定》《首问责任制》《服务承诺制》《限时办结制》《工作人员行为规范》《机关效能责任追究办法》等各项规章制度，重点落实好“文明服务行为规范”“首问责任制”和职业道德教育，形成了按制度办事、靠制度管人、用制度规范经办的长效管理机制，从组织上、制度上形成了全过程、全方位的服务监督，减少了工作的随意性和盲目性，使各项工作有章可循，从而加强了窗口建设的长效管理。

因地制宜　合理分工——双语服务拉近距离

乌鲁木齐市天山区辖区内居住有汉族、维吾尔族、回族、哈萨克族等 44 个民族 69.97 万人，其中少数民族人口 27.23 万人，占总人口的 39.11%，是少数民族聚居的地方。部分少数民族参保群众汉语水平不高，甚至根本不懂汉语，在柜台上经常出现一些沟通不畅、互不理解的情况。为消除语言障碍，天山区社保分局 14 个少数民族干部发挥了举足轻重的作用。

“欢迎各位领导来到美丽的乌鲁木齐，来到天山区社保分局”，每年前来天山区社保分局参观交流学习的各级部门非常多，解说工作一直由阿依努尔同志承担，姣好的面容、甜美的嗓音、得体的举止、热情的介绍，展现了天山区社保分局干部职工的锐意进取、积极向上、甘于奉献的精神风貌。听完了美丽姑娘的讲解，再来看一下帅气的小巴郎（小伙子）。一个着装整齐、披挂红色绶带的少数民族干部塔斯甫拉提·阿布力孜显得格外醒目，只听他嘴里解释着政策，一只手为参保群众取着需要填写的表格，另一只手为另外一位参保群众指示办理业务的区域。他每天要接待各族参保群众近 400 名，这个帅气的小巴郎就这样每天站着、每天说着、每天写着、每天忙碌着，他完美地诠释了天山区民汉双岗这一独特的风景线。当您在窗口前坐下会发现咨询台的桌面上摆放着一些“小蝌蚪”文字样式的宣传单，这是天山区社保分局专门为一些不会汉语的维吾尔族同志准备的。即使不会说一句汉语也能无障碍办理，满意而归，极大地方便了少数民族参保群众。维吾尔族大叔看到这些“小蝌蚪”常会情不自禁地竖起大拇指并称赞道：“天山区分局亚克西！儿子娃娃亚克西！”

工作人员塔斯甫拉提·阿布力孜热情接待办事群众，耐心解释政策

内强素质　外树形象——真诚服务为民解忧

打铁还需自身硬。不加强学习，不努力学习，要想将为民服务落到实处就是纸上谈兵。天山区社保分局既注重内部培训，又注重外部培训，通过学习，标准统一了，口径统一了，更加方便了办事群众，有效避免了参保群众多跑趟的情况。每年，每名工作人员的政治业务笔记都是满实满载，虽谈不上字迹工整，但一年下来可以说是硕果累累，这与大家的努力用心学习是分不开的。让我们看看他们工作的真实场景：

“嘀嘀嘀”，手机中传来了QQ信息提示声，只见董琪一边吃着饭，一边拿着手机不停地写着什么。请你千万别误会，以为她在聊天，其实她是利用吃饭时间，回复着社区工作人员提出的问题，远程指导着社区工作人员办理业务。这种“吃饭工作两不误”的情况在天山区中午吃饭时间随处可见。现代化的科技手段如QQ群、微信群，让沟通更顺畅、效率更高，重要的政策、紧急的通知第一时间都可发送到管委会（社区）。

2016 年是乌鲁木齐市新型农牧区合作医疗与乌鲁木齐市城镇居民基本医疗保险并轨的第一年。为了保证达坂城区的村民能了解社保政策，及时领取医疗保险卡，特别是对于急需社会保障的乡村老人，如不及时领卡激活，可能影响其享受正常医疗保险待遇，天山区社保分局主动与天山农商银行协调，由天山农商银行的员工携带移动设备，同分局工作人员一起赶赴乌拉泊村，在乌拉泊村委会现场进行激活。成功激活一卡通的张阿姨激动地说："谢谢，谢谢你们那么远过来帮助我们，现在我可是弄清楚这张小卡片的作用了，今后看病可就方便多了。"

为了给群众提供更为人性化的服务，针对年老疾病、个案复杂、情绪激动等"疑难杂症"设立了信访接待室，由天山区社保分局领导和业务组长轮流值班、协调解决。在信访接待室中，孙琳一边认真倾听来访群众的提问，一边麻利地点击键盘、移动鼠标，紧盯电脑屏幕上不停跳跃闪现的信息，将社保政策转化成通俗易懂的语言准确翔实地答疑解惑。正是因为孙琳同志有着精湛的业务经办水平、快速的分析判断能力，参保群众遇到疑难问题都愿意向她寻求帮助。

"我的孩子才出生 2 个月就被医院检查出得了先天性心脏病，动手术要花费 4

工作人员为来访群众答疑解惑

万多元的医疗费，去医疗住院时被医院告知孩子没有交医疗保险，说是全部费用都要自费，我真的是负担不起这笔医疗费用，请你们帮帮我的孩子吧。”一位年轻妇女来到信访接待室哭泣着说道。孙琳立即起身，倒了一杯热水，送到这位年轻母亲手中，用关切的声音安慰道：“别着急，请您先坐下，把孩子的户口本给我看一下，让我帮您查询一下具体情况。”片刻间，孙琳就快速查询到这个孩子没有医疗保险缴费记录，同时耐心地将显示信息解释给这位母亲。面对这种查询结果这位母亲更是着急，“我的银行卡里有很多钱，不可能欠费的呀”，说着这位母亲又哭了起来。原来，这位母亲在孩子出生后就去居住地的社区办理了孩子的参保手续，待扣缴期缴纳费用后才能享受医疗待遇。孙琳安慰道：“今年 4 月以来，市人社局出台相关文件，出生 3 个月内的新生儿可以缴纳当年的社保费，并且享受医疗保险待遇不设等待期，你只要在 3 个月内缴纳了医疗费，都可以报销医疗费用，放心吧，我给你打印一份缴费单，今天把费用交了，就可以报销了。”说话间，孙琳就已经将医疗保险缴费单打印出来，交到了这位母亲的手中。接过单子，这位母亲激动地握住孙琳的手连声道谢，孙琳继续说道：“不用感谢我，这是党和国家的政策好，孩子重要，赶紧去医院办理住院手续吧！”得到答复的咨询者满意而去，后续办事群众接踵而来，前来咨询的群众又在信访接待室内排起了长队。孙琳又快速地进入工作状态，倾听、查询、解释，周到细致、亲切诚恳。

像这样的好人好事在天山区社保分局不胜枚举，“作为服务民生的窗口部门，群众利益无小事，服务群众不仅仅要记在心里，更要落实在行动中”。通过政策宣传和真诚服务，天山区社保分局营造了全社会都关注民生、关注社保工作的浓厚氛围，让居民了解政策、利用政策，让党的好政策深入人心、造福于民，促进了社区的和谐稳定。

成绩代表过去，未来属于我们，天山区社保分局将紧跟时代快速发展的步伐，继续保持昂扬的斗志、饱满的工作热情、奋发有为的工作状态，内强素质，外树形象，以愚公移山之精神、赤子丹心之情怀开拓进取，用实际行动谱写属于社保人的绚丽篇章！

人社窗口接地气 便民服务暖民心

——记新疆维吾尔自治区喀什地区伽师县人力资源和社会保障综合服务大厅

自 2014 年开展党的群众路线教育实践活动以来，伽师县人社局深入开展“人力资源社会保障系统窗口单位改进作风专项行动”，认真落实服务规范和纪律要求，始终坚持问题引领，学政策、听民意，将民生改善作为出发点和落脚点，把塑造优质服务窗口融入日常工作中，围绕“人民群众满意、党委政府放心”的目标，改进作风与发展业务相促进，全面打造“一站式”办公环境，不断完善内部制度，规范服务行为，改进服务方式，简化优化办事流程，从点滴小事做起，用贴心服务和实际行动在当地架起了一座人人称赞的百姓“连心桥”。

细微之处见真情，服务之中塑形象

从绿化、净化、亮化、美化入手，全面打造“一站式”办公场所内外环境，在办公楼门厅悬挂办公区域示意图，在各服务大厅设置群众办事等待区，配备桌椅、纸笔、老花镜、放大镜、宣传手册、报纸杂志、饮水机、绿色植物等设施，为办事人员提供整洁、舒适的办事环境。装配信息宣传显示屏，滚动播放人社业务政策法规、服务承诺、投诉举报方式，向广大群众公布政策的同时，接受群众的监督。通过免除退休证工本费等人性化、精细化的服务，让来到人社部门办事的干部群众感到舒服、感到温暖。

完善工作制度，规范服务行为

以机关效能建设为抓手，全面推行了“六制”“四公开”“三亮明”，即首问负责制、全程代理制、离岗告知制、一次性告知制、限时办结制和责任追究制，做到办事程序公开、办事依据公开、办事时限公开、办事结果公开，窗口及工作人员提供服务亮明身份（挂牌服务）、亮明承诺、亮明标准，有效普及文明礼仪知识和文明用语。尤其是离岗告示制的实行受到了办事群众的一致认可，以前群众来办事会碰到只见桌子不见人的情形，让人很反感，现在有了离岗告示牌，通过告知让群众知道干部去向，按照联系方式可以预约办事时间，避免了群众误解，同时也监督了工作人员不能随意离岗。群教活动开展以来，本着简便、管用、可行的原则，完善了内部管理制度，将各项制度认真梳理汇编成《伽师县人社局内部管理规章制度》，专门在“一站式”办公场所公示《人力资源和社会保障服务大厅20个严禁纪律要求》和窗口服务监督举报电话，区别不同业务职能，在每一名干部办公桌前摆放“个人岗位廉政风险提示牌”，时刻警醒工作人员遵章守纪，随时接受各族群众监督举报，有效提升了服务质量，端正了服务态度。

强化人文意识，树立行业新风

在全局上下树立作风就是形象，作风建设永远在路上的思想导向，突出抓好精神文明建设。一是增强服务意识。通过开设“爱岗敬业、团结协作和服务群众”等内容为主题的“道德讲堂”活动，教育引导广大干部职工始终带着党性、责任和感情，真心实意为人民群众服务。二是端正服务态度。要求窗口工作人员做到“六个一样”，即熟人、生人一样热情，干部、群众一样尊重，大事、小事一样周到，分内、分外一样负责，忙时、闲时一样耐心，来早、来晚一样接待。三是规范仪容仪表。要求窗口工作人员做到仪表端庄、举止大方、文明服务、佩证上岗，定期组织干部职工参加业务知识和礼仪培训，提高工作人员的专业素养，展示人社部门的良好形象。四是大力推广使用文明用语，坚决杜绝文明忌语，适时组织开展“优质服务窗口”竞赛活动，按季度进行评比表彰。倡导每名工作人员都要努力做到“五不让”：不让工作在我这里延误，不让差错在我这里发生，不让服务对象在我这里被冷落，不让歪风邪气在我这里产生，不让人社部门的形象在我这里受损。不断增强为民服务意识，提高为民服务能力，让服务对象真正满意。

简化优化服务流程，方便群众办事创业

窗口服务维汉双语一次性告知小便签
方便干部群众办事

通过广泛征求意见，办事效率不高是以往群众不满意的重要方面。一是从便民的角度出发，坚持法定职责必须为、法无授权不可为的原则，专门召开由局领导班子、各业务负责人参加的局务会，对部门职能各项工作法定依据、实施主体、职责权限进行再梳理再规范，科学设计管办流程，合理压缩办理时限，减少不必要的环节和审批材料，对国家已明确取消的职业资格许可认定，均不再发证，努力使权责清单中各项工作程序化、高效化，对全局42项业务进行大提速，办理时限平均缩短近30%。二是将梳理规范的工作流程制作成《伽师县人社局业务工作手册》，作为人社窗口服务用书，很好地解决了干部每年轮流驻村开展“访民情、惠民生、聚民心”工作后不熟悉新业务的现实问题。三是将每项业务办理流程及所需提供的材料制成维汉两种语言的一次性告知小便签，提供给前来办事的群众，切实做到在窗口办事能一次办成的，不让群众跑两次，能当场办结的就当场办结。

架起连心桥，服务零距离

一是在服务大厅显眼位置设立信访综合服务窗口。安排懂维汉双语、懂各项

政策的干部专职负责信访接待工作，为办事群众第一时间提供咨询服务，引导服务对象到对应的窗口办理业务。二是推行预约服务，群众办事更贴心。面对各类办事人群的紧急需求，特别是乡村一线干部和弱势群体，一律优先办结；针对大批量业务、服务对象因特殊原因无法在法定工作日内办理完的特别紧急业务，提供预约服务。例如人数较多的农村离岗代课教师群体，年龄普遍较大，行动不便，居住偏远，社保窗口服务人员在办理退休业务时与教育部门充分对接，加班加点做好前期准备工作，预留专门时间集中办理，全程代理，不让群众多跑路。提拉罕·喀迪尔就是其中年龄最长的一位，1944 年 7 月出生，代课时间长达 33 年，累计工龄 48 年，2014 年 4 月办理退休手续，退休时享受养老金 2 803.15 元，退休 2 个月后增加 70 岁高龄津贴 175 元，2016 年 9 月待遇再次调整后养老金达 3 703.15 元。通过人性化、精细化的服务，及时解除了他们老无所依、老无所养的后顾之忧，受到群众一致好评。三是向全社会大力推广“新疆人社 12333”和“喀什地区人社局公共信息平台”微信公众号，方便大众第一时间掌握人社领域政策法规和最新资讯。四是根据城乡大就业工作需要，积极搭建本县服务平台，实现就业服务信息零距离。除设立咨询服务电话外，还专门创建了“伽师人力资源服务中心 QQ 交流群”和微信公众平台，实时发布用人岗位供求信息、创业就业及培训优惠政策等，做到了就

窗口服务人员向求职人员讲解劳动用工政策

业群里“享”就业信息、“淘”就业机会，很快吸引了近 1 000 人关注，达到政府、企业、高校毕业生多赢的效果。五是以上率下引领所属公共服务机构同步改进服务方式。坚持把作风建设与业务工作同部署同安排，确保全县人社服务规范统一。例如，为了让广大城乡居民及时掌握最新培训就业相关信息，人力资源服务窗口坚持将每天收集到的相关信息及时梳理汇总，每周适时通过公文传输系统（党务内网）发送至各乡镇党委、政府和劳动就业社会保障服务所，在各辖区范围内通过会议、公示栏、广播等媒介进行广泛宣传，保证全县群众能同步获得公共就业服务信息。

走出大厅勤“接地气”，真心实意为民办好事

为了充分发挥人社部门职能，用活、用好、用足惠民政策，局领导班子坚持每季度分头深入用人单位和乡村农户开展有针对性的座谈调研。2016 年 3 月，针对工业园区劳动密集型企业用工缺口大和农村贫困劳动力外出务工顾虑多的课题，积极转变服务方式，选定一个人口大乡——克孜勒苏乡及其 6 个村作为试点。依托“访民情、惠民生、聚民心”驻村工作队，利用每周一村民大会进行就业脱贫政策宣讲和理念引导，通过开展“脱贫致富我能行”大讨论活动，不断凝聚共识，有效激发了村民和贫困户外出就业的热情和信心，详细登记自愿外出就业青年信息。为打消进厂就业人员顾虑，专门安排公交车辆，选派专人负责带领各村青年代表近 50 名，深入用人工厂实地参观工作环境和生活条件，并充分考虑农民春耕生产繁忙的实际情况，特意将本县每年在县城人力资源市场举行的“春风行动”启动仪式搬到该乡勒格勒德玛 (6) 村体育场举办。通过在乡村农户家门口举办“伽师县 2016 年‘春风行动’启动仪式暨就业扶贫专场招聘会”，共有 15 家用人单位招聘 388 个用人岗位，现场累计有近 600 名农村群众到场，达成招聘就业意向农民工 247 人，为全县就业扶贫计划奠定了良好开局，发挥了应有的示范引领效应。2016 年国庆假期，全局干部职工在局领导的带领下，通过开展下乡村入农户民声大走访活动了解到，部分 60 岁到龄应享受城乡居民养老保险待遇人员的社保卡未激活，导致无法取出现金，且须本人携带相关证件到县城邮储银行专柜办理激活后才可取现。考虑到这类群体年纪大、出行不便，加之往返路途遥远，局领导看在眼里、急在心里，及时与县邮储银行领导协商，本着“便民利民，服务于民”的原则，从 10 月 12 日到 11 月 16 日，专门安排社保窗口业务人员与银行工作人员协调配合，在全县 13 个

劳动保障就业政策宣传指导

伽师县 2016 年“春风行动”启动仪式
暨就业扶贫专场招聘会零距离服务

乡镇分批开展社保卡集中激活工作，确保国家的好政策一路“绿灯”地落实在人民群众的心坎上。另外，各族干部职工在定点扶贫村帮助贫困户萨迪克·莫民收割玉米时还得知，其女儿古丽克孜 8 月收到了喀什大学的本科录取通知书，考虑到家庭负担太重，便让女儿放弃入学。通过在场各族干部耐心劝说，积极爱心捐款 3 150 元，并向校方出具相关情况说明，最终顺利争取补办了其女儿古丽克孜的入学注册手续，受到乡村各族群众交口称赞。

窗口服务上水平，服务对象得实惠

通过不断改进人社部门窗口服务，作为群众路线、“三严三实”和“两学一做”学习教育实践载体抓实抓好，社会各界普遍反映伽师县人力资源和社会保障综合服务大厅办事环境更温馨了，干部服务态度更好了、更贴心了，办事效率也更高了。2014 年以来，伽师县人社局相继被评为“喀什地区民族团结进步创建模范单位”“2015 年度先进单位”“自治区 2015 年度‘访民情、惠民生、聚民心’活动先进工作组”，2016 年被评为自治区“模范职工之家”，被推荐为“自治区文明单位”“全国人力资源社会保障系统 2014—2016 年度优质服务窗口”。

平凡的岗位 不平凡的事

——记新疆生产建设兵团人力资源和社会保障局信息管理中心12333电话咨询服务中心

让数据多跑路，让百姓少跑腿

兵团12333电话咨询中心作为兵团人力资源和社会保障局面向兵团14个师（9个市）、176个团场（垦区），覆盖270多万人口，集信息化、现代化于一体的先进服务主要窗口，承载着为全兵团职工群众提供劳动就业、社会保障、人事人才等政策咨询、信息查询、办事指南实时动态的、全方位的综合信息服务平台功能。兵团12333电话咨询中心（以下简称兵团12333）从成立之初即秉承了“用心倾听、真诚服务、上传民声、下解民忧”的服务宗旨，确立了365天自动语音服务、工作时间提供全天候不间断人工服务的服务宗旨。2014年实现自动、人工话务总量19 881次；2015年实现自动、人工话务总量17 060次；2016年实现自动、人工话务总量26 463次。虽然全兵团覆盖面广（160多万平方千米），也只

平凡的岗位，不平凡的服务

有4名12333电话咨询员，但做到了服务热情周到。2014—2016年在人社部信息中心对全国12333咨询电话接通率的统计中显示，电话接通率始终保持100%。

2015年7月1日兵团金保工程二期一体化省级大集中平台全面上线应用，对12333电话服务系统实施了系统整体更新和升级改造，并于10月新系统正式上线运行。新的系统不仅提高了12333话务服务的工作效率，还创新了服务方式，拓展了服务功能。主要体现在：

一是将原有系统的政策咨询、信息查询改造成了集实时提供政策查询、个人账户查询、客户留言、社保卡自动挂失、转人工服务等于一体的多元化服务平台。

二是加强对咨询员的业务和政策知识培训。自兵团12333成立以来，始终把咨询服务质量当作赖以生存的生命线。在咨询工作期间，对咨询员实行定期分批综合业务能力、政策知识的优化培训和考核；对服务质量采取不定时测听、缺陷弥补、不满意回访等措施。同时，对咨询员就电话服务礼仪、服务沟通技巧随时进行集体学习和讨论，多角度、全方位地保障咨询综合服务效能的稳步上升。

三是在自助语音服务中，将政策查询知识库进行了细化，划分为政策法规库、问题解答库、服务指南库，已初步形成由系统自动语音对劳动就业政策、工资报酬与休假、养老保险、失业保险、生育保险、工伤保险、新型农村社会养老保险、劳动事务管理、居民医疗保险、社会保障卡及指纹采集等政策的业务解答。

四是将“有线”的平台变成了提供“无限”服务的平台，构建了兵团12333网上经办大厅、兵团手机APP、兵团12333微信公众平台、兵团12333双屏自助服务一体机等智能自主服务平台，创新了服务功能，延伸了服务空间，搭建起了全方位、多层次、多渠道的信息咨询服务新模式。

尽心尽力，全心全意服务

五是加强了数据统计分析的功能应用，通过对2016年度职工群众所咨询问题的整理和分析，统计出了群众最关注问题的分类比例：养老保险政策问题21.19%，医疗保险政策问题19.92%，社会保障卡应用问题 18.98%，劳动关系问题 15.04%。同时，根据热点问题系统分析，将所占比例较高的问题纳入政策法规知识库。从新的话务系统使用至今，大幅度地提高了兵团 12333 的服务效率，也充分验证了“让数据多跑路，让百姓少跑腿”的服务理念。

贴近民生，服务百姓

兵团 12333 电话咨询中心是兵团人社部门的一个民生服务窗口，为兵团广大职工群众做到了答疑解惑，提供了贴心服务。电话咨询员的一言一语直接影响到群众对整个人社部门的认识，他们所提供的优质服务也极大地方便了群众，让群众切实感受到人社部门兑现了为群众所做出的“记录一生、服务一生、保障一生”的服务承诺。

耐心倾听，细微解忧

（一）案例解说

兵团二师某团参保职工郭某，1968 年（13 岁）随家人一同来兵团，2013 年 7 月（58 岁）因病去世，郭某从 20 岁起就投身于团场建设和种植业生产工作，参保缴费年限（含视同缴费年限）已超过 30 年。其女儿到团社保所办理退保手续时，经办人员在未做明确解释的情况下，要求补缴其父生前欠缴的 7 个月的社保费才能退还个人账户余额、领取抚恤金和丧葬费，并且要求家属必须写出保证书，否则均不予办理。郭女士认为经办人员缺乏责任心、态度不端正、对待老职工工作不认真，为此感到痛心与不解。随后拨打电话将此情况反映到师社保中心，师社保中心工作人员在得知郭女士父亲的情况后告知郭女士，“您说的问题我们已记录备案，并会及时进行反馈及处理”，但两个月内一直未将处理结果予以答复。郭女士因其父亲长期在团场连队工作，经历了团场艰难的发展阶段，为团场发展做出了很多贡献，但在去世后却未能顺利领取抚恤金、丧葬费和个人账户余额，这让郭女士很伤心。在了解有 12333 咨询电话，并初次拨通时，郭女士情绪非常激动，将父亲因病去世却未能领取抚恤金、丧葬费以及个人账户余额的情况告知咨询员。12333 接线员首先用耐心温和的语气使情绪激动、烦躁的郭女士渐渐平静缓和了下来，接着运用系统核查其父亲的个人基本信息和系统参保信息后，告诉她按照新兵办发〔2010〕49 号文件规定，未达到退休年龄参保人员死亡的，其一次性抚恤金是以其死亡前本人 12 个月的平均缴费工资基数为标准，按缴费每满一年支付 1 个月，最多一次性发给 20 个月抚恤金。郭女士父亲生前欠缴 7 个月社保费，如不补缴，抚恤金的发放标准就要依据其本人 2012 年的基数发放，待遇水平肯定低于 2013 年。因此，建议其先补缴后领取，抚恤金总额会高一些。听完 12333 接线员的耐心解答后，郭女士激动地说："若不是你这么详细耐心地解答，到现在还不明白为什么我们缴够年限了还要再缴 7 个月的社保费。上次去咨询，办事人员开门见山地说既要交钱又要写保证书，不然就不给办，真的是一下就上火了，如果经办人员能像你们，态度好一点，耐心一点，认真负责一些，把问题说清楚，我也不会跟他们产生这样的误会。"之后，郭女士向 12333 接线员表达了深深的谢意。

用心倾听，真诚服务

（二）案例分析

在本案的处理过程中，一是 12333 接线员首先做到安抚咨询人员的激动情绪，二是能迅速找到问题的重点，三是能运用自身掌握的政策知识进行耐心解答和提供帮助，最终解决了郭女士遇到的困惑及问题。同时，12333 接线员坚信：只要将耐心、细心、热心贯彻到底，就能为参保群众提供优质、可靠、高满意度的咨询服务。

（三）政策解读

《关于调整参加自治区城镇企业职工基本养老保险社会统筹人员死亡后抚恤待遇标准问题的通知》（新政办发〔2010〕169 号）规定，参加城镇企业职工基本养老保险社会统筹人员非因工或因病死亡后抚恤待遇按以下标准执行：

已达到退休年龄，并按月领取基本养老金的离退休（退职）人员，一次性抚恤金按其死亡时本人的月养老金标准一次性发给 20 个月的供养属抚恤金。

未达到退休年龄的在职参保人员，一次性抚恤金以其死亡前本人 12 个月（不满 12 个月的按实际缴费月数计算）的平均缴费工资基数为标准，按缴费每满 1 年（不满 1 年的按 1 年计算）支付 1 个月，最多一次性发给 20 个月的供养亲属抚恤金。

供养亲属一次性抚恤金所需费用，参加基本养老保险统筹人员，由基本养老保险统筹基金支付；未参保人员按原资金渠道解决。

身居异地，服务置身

（一）案例解说

2016 年 3 月，李阿姨拨通了兵团 12333 咨询电话，告知 12333 接线员她在办理退休时遇到很多问题迟迟办理不下来退休手续，她自己也不了解兵团养老保险退休这方面的政策，现在已到了退休的年纪，辛辛苦苦工作这么多年养老还得不到保障，现在年纪大了也找不到工作，生活方面也困难。在毫无头绪之时，抱着最后的一丝希望拨打了 12333 咨询电话，接线员在安抚她的情绪后，听了她事情的详细说明。原来她之前在兵团十三师工作，参加社保缴费已经超过 15 年了，后来因为工作的变动去上海工作，并在上海也缴了几年的社会保险，2014 年 6 月 4 日李阿姨到达退休年龄，参保时间也够了，就向十三师社保中心申请退休，但由于李阿姨在上海的参保关系没有转移到十三师社保中心，且两地办理养老保险转移流程不同、证明格式不一（全国小部分地域会出现此类情况），导致退休当时并没有办理下来，之后她多次询问十三师社保中心有关自己退休申请办理的进展时，业务人员只是回复李阿姨她的退休申请在审批流程当中，还未批复下来，拖延的原因也没有明确告知。接线员对此情况进行详细的记录之后，第一时间在系统中核查了她各项参保的基本信息，根据《城镇企业职工基本养老保险关系转移接续暂行办法》（国办发〔2009〕66 号）政策文件，告诉她在社保中心办理退休，还需要把在上海的参保关系转移到兵团参保统筹区社保中心才可以积累参保年限，正常办理退休。针对她身在异地这一情况，接线员告诉她兵团 12333 会去核查并解决她在转移中遇到的问题，随后第一时间联系她，让其耐心等候。之后接线员与相关部门沟通协调，并多次与社保中心的工作人员电话沟通，把上海的证明格式和相关要求传真给对方，并和对方协商，由双方机构发函为她代办社保转移手续。同时与其在上海参保的社保经办机构进行了沟通，了解到她的确还有参保关系保留在上海社保中心，本人一直没有来办理转移，接线员通过积极沟通并联系三方经办机构，成功帮她办理了社保关系转移，其退休手续也顺利通过了审批。接线员在回访连线时告知李阿姨，已帮助她办理了相关手续，其退休申请通过了审批，很快就可以领到养老金了，这让李阿姨激动不已，心情久久未能平复。在领取了第一笔养老金的三天后，李阿姨拨打电话至兵团 12333，向接线员表达了深深的谢意。这是 12333 接线员在日常工作中办理的一项普通的业务，却深深地打动了这位身在异地的咨询群众。

（二）案例分析

随着经济发展社会进步，人员流动不断增加，兵团参保职工因异地参保、跨省流动就业而出现的异地养老转移方面的问题也日益增多。由于问题涉及部门较多，退休办理容易出现滞待。兵团 12333 接线员首先了解异地咨询人员的具体参保情况，接着向咨询人员宣传异地养老退休方面的政策依据，并抓紧与相关部门进行有效的沟通，帮助咨询人员解决了利益相关的关键问题。通过李阿姨这个案例可以说明，异地参保人员退休业务办理困难，主要是业务部门之间沟通协调不够，服务工作不到位；其次是异地参保人员不了解相关政策和办理流程，更不了解问题解决办法。因此，不仅需要 12333 接线员的多方面积极服务，更需要经办机构人员加大这方面的政策宣传力度。

（三）政策解读

《城镇企业职工基本养老保险关系转移接续暂行办法》（国办发〔2009〕66 号）规定：

参保人员跨省流动就业的由原参保所在地社会保险经办机构（以下简称社保经办机构）开具参保缴费凭证，其基本养老保险关系应随同转移到新参保地。参保人员达到基本养老保险待遇领取条件的，其在各地的参保缴费年限合并计算，个人账户储存额（含本息）累计计算；未达到待遇领取年龄前不得终止基本养老保险关系并办理退保手续；其中出国定居和到香港、澳门、台湾地区定居的，按国家有关规定执行。

参保人员跨省流动就业其基本养老保险关系转移接续按下列规定办理：①参保人员返回户籍所在地（指省、自治区、直辖市，下同）就业参保的，由户籍所在地的相关社保经办机构应为其及时办理转移接续手续。②参保人员未返回户籍所在地就业参保的，由新参保地的社保经办机构为其及时办理转移接续手续。但对男性年满 50 周岁和女性年满 40 周岁的，应在原参保地继续保留基本养老保险关系，同时在新参保地建立临时基本养老保险缴费账户，记录单位和个人全部缴费。参保人员再次跨省流动就业或在新参保地达到待遇领取条件时，将临时基本养老保险缴费账户中的全部缴费本息，转移归集到原参保地或待遇领取地。③参保人员经县级以上党委组织部门、人力资源社会保障行政部门批准调动，且与调入单位建立劳动关系并缴纳基本养老保险费的，不受以上年龄规定限制，应在调入地及时办理基本养老保险关系转移接续手续。

参保人员跨省流动就业的按下列程序办理基本养老关系转移接续手续：①参保人员在新就业地按规定建立基本养老保险关系和缴费后，由用人单位或参保人员向新参保地机构提出基本养老保险关系转移接续的书面申请。②新参保地社保经办机构在 15 个工作日内，审核转移接续申请，对符合本办法规定条件的，向参保人员原基本养老保险关系所在地的社保经办机构发出同意接收函并提供相关信息，对不符合转移接续条件的，向申请单位或参保人员做出书面说明。③原基本养老保险关系所在地社保经办机构在接到同意接收函的 15 个工作日内，办理好转移接续的各项手续。④新参保地社保经办机构在收到参保人员原基本养老保险所在地社保经办机构转移的基本养老保险关系和资金后，应在 15 个工作日内办结有关手续并将确认情况及时通知用人单位或参保人员。

在社保卫生所发放宣传资料

兵团 12333 电话咨询服务中心自成立以来，每一位接线员以“真心、热心、贴心”的服务宗旨为每一位参保人员真诚服务。“亲和”是 12333 接线员的形象，“满意”是她们的宗旨，“特殊”是她们的特色。也许在很多人眼里，12333 接线员的工作非常简单，仅仅只是接听电话而已。其实不然，作为一名 12333 接线员，每天需要面对不同的咨询者，认真解答不同的问题，在别人眼中看似机械重复的工作要想做好，不仅需要爱心和耐心，还需要专心和细心，当然更重要的是需要具备足够的专业知识。

这就是兵团平凡岗位中做着不平凡事的 12333 接线员，平凡普通，却古道热肠。

创新理念 规范制度延伸服务 关注民生 贴近群众解决困难

——记新疆生产建设兵团第一师阿拉尔市人社局信访科

有人说，信访工作是维稳的前哨，是经济发展的基础。信访工作是“天下第一难事”，做第一难事就必须比常人要付出更多的艰辛和汗水。习近平总书记关于信访工作做出了指示：当前群众通过信访渠道反映出来的信访突出问题，既有新动向，也有老难题，但都事关群众切身利益，事关社会和谐稳定，各地各部门要高度重视，强化责任担当，综合运用法律、政策、经济、行政等手段和教育、调解、疏导等办法，把群众合理合法的利益诉求解决好。近年来，兵团第一师阿拉尔市人社局信访科以艰苦的努力，履行了信访部门应尽的职责。坚持“延伸服务深度，化解焦点矛盾”，优化窗口，下沉服务，打捞积案，攻坚克难，使信访工作跨入兵团先进行列。

优窗口，搭建服务大平台

一年前，第一师阿拉尔市人社局500平方米的服务接待中心成立，在形成“一条龙”服务功能的同时，把十大信访项目按照业务分类，归口并入服务窗口，并由一名局领导具体负责，使之形成事前、事中、事后全覆盖的服务平台，使信访工作逐步实现了制度化、规范化和超前化。

按照《国家信访局关于进一步规范信访事项受理办理程序引导来访人依法逐级

走访的办法》和兵团有关规定，第一师阿拉尔市人社局坚持服务窗口制度化建设，不断规范信访工作程序，制定落实领导干部接访、约访、下访工作制度，“三亮明”“四公开”“五落实”制度，疑难信访案件主办、会办、协办、联办制度。在党的群众路线教育实践活动中，第一师阿拉尔市人社局又创造性地实行了积案处置领导包干制、重点信访案件（人员）领导负责制、信访工作绩效考核制等一系列行之有效的制度，努力在促进经济社会发展、稳定职工队伍、和谐劳动关系上发挥稳定器的作用。

俗话说，“良言一句三冬暖，话不投机半句多”。信访工作成天与有意见或有怨气的群众打交道，稍不注意工作方法就会激化矛盾。在信访工作中要以情感人、以德育人、以法管人、以信服人。每个信访工作人员都要从一句话、一个眼神做起，文明接访。为了提高窗口优质服务水平，第一师阿拉尔市人社局坚持对新近发生的群众信访、来访事件实行追责制，倒查窗口办事程序、办事效率、服务质量的问题，从而提高了窗口办事服务人员的责任心，确保不发生新的信访案件。同时，坚持领导干部信访包处制，规定局领导年均接待来访不低于 100 人，下基层走访不少于 60 天，如负责接待服务中心的调研员张安国每年接待量超过 200 人次。

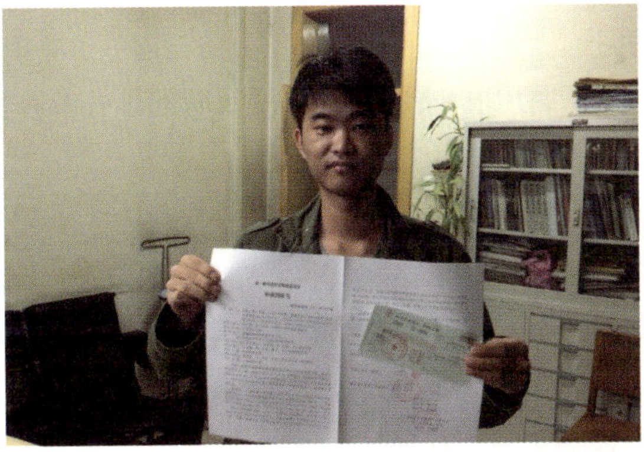

郑某劳动合同违约赔偿达成调解协议

近三年来，全局受理信访 169 件，受理来访 696 批，受理举报投诉 373 件，接诉访近 2 200 人。特别是在涉及劳动争议的信访案件上，引导当事人变信访为诉请，充分发挥劳动争议调解组织、仲裁机构在化解劳动人事争议信访中的作用，以提高结案率加快矛盾化解，每年的结案率都保持在 96% 以上。对口的群众信访、来访人数和案件都呈逐年下降趋势，到师市以上机关持续性的越级上访、集访基本杜绝。

捞积案，办一件影响一片

新形势下的信访工作呈现出多样性和复杂性，所反映的都是共性的利益要求。信访作为桥梁和纽带，是倾听群众呼声、反映群众意愿、密切联系群众的窗口。及时了解民情，准确反映民意是信访部门义不容辞的责任。第一师阿拉尔市人社局坚持延伸服务，“啃硬骨头”，专门成立一个积案工作处置班子，请师市领导挂帅，让局领导牵头，摸清案由，理顺脉络，分门别类，灵活化解，做到办好一案、影响一片。

当年的上海知青在第一师工作的有近 5 万人，也是历年回沪定居人数最多的师，至今仍有 10 724 名回沪知青在师市领取养老金。这些人员中有的是退休回沪，有的是自动离职返沪，还有的是带着异籍家属一起回沪定居，情况十分复杂。长期以来，这些人员有工龄无养老保险、异地医疗费用报销困难、随迁“五七工”家属工无法参保补费等问题，始终困扰着两地政府部门和社保经办机构。为做好工作，局领导张玉林同志亲力亲为，带领有关干部赴上海实地了解情况，摸清底数，完成了 10 300 名回沪定居信访人员的基本信息录入工作；亲自协调兵团和上海方面的有关部门；处访时，从不徇私情，不接受信访案件当事人的宴请，更不接受任何人的礼金和礼品，凡事集体讨论决定，遵守各项规章制度，但始终把关注民生放在第一位。为此，第一师阿拉尔市人社局争取上海市和兵团的支持，在政策允许、信息准确、互相谅解的情况下，将他们每年的养老金发放总数，从三年前的 1 900 万元 / 年逐步提高到现在的 2 700 多万元 / 年，为 108 名回沪人员办理了超龄补费退休，为 166 名回沪人员家属解决“五七工”家属工待遇，并在上海兵团驻沪办事处设立了联系部门，聘用人员在上海设立了医疗报销机构，做到了反映问题有人管、有人协调、有人落实。这些措施使回沪知青群访、集访事件逐步趋于平息，不仅安抚了大多数回沪知青，也同步安抚了全国各地异地安置的数千名职工。

工伤职工在第一师阿拉尔市信访科工作人员调解下领取工伤待遇赔偿金

幸福农场季节性女工周某，因工伤致残赔付问题持续上访，曾 9 次赴京上访，其诉求虽有一定合理性，却要求过高，不符合政策规定，但处置好她的上访问题，对师市近千名工伤、残疾职工和规范企业用工行为具有示范意义。因此，第一师阿拉尔市人社局十多次组织相关人员开会想办法，从领导到工作人员，几十次深入她家，与她谈心交心，帮她想招创业，最终争取了她的理解，息诉罢访，并使同类案件得到一并参照处理。

体制改革、机构改革、工资改革，单位撤并，企业破产……市场经济所触及的利益，使新时期的信访工作面临许多预料不到的难题。三年来，第一师阿拉尔市人社局调处上述类似集访、个访案件十余起，其中包括乌鲁木齐卡子湾水泥厂职工破产安置集访案等，都坚持调查研究、坚持有理有据、坚持事要解决、坚持民生为本，既保证历史遗留问题得到妥善处理，又少把新的信访问题留给后人。

息矛盾，未雨绸缪抓疑难

群众关注度高、社会覆盖面广的民生问题易诱发信访案件，而人社部门的业务几乎都是民生问题，因此，第一师阿拉尔市人社局未雨绸缪，始终把信访工作的关注点放在调查研究、化解主要矛盾上，既把矛盾化解了，也把好事办好了。

围绕就业这个社会难题，三年来，第一师阿拉尔市人社局开展就业培训、特色培训、转岗培训逾 2 万人次，组织就业招聘会、劳务合作会、对口洽谈会十多场次，并实施了劳动预备制等一系列促进就业的办法，师市登记失业率一直保持在 2.8% 以内。

解决好辖区 2 万多少数民族人口的问题，对新疆社会稳定和长治久安具有重要意义。第一师阿拉尔市人社局每年对口调研十余次，对症下药解决问题。三年培训少数民族农牧民 657 人，帮助其进入阿拉尔市工业园区企业就业。在托喀依乡举办地毯针织培训，扶持壮大传统产业。从失业保险基金中提取 1 000 万元，专项用于帮扶师市少数民族群众就业，并实施小额担保贴息贷款政策，扶持少数民族群众创业，师市少数民族劳动人口流出很少，人均收入和家庭收入都位居阿克苏地区前列。

针对异地居住职工反映比较强烈的“医药费报销困难”问题，第一师阿拉尔市人社局经过反复研究，在没有先例可循的情况下，尝试在上海和乌鲁木齐两座异地居住职工人数较多的城市，聘请当地专业人员，设立办事机构，不仅解决了医药费就地报销难题，还同步解决了家属补费参保等对应问题。

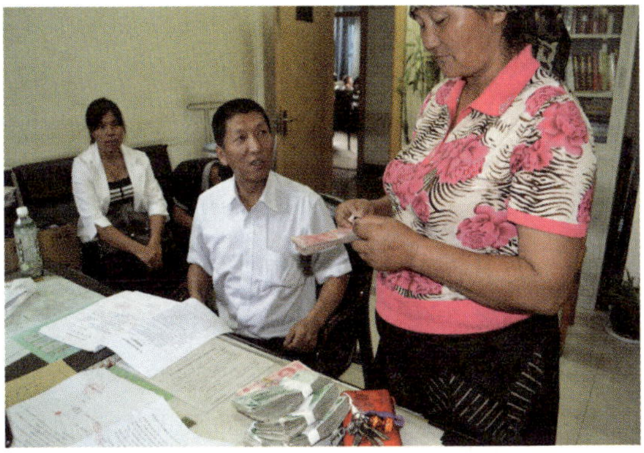
帮助少数民族职工追讨拖欠工资

拖欠工资是信访案件高发的诱

因之一，对此，第一师阿拉尔市人社局有针对性地盯紧用工密集单位，特别是用工和经济合同复杂的单位，第一师劳动监察大队也定期或不定期地进行巡查和举报投诉专项检查。2016 年，第一师劳动监察支队接到大批工人的投诉举报，工人称在第一师十二团某工地工作没有拿到工资。对此，第一师劳动监察大队监察员多次到工地调查取证，了解到该用人单位是兵团某建筑公司，因各种原因未付 132 名工人工资共计 340 余万元。用人单位承认拖欠工人工资，第一师劳动监察大队对该用人单位下发了整改决定书，限期解决工人工资。在下发整改决定书三日后，该单位发放了 132 名工人工资共计 340 余万元。三年来，第一师阿拉尔市人社局累计受理此类投诉 373 件，涉及劳动者 668 人，为劳动者追回工资 612.3 万元，没有因拖欠工资而发生信访案件。

未雨绸缪预防先，春风化雨润心田。第一师阿拉尔市人社局信访工作在师市党委的正确领导下，在兵团人力资源和社会保障局的大力指导下，以深入践行“三严三实”和“四强”专题教育为载体，在认真做好开门接访的同时，对每名干部制定了“首访接处”制度，并将其纳入年终实绩考评，由于责任明确、措施具体，充分调动了大家的积极性。全体干部精诚团结、敢于担当，哪里有职工群众上访问题，哪里就有第一师人社局的干部；哪里有职工群体性上访的苗头，哪里就有第一师人社局的领导干部；哪里有疑难问题，哪里就有第一师人社局的声音。为调处化解师市职工和退休参保人员的各种矛盾和纠纷，局机关干部务必“做到把上访职工群众当亲人，热情接待；做到职工群众利益无小事，着力化解；做到矛盾面前不回避，敢于面对；做到危急之时不躲闪，冲锋在前；做到落后面前不服输，克难奋进；做到缠访面前不厌烦，耐心解释；做到困难面前不摆手，努力帮助；做到无理取闹面前不让步，依法处置；做到学习工作不弃勤，兢兢业业；做到作风正派、廉洁奉公不收礼，心底无私”。局领导经常告诫大家，对职工群众的走访，一定要做到笑脸相迎，一杯热茶相待，一心一意听取，热诚解答，以礼相待。同时，局全体干部每人都有信访接处登记册，详细记录了来访人员的姓名和联系方式、反映的问题和调查处理的结果、上访人意见签名等内容，规范了信访接处程序。

三年来，第一师阿拉尔市人社局的信访工作得到了兵团和师市的充分肯定，调研员张安国同志还连续两年被师市党委评为“优秀信访督导员”。这些年，第一师阿拉尔市人社局一直在探索破解信访突出问题和群体性事件的难题。实践是无止境的，创造也是无止境的，在今后的工作中，第一师阿拉尔市人社局还将进一步开拓创新，进一步完善提高，力争将信访工作再推上一个新台阶，为维护第一师阿拉尔市社会稳定、促进经济社会全面发展做出新的贡献。